直觉模糊多属性决策理论方法及应用研究

郭子雪　王兰英　著

河北省社会科学基金项目

科学出版社
北京

内 容 简 介

本书主要研究直觉模糊多属性决策方法及其在物流管理决策中的应用两部分内容。本书共分 9 章，主要包括：模糊集与直觉模糊集理论、基于集结算子的直觉模糊多属性决策方法、属性权重未知情形下的直觉模糊多属性决策方法、基于理想解的直觉模糊多属性决策方法、基于直觉模糊不确定信息的 VIKOR 决策方法、基于直觉模糊多属性决策的逆向物流供应商选择、基于直觉模糊 VIKOR 方法的应急物资储备库选址决策、基于区间直觉模糊信息的区域物流产业升级能力评价、基于直觉模糊多属性决策的快递服务质量评价。

本书可以作为高等院校应用数学、管理科学、物流工程与物流管理等专业的高年级本科生和研究生的参考书，也可供相关领域的管理人员、工程技术人员及教学人员阅读参考。

图书在版编目（CIP）数据

直觉模糊多属性决策理论方法及应用研究 / 郭子雪，王兰英著. —北京：科学出版社，2019.11

ISBN 978-7-03-062844-2

Ⅰ. ①直… Ⅱ. ①郭… ②王… Ⅲ. ①模糊集理论－应用－决策方法－研究 Ⅳ. ①C934

中国版本图书馆 CIP 数据核字（2019）第 240169 号

责任编辑：郝 悦 / 责任校对：贾娜娜
责任印制：张 伟 / 封面设计：无极书装

科 学 出 版 社 出版
北京东黄城根北街 16 号
邮政编码：100717
http://www.sciencep.com

北京虎彩文化传播有限公司 印刷
科学出版社发行 各地新华书店经销

*

2019 年 11 月第 一 版 开本：720 × 1000 1/16
2020 年 1 月第二次印刷 印张：14 1/2
字数：281 000

定价：102.00 元

（如有印装质量问题，我社负责调换）

前　言

多属性决策是运筹学与管理科学的重要分支，它与多目标决策一起构成了多准则决策体系，被广泛应用于经济、管理、工程技术、社会学等诸多领域。自从 Zadeh 于 1965 年提出模糊集理论以来，模糊集与模糊多属性决策理论就得到了迅猛发展，目前模糊多属性决策理论已在现代社会的各个领域得到了广泛应用。1986 年保加利亚学者 Atanassov 对 Zadeh 的模糊集进行了拓展，提出直觉模糊集的概念；1989 年 Atanassov 和 Gargov 又将直觉模糊集推广为区间直觉模糊集。直觉模糊集同时考虑了隶属度、非隶属度和犹豫度三个方面的信息，可以更准确地描述和刻画客观世界的模糊性本质，在处理模糊信息方面更加灵活和细腻，直觉模糊多属性决策方法及应用问题得到了国内外学者的广泛关注。

现代物流被广泛认为是企业在降低物质消耗、提高劳动生产率以外创造利润的第三重要源泉，大力发展现代物流业，是落实科学发展观、转变经济发展方式、增强经济竞争力的重要举措，对我国经济的快速、稳定发展具有强有力的支撑作用。在物流管理决策中，决策者经常面对供应商选择、仓库选址、快递业服务质量评价以及区域物流产业竞争力评价等问题，这些问题本质上均属于直觉模糊多属性决策的研究范畴。因此，研究直觉模糊信息环境下的多属性决策方法及其在物流管理决策中的应用，具有十分重要的现实意义和理论研究价值。

本书共分 9 章。第 1 章为模糊集与直觉模糊集理论，主要介绍模糊集的基础知识、直觉模糊集理论和区间直觉模糊集理论。第 2 章为基于集结算子的直觉模糊多属性决策方法，介绍基于直觉模糊混合平均算子的多属性决策方法、基于直觉模糊混合几何算子的多属性决策方法、属性权重为直觉模糊数情形下的直觉模糊多属性决策方法、基于区间直觉模糊混合平均（几何）算子的多属性决策方法。第 3 章为属性权重未知情形下的直觉模糊多属性决策方法，假定属性权重完全未知或属性权重信息不完全，通过建立以离差最大化或主客观偏好值总离差最小化为目标的数学规划模型，讨论属性权重未知情形下的直觉模糊多属性决策方法。第 4 章为基于理想解的直觉模糊多属性决策方法，通过定义信息熵、直觉模糊熵、区间直觉模糊熵，重点讨论权重已知时基于理想解的直觉模糊多属性决策方法、权重未知时基于理想解的直觉模糊多属性决策方法、基于理想解的动态直觉模糊多属性决策方法等。第 5 章为基于直觉模糊不确定信息的 VIKOR 决策方法，在介绍 VIKOR 方法的原理和基本思想的基础上，重点探讨权重信息已知或者未知两种情形下的直觉模糊信息下的 VIKOR 方法、区间直觉模糊信息下的 VIKOR 方法，以及动态直觉模糊信息下的 VIKOR 方法等。第 6 章为基于直觉模糊多属性决策的逆向物流供应商选择，分析逆向物流形成的驱动因素与经济价值，构建逆向物流供应商选择评价指标体系，并从静态和动态两个方面研究基于直觉模糊 TOPSIS 方法的逆向物流供应商选择方法。第 7 章为基于直觉模糊 VIKOR 方法的应急物资储备库选址决策，阐述应急物资储备库选址问题相关基础知识，提出属性权重已知、属性权重未知两种情形下，基于直觉模糊 VIKOR 方法的应急物资储备库选址决策方法。第 8 章为基于区间直觉模糊信息的区域物流产业升级能力评价，在界定区域物流产业竞争力概念、分析影响区域物流产业竞争力因素的基础上，构建区域物流产业竞争力评价指标体系，研究区间直觉模糊信息环境下基于区间直觉模糊加权平均算子的区域物流产业竞争力评价方法。第 9 章为基于直觉模糊多属性决策的快递服务质量评价，在分析国内外研究现状、阐述快递服务质量概念和构建快递服务质量评价指标体系的基础上，提出区间直觉模糊信息下基于 TOPSIS 方法和 VIKOR 方法的快递服务质量评价方法。

本书由郭子雪总体策划、主笔和统稿，团队成员王兰英、齐美然、张运通参与了部分章节的资料整理和文稿写作；李丁、张雅辉协助查阅了国内外文献，参与了相关统计数据的收集、整理与分析工作；王兰英还参与了最终的文稿校对工作。

由于作者学识和水平所限，书中疏漏之处在所难免，敬请同仁和读者批评指正。

作　者

2018 年 11 月 25 日

目　录

第 1 章　模糊集与直觉模糊集理论

本章简要介绍模糊集的基础知识，直觉模糊集理论、区间直觉模糊集理论等，详细内容读者可参阅相关参考文献。

1.1　模糊集的基础知识

模糊集是由 Zadeh 于 1965 年提出的，它是经典集合论的一种推广。本节主要介绍模糊集的相关知识，详细内容参见文献[1]～文献[8]。

1.1.1　模糊集及其运算

定义 1.1　设U为论域，$\mu_{\tilde{A}}$是论域U到闭区间[0, 1]的一个映射，即

$$\mu_{\tilde{A}}:U\rightarrow[0,1],u\mapsto\mu_{\tilde{A}}(u)\in[0,1]$$

则称此映射确定了U的一个模糊子集$\tilde{A}$，称$\mu_{\tilde{A}}$为$\tilde{A}$的隶属函数，$\mu_{\tilde{A}}(u)$称为u对$\tilde{A}$的隶属度。模糊子集也称为模糊集合。

定义 1.2　设$\tilde{A},\tilde{B}$为论域U上的两个模糊子集：

（1）如果对于U中的每一个元素u，都有$\mu_{\tilde{A}}(u)\geqslant\mu_{\tilde{B}}(u)$，则称$\tilde{A}$包含$\tilde{B}$，记作$\tilde{A}\supset\tilde{B}$。

（2）如果对于U中的每一个元素u，都有$\mu_{\tilde{A}}(u)=\mu_{\tilde{B}}(u)$，则称$\tilde{A},\tilde{B}$相等，记作$\tilde{A}=\tilde{B}$。

定义 1.3　设$\tilde{A},\tilde{B}$为论域U上的两个模糊子集，则定义$\tilde{A}$与$\tilde{B}$的并、交、补运算如下：

$$\mu_{\tilde{A}\cup\tilde{B}}(u)=\mu_{\tilde{A}}(u)\vee\mu_{\tilde{B}}(u)$$

$$\mu_{\tilde{A}\cap\tilde{B}}(u)=\mu_{\tilde{A}}(u)\wedge\mu_{\tilde{B}}(u)$$

$$\mu_{\tilde{A}^c}(u)=1-\mu_{\tilde{A}}(u)$$

$\tilde{A}\cup\tilde{B}$、$\tilde{A}\cap\tilde{B}$、$\tilde{A}^c$分别称为$\tilde{A}$与$\tilde{B}$的并集、交集和补集。
式中，“$\vee$”表示取大运算，“$\wedge$”表示取小运算，称为 Zadeh 算子。当论域有限时，“$\vee$”与“$\wedge$”分别表示取最大值和最小值；当论域无限时，分别表示取上、下确界。

1.1.2 模糊集的基本定理

定义 1.4 设 $\tilde{A}$ 是论域 U 上的一个模糊集，对于任一 $\lambda \in [0,1]$，有：

（1）若 $(A)_\lambda = A_\lambda = \{u \mid \mu_{\tilde{A}}(u) \geqslant \lambda, u \in U\}$，则称 A_λ 为 $\tilde{A}$ 的 λ 水平截集，λ 称为水平。

（2）若 $(A)_{\lambda+} = A_{\lambda+} = \{u \mid \mu_{\tilde{A}}(u) > \lambda, u \in U\}$，则称 $A_{\lambda+}$ 为 $\tilde{A}$ 的 λ 水平强截集。

定义 1.5 设 $\tilde{A}$ 是论域 U 上的一个模糊集，A_1 称为 $\tilde{A}$ 的核，记为 $\mathrm{Ker}\,\tilde{A}$；A_0 称为 $\tilde{A}$ 的支撑集，记为 $\mathrm{Supp}\,\tilde{A}$；$A_0 - A_1$ 称为 $\tilde{A}$ 的边界。

为了叙述分解定理，首先定义数 λ 与模糊集 $\tilde{A}$ 的乘积 $\lambda\tilde{A}$。

定义 1.6 设 $\tilde{A}$ 是论域 U 上的一个模糊集，$\lambda \in [0,1]$，则定义数 λ 与模糊集 $\tilde{A}$ 的乘积 $\lambda\tilde{A}$ 是模糊集合，其隶属函数为

$$(\lambda\tilde{A})(u) = \lambda \wedge \tilde{A}(u) \tag{1.1}$$

数 λ 与模糊集 $\tilde{A}$ 的乘积 $\lambda\tilde{A}$ 具有以下性质：

（1）如果 $\lambda_1 < \lambda_2$，则 $\lambda_1\tilde{A} \subseteq \lambda_2\tilde{A}$；

（2）如果 $\tilde{A}_1 \subseteq \tilde{A}_2$，则 $\lambda\tilde{A}_1 \subseteq \lambda\tilde{A}_2$。

定理 1.1（分解定理） 设 $\tilde{A}$ 是论域 U 上的一个模糊集，A_λ 是 $\tilde{A}$ 的 λ 水平截集，$\lambda \in [0,1]$，则 $\tilde{A} = \bigcup\limits_{\lambda \in [0,1]} \lambda A_\lambda$。

其中，λA_λ 是常数与普通集合的数量积。

定理 1.2（扩张原理） 设 U 和 V 是两个论域，映射 $f: U \to V$。则由映射 f 可诱导出一个新的映射，仍记作 f：

$$f: F(U) \to F(V), \tilde{A} \mapsto f(\tilde{A})$$

其隶属函数为

$$f(\tilde{A})(v) = \bigvee_{f(u)=v} \tilde{A}(u) \tag{1.2}$$

此外，由映射 f 可诱导出另一个新的映射，记作 f^{-1}：

$$f^{-1}: F(V) \to F(U), \tilde{B} \mapsto f^{-1}(\tilde{B})$$

其隶属函数为

$$f^{-1}(\tilde{B})(u) = \tilde{B}(f(u)) \tag{1.3}$$

称 $f(\tilde{A})$ 为 $\tilde{A}$ 的像，$f^{-1}(\tilde{B})$ 为 $\tilde{B}$ 的原像。

1.2　直觉模糊集理论

1.2.1　直觉模糊集及其运算

Atanassov[9, 10]将 Zadeh 的模糊集进行了推广，给出了直觉模糊集的定义。

定义 1.7　设 X 是一个非空经典集合，则称

$$\tilde{A}=\{\langle x,\mu_{\tilde{A}}(x),\nu_{\tilde{A}}(x)\rangle \mid x\in X\} \tag{1.4}$$

为 X 上的一个直觉模糊集，其中 $\mu_{\tilde{A}}(x)$ 和 $\nu_{\tilde{A}}(x)$ 分别为元素 x 属于 $\tilde{A}$ 的隶属度和非隶属度，即

$$\mu_{\tilde{A}}:X\to[0,1],x\in X\to\mu_{\tilde{A}}(x)\in[0,1]$$
$$\nu_{\tilde{A}}:X\to[0,1],x\in X\to\nu_{\tilde{A}}(x)\in[0,1]$$

且满足

$$0\leqslant\mu_{\tilde{A}}(x)+\nu_{\tilde{A}}(x)\leqslant 1,\quad x\in X$$

式中，$\mu_{\tilde{A}}(x)$ 和 $\nu_{\tilde{A}}(x)$ 分别表示支持元素 x 属于集合 A 的证据所导出的肯定隶属度的下界和反对元素 x 属于集合 A 的证据所导出的否定隶属度的下界。X 上所有直觉模糊集的集合记为 $F(X)$。

直觉模糊集可以简记为 $\tilde{A}=\langle x,\mu_{\tilde{A}},\nu_{\tilde{A}}\rangle$ 或者 $\tilde{A}=\langle\mu_{\tilde{A}},\nu_{\tilde{A}}\rangle/x$。显然，每一个模糊集 $\tilde{A}$ 对应于下列直觉模糊集：

$$\tilde{A}=\{\langle x,\mu_{\tilde{A}}(x),1-\mu_{\tilde{A}}(x)\rangle \mid x\in X\} \tag{1.5}$$

对于任一 $x\in X$，称 $\pi_{\tilde{A}}(x)=1-\mu_{\tilde{A}}(x)-\nu_{\tilde{A}}(x)$ 为直觉模糊集 $\tilde{A}$ 中元素 x 的直觉指数（intuitionistic index），它表示元素 x 对 $\tilde{A}$ 的犹豫度（hesitancy degree）。显然，对于每一个 $x\in X$，$0\leqslant\pi_{\tilde{A}}(x)\leqslant 1$。特别地，如果

$$\pi_{\tilde{A}}(x)=1-\mu_{\tilde{A}}(x)-[1-\mu_{\tilde{A}}(x)]=0,\ x\in X \tag{1.6}$$

则直觉模糊集 $\tilde{A}$ 退化为 Zadeh 的模糊集。因此，Zadeh 的模糊集是直觉模糊集的一个特例。

Atanassov[9, 10]给出了直觉模糊集的一些基本运算法则。

定义 1.8　设 $\tilde{A},\tilde{B}$ 是论域 X 上的两个直觉模糊集，$\tilde{A}=\{\langle x,\mu_{\tilde{A}}(x),\nu_{\tilde{A}}(x)\rangle \mid x\in X\}$，$\tilde{B}=\{\langle x,\mu_{\tilde{B}}(x),\nu_{\tilde{B}}(x)\rangle \mid x\in X\}$，$\lambda>0$ 是任意实数，则

（1）直觉模糊集的包含关系：$\tilde{A}\subseteq\tilde{B}$ 当且仅当 $\forall x\in X$，$\mu_{\tilde{A}}(x)\leqslant\mu_{\tilde{B}}(x)$ 且 $\nu_{\tilde{A}}(x)\geqslant\nu_{\tilde{B}}(x)$。

（2）直觉模糊集的相等关系：$\tilde{A}=\tilde{B}$ 当且仅当 $\forall x\in X$，$\mu_{\tilde{A}}(x)=\mu_{\tilde{B}}(x)$ 且 $\nu_{\tilde{A}}(x)=\nu_{\tilde{B}}(x)$。

（3）直觉模糊集的补：

$$(\tilde{A})^c=\{\langle x,\nu_{\tilde{A}}(x),\mu_{\tilde{A}}(x)\rangle \mid x\in X\}$$

（4）直觉模糊集的交：

$$\tilde{A}\cap\tilde{B}=\{\langle x,\mu_{\tilde{A}}(x)\wedge\mu_{\tilde{B}}(x),\nu_{\tilde{A}}(x)\vee\nu_{\tilde{B}}(x)\rangle\mid x\in X\}$$

式中，符号“∧”“∨”分别表示取小或取大算子，即 min 和 max 算子。

（5）直觉模糊集的并：

$$\tilde{A}\cup\tilde{B}=\{\langle x,\mu_{\tilde{A}}(x)\vee\mu_{\tilde{B}}(x),\nu_{\tilde{A}}(x)\wedge\nu_{\tilde{B}}(x)\rangle\mid x\in X\}$$

（6）直觉模糊集的和：

$$\tilde{A}+\tilde{B}=\{\langle x,\mu_{\tilde{A}}(x)+\mu_{\tilde{B}}(x)-\mu_{\tilde{A}}(x)\mu_{\tilde{B}}(x),\nu_{\tilde{A}}(x)\nu_{\tilde{B}}(x)\rangle\mid x\in X\}$$

（7）直觉模糊集的积：

$$\tilde{A}\cdot\tilde{B}=\{\langle x,\mu_{\tilde{A}}(x)\mu_{\tilde{B}}(x),\nu_{\tilde{A}}(x)+\nu_{\tilde{B}}(x)-\nu_{\tilde{A}}(x)\nu_{\tilde{B}}(x)\rangle\mid x\in X\}$$

（8）直觉模糊集与数的乘积：

$$\lambda\tilde{A}=\{\langle x,1-(1-\mu_{\tilde{A}}(x))^{\lambda},(\nu_{\tilde{A}}(x))^{\lambda}\rangle\mid x\in X\}$$

（9）直觉模糊集的乘方：

$$(\tilde{A})^{\lambda}=\{\langle x,(\mu_{\tilde{A}}(x))^{\lambda},1-(1-\nu_{\tilde{A}}(x))^{\lambda}\rangle\mid x\in X\}$$

截集是直觉模糊集中的一个重要概念，是建立直觉模糊集与清晰集合之间关系的桥梁。

定义 1.9 设 $\tilde{A}=\{\langle x,\mu_{\tilde{A}}(x),\nu_{\tilde{A}}(x)\rangle\mid x\in X\}$ 是论域 X 上的 1 个直觉模糊集，对任意有序对 $\langle\alpha,\beta\rangle$，其中 $\alpha\in[0,1],\beta\in[0,1]$，且 $0\leqslant\alpha+\beta\leqslant1$，称集合

$$\tilde{A}_{\langle\alpha,\beta\rangle}=\{x\mid\mu_{\tilde{A}}(x)\geqslant\alpha,\nu_{\tilde{A}}(x)\leqslant\beta,x\in X\}\tag{1.7}$$

为直觉模糊集 $\tilde{A}$ 的 $\langle\alpha,\beta\rangle$ 截集（或水平集），$\langle\alpha,\beta\rangle$ 称为置信水平或置信度。$\alpha=1,\beta=0$ 时的截集即 $\tilde{A}_{\langle1,0\rangle}$ 称为直觉模糊集 $\tilde{A}$ 的核；$\alpha=0,\beta=1$ 时的截集即 $\tilde{A}_{\langle0,1\rangle}$ 称为直觉模糊集 $\tilde{A}$ 的支撑。

显然，若两个有序对 $\langle\alpha_1,\beta_1\rangle$ 和 $\langle\alpha_2,\beta_2\rangle$ 满足 $\langle\alpha_1,\beta_1\rangle\leqslant\langle\alpha_2,\beta_2\rangle$，则有 $\tilde{A}_{\langle\alpha_1,\beta_1\rangle}\subseteq\tilde{A}_{\langle\alpha_2,\beta_2\rangle}$。

类似地，可以定义直觉模糊集的 α 截集和 β 截集：

$$\tilde{A}_{\alpha}=\{x\mid\mu_{\tilde{A}}(x)\geqslant\alpha,x\in X\}\tag{1.8}$$

$$\tilde{A}_{\beta}=\{x\mid\nu_{\tilde{A}}(x)\leqslant\beta,x\in X\}\tag{1.9}$$

其中，$\alpha\in[0,1],\beta\in[0,1]$。

根据文献[11]和文献[12]，定义一个新的直觉模糊集：

$$\langle\alpha,\beta\rangle\tilde{A}_{\langle\alpha,\beta\rangle}=\{\langle x,\alpha\wedge\mu_{\tilde{A}_{\langle\alpha,\beta\rangle}}(x),\beta\vee\nu_{\tilde{A}_{\langle\alpha,\beta\rangle}}(x)\rangle\mid x\in X\}$$

于是直觉模糊集 $\tilde{A}$ 可以用 $\langle\alpha,\beta\rangle$ 截集（或水平集）表示。

定理 1.3 直觉模糊集 $\tilde{A}$ 可用截集表示为

$$\tilde{A}=\bigcup_{\langle\alpha,\beta\rangle\in D}\{\langle\alpha,\beta\rangle\tilde{A}_{\langle\alpha,\beta\rangle}\}$$

其中，$D=\{\langle\mu_s,\nu_s\rangle \mid S\subseteq M\}$，$M=\{\langle\mu_i,\nu_i\rangle \mid i=1,2,\cdots,m\}$，$\mu_s=\bigwedge_{i:\langle\mu_i,\nu_i\rangle\in S}\{\mu_i\}$，$\nu_s=\bigvee_{i:\langle\mu_i,\nu_i\rangle\in S}\{\nu_i\}$。

定理 1.3 表明，直觉模糊集 $\tilde{A}$ 可以由若干个清晰的截集（或水平集）表示，它建立了直觉模糊集与清晰集合之间的关系，为利用清晰集合研究直觉模糊集提供了重要基础。

1.2.2　直觉模糊集的相似度与距离

相似度与距离是直觉模糊集理论中的一对对偶概念，用以反映两个直觉模糊集之间的接近程度和差异程度[13]。

定义 1.10[12, 13]　设 s：$F(X)\times F(X)\to[0,1]$ 是一映射，对于任意直觉模糊集 $\tilde{A}\in F(X)$，$\tilde{B}\in F(X)$，$\tilde{C}\in F(X)$，称 $s(\tilde{A},\tilde{B})$ 为直觉模糊集 $\tilde{A}$ 与 $\tilde{B}$ 的相似度，如果它满足条件：

（1）$0\leqslant s(\tilde{A},\tilde{B})\leqslant 1$；

（2）$s(\tilde{A},\tilde{B})=1$ 当且仅当 $\tilde{A}=\tilde{B}$；

（3）$s(\tilde{A},\tilde{B})=s(\tilde{B},\tilde{A})$；

（4）如果 $\tilde{A}\subseteq\tilde{B}\subseteq\tilde{C}$，则 $s(\tilde{A},\tilde{C})\leqslant s(\tilde{A},\tilde{B})$ 且 $s(\tilde{A},\tilde{C})\leqslant s(\tilde{B},\tilde{C})$。

根据定义 1.10，对于有限论域 $X=\{x_1,x_2,\cdots,x_n\}$ 上的两个直觉模糊集 $\tilde{A}$ 与 $\tilde{B}$，可构造以下相似度测度[12]。

闵可夫斯基相似度：

$$s_q(\tilde{A},\tilde{B})=1-\left[\frac{1}{2n}\sum_{j=1}^{n}[(\mu_{\tilde{A}}(x_j)-\mu_{\tilde{B}}(x_j))^q+(\nu_{\tilde{A}}(x_j)-\nu_{\tilde{B}}(x_j))^q+(\pi_{\tilde{A}}(x_j)-\pi_{\tilde{B}}(x_j))^q]\right]^{1/q}$$

汉明相似度：

$$s_1(\tilde{A},\tilde{B})=1-\left[\frac{1}{2n}\sum_{j=1}^{n}[|\mu_{\tilde{A}}(x_j)-\mu_{\tilde{B}}(x_j)|+|(\nu_{\tilde{A}}(x_j)-\nu_{\tilde{B}}(x_j)|+|(\pi_{\tilde{A}}(x_j)-\pi_{\tilde{B}}(x_j)|]\right]$$

欧几里得相似度：

$$s_2(\tilde{A},\tilde{B})=1-\left[\frac{1}{2n}\sum_{j=1}^{n}[(\mu_{\tilde{A}}(x_j)-\mu_{\tilde{B}}(x_j))^2+(\nu_{\tilde{A}}(x_j)-\nu_{\tilde{B}}(x_j))^2+(\pi_{\tilde{A}}(x_j)-\pi_{\tilde{B}}(x_j))^2]\right]^{1/2}$$

切比雪夫相似度：

$$s_{+\infty}(\tilde{A},\tilde{B})=1-\max_{1\leqslant j\leqslant n}\left\{\frac{|\mu_{\tilde{A}}(x_j)-\mu_{\tilde{B}}(x_j)|+|\nu_{\tilde{A}}(x_j)-\nu_{\tilde{B}}(x_j)|+|\pi_{\tilde{A}}(x_j)-\pi_{\tilde{B}}(x_j)|}{2n}\right\}$$

如果考虑权重因素，可分别得到直觉模糊集 $\tilde{A}$ 与 $\tilde{B}$ 的加权闵可夫斯基相似度

$\overline{s}_q(\tilde{A},\tilde{B})$、加权汉明相似度$\overline{s}_1(\tilde{A},\tilde{B})$、加权欧几里得相似度$\overline{s}_2(\tilde{A},\tilde{B})$、加权切比雪夫相似度$\overline{s}_{+\infty}(\tilde{A},\tilde{B})$等。

定义 1.11[13] 设 d: $F(X)\times F(X)\to[0,1]$ 是一映射，对于任意直觉模糊集 $\tilde{A}\in F(X)$，$\tilde{B}\in F(X)$，$\tilde{C}\in F(X)$，称 $d(\tilde{A},\tilde{B})$ 为直觉模糊集 $\tilde{A}$ 与 $\tilde{B}$ 的距离，如果它满足条件：

（1）$0\leqslant d(\tilde{A},\tilde{B})\leqslant 1$；

（2）$d(\tilde{A},\tilde{B})=0$ 当且仅当 $\tilde{A}=\tilde{B}$；

（3）$d(\tilde{A},\tilde{B})=d(\tilde{B},\tilde{A})$；

（4）如果 $\tilde{A}\subseteq\tilde{B}\subseteq\tilde{C}$，则 $d(\tilde{A},\tilde{C})\geqslant d(\tilde{A},\tilde{B})$ 且 $d(\tilde{A},\tilde{C})\geqslant d(\tilde{C},\tilde{B})$。

定理 1.4[13] 如果 $s(\tilde{A},\tilde{B})$ 为直觉模糊集 $\tilde{A}$ 与 $\tilde{B}$ 的相似度，则 $d(\tilde{A},\tilde{B})=1-s(\tilde{A},\tilde{B})$ 是 $\tilde{A}$ 与 $\tilde{B}$ 的归一化距离。

定理 1.5[13] 如果 $d(\tilde{A},\tilde{B})$ 为直觉模糊集 $\tilde{A}$ 与 $\tilde{B}$ 的归一化距离，则 $s(\tilde{A},\tilde{B})=1-d(\tilde{A},\tilde{B})$ 是 $\tilde{A}$ 与 $\tilde{B}$ 的相似度。

根据直觉模糊集 $\tilde{A}$ 与 $\tilde{B}$ 的相似度测度公式，对应地可以得到 $\tilde{A}$ 与 $\tilde{B}$ 的归一化距离公式。

闵可夫斯基距离：

$$d_q(\tilde{A},\tilde{B})=\left[\frac{1}{2n}\sum_{j=1}^{n}[(\mu_{\tilde{A}}(x_j)-\mu_{\tilde{B}}(x_j))^q+(\nu_{\tilde{A}}(x_j)-\nu_{\tilde{B}}(x_j))^q+(\pi_{\tilde{A}}(x_j)-\pi_{\tilde{B}}(x_j))^q]\right]^{1/q}$$

汉明距离：

$$d_1(\tilde{A},\tilde{B})=\left[\frac{1}{2n}\sum_{j=1}^{n}[|\mu_{\tilde{A}}(x_j)-\mu_{\tilde{B}}(x_j)|+|(\nu_{\tilde{A}}(x_j)-\nu_{\tilde{B}}(x_j)|+|(\pi_{\tilde{A}}(x_j)-\pi_{\tilde{B}}(x_j)|]\right]$$

欧几里得距离：

$$d_2(\tilde{A},\tilde{B})=\left[\frac{1}{2n}\sum_{j=1}^{n}[(\mu_{\tilde{A}}(x_j)-\mu_{\tilde{B}}(x_j))^2+(\nu_{\tilde{A}}(x_j)-\nu_{\tilde{B}}(x_j))^2+(\pi_{\tilde{A}}(x_j)-\pi_{\tilde{B}}(x_j))^2]\right]^{1/2}$$

切比雪夫距离：

$$d_{+\infty}(\tilde{A},\tilde{B})=\max_{1\leqslant j\leqslant n}\left\{\frac{|\mu_{\tilde{A}}(x_j)-\mu_{\tilde{B}}(x_j)|+|\nu_{\tilde{A}}(x_j)-\nu_{\tilde{B}}(x_j)|+|\pi_{\tilde{A}}(x_j)-\pi_{\tilde{B}}(x_j)|}{2n}\right\}$$

加权闵可夫斯基距离：

$$\overline{d}_q(\tilde{A},\tilde{B})=\left[\frac{1}{2}\sum_{j=1}^{n}\omega_j[(\mu_{\tilde{A}}(x_j)-\mu_{\tilde{B}}(x_j))^q+(\nu_{\tilde{A}}(x_j)-\nu_{\tilde{B}}(x_j))^q+(\pi_{\tilde{A}}(x_j)-\pi_{\tilde{B}}(x_j))^q]\right]^{1/q}$$

加权汉明距离：

$$\bar{d}_1(\tilde{A},\tilde{B})=\frac{1}{2}\sum_{j=1}^{n}\omega_j[|\mu_{\tilde{A}}(x_j)-\mu_{\tilde{B}}(x_j)|+|(\nu_{\tilde{A}}(x_j)-\nu_{\tilde{B}}(x_j)|+|(\pi_{\tilde{A}}(x_j)-\pi_{\tilde{B}}(x_j)|]$$

加权欧几里得距离：

$$\bar{d}_2(\tilde{A},\tilde{B})=\left[\frac{1}{2}\sum_{j=1}^{n}\omega_j[(\mu_{\tilde{A}}(x_j)-\mu_{\tilde{B}}(x_j))^2+(\nu_{\tilde{A}}(x_j)-\nu_{\tilde{B}}(x_j))^2+(\pi_{\tilde{A}}(x_j)-\pi_{\tilde{B}}(x_j))^2]\right]^{1/2}$$

加权切比雪夫距离：

$$\bar{d}_{+\infty}(\tilde{A},\tilde{B})=\max_{1\leqslant j\leqslant n}\left\{\frac{\omega_j(|\mu_{\tilde{A}}(x_j)-\mu_{\tilde{B}}(x_j)|+|\nu_{\tilde{A}}(x_j)-\nu_{\tilde{B}}(x_j)|+|\pi_{\tilde{A}}(x_j)-\pi_{\tilde{B}}(x_j)|)}{2}\right\}$$

1.2.3　直觉模糊数及其运算

直觉模糊数是一个数量概念，在直觉模糊决策中具有重要的应用前景[13]。为了方便起见，称 $\tilde{\alpha}=(\mu_{\tilde{\alpha}},\nu_{\tilde{\alpha}})$ 为直觉模糊数[14]，其中

$$\mu_{\tilde{\alpha}}\in[0,1],\quad \nu_{\tilde{\alpha}}\in[0,1],\quad \mu_{\tilde{\alpha}}+\nu_{\tilde{\alpha}}\leqslant 1$$

显然，$\tilde{\alpha}^+=(1,0)$ 是最大的直觉模糊数，而 $\tilde{\alpha}^-=(0,1)$ 是最小的直觉模糊数。

定义 1.12[14]　设 $\tilde{\alpha}_1=(\mu_{\tilde{\alpha}_1},\nu_{\tilde{\alpha}_1})$，$\tilde{\alpha}_2=(\mu_{\tilde{\alpha}_2},\nu_{\tilde{\alpha}_2})$ 为两个直觉模糊数，$s(\tilde{\alpha}_1)=\mu_{\tilde{\alpha}_1}-\nu_{\tilde{\alpha}_1}$，$s(\tilde{\alpha}_2)=\mu_{\tilde{\alpha}_2}-\nu_{\tilde{\alpha}_2}$ 分别为 $\tilde{\alpha}_1$ 和 $\tilde{\alpha}_2$ 的得分值，$h(\tilde{\alpha}_1)=\mu_{\tilde{\alpha}_1}+\nu_{\tilde{\alpha}_1}$，$h(\tilde{\alpha}_2)=\mu_{\tilde{\alpha}_2}+\nu_{\tilde{\alpha}_2}$ 分别为 $\tilde{\alpha}_1$ 和 $\tilde{\alpha}_2$ 的精确度，则

（1）若 $s(\tilde{\alpha}_1)<s(\tilde{\alpha}_2)$，则 $\tilde{\alpha}_1$ 小于 $\tilde{\alpha}_2$，即 $\tilde{\alpha}_1<\tilde{\alpha}_2$；

（2）若 $s(\tilde{\alpha}_1)=s(\tilde{\alpha}_2)$，则①若 $h(\tilde{\alpha}_1)=h(\tilde{\alpha}_2)$，则 $\tilde{\alpha}_1=\tilde{\alpha}_2$；②若 $h(\tilde{\alpha}_1)<h(\tilde{\alpha}_2)$，则 $\tilde{\alpha}_1<\tilde{\alpha}_2$；③若 $h(\tilde{\alpha}_1)>h(\tilde{\alpha}_2)$，则 $\tilde{\alpha}_1>\tilde{\alpha}_2$。

定理 1.6[14]　设 $\tilde{\alpha}_1=(\mu_{\tilde{\alpha}_1},\nu_{\tilde{\alpha}_1})$，$\tilde{\alpha}_2=(\mu_{\tilde{\alpha}_2},\nu_{\tilde{\alpha}_2})$ 为两个直觉模糊数，则

$$\tilde{\alpha}_1\leqslant\tilde{\alpha}_2\Leftarrow\mu_{\tilde{\alpha}_1}\leqslant\mu_{\tilde{\alpha}_2}\text{ 且 }\nu_{\tilde{\alpha}_1}\geqslant\nu_{\tilde{\alpha}_2}$$

类似直觉模糊集的基本运算，可定义直觉模糊数的运算法则如下。

定义 1.13[14]　设 $\tilde{\alpha}=(\mu_{\tilde{\alpha}},\nu_{\tilde{\alpha}})$，$\tilde{\alpha}_1=(\mu_{\tilde{\alpha}_1},\nu_{\tilde{\alpha}_1})$，$\tilde{\alpha}_2=(\mu_{\tilde{\alpha}_2},\nu_{\tilde{\alpha}_2})$ 为直觉模糊数，则

（1）$\bar{\tilde{\alpha}}=(\nu_{\tilde{\alpha}},\mu_{\tilde{\alpha}})$；

（2）$\tilde{\alpha}_1\cap\tilde{\alpha}_2=(\min\{\mu_{\tilde{\alpha}_1},\mu_{\tilde{\alpha}_2}\},\max\{\nu_{\tilde{\alpha}_1},\nu_{\tilde{\alpha}_2}\})$；

（3）$\tilde{\alpha}_1\cup\tilde{\alpha}_2=(\max\{\mu_{\tilde{\alpha}_1},\mu_{\tilde{\alpha}_2}\},\min\{\nu_{\tilde{\alpha}_1},\nu_{\tilde{\alpha}_2}\})$；

（4）$\tilde{\alpha}_1 \oplus \tilde{\alpha}_2 = (\mu_{\tilde{\alpha}_1} + \mu_{\tilde{\alpha}_2} - \mu_{\tilde{\alpha}_1}\mu_{\tilde{\alpha}_2}, \nu_{\tilde{\alpha}_1}\nu_{\tilde{\alpha}_2})$；

（5）$\tilde{\alpha}_1 \otimes \tilde{\alpha}_2 = (\mu_{\tilde{\alpha}_1}\mu_{\tilde{\alpha}_2}, \nu_{\tilde{\alpha}_1} + \nu_{\tilde{\alpha}_2} - \nu_{\tilde{\alpha}_1}\nu_{\tilde{\alpha}_2})$；

（6）$\lambda\tilde{\alpha} = (1-(1-\mu_{\tilde{\alpha}}))^{\lambda}, \nu_{\tilde{\alpha}}^{\lambda})$，$\lambda > 0$；

（7）$\tilde{\alpha}^{\lambda} = (\mu_{\tilde{\alpha}}^{\lambda}, 1-(1-\nu_{\tilde{\alpha}})^{\lambda})$，$\lambda > 0$。

根据直觉模糊数的定义，可以证明以下两个定理。

定理 1.7[14] 设 $\tilde{\alpha} = (\mu_{\tilde{\alpha}}, \nu_{\tilde{\alpha}})$，$\tilde{\alpha}_1 = (\mu_{\tilde{\alpha}_1}, \nu_{\tilde{\alpha}_1})$，$\tilde{\alpha}_2 = (\mu_{\tilde{\alpha}_2}, \nu_{\tilde{\alpha}_2})$ 为直觉模糊数，则 $\tilde{\alpha}_1 \oplus \tilde{\alpha}_2$、$\tilde{\alpha}_1 \otimes \tilde{\alpha}_2$、$\lambda\tilde{\alpha}$ 和 $\tilde{\alpha}^{\lambda}(\lambda > 0)$ 均为直觉模糊数。

定理 1.8[14] 设 $\tilde{\alpha} = (\mu_{\tilde{\alpha}}, \nu_{\tilde{\alpha}})$，$\tilde{\alpha}_1 = (\mu_{\tilde{\alpha}_1}, \nu_{\tilde{\alpha}_1})$，$\tilde{\alpha}_2 = (\mu_{\tilde{\alpha}_2}, \nu_{\tilde{\alpha}_2})$ 为直觉模糊数，$\lambda, \lambda_1, \lambda_2 > 0$，则

（1）$\tilde{\alpha}_1 \oplus \tilde{\alpha}_2 = \tilde{\alpha}_2 \oplus \tilde{\alpha}_1$；

（2）$\tilde{\alpha}_1 \otimes \tilde{\alpha}_2 = \tilde{\alpha}_2 \otimes \tilde{\alpha}_1$；

（3）$\lambda(\tilde{\alpha}_1 \oplus \tilde{\alpha}_2) = \lambda\tilde{\alpha}_1 + \lambda\tilde{\alpha}_2$；

（4）$(\tilde{\alpha}_1 \otimes \tilde{\alpha}_2)^{\lambda} = \tilde{\alpha}_1^{\lambda} \otimes \tilde{\alpha}_2^{\lambda}$；

（5）$\lambda_1\tilde{\alpha} \oplus \lambda_2\tilde{\alpha} = (\lambda_1 + \lambda_2)\tilde{\alpha}$；

（6）$\tilde{\alpha}^{\lambda_1} \otimes \tilde{\alpha}^{\lambda_2} = \tilde{\alpha}^{(\lambda_1+\lambda_2)}$。

1.3 区间直觉模糊集理论

1.3.1 区间直觉模糊集及其运算

Atanassov 和 Gargov 将直觉模糊集进行了推广，给出了区间直觉模糊集的概念。

定义 1.14[15] 设 X 是一个非空经典集合，$I_{[0,1]}$ 表示 $[0,1]$ 区间上的所有闭子区间的集合，则称

$$\tilde{A} = \{\langle x, \mu_{\tilde{A}}(x), \nu_{\tilde{A}}(x)\rangle \mid x \in X\} \tag{1.10}$$

为 X 上的一个区间直觉模糊集，其中 $\mu_{\tilde{A}}$ 和 $\nu_{\tilde{A}}$ 分别为 $\tilde{A}$ 的区间值隶属度函数和区间值非隶属度函数，$\mu_{\tilde{A}}(x)$ 和 $\nu_{\tilde{A}}(x)$ 分别为元素 x 属于 $\tilde{A}$ 的区间值隶属度和区间值非隶属度，即

$$\mu_{\tilde{A}}: X \to I_{[0,1]}, x \in X \to \mu_{\tilde{A}}(x) \subseteq [0,1]$$

$$\nu_{\tilde{A}}: X \to I_{[0,1]}, x \in X \to \nu_{\tilde{A}}(x) \subseteq [0,1]$$

且满足条件

$$0 \leqslant \sup\{\mu_{\tilde{A}}(x)\} + \sup\{\nu_{\tilde{A}}(x)\} \leqslant 1, \quad x \in X$$

X 上所有区间直觉模糊集的集合记为 $F_I(X)$。

为了方便，将区间值隶属度 $\mu_{\tilde{A}}(x)$ 和区间值非隶属度 $\nu_{\tilde{A}}(x)$ 的上、下端点分别记为 $\mu_{\tilde{A}U}(x)$、$\mu_{\tilde{A}L}(x)$ 和 $\nu_{\tilde{A}U}(x)$、$\nu_{\tilde{A}L}(x)$。这样，区间直觉模糊集 $\tilde{A}$ 可用区间值形式表示为

$$\tilde{A}=\{\langle x,[\mu_{\tilde{A}L}(x),\mu_{\tilde{A}U}(x)],[\nu_{\tilde{A}L}(x),\nu_{\tilde{A}U}(x)]\rangle \mid x\in X\} \tag{1.11}$$

式中，$\mu_{\tilde{A}L}(x)\in[0,1]$；$\mu_{\tilde{A}U}(x)\in[0,1]$；$\nu_{\tilde{A}L}(x)\in[0,1]$；$\nu_{\tilde{A}U}(x)\in[0,1]$；$\mu_{\tilde{A}U}(x)+\nu_{\tilde{A}U}(x)\leqslant 1$。

令

$$\pi_{\tilde{A}}(x)=1-\mu_{\tilde{A}}(x)-\nu_{\tilde{A}}(x)=[1-\mu_{\tilde{A}U}(x)-\nu_{\tilde{A}U}(x),1-\mu_{\tilde{A}L}(x)-\nu_{\tilde{A}L}(x)]$$

称 $\pi_{\tilde{A}}(x)$ 为元素 x 属于区间直觉模糊集 $\tilde{A}$ 的区间值犹豫度（或区间直觉模糊指标）。

显然，当 $\mu_{\tilde{A}L}(x)=\mu_{\tilde{A}U}(x)$ 且 $\nu_{\tilde{A}L}(x)=\nu_{\tilde{A}U}(x)$ 时，区间直觉模糊集 $\tilde{A}$ 退化为直觉模糊集。所以，区间直觉模糊集是直觉模糊集的推广。

Atanassov 和 Gargov[15]、Xu 和 Chen[16]给出了区间直觉模糊集的一些基本运算法则。

定义 1.15　设 $\tilde{A}=\{\langle x,[\mu_{\tilde{A}L}(x),\mu_{\tilde{A}U}(x)],[\nu_{\tilde{A}L}(x),\nu_{\tilde{A}U}(x)]\rangle \mid x\in X\}$，$\tilde{B}=\{\langle x,[\mu_{\tilde{B}L}(x),\mu_{\tilde{B}U}(x)],[\nu_{\tilde{B}L}(x),\nu_{\tilde{B}U}(x)]\rangle \mid x\in X\}$ 是论域 X 上的两个区间直觉模糊集，$\lambda>0$ 是任意实数，则

（1）区间直觉模糊集的包含关系：$\tilde{A}\subseteq\tilde{B}$ 当且仅当 $\forall x\in X$，$\mu_{\tilde{A}L}(x)\leqslant\mu_{\tilde{B}L}(x)$，$\mu_{\tilde{A}U}(x)\leqslant\mu_{\tilde{B}U}(x)$，$\nu_{\tilde{A}L}(x)\geqslant\nu_{\tilde{B}L}(x)$，$\nu_{\tilde{A}U}(x)\geqslant\nu_{\tilde{B}U}(x)$。

（2）区间直觉模糊集的相等关系：$\tilde{A}=\tilde{B}$ 当且仅当 $\forall x\in X$，$\mu_{\tilde{A}L}(x)=\mu_{\tilde{B}L}(x)$，$\mu_{\tilde{A}U}(x)=\mu_{\tilde{B}U}(x)$，$\nu_{\tilde{A}L}(x)=\nu_{\tilde{B}L}(x)$，$\nu_{\tilde{A}U}(x)=\nu_{\tilde{B}U}(x)$。

（3）区间直觉模糊集的补：

$$(\tilde{A})^c=\{\langle x,[\nu_{\tilde{A}L}(x),\nu_{\tilde{A}U}(x)],[\mu_{\tilde{A}L}(x),\mu_{\tilde{A}U}(x)]\rangle \mid x\in X\}$$

（4）区间直觉模糊集的交：

$$\begin{aligned}\tilde{A}\cap\tilde{B}=\{\langle x,&[\mu_{\tilde{A}L}(x)\wedge\mu_{\tilde{B}L}(x),\mu_{\tilde{A}U}(x)\wedge\mu_{\tilde{B}U}(x)],[\nu_{\tilde{A}L}(x)\vee\nu_{\tilde{B}L}(x),\\&\nu_{\tilde{A}U}(x)\vee\nu_{\tilde{B}U}(x)]\rangle \mid x\in X\}\end{aligned}$$

（5）区间直觉模糊集的并：

$$\begin{aligned}\tilde{A}\cup\tilde{B}=\{\langle x,&[\mu_{\tilde{A}L}(x)\vee\mu_{\tilde{B}L}(x),\mu_{\tilde{A}U}(x)\vee\mu_{\tilde{B}U}(x)],[\nu_{\tilde{A}L}(x)\wedge\nu_{\tilde{B}L}(x),\\&\nu_{\tilde{A}U}(x)\wedge\nu_{\tilde{B}U}(x)]\rangle \mid x\in X\}\end{aligned}$$

（6）区间直觉模糊集的和：

$$\tilde{A}+\tilde{B}=\{\langle x,[\mu_{\tilde{A}L}(x)+\mu_{\tilde{B}L}(x)-\mu_{\tilde{A}L}(x)\mu_{\tilde{B}L}(x),\mu_{\tilde{A}U}(x)+\mu_{\tilde{B}U}(x)-\mu_{\tilde{A}U}(x)\mu_{\tilde{B}U}(x)], [\nu_{\tilde{A}L}(x)\nu_{\tilde{B}L}(x),\nu_{\tilde{A}U}(x)\nu_{\tilde{B}U}(x)]\rangle \mid x\in X\}$$

（7）区间直觉模糊集的积：

$$\tilde{A}\cdot\tilde{B}=\{\langle x,[\mu_{\tilde{A}L}(x)\mu_{\tilde{B}L}(x),\mu_{\tilde{A}U}(x)\mu_{\tilde{B}U}(x)],[\nu_{\tilde{A}L}(x)+\nu_{\tilde{B}L}(x)-\nu_{\tilde{A}L}(x)\nu_{\tilde{B}L}(x),\nu_{\tilde{A}U}(x)+\nu_{\tilde{B}U}(x)-\nu_{\tilde{A}U}(x)\nu_{\tilde{B}U}(x)]\rangle \mid x\in X\}$$

（8）区间直觉模糊集与数的乘积：

$$\lambda\tilde{A}=\{\langle x,[1-(1-\mu_{\tilde{A}L}(x))^{\lambda},1-(1-\mu_{\tilde{A}U}(x))^{\lambda}],[(\nu_{\tilde{A}L}(x))^{\lambda},(\nu_{\tilde{A}U}(x))^{\lambda}]\rangle \mid x\in X\}$$

（9）区间直觉模糊集的乘方：

$$(\tilde{A})^{\lambda}=\{\langle x,[(\mu_{\tilde{A}L}(x))^{\lambda},(\mu_{\tilde{A}U}(x))^{\lambda}],[1-(1-\nu_{\tilde{A}L}(x))^{\lambda},1-(1-\nu_{\tilde{A}U}(x))^{\lambda}]\rangle \mid x\in X\}$$

1.3.2　区间直觉模糊集的相似度与距离

设 $F_I(X)$ 表示所有区间直觉模糊集的集合，下面给出区间直觉模糊集的相似度的概念[17]。

定义 1.16　设 s：$F_I(X)\times F_I(X)\to[0,1]$ 是一映射，对于任意区间直觉模糊集 $\tilde{A}\in F_I(X)$、$\tilde{B}\in F_I(X)$、$\tilde{C}\in F_I(X)$，称 $s(\tilde{A},\tilde{B})$ 为区间直觉模糊集 $\tilde{A}$ 与 $\tilde{B}$ 的相似度，如果它满足条件：

（1）$0\leqslant s(\tilde{A},\tilde{B})\leqslant 1$；

（2）$s(\tilde{A},\tilde{B})=1$ 当且仅当 $\tilde{A}=\tilde{B}$；

（3）$s(\tilde{A},\tilde{B})=s(\tilde{B},\tilde{A})$；

（4）如果 $\tilde{A}\subseteq\tilde{B}\subseteq\tilde{C}$，则 $s(\tilde{A},\tilde{C})\leqslant s(\tilde{A},\tilde{B})$ 且 $s(\tilde{A},\tilde{C})\leqslant s(\tilde{B},\tilde{C})$。

定义 1.17　设 d: $F_I(X)\times F_I(X)\to[0,1]$ 是一映射，对于任意区间直觉模糊集 $\tilde{A}\in F_I(X)$、$\tilde{B}\in F_I(X)$、$\tilde{C}\in F_I(X)$，称 $d(\tilde{A},\tilde{B})$ 为区间直觉模糊集 $\tilde{A}$ 与 $\tilde{B}$ 的距离，如果它满足条件：

（1）$0\leqslant d(\tilde{A},\tilde{B})\leqslant 1$；

（2）$d(\tilde{A},\tilde{B})=0$ 当且仅当 $\tilde{A}=\tilde{B}$；

（3）$d(\tilde{A},\tilde{B})=d(\tilde{B},\tilde{A})$；

（4）如果 $\tilde{A}\subseteq\tilde{B}\subseteq\tilde{C}$，则 $d(\tilde{A},\tilde{C})\geqslant d(\tilde{A},\tilde{B})$ 且 $d(\tilde{A},\tilde{C})\geqslant d(\tilde{C},\tilde{B})$。

对于有限论域 $X=\{x_1,x_2,\cdots,x_n\}$ 上的两个区间直觉模糊集 $\tilde{A}$ 与 $\tilde{B}$，可以定义以下距离测度[17]。

闵可夫斯基距离：

$$d_q(\tilde{A},\tilde{B})=\left[\frac{1}{4n}\sum_{j=1}^{n}[(\mu_{\tilde{A}L}(x_j)-\mu_{\tilde{B}L}(x_j))^q+(\mu_{\tilde{A}U}(x_j)-\mu_{\tilde{B}U}(x_j))^q+(\nu_{\tilde{A}L}(x_j)-\nu_{\tilde{B}L}(x_j))^q+(\nu_{\tilde{A}U}(x_j)-\nu_{\tilde{B}U}(x_j))^q]\right]^{1/q}$$

汉明距离：

$$d_1(\tilde{A},\tilde{B})=\left[\frac{1}{4n}\sum_{j=1}^{n}[|\mu_{\tilde{A}L}(x_j)-\mu_{\tilde{B}L}(x_j)|+|\mu_{\tilde{A}U}(x_j)-\mu_{\tilde{B}U}(x_j)|+|(\nu_{\tilde{A}L}(x_j)-\nu_{\tilde{B}L}(x_j)|+|(\nu_{\tilde{A}U}(x_j)-\nu_{\tilde{B}U}(x_j)|]\right]$$

欧几里得距离：

$$d_2(\tilde{A},\tilde{B})=\left[\frac{1}{4n}\sum_{j=1}^{n}[(\mu_{\tilde{A}L}(x_j)-\mu_{\tilde{B}L}(x_j))^2+(\mu_{\tilde{A}U}(x_j)-\mu_{\tilde{B}U}(x_j))^2+(\nu_{\tilde{A}L}(x_j)-\nu_{\tilde{B}L}(x_j))^2+(\nu_{\tilde{A}U}(x_j)-\nu_{\tilde{B}U}(x_j))^2]\right]^{1/2}$$

切比雪夫距离：

$$d_{+\infty}(\tilde{A},\tilde{B})=\max_{1\leqslant j\leqslant n}\left\{\frac{|\mu_{\tilde{A}L}(x_j)-\mu_{\tilde{B}L}(x_j)|+|\mu_{\tilde{A}U}(x_j)-\mu_{\tilde{B}U}(x_j)|+|\nu_{\tilde{A}L}(x_j)-\nu_{\tilde{B}L}(x_j)|+|\nu_{\tilde{A}U}(x_j)-\nu_{\tilde{B}U}(x_j)|}{4n}\right\}$$

加权闵可夫斯基距离：

$$\overline{d}_q(\tilde{A},\tilde{B})=\left[\frac{1}{4}\sum_{j=1}^{n}\omega_j[(\mu_{\tilde{A}L}(x_j)-\mu_{\tilde{B}L}(x_j))^q+(\mu_{\tilde{A}U}(x_j)-\mu_{\tilde{B}U}(x_j))^q+(\nu_{\tilde{A}L}(x_j)-\nu_{\tilde{B}L}(x_j))^q+(\nu_{\tilde{A}U}(x_j)-\nu_{\tilde{B}U}(x_j))^q]\right]^{1/q}$$

加权汉明距离：

$$\overline{d}_1(\tilde{A},\tilde{B})=\left[\frac{1}{4}\sum_{j=1}^{n}\omega_j[|\mu_{\tilde{A}L}(x_j)-\mu_{\tilde{B}L}(x_j)|+|\mu_{\tilde{A}U}(x_j)-\mu_{\tilde{B}U}(x_j)|+|(\nu_{\tilde{A}L}(x_j)-\nu_{\tilde{B}L}(x_j)|+|(\nu_{\tilde{A}U}(x_j)-\nu_{\tilde{B}U}(x_j)|]\right]$$

加权欧几里得距离：

$$\bar{d}_2(\tilde{A},\tilde{B})=\left[\frac{1}{4}\sum_{j=1}^{n}\omega_j[(\mu_{\tilde{A}L}(x_j)-\mu_{\tilde{B}L}(x_j))^2+(\mu_{\tilde{A}U}(x_j)-\mu_{\tilde{B}U}(x_j))^2+(\nu_{\tilde{A}L}(x_j)-\nu_{\tilde{B}L}(x_j))^2+(\nu_{\tilde{A}U}(x_j)-\nu_{\tilde{B}U}(x_j))^2]\right]^{1/2}$$

加权切比雪夫距离：

$$\bar{d}_{+\infty}(\tilde{A},\tilde{B})=\max_{1\leqslant j\leqslant n}\left\{\frac{\omega_j(|\mu_{\tilde{A}L}(x_j)-\mu_{\tilde{B}L}(x_j)|+|\mu_{\tilde{A}U}(x_j)-\mu_{\tilde{B}U}(x_j)|+|\nu_{\tilde{A}L}(x_j)-\nu_{\tilde{B}L}(x_j)|+|\nu_{\tilde{A}U}(x_j)-\nu_{\tilde{B}U}(x_j)|)}{4}\right\}$$

1.3.3 区间直觉模糊数及其运算

由区间直觉模糊数的定义可知，区间直觉模糊数的基本组成部分是由 x 的区间隶属度和区间非隶属度组成的有序区间对 $\tilde{\alpha}=([\mu_{\tilde{\alpha}L},\mu_{\tilde{\alpha}U}],[\nu_{\tilde{\alpha}L},\nu_{\tilde{\alpha}U}])$，称为区间直觉模糊数[18]。其中

$$[\mu_{\tilde{\alpha}L},\mu_{\tilde{\alpha}U}]\subseteq[0,1],\quad [\nu_{\tilde{\alpha}L},\nu_{\tilde{\alpha}U}]\subseteq[0,1],\quad \mu_{\tilde{\alpha}U}+\nu_{\tilde{\alpha}U}\leqslant 1$$

显然，$\tilde{\alpha}^+=([1,1],[0,0])$ 是最大的区间直觉模糊数，而 $\tilde{\alpha}^+=([0,0],[1,1])$ 是最小的区间直觉模糊数。

定义 1.18[18] 设 $\tilde{\alpha}=([\mu_{\tilde{\alpha}L},\mu_{\tilde{\alpha}U}],[\nu_{\tilde{\alpha}L},\nu_{\tilde{\alpha}U}])$ 为区间直觉模糊数，定义区间直觉模糊数 $\tilde{\alpha}$ 的得分值 $s(\tilde{\alpha})$ 和精确度 $h(\tilde{\alpha})$ 为

$$s(\tilde{\alpha})=\frac{\mu_{\tilde{\alpha}L}+\mu_{\tilde{\alpha}U}-\nu_{\tilde{\alpha}L}-\nu_{\tilde{\alpha}U}}{2}\tag{1.12}$$

$$h(\tilde{\alpha})=\frac{\mu_{\tilde{\alpha}L}+\mu_{\tilde{\alpha}U}+\nu_{\tilde{\alpha}L}+\nu_{\tilde{\alpha}U}}{2}\tag{1.13}$$

设 $\tilde{\alpha}_1=([\mu_{\tilde{\alpha}_1L},\mu_{\tilde{\alpha}_1U}],[\nu_{\tilde{\alpha}_1L},\nu_{\tilde{\alpha}_1U}])$，$\tilde{\alpha}_2=([\mu_{\tilde{\alpha}_2L},\mu_{\tilde{\alpha}_2U}],[\nu_{\tilde{\alpha}_2L},\nu_{\tilde{\alpha}_2U}])$ 为区间直觉模糊数，则有

（1）若 $s(\tilde{\alpha}_1)<s(\tilde{\alpha}_2)$，则 $\tilde{\alpha}_1$ 小于 $\tilde{\alpha}_2$，即 $\tilde{\alpha}_1<\tilde{\alpha}_2$；

（2）若 $s(\tilde{\alpha}_1)=s(\tilde{\alpha}_2)$，则

①若 $h(\tilde{\alpha}_1)=h(\tilde{\alpha}_2)$，则 $\tilde{\alpha}_1=\tilde{\alpha}_2$；

②若 $h(\tilde{\alpha}_1)<h(\tilde{\alpha}_2)$，则 $\tilde{\alpha}_1<\tilde{\alpha}_2$；

③若 $h(\tilde{\alpha}_1)>h(\tilde{\alpha}_2)$，则 $\tilde{\alpha}_1>\tilde{\alpha}_2$。

类似区间直觉模糊集的基本运算，可定义区间直觉模糊数的运算法则如下。

定义 1.19[18] 设 $\tilde{\alpha}=([\mu_{\tilde{\alpha}L},\mu_{\tilde{\alpha}U}],[\nu_{\tilde{\alpha}L},\nu_{\tilde{\alpha}U}])$，$\tilde{\alpha}_1=([\mu_{\tilde{\alpha}_1L},\mu_{\tilde{\alpha}_1U}],[\nu_{\tilde{\alpha}_1L},\nu_{\tilde{\alpha}_1U}])$，$\tilde{\alpha}_2=([\mu_{\tilde{\alpha}_2L},\mu_{\tilde{\alpha}_2U}],[\nu_{\tilde{\alpha}_2L},\nu_{\tilde{\alpha}_2U}])$ 为区间直觉模糊数，则

（1）$\bar{\tilde{\alpha}}=([\nu_{\tilde{\alpha}L},\nu_{\tilde{\alpha}U}],[\mu_{\tilde{\alpha}L},\mu_{\tilde{\alpha}U}])$；

（2）$\tilde{\alpha}_1\cap\tilde{\alpha}_2=([\min\{\mu_{\tilde{\alpha}_1L},\mu_{\tilde{\alpha}_2L}\},\min\{\mu_{\tilde{\alpha}_1U},\mu_{\tilde{\alpha}_2U}\}],[\max\{\nu_{\tilde{\alpha}_1L},\nu_{\tilde{\alpha}_2L}\},\max\{\nu_{\tilde{\alpha}_1U},\nu_{\tilde{\alpha}_2U}\}])$；

（3）$\tilde{\alpha}_1\cup\tilde{\alpha}_2=([\max\{\mu_{\tilde{\alpha}_1L},\mu_{\tilde{\alpha}_2L}\},\max\{\mu_{\tilde{\alpha}_1U},\mu_{\tilde{\alpha}_2U}\}],[\min\{\nu_{\tilde{\alpha}_1L},\nu_{\tilde{\alpha}_2L}\},\min\{\nu_{\tilde{\alpha}_1U},\nu_{\tilde{\alpha}_2U}\}])$；

（4）$\tilde{\alpha}_1\oplus\tilde{\alpha}_2=([\mu_{\tilde{\alpha}_1L}+\mu_{\tilde{\alpha}_2L}-\mu_{\tilde{\alpha}_1L}\mu_{\tilde{\alpha}_2L},\mu_{\tilde{\alpha}_1U}+\mu_{\tilde{\alpha}_2U}-\mu_{\tilde{\alpha}_1U}\mu_{\tilde{\alpha}_2U}],[\nu_{\tilde{\alpha}_1L}\nu_{\tilde{\alpha}_2L},\nu_{\tilde{\alpha}_1U}\nu_{\tilde{\alpha}_2U}])$；

（5）$\tilde{\alpha}_1\otimes\tilde{\alpha}_2=([\mu_{\tilde{\alpha}_1L}\mu_{\tilde{\alpha}_2L},\mu_{\tilde{\alpha}_1U}\mu_{\tilde{\alpha}_2U}],[\nu_{\tilde{\alpha}_1L}+\nu_{\tilde{\alpha}_2L}-\nu_{\tilde{\alpha}_1L}\nu_{\tilde{\alpha}_2L},\nu_{\tilde{\alpha}_1U}+\nu_{\tilde{\alpha}_2U}-\nu_{\tilde{\alpha}_1U}\nu_{\tilde{\alpha}_2U}])$；

（6）$\lambda\tilde{\alpha}=([1-(1-\mu_{\tilde{\alpha}L})^{\lambda},1-(1-\mu_{\tilde{\alpha}U})^{\lambda}],[\nu_{\tilde{\alpha}L}^{\lambda},\nu_{\tilde{\alpha}U}^{\lambda}])$，$\lambda>0$；

（7）$\tilde{\alpha}^{\lambda}=([\mu_{\tilde{\alpha}L}^{\lambda},\mu_{\tilde{\alpha}U}^{\lambda}],[1-(1-\nu_{\tilde{\alpha}L})^{\lambda},1-(1-\nu_{\tilde{\alpha}U})^{\lambda}])$，$\lambda>0$。

根据区间直觉模糊数的定义，可以证明以下两个定理。

定理 1.9[18]　设 $\tilde{\alpha}=([\mu_{\tilde{\alpha}L},\mu_{\tilde{\alpha}U}],[\nu_{\tilde{\alpha}L},\nu_{\tilde{\alpha}U}])$，$\tilde{\alpha}_1=([\mu_{\tilde{\alpha}_1L},\mu_{\tilde{\alpha}_1U}],[\nu_{\tilde{\alpha}_1L},\nu_{\tilde{\alpha}_1U}])$，$\tilde{\alpha}_2=([\mu_{\tilde{\alpha}_2L},\mu_{\tilde{\alpha}_2U}],[\nu_{\tilde{\alpha}_2L},\nu_{\tilde{\alpha}_2U}])$ 为区间直觉模糊数，则 $\bar{\tilde{\alpha}}$，$\tilde{\alpha}_1\cup\tilde{\alpha}_2$，$\tilde{\alpha}_1\cap\tilde{\alpha}_2$，$\tilde{\alpha}_1\oplus\tilde{\alpha}_2$，$\tilde{\alpha}_1\otimes\tilde{\alpha}_2$，$\lambda\tilde{\alpha}$，$\tilde{\alpha}^{\lambda}(\lambda>0)$ 均为区间直觉模糊数。

定理 1.10[18]　设 $\tilde{\alpha}=([\mu_{\tilde{\alpha}L},\mu_{\tilde{\alpha}U}],[\nu_{\tilde{\alpha}L},\nu_{\tilde{\alpha}U}])$，$\tilde{\alpha}_1=([\mu_{\tilde{\alpha}_1L},\mu_{\tilde{\alpha}_1U}],[\nu_{\tilde{\alpha}_1L},\nu_{\tilde{\alpha}_1U}])$，$\tilde{\alpha}_2=([\mu_{\tilde{\alpha}_2L},\mu_{\tilde{\alpha}_2U}],[\nu_{\tilde{\alpha}_2L},\nu_{\tilde{\alpha}_2U}])$ 为区间直觉模糊数，$\lambda,\lambda_1,\lambda_2>0$，则

（1）$\tilde{\alpha}_1\oplus\tilde{\alpha}_2=\tilde{\alpha}_2\oplus\tilde{\alpha}_1$；

（2）$\tilde{\alpha}_1\otimes\tilde{\alpha}_2=\tilde{\alpha}_2\otimes\tilde{\alpha}_1$；

（3）$\lambda(\tilde{\alpha}_1\oplus\tilde{\alpha}_2)=\lambda\tilde{\alpha}_1+\lambda\tilde{\alpha}_2$；

（4）$(\tilde{\alpha}_1\otimes\tilde{\alpha}_2)^{\lambda}=\tilde{\alpha}_1^{\lambda}\otimes\tilde{\alpha}_2^{\lambda}$；

（5）$\lambda_1\tilde{\alpha}\oplus\lambda_2\tilde{\alpha}=(\lambda_1+\lambda_2)\tilde{\alpha}$；

（6）$\tilde{\alpha}^{\lambda_1}\otimes\tilde{\alpha}^{\lambda_2}=\tilde{\alpha}^{(\lambda_1+\lambda_2)}$。

参 考 文 献

[1] Zadeh L A. Fuzzy sets[J]. Information and Control，1965，8（3）：338-353.

[2] Kaufmaan A. Introduction to the Theory of Fuzzy Subsets[M]. New York：Academic Press，1975.

[3] Nahmias S. Fuzzy variables [J]. Fuzzy Sets and Systems，1978，1：97-110.

[4] 李荣钧. 模糊多准则决策理论与应用[M]. 北京：科学出版社，2002.

[5] 宋晓秋. 模糊数学原理与方法[M]. 北京：中国矿业大学出版社，2004.

[6] 徐玖平，李军. 多目标决策的理论与方法[M]. 北京：清华大学出版社，2005.

[7] 江道琪，何建坤，陈松华. 实用线性规划方法及其支持系统[M]. 北京：清华大学出版社，2006.

[8] Liu B. Minimax chance constrained programming models for fuzzy decision systems[J]. Information Sciences，1998，112（1-4）：25-38.

[9] Atanassov K T. Intuitionistic fuzzy sets[J]. Fuzzy Sets and Systems，1986，20（1）：87-96.

[10] Atanassov K T. Intuitionistic Fuzzy Sets：Theory and Applicatious[M]. New York：Physica-Verlag，1999.

[11] Li D F. Representation of level sets and extension principles for Atanassov's intuitionistic fuzzy sets and algebraic operations[J]. Critical View，2010，10（1）：63-74.

[12] Li D F，Cheng C T. New similarity measures of intuitionistic fuzzy sets and application to pattern recognitions[J]. Pattern Recognitions Letters，2002，23（1-3）：221-225.

[13] 李登峰. 直觉模糊集决策与对策分析方法[M]. 北京：国防工业出版社，2012.

[14] Xu Z S，Yager R R. Some geometric aggregation operators based on intuitionistic fuzzy sets[J]. International Journal of General Systems，2006，35：417-433.

[15] Atanassov K T，Gargov G. Interval-valued intuitionistic fuzzy sets[J]. Fuzzy Sets and Systems，1989，31（3）：343-349.

[16] Xu Z S，Chen J. On geometric aggregation over interval-valued intuitionistic fuzzy information[C]. The 3rd International Conference on Natural Computation and 4th International Conference on Fuzzy Systems and Knowledge Discovery，Haikou，2007：466-471.

[17] 徐泽水. 直觉模糊信息集成理论及应用[M]. 北京：科学出版社，2008.

[18] 徐泽水. 区间直觉模糊信息的集成方法及其在决策中的应用[J]. 控制与决策，2007，22（2）：215-219.

第 2 章　基于集结算子的直觉模糊多属性决策方法

决策信息、偏好等集结方法是管理决策问题研究中的重要内容之一[1]。线性加权平均方法是多属性决策中常用的信息集结方法，1988 年 Yager 推广线性加权算子提出了有序加权集结（ordered weighted averaging，OWA）算子[2]；2004 年 Yager 在有序加权集结算子的基础上，提出了广义有序加权集结（generalized ordered weighted averaging，GOWA）算子[3]；之后，徐泽水[4-6]、李登峰[7-12]给出了直觉模糊平均算子、直觉模糊加权集结算子、直觉模糊有序加权集结算子等一系列集结算子，并探讨了它们在直觉模糊多属性决策中的应用。

2.1　基于直觉模糊混合平均算子的多属性决策方法

2.1.1　直觉模糊加权平均算子

记论域 X 上所有直觉模糊数为 $F(X)$。

定义 2.1　设 $\tilde{A}_j=\langle\mu_j,\nu_j\rangle(j=1,2,\cdots,n)$ 是一组直觉模糊数，若 IFWA 是一个映射：$F^n\to F$，使得

$$\mathrm{IFWA}_{\omega}(\tilde{A}_1,\tilde{A}_2,\cdots,\tilde{A}_n)=\omega_1\tilde{A}_1\oplus\omega_2\tilde{A}_2\oplus\cdots\oplus\omega_n\tilde{A}_n \tag{2.1}$$

则称 IFWA 为直觉模糊加权平均算子，其中 $\omega=(\omega_1,\omega_2,\cdots,\omega_n)^{\mathrm{T}}$ 为 $\tilde{A}_j=\langle\mu_j,\nu_j\rangle$ $(j=1,2,\cdots,n)$ 的权重向量，$\omega_j\in[0,1](j=1,2,\cdots,n),\sum\limits_{j=1}^{n}\omega_j=1$。

特别地，若 $\omega=(1/n,1/n,\cdots,1/n)^{\mathrm{T}}$，则 IFWA 算子退化为直觉模糊平均（IFA）算子：

$$\mathrm{IFA}(\tilde{A}_1,\tilde{A}_2,\cdots,\tilde{A}_n)=\frac{1}{n}(\tilde{A}_1\oplus\tilde{A}_2\oplus\cdots\oplus\tilde{A}_n) \tag{2.2}$$

利用数学归纳法，可以证明下面的定理。

定理 2.1　设 $\tilde{A}_j=\langle\mu_j,\nu_j\rangle(j=1,2,\cdots,n)$ 是一组直觉模糊数，则由 IFWA 算子运算得到的结果仍然是直觉模糊数，且

$$\mathrm{IFWA}_{\omega}(\tilde{A}_1,\tilde{A}_2,\cdots,\tilde{A}_n)=\left\langle 1-\prod_{j=1}^{n}(1-\mu_j)^{\omega_j},\prod_{j=1}^{n}(\nu_j)^{\omega_j}\right\rangle \tag{2.3}$$

例 2.1 设 $\tilde{A}_1=\langle 0.2,0.6\rangle$，$\tilde{A}_2=\langle 0.4,0.5\rangle$，$\tilde{A}_3=\langle 0.6,0.3\rangle$，$\tilde{A}_4=\langle 0.3,0.7\rangle$ 为四个直觉模糊数，$\omega=(0.2,0.4,0.1,0.3)^{\mathrm{T}}$ 为其权重向量，则

$$\begin{aligned}\mathrm{IFWA}_{\omega}(\tilde{A}_1,\tilde{A}_2,\tilde{A}_3,\tilde{A}_4)&=\left\langle 1-\prod_{j=1}^{4}(1-\mu_j)^{\omega_j},\prod_{j=1}^{4}(\nu_j)^{\omega_j}\right\rangle\\&=\langle 1-(1-0.2)^{0.2}\times(1-0.4)^{0.4}\times(1-0.6)^{0.1}\times(1-0.3)^{0.3},0.6^{0.2}\\&\quad\times 0.5^{0.4}\times 0.3^{0.1}\times 0.7^{0.3}\rangle=\langle 0.361,0.545\rangle\end{aligned}$$

2.1.2 直觉模糊有序加权平均算子

定义 2.2 设 $\tilde{A}_j=\langle\mu_j,\nu_j\rangle(j=1,2,\cdots,n)$ 是一组直觉模糊数，若 IFOWA 是一个映射：$F^n\to F$，使得

$$\mathrm{IFOWA}_w(\tilde{A}_1,\tilde{A}_2,\cdots,\tilde{A}_n)=w_1\tilde{A}_{\sigma(1)}\oplus w_2\tilde{A}_{\sigma(2)}\oplus\cdots\oplus w_n\tilde{A}_{\sigma(n)} \tag{2.4}$$

则称 IFOWA 为直觉模糊有序加权平均算子，其中 $w=(w_1,w_2,\cdots,w_n)^{\mathrm{T}}$ 为与 IFOWA 算子相关联的权重向量，$w_j\in[0,1](j=1,2,\cdots,n),\sum_{j=1}^{n}w_j=1$。$(\sigma(1),\sigma(2),\cdots,\sigma(n))$ 为数组 $(1,2,\cdots,n)$ 的一个置换，使得对任意 k，有 $\tilde{A}_{\sigma(k-1)}\geqslant\tilde{A}_{\sigma(k)}$，即 $\tilde{A}_{\sigma(k)}$ 是直觉模糊数 $\tilde{A}_j=\langle\mu_j,\nu_j\rangle(j=1,2,\cdots,n)$ 按直觉模糊数的排序规则确定的第 k 个最大直觉模糊数。

特别地，若 $w=(1/n,1/n,\cdots,1/n)^{\mathrm{T}}$，则 IFOWA 算子退化为直觉模糊平均算子：

$$\mathrm{IFA}(\tilde{A}_1,\tilde{A}_2,\cdots,\tilde{A}_n)=\frac{1}{n}(\tilde{A}_1\oplus\tilde{A}_2\oplus\cdots\oplus\tilde{A}_n)$$

类似定理 2.1，可以证明定理 2.2。

定理 2.2 设 $\tilde{A}_j=\langle\mu_j,\nu_j\rangle(j=1,2,\cdots,n)$ 是一组直觉模糊数，$\tilde{A}_{\sigma(k)}$ 是直觉模糊数 $\tilde{A}_j=\langle\mu_j,\nu_j\rangle(j=1,2,\cdots,n)$ 按其排序规则确定的第 k 个最大直觉模糊数，则由 IFOWA 算子运算得到的结果仍然是直觉模糊数，且

$$\mathrm{IFOWA}_w(\tilde{A}_1,\tilde{A}_2,\cdots,\tilde{A}_n)=\left\langle 1-\prod_{j=1}^{n}(1-\mu_{\sigma(j)})^{w_j},\prod_{j=1}^{n}(\nu_{\sigma(j)})^{w_j}\right\rangle \tag{2.5}$$

其中，$w=(w_1,w_2,\cdots,w_n)^{\mathrm{T}}$ 为与 IFOWA 算子相关联的权重向量，$w_j\in[0,1](j=1,2,\cdots,n),\sum_{j=1}^{n}w_j=1$。

例 2.2 设 $\tilde{A}_1=\langle 0.1,0.2\rangle$，$\tilde{A}_2=\langle 0.2,0.4\rangle$，$\tilde{A}_3=\langle 0.6,0.2\rangle$，$\tilde{A}_4=\langle 0.4,0.2\rangle$ 为四

个直觉模糊数，$w=(0.2,0.3,0.3,0.2)^{\mathrm{T}}$ 为与 IFOWA 算子相关联的权重向量。

为了对 $\tilde{A}_j=\langle\mu_j,\nu_j\rangle(j=1,2,3,4)$ 进行排序，首先根据定义 1.12 可以计算 $\tilde{A}_j=\langle\mu_j,\nu_j\rangle(j=1,2,3,4)$ 的得分值：

$$s(\tilde{A}_1)=-0.1,\quad s(\tilde{A}_2)=-0.2,\quad s(\tilde{A}_3)=0.4,\quad s(\tilde{A}_4)=0.2$$

所以

$$s(\tilde{A}_3)>s(\tilde{A}_4)>s(\tilde{A}_1)>s(\tilde{A}_2)$$

于是得到

$$\tilde{A}_{\sigma(1)}=\langle 0.6,0.2\rangle,\quad \tilde{A}_{\sigma(2)}=\langle 0.4,0.2\rangle,\quad \tilde{A}_{\sigma(3)}=\langle 0.1,0.2\rangle,\quad \tilde{A}_{\sigma(4)}=\langle 0.2,0.4\rangle$$

因此，

$$\begin{aligned}\mathrm{IFOWA}_w(\tilde{A}_1,\tilde{A}_2,\tilde{A}_3,\tilde{A}_4)&=\left\langle 1-\prod_{j=1}^{4}(1-\mu_{\sigma(j)})^{\omega_j},\prod_{j=1}^{4}(\nu_{\sigma(j)})^{\omega_j}\right\rangle\\&=\langle 1-(1-0.6)^{0.2}\times(1-0.4)^{0.3}\times(1-0.1)^{0.3}\times(1-0.2)^{0.2},\\&\quad 0.2^{0.2}\times 0.2^{0.3}\times 0.2^{0.3}\times 0.4^{0.2}\rangle=\langle 0.338,0.230\rangle\end{aligned}$$

2.1.3　直觉模糊混合平均算子

定义 2.3　设 $\tilde{A}_j=\langle\mu_j,\nu_j\rangle(j=1,2,\cdots,n)$ 是一组直觉模糊数，若 IFHA 是一个映射：$F^n\to F$，使得

$$\mathrm{IFHA}_{\omega,w}(\tilde{A}_1,\tilde{A}_2,\cdots,\tilde{A}_n)=w_1\tilde{A}'_{\sigma(1)}\oplus w_2\tilde{A}'_{\sigma(2)}\oplus\cdots\oplus w_n\tilde{A}'_{\sigma(n)}\tag{2.6}$$

则称 IFHA 为直觉模糊混合平均算子，其中 $w=(w_1,w_2,\cdots,w_n)^{\mathrm{T}}$ 为与 IFHA 算子相关联的权重向量，$w_j\in[0,1](j=1,2,\cdots,n),\sum\limits_{j=1}^{n}w_j=1$；$\tilde{A}'_j=n\omega_j\tilde{A}_j=\langle\mu'_j,\nu'_j\rangle(j=1,2,\cdots,n)$ $(\tilde{A}'_{\sigma(1)},\tilde{A}'_{\sigma(2)},\cdots,\tilde{A}'_{\sigma(n)})$ 是加权的直觉模糊数组 $(\tilde{A}'_1,\tilde{A}'_2,\cdots,\tilde{A}'_n)$ 的一个置换，使得对任意 k，有 $\tilde{A}'_{\sigma(k-1)}\geqslant\tilde{A}'_{\sigma(k)}$，即 $\tilde{A}'_{\sigma(k)}$ 是直觉模糊数 $\tilde{A}'_j=\langle\mu'_j,\nu'_j\rangle(j=1,2,\cdots,n)$ 按直觉模糊数的排序规则确定的第 k 个最大直觉模糊数；$\omega=(\omega_1,\omega_2,\cdots,\omega_n)^{\mathrm{T}}$ 为 $\tilde{A}_j=\langle\mu_j,\nu_j\rangle(j=1,2,\cdots,n)$ 的权重向量，$\omega_j\in[0,1](j=1,2,\cdots,n),\sum\limits_{j=1}^{n}\omega_j=1$；$n$ 为平衡系数。

特别地，若 $w=(1/n,1/n,\cdots,1/n)^{\mathrm{T}}$ 则 IFHA 算子退化为直觉模糊加权平均算子 IFWA；若 $\omega=(1/n,1/n,\cdots,1/n)^{\mathrm{T}}$，则 IFHA 算子退化为直觉模糊有序加权平均算子 IFOWA。

直觉模糊混合平均算子 IFHA 是直觉模糊加权平均算子 IFWA 和直觉模糊有

序加权平均算子 IFOWA 的拓展，它充分考虑了待集结直觉模糊集自身重要性及其所在位置重要程度两方面的信息。

类似于定理 2.1 和定理 2.2，可以证明以下定理。

定理 2.3　设 $\tilde{A}_j=\langle\mu_j,\nu_j\rangle(j=1,2,\cdots,n)$ 是一组直觉模糊数，令 $\tilde{A}'_j=n\omega_j\tilde{A}_j=\langle\mu'_j,\nu'_j\rangle(j=1,2,\cdots,n)$，$\tilde{A}'_{\sigma(k)}$ 是 $\tilde{A}'_j=\langle\mu'_j,\nu'_j\rangle(j=1,2,\cdots,n)$ 中按直觉模糊数的排序规则确定的第 k 个最大直觉模糊数，则由 IFHA 算子运算得到的结果仍然是直觉模糊数，且

$$\mathrm{IFHA}_{\omega,w}(\tilde{A}_1,\tilde{A}_2,\cdots,\tilde{A}_n)=\left\langle 1-\prod_{j=1}^{n}(1-\mu'_{\sigma(j)})^{\omega_j},\prod_{j=1}^{n}(\nu'_{\sigma(j)})^{\omega_j}\right\rangle \tag{2.7}$$

其中，$w=(w_1,w_2,\cdots,w_n)^{\mathrm{T}}$ 为与 IFOWA 算子相关联的权重向量，$w_j\in[0,1](j=1,2,\cdots,n),\sum_{j=1}^{n}w_j=1$；$\omega=(\omega_1,\omega_2,\cdots,\omega_n)^{\mathrm{T}}$ 为 $\tilde{A}_j=\langle\mu_j,\nu_j\rangle(j=1,2,\cdots,n)$ 的权重向量，$\omega_j\in[0,1](j=1,2,\cdots,n),\sum_{j=1}^{n}\omega_j=1$；$n$ 为平衡系数。

例 2.3　设 $\tilde{A}_1=\langle 0.2,0.5\rangle$，$\tilde{A}_2=\langle 0.3,0.4\rangle$，$\tilde{A}_3=\langle 0.5,0.1\rangle$，$\tilde{A}_4=\langle 0.7,0.2\rangle$，$\tilde{A}_5=\langle 0.6,0.3\rangle$ 为五个直觉模糊数，$\omega=(0.25,0.15,0.20,0.18,0.22)^{\mathrm{T}}$ 为 $\tilde{A}_j(j=1,2,3,4,5)$ 的权重向量，$w=(0.112,0.236,0.304,0.236,0.112)^{\mathrm{T}}$ 为与 IFHA 算子相关联的权重向量。

首先利用直觉模糊数的运算法则，计算加权的直觉模糊数 $\tilde{A}'_j$：

$$\tilde{A}'_1=\langle 0.243,0.420\rangle$$
$$\tilde{A}'_2=\langle 0.235,0.503\rangle$$
$$\tilde{A}'_3=\langle 0.500,0.100\rangle$$
$$\tilde{A}'_4=\langle 0.662,0.235\rangle$$
$$\tilde{A}'_5=\langle 0.635,0.266\rangle$$

利用定义 1.12，计算可得 $\tilde{A}'_j(j=1,2,3,4)$ 的得分值：

$$s(\tilde{A}'_1)=-0.177$$
$$s(\tilde{A}'_2)=-0.268$$
$$s(\tilde{A}'_3)=0.400$$
$$s(\tilde{A}'_4)=0.427$$
$$s(\tilde{A}'_5)=0.369$$

可知

$$s(\tilde{A}'_4)>s(\tilde{A}'_3)>s(\tilde{A}'_5)>s(\tilde{A}'_1)>s(\tilde{A}'_2)$$

则有

$$\tilde{A}'_{\sigma(1)}=\langle 0.662,0.235\rangle$$
$$\tilde{A}'_{\sigma(2)}=\langle 0.500,0.100\rangle$$
$$\tilde{A}'_{\sigma(3)}=\langle 0.635,0.266\rangle$$
$$\tilde{A}'_{\sigma(4)}=\langle 0.243,0.420\rangle$$
$$\tilde{A}'_{\sigma(5)}=\langle 0.235,0.503\rangle$$

由 IFHA 算子可得

$$\mathrm{IFHA}_{\omega,w}(\tilde{A}_1,\tilde{A}_2,\tilde{A}_3,\tilde{A}_4,\tilde{A}_5)=\left\langle 1-\prod_{j=1}^{5}(1-\mu'_{\sigma(j)})^{\omega_j},\prod_{j=1}^{5}(\nu'_{\sigma(j)})^{\omega_j}\right\rangle=\langle 0.497,0249\rangle$$

2.1.4　基于直觉模糊混合平均算子的多属性决策步骤与实例分析

1. 直觉模糊多属性决策问题的描述

设某多属性决策问题有 m 个方案 $Y_i(i=1,2,\cdots,m)$ 组成方案集 $Y=\{Y_1,Y_2,\cdots,Y_m\}$，评价每个方案的属性(或指标)为 $G_j(j=1,2,\cdots,n)$，记属性集为 $G=\{G_1,G_2,\cdots,G_n\}$。假设方案 $Y_i\in Y$ 关于属性 $G_j\in G$ 的评价值可以表示为直觉模糊集 $\tilde{F}_{ij}=\{\langle G_j,Y_i\rangle,\mu_{ij},\nu_{ij}\}(i=1,2,\cdots,m;j=1,2,\cdots,n)$，其中 $\mu_{ij}\in[0,1]$ 和 $\nu_{ij}\in[0,1]$ 分别表示方案 $Y_i\in Y$ 满足属性 $G_j\in G$ 和不满足属性 $G_j\in G$ 的程度，且 $0\leqslant\mu_{ij}+\nu_{ij}\leqslant 1$。

为了方便起见，通常将 $\tilde{F}_{ij}=\{\langle G_j,Y_i\rangle,\mu_{ij},\nu_{ij}\}(i=1,2,\cdots,m;j=1,2,\cdots,n)$ 简记为 $\tilde{F}_{ij}=\langle\mu_{ij},\nu_{ij}\rangle(i=1,2,\cdots,m;j=1,2,\cdots,n)$，即 μ_{ij} 表示方案 $Y_i\in Y$ 满足属性 $G_j\in G$ 的程度，ν_{ij} 表示方案 $Y_i\in Y$ 不满足属性 $G_j\in G$ 的程度。于是 $Y_i\in Y(i=1,2,\cdots,m)$ 的所有 n 个属性评价值可以简单记为向量 $\tilde{F}_i=(\tilde{F}_{i1},\tilde{F}_{i2},\cdots,\tilde{F}_{in})^{\mathrm{T}}=(\langle\mu_{i1},\nu_{i1}\rangle,\langle\mu_{i2},\nu_{i2}\rangle,\cdots,\langle\mu_{in},\nu_{in}\rangle)^{\mathrm{T}}$。此时，所有方案 $Y_i(i=1,2,\cdots,m)$ 关于属性 $G_j(j=1,2,\cdots,n)$ 的直觉模糊评价信息可以用一个直觉模糊决策矩阵 $F=(\langle\mu_{ij},\nu_{ij}\rangle)_{m\times n}$ 表示（表 2-1）。

表 2-1　直觉模糊决策矩阵 F

	G_1	G_2	$\cdots$	G_n
Y_1	$\langle\mu_{11},\nu_{11}\rangle$	$\langle\mu_{12},\nu_{12}\rangle$	$\cdots$	$\langle\mu_{1n},\nu_{1n}\rangle$
Y_2	$\langle\mu_{21},\nu_{21}\rangle$	$\langle\mu_{22},\nu_{22}\rangle$	$\cdots$	$\langle\mu_{2n},\nu_{2n}\rangle$
$\vdots$	$\vdots$	$\vdots$	$\vdots$	$\vdots$
Y_m	$\langle\mu_{m1},\nu_{m1}\rangle$	$\langle\mu_{m2},\nu_{m2}\rangle$	$\cdots$	$\langle\mu_{mn},\nu_{mn}\rangle$

2. 基于直觉模糊混合平均算子的多属性决策步骤

基于直觉模糊混合平均算子的多属性决策步骤如下。

步骤 1　确定多属性决策问题的方案集 $Y=\{Y_1,Y_2,\cdots,Y_m\}$ 和属性集 $G=\{G_1, G_2,\cdots,G_n\}$。

步骤 2　获取多属性决策问题中方案 $Y_i\in Y$ 关于属性 $G_j\in G$ 的直觉模糊特征信息，构建直觉模糊决策矩阵 F。

步骤 3　确定多属性决策问题各属性的权重，得到属性权重向量 $\omega=(\omega_1, \omega_2,\cdots,\omega_n)^{\mathrm{T}}$。

步骤 4　利用正态分布赋权法[13]等确定与 IFHA 算子相关联的权重向量（或位置向量）$w=(w_1,w_2,\cdots,w_n)^{\mathrm{T}}$。

步骤 5　利用式（2.7）计算方案 Y_i 的综合属性值 $\tilde{d}_i=\mathrm{IFHA}_{\omega,w}(\tilde{F}_{i1},\tilde{F}_{i2},\cdots,\tilde{F}_{in})$。首先利用属性权重 $\omega=(\omega_1,\omega_2,\cdots,\omega_n)^{\mathrm{T}}$ 和平衡系数 n 计算加权的直觉模糊数 $\tilde{F}'_{ij}=n\omega_j\tilde{F}_{ij}$，然后利用直觉模糊数的排序规则对 $\tilde{F}'_{ij}(j=1,2,\cdots,n)$ 进行排序，得到直觉模糊数组 $\tilde{F}'_{i\sigma(1)},\tilde{F}'_{i\sigma(2)},\cdots,\tilde{F}'_{i\sigma(n)}$；最后根据与 IFHA 算子相关联的权重向量 $w=(w_1, w_2,\cdots,w_n)^{\mathrm{T}}$ 计算方案 Y_i 的综合属性值 $\tilde{d}_i=\mathrm{IFHA}_{\omega,w}(\tilde{F}_{i1},\tilde{F}_{i2},\cdots,\tilde{F}_{in})$。

步骤 6　计算方案 Y_i 的综合属性值 $\tilde{d}_i$ 的得分值 $s(\tilde{d}_i)$ 和精确值 $h(\tilde{d}_i)$，确定 $\tilde{d}_i(i=1,2,\cdots,m)$ 的不增排列顺序，并利用排序结果对方案 $Y_i(i=1,2,\cdots,m)$ 进行优劣排序。

例 2.4　考虑公共投资项目绩效评估问题。公共投资项目绩效评估要同时考虑公共投资的经济性、效率性、有效性和社会公平性，可以从管理绩效（G_1）、经济绩效（G_2）、社会绩效（G_3）、生态绩效（G_4）和可持续发展绩效（G_5）五个方面进行绩效评估[14]。设利用层次分析法得到属性 $G_j(j=1,2,3,4,5)$ 的权重向量为 $\omega=(0.052,0.141,0.269,0.269,0.269)^{\mathrm{T}}$；通过现场调查和专家咨询可以获得五个公共投资项目 $Y_i(i=1,2,3,4,5)$ 关于属性 $G_j(j=1,2,3,4,5)$ 的直觉模糊评价结果如表 2-2 所示。

表 2-2　公共投资项目绩效评价的直觉模糊决策矩阵 F

	G_1	G_2	G_3	G_4	G_5
Y_1	$\langle 0.7,0.3\rangle$	$\langle 0.7,0.2\rangle$	$\langle 0.4,0.5\rangle$	$\langle 0.7,0.3\rangle$	$\langle 0.6,0.2\rangle$
Y_2	$\langle 0.6,0.2\rangle$	$\langle 0.4,0.3\rangle$	$\langle 0.5,0.3\rangle$	$\langle 0.7,0.1\rangle$	$\langle 0.5,0.2\rangle$
Y_3	$\langle 0.8,0.1\rangle$	$\langle 0.6,0.2\rangle$	$\langle 0.4,0.3\rangle$	$\langle 0.2,0.6\rangle$	$\langle 0.3,0.4\rangle$
Y_4	$\langle 0.5,0.4\rangle$	$\langle 0.3,0.6\rangle$	$\langle 0.6,0.3\rangle$	$\langle 0.3,0.4\rangle$	$\langle 0.5,0.3\rangle$
Y_5	$\langle 0.6,0.4\rangle$	$\langle 0.5,0.4\rangle$	$\langle 0.6,0.2\rangle$	$\langle 0.5,0.3\rangle$	$\langle 0.7,0.2\rangle$

下面用基于直觉模糊混合平均算子的多属性决策方法对五个公共投资项目绩效进行优劣排序。

首先利用给定的属性权重向量 $\omega=(0.052,0.141,0.269,0.269,0.269)^{\mathrm{T}}$ 对各方案 Y_i 的属性值 $\tilde{F}_{ij}=\langle\mu_{ij},\nu_{ij}\rangle(i,j=1,2,3,4,5)$ 进行赋权并乘以平衡系数 n，则得到加权的属性值 $\tilde{F}'_{ij}=n\omega_j\tilde{F}_{ij}(i,j=1,2,3,4,5)$ 和加权直觉模糊决策矩阵如表 2-3 所示。

表 2-3　公共投资项目绩效评价的加权直觉模糊决策矩阵 F'

	G_1	G_2	G_3	G_4	G_5
Y_1	⟨0.260, 0.740⟩	⟨0.569, 0.324⟩	⟨0.497, 0.394⟩	⟨0.802, 0.198⟩	⟨0.708, 0.115⟩
Y_2	⟨0.205, 0.669⟩	⟨0.301, 0.431⟩	⟨0.606, 0.198⟩	⟨0.802, 0.045⟩	⟨0.606, 0.115⟩
Y_3	⟨0.331, 0.562⟩	⟨0.473, 0.324⟩	⟨0.497, 0.198⟩	⟨0.259, 0.503⟩	⟨0.381, 0.292⟩
Y_4	⟨0.159, 0.795⟩	⟨0.221, 0.699⟩	⟨0.708, 0.198⟩	⟨0.497, 0.292⟩	⟨0.606, 0.198⟩
Y_5	⟨0.205, 0.795⟩	⟨0.384, 0.527⟩	⟨0.708, 0.115⟩	⟨0.606, 0.198⟩	⟨0.802, 0.115⟩

根据定义 1.12，可以计算公共投资项目 $Y_i(i=1,2,3,4,5)$ 关于属性 $G_j(j=1,2,3,4,5)$ 评价值的得分值分别为

$s(\tilde{F}'_{11})=-0.48$，$s(\tilde{F}'_{12})=0.245$，$s(\tilde{F}'_{13})=0.103$，$s(\tilde{F}'_{14})=0.604$，$s(\tilde{F}'_{15})=0.593$，
$s(\tilde{F}'_{21})=-0.464$，$s(\tilde{F}'_{22})=-0.13$，$s(\tilde{F}'_{23})=0.408$，$s(\tilde{F}'_{24})=0.757$，$s(\tilde{F}'_{25})=0.491$，
$s(\tilde{F}'_{31})=-0.231$，$s(\tilde{F}'_{32})=0.149$，$s(\tilde{F}'_{33})=0.299$，$s(\tilde{F}'_{34})=-0.244$，$s(\tilde{F}'_{35})=0.089$，
$s(\tilde{F}'_{41})=-0.636$，$s(\tilde{F}'_{42})=-0.478$，$s(\tilde{F}'_{43})=0.51$，$s(\tilde{F}'_{44})=0.205$，$s(\tilde{F}'_{45})=0.408$，
$s(\tilde{F}'_{51})=-0.59$，$s(\tilde{F}'_{52})=-0.143$，$s(\tilde{F}'_{53})=0.593$，$s(\tilde{F}'_{54})=0.408$，$s(\tilde{F}'_{55})=0.678$

所以

$$\tilde{F}'_{14}>\tilde{F}'_{15}>\tilde{F}'_{12}>\tilde{F}'_{13}>\tilde{F}'_{11},\quad \tilde{F}'_{24}>\tilde{F}'_{25}>\tilde{F}'_{23}>\tilde{F}'_{22}>\tilde{F}'_{21},$$
$$\tilde{F}'_{33}>\tilde{F}'_{32}>\tilde{F}'_{35}>\tilde{F}'_{31}>\tilde{F}'_{34},\quad \tilde{F}'_{43}>\tilde{F}'_{45}>\tilde{F}'_{44}>\tilde{F}'_{42}>\tilde{F}'_{41},$$
$$\tilde{F}'_{55}>\tilde{F}'_{53}>\tilde{F}'_{54}>\tilde{F}'_{52}>\tilde{F}'_{51}$$

于是可得

$$\tilde{F}'_{1\sigma(1)}=\langle 0.802,0.198\rangle,\quad \tilde{F}'_{1\sigma(2)}=\langle 0.708,0.115\rangle,\quad \tilde{F}'_{1\sigma(3)}=\langle 0.569,0.324\rangle,$$
$$\tilde{F}'_{1\sigma(4)}=\langle 0.497,0.394\rangle,\quad \tilde{F}'_{1\sigma(5)}=\langle 0.260,0.740\rangle,\quad \tilde{F}'_{2\sigma(1)}=\langle 0.802,0.045\rangle,$$
$$\tilde{F}'_{2\sigma(2)}=\langle 0.606,0.115\rangle,\quad \tilde{F}'_{2\sigma(3)}=\langle 0.606,0.198\rangle,\quad \tilde{F}'_{2\sigma(4)}=\langle 0.301,0.431\rangle,$$
$$\tilde{F}'_{2\sigma(5)}=\langle 0.205,0.669\rangle,\quad \tilde{F}'_{3\sigma(1)}=\langle 0.497,0.198\rangle,\quad \tilde{F}'_{3\sigma(2)}=\langle 0.473,0.324\rangle,$$
$$\tilde{F}'_{3\sigma(3)}=\langle 0.381,0.292\rangle,\quad \tilde{F}'_{3\sigma(4)}=\langle 0.331,0.562\rangle,\quad \tilde{F}'_{3\sigma(5)}=\langle 0.259,0.503\rangle,$$
$$\tilde{F}'_{4\sigma(1)}=\langle 0.708,0.198\rangle,\quad \tilde{F}'_{4\sigma(2)}=\langle 0.606,0.198\rangle,\quad \tilde{F}'_{4\sigma(3)}=\langle 0.497,0.292\rangle,$$

$\tilde{F}'_{4\sigma(4)}=\langle 0.221,0.699\rangle$， $\tilde{F}'_{4\sigma(5)}=\langle 0.159,0.795\rangle$， $\tilde{F}'_{5\sigma(1)}=\langle 0.802,0.115\rangle$，

$\tilde{F}'_{5\sigma(2)}=\langle 0.708,0.115\rangle$， $\tilde{F}'_{5\sigma(3)}=\langle 0.606,0.198\rangle$， $\tilde{F}'_{5\sigma(4)}=\langle 0.384,0.527\rangle$，

$\tilde{F}'_{5\sigma(5)}=\langle 0.205,0.795\rangle$

假设由正态分布赋权法得到与 IFHA 算子相关的权重向量（位置权重向量）$w=(0.112,0.236,0.304,0.236,0.112)^{\mathrm{T}}$，利用式（2.7），计算可得各公共投资项目 Y_i 的综合属性值 $\tilde{d}_i(i=1,2,3,4,5)$ 分别为

$$\tilde{d}_1=\langle 0.603,0.284\rangle,\quad \tilde{d}_2=\langle 0.548,0.203\rangle,\quad \tilde{d}_3=\langle 0.395,0.355\rangle,$$
$$\tilde{d}_4=\langle 0.475,0.351\rangle,\quad \tilde{d}_5=\langle 0.593,0.241\rangle$$

由定义 1.12，计算 $\tilde{d}_i(i=1,2,3,4,5)$ 的得分值分别为

$$s(\tilde{d}_1)=0.319,\quad s(\tilde{d}_2)=0.345,\quad s(\tilde{d}_3)=0.040,\quad s(\tilde{d}_4)=0.124,\quad s(\tilde{d}_5)=0.352$$

易知
$$s(\tilde{d}_5)>s(\tilde{d}_2)>s(\tilde{d}_1)>s(\tilde{d}_4)>s(\tilde{d}_3)$$

由此可得五个公共投资项目绩效的优劣排序为 $Y_5\succ Y_2\succ Y_1\succ Y_4\succ Y_3$，其中公共投资项目 Y_5 的绩效最佳。

2.2 基于直觉模糊混合几何算子的多属性决策方法

2.2.1 直觉模糊加权几何算子

定义 2.4 设 $\tilde{A}_j=\langle\mu_j,\nu_j\rangle(j=1,2,\cdots,n)$ 是一组直觉模糊数，若 IFWG 是一个映射：$F^n\to F$，使得

$$\mathrm{IFWG}_{\omega}(\tilde{A}_1,\tilde{A}_2,\cdots,\tilde{A}_n)=(\tilde{A}_1)^{\omega_1}\otimes(\tilde{A}_2)^{\omega_2}\otimes\cdots\otimes(\tilde{A}_n)^{\omega_n}\tag{2.8}$$

则称 IFWG 为直觉模糊加权几何算子，其中 $\omega=(\omega_1,\omega_2,\cdots,\omega_n)^{\mathrm{T}}$ 为 $\tilde{A}_j=\langle\mu_j,\nu_j\rangle$ $(j=1,2,\cdots,n)$ 的权重向量，$\omega_j\in[0,1](j=1,2,\cdots,n),\sum_{j=1}^{n}\omega_j=1$。

特别地，若 $\omega=(1/n,1/n,\cdots,1/n)^{\mathrm{T}}$，则 IFWG 算子退化为直觉模糊几何算子：

$$\mathrm{IFG}(\tilde{A}_1,\tilde{A}_2,\cdots,\tilde{A}_n)=(\tilde{A}_1\otimes\tilde{A}_2\otimes\cdots\otimes\tilde{A}_n)^{1/n}\tag{2.9}$$

类似可以证明下面的定理。

定理 2.4 设 $\tilde{A}_j=\langle\mu_j,\nu_j\rangle(j=1,2,\cdots,n)$ 是一组直觉模糊数，则由 IFWG 算子运算得到的结果仍然是直觉模糊数，且

$$\mathrm{IFWG}_{\omega}(\tilde{A}_1,\tilde{A}_2,\cdots,\tilde{A}_n)=\left\langle\prod_{j=1}^{n}(\mu_j)^{\omega_j},1-\prod_{j=1}^{n}(1-\nu_j)^{\omega_j}\right\rangle\tag{2.10}$$

其中，$\omega=(\omega_1,\omega_2,\cdots,\omega_n)^{\mathrm{T}}$ 为 $\tilde{A}_j=\langle\mu_j,\nu_j\rangle(j=1,2,\cdots,n)$ 的权重向量，$\omega_j\in[0,1](j=1,2,\cdots,n),\sum_{j=1}^{n}\omega_j=1$。

例 2.5　设 $\tilde{A}_1=\langle 0.2,0.5\rangle$，$\tilde{A}_2=\langle 0.7,0.1\rangle$，$\tilde{A}_3=\langle 0.5,0.2\rangle$，$\tilde{A}_4=\langle 0.4,0.3\rangle$，$\tilde{A}_5=\langle 0.6,0.2\rangle$ 为五个直觉模糊数，$\omega=(0.20,0.25,0.18,0.22,0.15)^{\mathrm{T}}$ 为该直觉模糊数组权重向量，则

$$
\begin{aligned}
\mathrm{IFWG}_{\omega}(\tilde{A}_1,\tilde{A}_2,\tilde{A}_3,\tilde{A}_4,\tilde{A}_5)&=\left\langle\prod_{j=1}^{5}(\mu_j)^{\omega_j},1-\prod_{j=1}^{5}(1-\nu_j)^{\omega_j}\right\rangle\\
&=\langle 0.2^{0.2}\times 0.7^{0.25}\times 0.5^{0.18}\times 0.4^{0.22}\times 0.6^{0.15},1-(1-0.5)^{0.2}\\
&\quad\times(1-0.1)^{0.25}\times(1-0.2)^{0.18}\times(1-0.3)^{0.22}\times(1-0.2)^{0.15}\rangle\\
&=\langle 0.443,0.272\rangle
\end{aligned}
$$

2.2.2　直觉模糊有序几何算子

定义 2.5　设 $\tilde{A}_j=\langle\mu_j,\nu_j\rangle(j=1,2,\cdots,n)$ 是一组直觉模糊数，若 IFOWG 是一个映射：$F^n\to F$，使得

$$
\mathrm{IFOWG}_w(\tilde{A}_1,\tilde{A}_2,\cdots,\tilde{A}_n)=(\tilde{A}_{\sigma(1)})^{w_1}\otimes(\tilde{A}_{\sigma(2)})^{w_2}\otimes\cdots\otimes(\tilde{A}_{\sigma(n)})^{w_n} \tag{2.11}
$$

则称 IFOWG 为直觉模糊有序加权几何算子，其中 $w=(w_1,w_2,\cdots,w_n)^{\mathrm{T}}$ 为与 IFOWG 算子相关联的权重向量，$w_j\in[0,1](j=1,2,\cdots,n),\sum_{j=1}^{n}w_j=1,\ (\sigma(1),\sigma(2),\cdots,\sigma(n))$ 为数组 $(1,2,\cdots,n)$ 的一个置换，使得对任意 k，有 $\tilde{A}_{\sigma(k-1)}\geqslant\tilde{A}_{\sigma(k)}$，即 $\tilde{A}_{\sigma(k)}$ 是直觉模糊数 $\tilde{A}_j=\langle\mu_j,\nu_j\rangle(j=1,2,\cdots,n)$ 按其排序规则确定的第 k 个最大直觉模糊数。

特别地，若 $w=(1/n,1/n,\cdots,1/n)^{\mathrm{T}}$，则 IFOWG 算子退化为直觉模糊几何算子：

$$
\mathrm{IFG}(\tilde{A}_1,\tilde{A}_2,\cdots,\tilde{A}_n)=(\tilde{A}_1\otimes\tilde{A}_2\otimes\cdots\otimes\tilde{A}_n)^{1/n}
$$

类似地，可以证明下面的定理。

定理 2.5　设 $\tilde{A}_j=\langle\mu_j,\nu_j\rangle(j=1,2,\cdots,n)$ 是一组直觉模糊数，$\tilde{A}_{\sigma(k)}$ 是直觉模糊数 $\tilde{A}_j=\langle\mu_j,\nu_j\rangle(j=1,2,\cdots,n)$ 按直觉模糊数的排序规则确定的第 k 个最大直觉模糊数，则由 IFOWG 算子运算得到的结果仍然是直觉模糊数，且

$$
\mathrm{IFOWG}_w(\tilde{A}_1,\tilde{A}_2,\cdots,\tilde{A}_n)=\left\langle\prod_{j=1}^{n}(\mu_{\sigma(j)})^{w_j},1-\prod_{j=1}^{n}(1-\nu_{\sigma(j)})^{w_j}\right\rangle \tag{2.12}
$$

其中，$w=(w_1,w_2,\cdots,w_n)^{\mathrm{T}}$ 为与 IFOWG 算子相关联的权重向量，$w_j\in[0,1](j=1,2,\cdots,n),\sum_{j=1}^{n}w_j=1$。

例 2.6 设 $\tilde{A}_1=\langle 0.1,0.2\rangle$，$\tilde{A}_2=\langle 0.2,0.4\rangle$，$\tilde{A}_3=\langle 0.6,0.2\rangle$，$\tilde{A}_4=\langle 0.4,0.2\rangle$ 为四个直觉模糊数，$w=(0.2,0.3,0.3,0.2)^{\mathrm{T}}$ 为与 IFOWG 算子相关联的权重向量。

为了对 $\tilde{A}_j=\langle\mu_j,\nu_j\rangle(j=1,2,3,4)$ 进行排序，首先根据定义 1.12 可以计算 $\tilde{A}_j=\langle\mu_j,\nu_j\rangle(j=1,2,3,4)$ 的得分值：

$$s(\tilde{A}_1)=-0.1,\quad s(\tilde{A}_2)=-0.2,\quad s(\tilde{A}_3)=0.4,\quad s(\tilde{A}_4)=0.2$$

所以

$$s(\tilde{A}_3)>s(\tilde{A}_4)>s(\tilde{A}_1)>s(\tilde{A}_2)$$

于是得到：

$$\tilde{A}_{\sigma(1)}=\langle 0.6,0.2\rangle,\quad \tilde{A}_{\sigma(2)}=\langle 0.4,0.2\rangle,\quad \tilde{A}_{\sigma(3)}=\langle 0.1,0.2\rangle,\quad \tilde{A}_{\sigma(4)}=\langle 0.2,0.4\rangle$$

因此

$$\mathrm{IFOWG}_w(\tilde{A}_1,\tilde{A}_2,\tilde{A}_3,\tilde{A}_4)=\left\langle\prod_{j=1}^{4}(\mu_{\sigma(j)})^{w_j},1-\prod_{j=1}^{4}(1-\nu_{\sigma(j)})^{w_j}\right\rangle=\langle 0.249,0.245\rangle$$

2.2.3 直觉模糊混合几何算子

定义 2.6 设 $\tilde{A}_j=\langle\mu_j,\nu_j\rangle(j=1,2,\cdots,n)$ 是一组直觉模糊数，若 IFHG 是一个映射：$F^n\to F$，使得

$$\mathrm{IFHG}_{\omega,w}(\tilde{A}_1,\tilde{A}_2,\cdots,\tilde{A}_n)=(\tilde{A}'_{\sigma(1)})^{w_1}\otimes(\tilde{A}'_{\sigma(2)})^{w_2}\otimes\cdots\otimes(\tilde{A}'_{\sigma(n)})^{w_n}\tag{2.13}$$

则称 IFHG 为直觉模糊混合几何算子，其中 $w=(w_1,w_2,\cdots,w_n)^{\mathrm{T}}$ 为与 IFHG 算子相关联的权重向量，$w_j\in[0,1](j=1,2,\cdots,n),\sum_{j=1}^{n}w_j=1$；$\tilde{A}'_j=(\tilde{A}_j)^{n\omega_j}=\langle\mu'_j,\nu'_j\rangle(j=1,2,\cdots,n)$，$(\tilde{A}'_{\sigma(1)},\tilde{A}'_{\sigma(2)},\cdots,\tilde{A}'_{\sigma(n)})$ 是加权的直觉模糊数组 $(\tilde{A}'_1,\tilde{A}'_2,\cdots,\tilde{A}'_n)$ 的一个置换，使得对任意 k，有 $\tilde{A}'_{\sigma(k-1)}\geqslant\tilde{A}'_{\sigma(k)}$，即 $\tilde{A}'_{\sigma(k)}$ 是直觉模糊数 $\tilde{A}'_j=\langle\mu'_j,\nu'_j\rangle(j=1,2,\cdots,n)$ 按其排序规则确定的第 k 个最大直觉模糊数；$\omega=(\omega_1,\omega_2,\cdots,\omega_n)^{\mathrm{T}}$ 为 $\tilde{A}_j=\langle\mu_j,\nu_j\rangle$ $(j=1,2,\cdots,n)$ 的权重向量，$\omega_j\in[0,1](j=1,2,\cdots,n),\sum_{j=1}^{n}\omega_j=1$；$n$ 为平衡系数。

特别地，若 $w=(1/n,1/n,\cdots,1/n)^{\mathrm{T}}$，则 IFHG 算子退化为直觉模糊加权几何算

子 IFWG；若 $\omega=(1/n,1/n,\cdots,1/n)^{\mathrm{T}}$，则 IFHG 算子退化为直觉模糊有序加权几何算子 IFOWG。

类似于定理 2.3，可以证明以下定理。

定理 2.6　设 $\tilde{A}_j=\langle\mu_j,\nu_j\rangle(j=1,2,\cdots,n)$ 是一组直觉模糊数，令 $\tilde{A}'_j=(\tilde{A}_j)^{n\omega_j}=\langle\mu'_j,\nu'_j\rangle(j=1,2,\cdots,n)$，$\tilde{A}'_{\sigma(k)}$ 是 $\tilde{A}'_j=\langle\mu'_j,\nu'_j\rangle(j=1,2,\cdots,n)$ 中按直觉模糊数的排序规则确定的第 k 个最大直觉模糊数，则由 IFHG 算子运算得到的结果仍然是直觉模糊数，且

$$\mathrm{IFHG}_{\omega,w}(\tilde{A}_1,\tilde{A}_2,\cdots,\tilde{A}_n)=\left\langle\prod_{j=1}^{n}(\mu'_{\sigma(j)})^{w_j},1-\prod_{j=1}^{n}(1-\nu'_{\sigma(j)})^{w_j}\right\rangle \tag{2.14}$$

其中，$w=(w_1,w_2,\cdots,w_n)^{\mathrm{T}}$ 为与 IFHG 算子相关联的权重向量，$w_j\in[0,1](j=1,2,\cdots,n),\sum_{j=1}^{n}w_j=1$；$\omega=(\omega_1,\omega_2,\cdots,\omega_n)^{\mathrm{T}}$ 为 $\tilde{A}_j=\langle\mu_j,\nu_j\rangle(j=1,2,\cdots,n)$ 的权重向量，$\omega_j\in[0,1](j=1,2,\cdots,n),\sum_{j=1}^{n}\omega_j=1$；$n$ 为平衡系数。

例 2.7　设 $\tilde{A}_1=\langle0.2,0.5\rangle$，$\tilde{A}_2=\langle0.3,0.4\rangle$，$\tilde{A}_3=\langle0.5,0.1\rangle$，$\tilde{A}_4=\langle0.7,0.2\rangle$，$\tilde{A}_5=\langle0.6,0.3\rangle$ 为五个直觉模糊数，$\omega=(0.25,0.15,0.20,0.18,0.22)^{\mathrm{T}}$ 为 $\tilde{A}_j(j=1,2,3,4,5)$ 的权重向量，$w=(0.112,0.236,0.304,0.236,0.112)^{\mathrm{T}}$ 为与 IFHG 算子相关联的权重向量。

首先利用直觉模糊数的运算法则，计算加权的直觉模糊数 $\tilde{A}'_j$：

$$\tilde{A}'_1=\langle0.134,0.580\rangle$$
$$\tilde{A}'_2=\langle0.405,0.318\rangle$$
$$\tilde{A}'_3=\langle0.500,0.100\rangle$$
$$\tilde{A}'_4=\langle0.725,0.182\rangle$$
$$\tilde{A}'_5=\langle0.570,0.325\rangle$$

根据定义 1.12，计算可得 $\tilde{A}'_j(j=1,2,3,4)$ 的得分值：

$$s(\tilde{A}'_1)=-0.446$$
$$s(\tilde{A}'_2)=0.087$$
$$s(\tilde{A}'_3)=0.400$$
$$s(\tilde{A}'_4)=0.543$$
$$s(\tilde{A}'_5)=0.245$$

可知
$$s(\tilde{A}'_4)>s(\tilde{A}'_3)>s(\tilde{A}'_5)>s(\tilde{A}'_2)>s(\tilde{A}'_1)$$

则有

$$\tilde{A}'_{\sigma(1)}=\langle 0.725,0.182\rangle$$
$$\tilde{A}'_{\sigma(2)}=\langle 0.500,0.100\rangle$$
$$\tilde{A}'_{\sigma(3)}=\langle 0.570,0.325\rangle$$
$$\tilde{A}'_{\sigma(4)}=\langle 0.405,0.318\rangle$$
$$\tilde{A}'_{\sigma(5)}=\langle 0.134,0.580\rangle$$

由 IFHG 算子可得

$$\mathrm{IFHG}_{\omega,w}(\tilde{A}_1,\tilde{A}_2,\tilde{A}_3,\tilde{A}_4,\tilde{A}_5)=\left\langle \prod_{j=1}^{5}(\mu'_{\sigma(j)})^{\omega_j},1-\prod_{j=1}^{5}(1-\nu'_{\sigma(j)})^{\omega_j}\right\rangle=\langle 0.445,0298\rangle$$

2.2.4　基于直觉模糊混合几何算子的多属性决策步骤与实例分析

设某多属性决策问题有 m 个方案 $Y_i(i=1,2,\cdots,m)$ 组成方案集 $Y=\{Y_1,Y_2,\cdots,Y_m\}$，评价每个方案的属性(或指标)为 $G_j(j=1,2,\cdots,n)$，记属性集为 $G=\{G_1,G_2,\cdots,G_n\}$。假设方案 $Y_i\in Y$ 关于属性 $G_j\in G$ 的评价值可以表示为直觉模糊集的形式：$\tilde{F}_{ij}=\langle\mu_{ij},\nu_{ij}\rangle(i=1,2,\cdots,m;j=1,2,\cdots,n)$，这里 μ_{ij} 表示方案 $Y_i\in Y$ 满足属性 $G_j\in G$ 的程度，ν_{ij} 表示方案 $Y_i\in Y$ 不满足属性 $G_j\in G$ 的程度。方案 $Y_i\in Y$ 的所有 n 个属性评价值可以简单记为向量 $\tilde{F}_i=(\tilde{F}_{i1},\tilde{F}_{i2},\cdots,\tilde{F}_{in})^{\mathrm{T}}=(\langle\mu_{i1},\nu_{i1}\rangle,\langle\mu_{i2},\nu_{i2}\rangle,\cdots,\langle\mu_{in},\nu_{in}\rangle)^{\mathrm{T}}$。此时，所有方案 $Y_i(i=1,2,\cdots,m)$ 关于属性 $G_j(j=1,2,\cdots,n)$ 的直觉模糊评价信息可以用一个直觉模糊决策矩阵 $F=(\langle\mu_{ij},\nu_{ij}\rangle)_{m\times n}$ 表示（表 2-1）。

基于直觉模糊混合几何算子的多属性决策步骤如下。

步骤 1　确定多属性决策问题的方案集 $Y=\{Y_1,Y_2,\cdots,Y_m\}$ 和属性集 $G=\{G_1,G_2,\cdots,G_n\}$。

步骤 2　获取多属性决策问题中方案 $Y_i\in Y$ 关于属性 $G_j\in G$ 的直觉模糊特征信息，构建直觉模糊决策矩阵 F。

步骤 3　确定多属性决策问题各属性的权重，得到属性权重向量 $\omega=(\omega_1,\omega_2,\cdots,\omega_n)^{\mathrm{T}}$。

步骤 4　利用正态分布赋权法[13]等确定与 IFHG 算子相关联的权重向量(或位置向量）$w=(w_1,w_2,\cdots,w_n)^{\mathrm{T}}$。

步骤 5　利用式（2.14）计算方案 Y_i 的综合属性值 $\tilde{d}_i=\mathrm{IFHG}_{\omega,w}(\tilde{F}_{i1},\tilde{F}_{i2},\cdots,\tilde{F}_{in})$。首先利用属性权重 $\omega=(\omega_1,\omega_2,\cdots,\omega_n)^{\mathrm{T}}$ 和平衡系数 n 计算加权的直觉模糊数 $\tilde{F}'_{ij}=(\tilde{F}_{ij})^{n\omega_j}$，然后利用直觉模糊数的排序规则对 $\tilde{F}'_{ij}(j=1,2,\cdots,n)$ 进行排序，得到

直觉模糊数组 $\tilde{F}'_{i\sigma(1)},\tilde{F}'_{i\sigma(2)},\cdots,\tilde{F}'_{i\sigma(n)}$；最后根据与 IFHG 算子相关联的权重向量 $w=(w_1,w_2,\cdots,w_n)^{\mathrm{T}}$ 计算方案 Y_i 的综合属性值 $\tilde{d}_i=\mathrm{IFHG}_{\omega,w}(\tilde{F}_{i1},\tilde{F}_{i2},\cdots,\tilde{F}_{in})$。

步骤 6　计算方案 Y_i 的综合属性值 $\tilde{d}_i$ 的得分值 $s(\tilde{d}_i)$ 和精确值 $h(\tilde{d}_i)$，确定 $\tilde{d}_i(i=1,2,\cdots,m)$ 的不增排列顺序，并利用排序结果对方案 $Y_i(i=1,2,\cdots,m)$ 进行优劣排序。

例 2.8　考虑地方政府公共财政支出绩效评价问题。公共财政支出绩效评价是对财政支出活动的经济性、效率性和有效性进行评价，可以从教育支出绩效（G_1）、养老支出绩效（G_2）、就业支出绩效（G_3）和基础设施建设支出绩效（G_4）四个维度进行评估[15]。假设通过调研与专家咨询可以获得五个地区 $Y_i(i=1,2,3,4,5)$ 关于属性 $G_j(j=1,2,3,4)$ 的直觉模糊评价结果如表 2-4 所示，同时利用层次分析法可得属性 $G_j(j=1,2,3,4)$ 的权重向量为 $\omega=(0.273,0.279,0.275,0.173)^{\mathrm{T}}$。

表 2-4　公共财政支出绩效评价的加权直觉模糊决策矩阵 F

	G_1	G_2	G_3	G_4
Y_1	⟨0.51, 0.44⟩	⟨0.45, 0.32⟩	⟨0.40, 0.55⟩	⟨0.35, 0.50⟩
Y_2	⟨0.45, 0.50⟩	⟨0.36, 0.45⟩	⟨0.45, 0.40⟩	⟨0.70, 0.20⟩
Y_3	⟨0.65, 0.30⟩	⟨0.55, 0.40⟩	⟨0.50, 0.42⟩	⟨0.45, 0.50⟩
Y_4	⟨0.60, 0.25⟩	⟨0.75, 0.15⟩	⟨0.65, 0.25⟩	⟨0.50, 0.35⟩
Y_5	⟨0.55, 0.30⟩	⟨0.50, 0.35⟩	⟨0.55, 0.15⟩	⟨0.55, 0.20⟩

下面用基于直觉模糊混合几何算子的多属性决策方法对五个地区 $Y_i(i=1,2,3,4,5)$ 的政府公共财政支出绩效进行优劣排序。

首先利用给定的属性权重向量 $\omega=(0.273,0.279,0.275,0.173)^{\mathrm{T}}$ 对各个地区 $Y_i(i=1,2,3,4,5)$ 的属性值 $F_{ij}=\langle\mu_{ij},\nu_{ij}\rangle(i=1,2,3,4,5;j=1,2,3,4)$ 进行赋权并乘以平衡系数 $n=4$，则得到加权的属性值 $F'_{ij}=(\tilde{F}_{ij})^{4\omega_j}(i=1,2,3,4,5;j=1,2,3,4)$，以及加权直觉模糊决策矩阵 F' 如表 2-5 所示。

表 2-5　公共财政支出绩效评价的加权直觉模糊决策矩阵 F'

	G_1	G_2	G_3	G_4
Y_1	⟨0.492, 0.469⟩	⟨0.410, 0.350⟩	⟨0.365, 0.585⟩	⟨0.484, 0.381⟩
Y_2	⟨0.418, 0.531⟩	⟨0.320, 0.487⟩	⟨0.415, 0.430⟩	⟨0.781, 0.143⟩
Y_3	⟨0.625, 0.323⟩	⟨0.513, 0.435⟩	⟨0.67, 0.451⟩	⟨0.575, 0.381⟩
Y_4	⟨0.572, 0.270⟩	⟨0.725, 0.166⟩	⟨0.623, 0.271⟩	⟨0.619, 0.258⟩
Y_5	⟨0.521, 0.323⟩	⟨0.461, 0.382⟩	⟨0.518, 0.164⟩	⟨0.661, 0.143⟩

根据定义 1.12，可以计算个地区 $Y_i(i=1,2,3,4,5)$ 关于属性 $G_j(j=1,2,3,4)$ 各评价值的得分值分别为

$s(\tilde{F}'_{11})=0.023$，$s(\tilde{F}'_{12})=0.060$，$s(\tilde{F}'_{13})=-0.220$，$s(\tilde{F}'_{14})=0.103$，$s(\tilde{F}'_{21})=-0.113$，

$s(\tilde{F}'_{22})=-0.167$，$s(\tilde{F}'_{23})=-0.015$，$s(\tilde{F}'_{24})=0.638$，$s(\tilde{F}'_{31})=0.302$，$s(\tilde{F}'_{32})=0.078$，

$s(\tilde{F}'_{33})=0.016$，$s(\tilde{F}'_{34})=0.194$，$s(\tilde{F}'_{41})=0.302$，$s(\tilde{F}'_{42})=0.559$，$s(\tilde{F}'_{43})=0.352$，

$s(\tilde{F}'_{44})=0.361$，$s(\tilde{F}'_{51})=0.198$，$s(\tilde{F}'_{52})=0.079$，$s(\tilde{F}'_{53})=0.354$，$s(\tilde{F}'_{54})=0.518$

所以

$$s(\tilde{F}'_{14})>s(\tilde{F}'_{12})>s(\tilde{F}'_{11})>s(\tilde{F}'_{13}),\quad s(\tilde{F}'_{24})>s(\tilde{F}'_{23})>s(\tilde{F}'_{21})>s(\tilde{F}'_{22}),$$
$$s(\tilde{F}'_{31})>s(\tilde{F}'_{34})>s(\tilde{F}'_{32})>s(\tilde{F}'_{33}),\quad s(\tilde{F}'_{42})>s(\tilde{F}'_{44})>s(\tilde{F}'_{43})>s(\tilde{F}'_{41}),$$
$$s(\tilde{F}'_{54})>s(\tilde{F}'_{53})>s(\tilde{F}'_{51})>s(\tilde{F}'_{52})$$

于是可得

$$\tilde{F}'_{1\sigma(1)}=\langle 0.484,0.381\rangle,\quad \tilde{F}'_{1\sigma(2)}=\langle 0.410,0.350\rangle,\quad \tilde{F}'_{1\sigma(3)}=\langle 0.492,0.469\rangle,$$
$$\tilde{F}'_{1\sigma(4)}=\langle 0.365,0.585\rangle,\quad \tilde{F}'_{2\sigma(1)}=\langle 0.781,0.143\rangle,\quad \tilde{F}'_{2\sigma(2)}=\langle 0.415,0.430\rangle,$$
$$\tilde{F}'_{2\sigma(3)}=\langle 0.418,0.531\rangle,\quad \tilde{F}'_{2\sigma(4)}=\langle 0.320,0.487\rangle,\quad \tilde{F}'_{3\sigma(1)}=\langle 0.625,0.323\rangle,$$
$$\tilde{F}'_{3\sigma(2)}=\langle 0.575,0.381\rangle,\quad \tilde{F}'_{3\sigma(3)}=\langle 0.513,0.435\rangle,\quad \tilde{F}'_{3\sigma(4)}=\langle 0.467,0.451\rangle,$$
$$\tilde{F}'_{4\sigma(1)}=\langle 0.725,0.166\rangle,\quad \tilde{F}'_{4\sigma(2)}=\langle 0.619,0.258\rangle,\quad \tilde{F}'_{4\sigma(3)}=\langle 0.623,0.271\rangle,$$
$$\tilde{F}'_{4\sigma(4)}=\langle 0.571,0.270\rangle,\quad \tilde{F}'_{5\sigma(1)}=\langle 0.661,0.143\rangle,\quad \tilde{F}'_{5\sigma(2)}=\langle 0.518,0.164\rangle,$$
$$\tilde{F}'_{5\sigma(3)}=\langle 0.521,0.323\rangle,\quad \tilde{F}'_{5\sigma(4)}=\langle 0.461,0.382\rangle$$

假设由正态分布赋权法得到与 IFHG 算子相关联的权重向量 $w=(0.2,0.3,0.3,0.2)^{\mathrm{T}}$，利用式（2.14）计算可得各地政府公共财政支出绩效的综合属性值 $\tilde{d}_i(i=1,2,3,4,5)$ 分别为

$$\tilde{d}_1=\langle 0.437,0.446\rangle,\quad \tilde{d}_2=\langle 0.400,0.429\rangle,\quad \tilde{d}_3=\langle 0.542,0.401\rangle,$$
$$\tilde{d}_4=\langle 0.630,0.247\rangle,\quad \tilde{d}_5=\langle 0.532,0.258\rangle$$

根据定义 1.12，计算可得直觉模糊数 $\tilde{d}_i(i=1,2,3,4,5)$ 的得分值分别为

$$s(\tilde{d}_1)=-0.009,\quad s(\tilde{d}_2)=-0.029,\quad s(\tilde{d}_3)=0.141,\quad s(\tilde{d}_4)=0.383,\quad s(\tilde{d}_5)=0.274$$

可知
$$s(\tilde{d}_4)>s(\tilde{d}_5)>s(\tilde{d}_3)>s(\tilde{d}_1)>s(\tilde{d}_2)$$

所以五个地区政府公共财政支出绩效的优劣排序为 $Y_4 \succ Y_5 \succ Y_3 \succ Y_1 \succ Y_2$，其中 Y_4 的政府公共财政支出绩效最佳。

2.3　属性权重为直觉模糊数情形下的直觉模糊多属性决策方法

在 2.1 节和 2.2 节讨论了权重为常数时的直觉模糊多属性决策方法，本节讨论属性权重为直觉模糊数时的多属性决策方法。

设多属性决策问题有 m 个决策方案 $Y_i(i=1,2,\cdots,m)$ 组成方案集 $Y=\{Y_1,Y_2,\cdots,Y_m\}$，评价每个方案的属性（或指标）为 $G_j(j=1,2,\cdots,n)$，记属性集为 $G=\{G_1,G_2,\cdots,G_n\}$。假设方案 $Y_i\in Y$ 关于属性 $G_j\in G$ 的评价值可以表示为直觉模糊集的形式：$\tilde{F}_{ij}=\langle\mu_{ij},\nu_{ij}\rangle(i=1,2,\cdots,m;j=1,2,\cdots,n)$，这里 μ_{ij} 表示方案 $Y_i\in Y$ 满足属性 $G_j\in G$ 的程度，ν_{ij} 表示方案 $Y_i\in Y$ 不满足属性 $G_j\in G$ 的程度，且 $0\leqslant\mu_{ij}+\nu_{ij}\leqslant 1(i=1,2,\cdots,m;j=1,2,\cdots,n)$。

通常用 $F=(\langle\mu_{ij},\nu_{ij}\rangle)_{m\times n}$ 表示多属性决策问题的直觉模糊决策矩阵（表 2-1），其中的第 i 行元素 $\tilde{F}_i=(\tilde{F}_{i1},\tilde{F}_{i2},\cdots,\tilde{F}_{in})^{\mathrm{T}}=(\langle\mu_{i1},\nu_{i1}\rangle,\langle\mu_{i2},\nu_{i2}\rangle,\cdots,\langle\mu_{in},\nu_{in}\rangle)^{\mathrm{T}}(i=1,2,\cdots,m)$ 为方案 $Y_i(i=1,2,\cdots,m)$ 关于属性 $G_j(j=1,2,\cdots,n)$ 评价值的直觉模糊数表达形式。如果属性 $G_j\in G$ 的权重为直觉模糊数 $\tilde{\omega}_j=\langle\rho_j,\tau_j\rangle(j=1,2,\cdots,n)$ 满足条件 $\rho_j\in[0,1],\tau_j\in[0,1](j=1,2,\cdots,n)$，且 $0\leqslant\rho_j+\tau_j\leqslant 1$，则 $\tilde{F}_{ij}=\langle\mu_{ij},\nu_{ij}\rangle$ 的加权直觉模糊数为

$$\tilde{F}'_{ij}=\langle\mu'_{ij},\nu'_{ij}\rangle=\tilde{\omega}_j\otimes\tilde{F}_{ij}=\langle\rho_j,\tau_j\rangle\langle\mu_{ij},\nu_{ij}\rangle=\langle\rho_j\mu_{ij},\tau_j+\nu_{ij}-\tau_j\nu_{ij}\rangle \quad (2.15)$$

于是，可得加权直觉模糊决策矩阵 F' 如表 2-6 所示。

表 2-6　加权直觉模糊决策矩阵 F'

	G_1	G_2	$\cdots$	G_n
Y_1	$\langle\mu'_{11},\nu'_{11}\rangle$	$\langle\mu'_{12},\nu'_{12}\rangle$	$\cdots$	$\langle\mu'_{1n},\nu'_{1n}\rangle$
Y_2	$\langle\mu'_{21},\nu'_{21}\rangle$	$\langle\mu'_{22},\nu'_{22}\rangle$	$\cdots$	$\langle\mu'_{2n},\nu'_{2n}\rangle$
$\vdots$	$\vdots$	$\vdots$	$\vdots$	$\vdots$
Y_m	$\langle\mu'_{m1},\nu'_{m1}\rangle$	$\langle\mu_{m2},\nu_{m2}\rangle$	$\cdots$	$\langle\mu'_{mn},\nu'_{mn}\rangle$

这时，可得方案 $Y_i(i=1,2,\cdots,m)$ 的加权直觉模糊综合评价结果为

$$\begin{aligned}\tilde{d}_i &= \tilde{\omega}_1 \otimes \tilde{F}_{i1} \oplus \tilde{\omega}_2 \otimes \tilde{F}_{i2} \oplus \cdots \oplus \tilde{\omega}_n \otimes \tilde{F}_{in} \\ &= \langle \rho_1 \mu_{i1}, \tau_1 + v_{i1} - \tau_1 v_{i1} \rangle + \langle \rho_2 \mu_{i2}, \tau_2 + v_{i2} - \tau_2 v_{i2} \rangle + \cdots + \langle \rho_n \mu_{in}, \tau_n + v_{in} - \tau_n v_{in} \rangle \\ &= \sum_{j=1}^{n} \langle \mu'_{ij}, v'_{ij} \rangle\end{aligned}$$

那么，

$$\tilde{d}_i = \langle \mu'_i, v'_i \rangle = \sum_{j=1}^{n} \langle \mu'_{ij}, v'_{ij} \rangle = \langle 1-(1-\mu'_{i1})(1-\mu'_{i2})\cdots(1-\mu'_{in}), v'_{i1} v'_{i2} \cdots v'_{in} \rangle \tag{2.16}$$

根据定义 1.12，计算方案 $Y_i(i=1,2,\cdots,m)$ 的加权综合评价结果 $\tilde{d}_i$ 的得分值和精确值：

$$s(\tilde{d}_i) = \mu'_i - v'_i(i=1,2,\cdots,m), \quad h(\tilde{d}_i) = \mu'_i + v'_i(i=1,2,\cdots,m)$$

利用直觉模糊数排序规则，可以确定方案 $Y_i(i=1,2,\cdots,m)$ 的优劣次序。

属性权重为直觉模糊数的多属性决策方法的步骤如下。

步骤 1 确定多属性决策问题的方案集 $Y=\{Y_1,Y_2,\cdots,Y_m\}$ 和属性集 $G=\{G_1,G_2,\cdots,G_n\}$。

步骤 2 获取多属性决策问题中方案 $Y_i \in Y$ 关于属性 $G_j \in G$ 的直觉模糊特征信息，构建直觉模糊决策矩阵 F。

步骤 3 确定多属性决策问题各属性的直觉模糊权重，得到属性的直觉模糊权重向量 $\tilde{\omega}=(\tilde{\omega}_1,\tilde{\omega}_2,\cdots,\tilde{\omega}_n)^{\mathrm{T}}=(\langle \rho_1,\tau_1 \rangle,\langle \rho_2,\tau_2 \rangle,\cdots,\langle \rho_n,\tau_n \rangle)^{\mathrm{T}}$。

步骤 4 利用式（2.15）计算多属性决策问题的加权直觉模糊决策矩阵 $F'=(\tilde{F}'_{ij})_{m\times n}$。

步骤 5 利用式（2.16）计算方案 Y_i 的加权直觉模糊综合属性值 $\tilde{d}_i(i=1,2,\cdots,m)$。

步骤 6 计算方案 Y_i 的加权直觉模糊综合属性值 $\tilde{d}_i$ 的得分值 $s(\tilde{d}_i)$ 和精确值 $h(\tilde{d}_i)$，确定 $\tilde{d}_i(i=1,2,\cdots,m)$ 的不增排列顺序，并利用排序结果对方案 $Y_i(i=1,2,\cdots,m)$ 进行优劣排序。

例 2.9 考虑企业质量管理体系有效性评价问题。企业进行质量管理体系运行有效性评价的主要目的是发现质量管理体系运行过程中不完善或不适应环境变化的情况，提高组织的管理能力和经营业绩。通常从质量方针目标（G_1）、产品质量稳定性（G_2）、质量改进与创新（G_3）、资源管理状况（G_4）、财务运行状况（G_5）等五个方面进行评价[16]。假设通过市场调研和专家咨询获得五家企业 $Y_i(i=1,2,3,4,5)$ 关于属性 $G_j(j=1,2,3,4,5)$ 的直觉模糊评价结果如表 2-7 所示。

表 2-7　企业质量体系有效性评价的直觉模糊决策矩阵 F

	G_1	G_2	G_3	G_4	G_5
Y_1	$\langle 0.3, 0.4\rangle$	$\langle 0.2, 0.2\rangle$	$\langle 0.2, 0.4\rangle$	$\langle 0.3, 0.5\rangle$	$\langle 0.4, 0.5\rangle$
Y_2	$\langle 0.4, 0.2\rangle$	$\langle 0.4, 0.3\rangle$	$\langle 0.3, 0.4\rangle$	$\langle 0.6, 0.2\rangle$	$\langle 0.8, 0.1\rangle$
Y_3	$\langle 0.3, 0.5\rangle$	$\langle 0.5, 0.2\rangle$	$\langle 0.6, 0.3\rangle$	$\langle 0.5, 0.2\rangle$	$\langle 0.9, 0.0\rangle$
Y_4	$\langle 0.6, 0.3\rangle$	$\langle 0.7, 0.2\rangle$	$\langle 0.4, 0.4\rangle$	$\langle 0.4, 0.1\rangle$	$\langle 0.7, 0.2\rangle$
Y_5	$\langle 0.6, 0.1\rangle$	$\langle 0.3, 0.1\rangle$	$\langle 0.1, 0.4\rangle$	$\langle 0.7, 0.1\rangle$	$\langle 0.5, 0.2\rangle$

另外根据专家咨询、调查问卷等方式得到属性 $G_j(j=1,2,3,4,5)$ 的直觉模糊权重向量为 $\tilde{\omega}=(\langle 0.35,0.45\rangle,\langle 0.65,0.20\rangle,\langle 0.45,0.25\rangle,\langle 0.40,0.30\rangle,\langle 0.25,0.45\rangle)^{\mathrm{T}}$ 。下面对企业 $Y_i(i=1,2,3,4,5)$ 的质量管理体系有效性进行优劣排序。

首先利用式（2.15）与题设条件，计算可得加权的直觉模糊数 $\tilde{F}'_{ij}=\langle \mu'_{ij},\nu'_{ij}\rangle$：

$\tilde{F}'_{11}=\langle 0.105,0.670\rangle$， $\tilde{F}'_{12}=\langle 0.13,0.36\rangle$， $\tilde{F}'_{13}=\langle 0.09,0.55\rangle$， $\tilde{F}'_{14}=\langle 0.12,0.675\rangle$， $\tilde{F}'_{15}=\langle 0.10,0.725\rangle$， $\tilde{F}'_{21}=\langle 0.14,0.56\rangle$， $\tilde{F}'_{22}=\langle 0.26,0.44\rangle$， $\tilde{F}'_{23}=\langle 0.135,0.55\rangle$， $\tilde{F}'_{24}=\langle 0.24,0.48\rangle$， $\tilde{F}'_{25}=\langle 0.20,0.505\rangle$， $\tilde{F}'_{31}=\langle 0.105,0.725\rangle$， $\tilde{F}'_{32}=\langle 0.325,0.36\rangle$， $\tilde{F}'_{33}=\langle 0.27,0.475\rangle$， $\tilde{F}'_{34}=\langle 0.20,0.48\rangle$， $\tilde{F}'_{35}=\langle 0.278,0.45\rangle$， $\tilde{F}'_{41}=\langle 0.21,0.615\rangle$， $\tilde{F}'_{42}=\langle 0.45,0.36\rangle$， $\tilde{F}'_{43}=\langle 0.18,0.55\rangle$， $\tilde{F}'_{44}=\langle 0.16,0.415\rangle$， $\tilde{F}'_{45}=\langle 0.175,0.56\rangle$， $\tilde{F}'_{51}=\langle 0.21,0.505\rangle$， $\tilde{F}'_{52}=\langle 0.195,0.28\rangle$， $\tilde{F}'_{53}=\langle 0.045,0.55\rangle$， $\tilde{F}'_{54}=\langle 0.28,0.415\rangle$， $\tilde{F}'_{55}=\langle 0.125,0.56\rangle$

于是，可得该问题的加权直觉模糊决策矩阵 F' 如表 2-8 所示。

表 2-8　企业质量体系有效性评价的加权直觉模糊决策矩阵 F'

	G_1	G_2	G_3	G_4	G_5
Y_1	$\langle 0.105, 0.67\rangle$	$\langle 0.13, 0.36\rangle$	$\langle 0.09, 0.55\rangle$	$\langle 0.12, 0.675\rangle$	$\langle 0.1, 0.725\rangle$
Y_2	$\langle 0.14, 0.56\rangle$	$\langle 0.26, 0.44\rangle$	$\langle 0.135, 0.55\rangle$	$\langle 0.24, 0.48\rangle$	$\langle 0.2, 0.505\rangle$
Y_3	$\langle 0.3105, 0.725\rangle$	$\langle 0.325, 0.36\rangle$	$\langle 0.27, 0.475\rangle$	$\langle 0.2, 0.48\rangle$	$\langle 0.278, 0.45\rangle$
Y_4	$\langle 0.21, 0.615\rangle$	$\langle 0.455, 0.36\rangle$	$\langle 0.18, 0.55\rangle$	$\langle 0.16, 0.415\rangle$	$\langle 0.175, 0.56\rangle$
Y_5	$\langle 0.21, 0.505\rangle$	$\langle 0.195, 0.28\rangle$	$\langle 0.045, 0.55\rangle$	$\langle 0.28, 0.415\rangle$	$\langle 0.125, 0.56\rangle$

根据式（2.16），计算得到企业 $Y_i(i=1,2,3,4,5)$ 质量体系有效性的直觉模糊综合评价结果分别为

$$\tilde{d}_1=\langle 0.439,0.065\rangle，\ \tilde{d}_2=\langle 0.665,0.033\rangle，\ \tilde{d}_3=\langle 0.745,0.027\rangle，$$
$$\tilde{d}_4=\langle 0.755,0.028\rangle，\ \tilde{d}_5=\langle 0.617,0.018\rangle$$

根据定义 1.12，计算可得企业$Y_i(i=1,2,3,4,5)$质量体系有效性的直觉模糊综合评价结果$\tilde{d}_i$的得分值分别为

$$s(\tilde{d}_1)=0.374，\quad s(\tilde{d}_2)=0.632，\quad s(\tilde{d}_3)=0.718，\quad s(\tilde{d}_4)=0.727，\quad s(\tilde{d}_5)=0.599$$

可知
$$s(\tilde{d}_4)>s(\tilde{d}_3)>s(\tilde{d}_2)>s(\tilde{d}_5)>s(\tilde{d}_1)$$

因此，企业$Y_i(i=1,2,3,4,5)$质量体系有效性的优劣排序为$Y_4\succ Y_3\succ Y_2\succ Y_5\succ Y_1$，其中企业$Y_4$的质量体系为最佳。

2.4 基于区间直觉模糊混合平均（几何）算子的多属性决策方法

2.4.1 基于区间直觉模糊混合平均算子的多属性决策方法

1. 区间直觉模糊混合平均算子

记论域X上所有区间直觉模糊数的集合为$F_I(X)$。

定义 2.7 设$\tilde{A}_j=\langle[\mu_{jL},\mu_{jU}],[\nu_{jL},\nu_{jU}]\rangle(j=1,2,\cdots,n)$是一组区间直觉模糊数，若 IIFWA 是一个映射：$F_I^n\to F_I$，使得

$$\mathrm{IIFWA}_\omega(\tilde{A}_1,\tilde{A}_2,\cdots,\tilde{A}_n)=\omega_1\tilde{A}_1\oplus\omega_2\tilde{A}_2\oplus\cdots\oplus\omega_n\tilde{A}_n \tag{2.17}$$

则称 IIFWA 为区间直觉模糊加权平均算子，其中$\omega=(\omega_1,\omega_2,\cdots,\omega_n)^{\mathrm{T}}$为$\tilde{A}_j=\langle[\mu_{jL},\mu_{jU}],[\nu_{jL},\nu_{jU}]\rangle(j=1,2,\cdots,n)$的权重向量，$\omega_j\in[0,1](j=1,2,\cdots,n),\sum_{j=1}^{n}\omega_j=1$。

特别地，若$\omega=(1/n,1/n,\cdots,1/n)^{\mathrm{T}}$，则 IIFWA 算子退化为区间直觉模糊平均算子：

$$\mathrm{IIFA}(\tilde{A}_1,\tilde{A}_2,\cdots,\tilde{A}_n)=\frac{1}{n}(\tilde{A}_1\oplus\tilde{A}_2\oplus\cdots\oplus\tilde{A}_n) \tag{2.18}$$

利用数学归纳法，可以证明下面的定理。

定理 2.7 设$\tilde{A}_j=\langle[\mu_{jL},\mu_{jU}],[\nu_{jL},\nu_{jU}]\rangle(j=1,2,\cdots,n)$是一组区间直觉模糊数，则由 IIFWA 算子运算得到的结果仍然是区间直觉模糊数，且

$$\mathrm{IIFWA}_\omega(\tilde{A}_1,\tilde{A}_2,\cdots,\tilde{A}_n)=\left\langle\left[1-\prod_{j=1}^{n}(1-\mu_{jL})^{\omega_j},1-\prod_{j=1}^{n}(1-\mu_{jU})^{\omega_j}\right],\left[\prod_{j=1}^{n}(\nu_{jL})^{\omega_j},\prod_{j=1}^{n}(\nu_{jU})^{\omega_j}\right]\right\rangle \tag{2.19}$$

例 2.10 设$\tilde{A}_1=\langle[0.2,0.4],[0.5,0.6]\rangle$，$\tilde{A}_2=\langle[0.3,0.4],[0.5,0.6]\rangle$，$\tilde{A}_3=\langle[0.6,0.8],[0.1,0.2]\rangle$，$\tilde{A}_4=\langle[0.1,0.3],[0.5,0.6]\rangle$为四个区间直觉模糊数，$\omega=(0.2,0.4,0.1,0.3)^{\mathrm{T}}$为其权重向量，则

$$\begin{aligned}
&\text{IIFWA}_{\omega}(\tilde{A}_1,\tilde{A}_2,\tilde{A}_3,\tilde{A}_4)\\
&=\left\langle\left[1-\prod_{j=1}^{4}(1-\mu_{jL})^{\omega_j},1-\prod_{j=1}^{4}(1-\mu_{jU})^{\omega_j}\right],\left[\prod_{j=1}^{4}(\nu_{jL})^{\omega_j},\prod_{j=1}^{4}(\nu_{jU})^{\omega_j}\right]\right\rangle\\
&=\langle[1-(1-0.2)^{0.2}\times(1-0.3)^{0.4}\times(1-0.6)^{0.1}\times(1-0.1)^{0.3},1-(1-0.4)^{0.2}\\
&\quad\times(1-0.4)^{0.4}\times(1-0.8)^{0.1}\times(1-0.3)^{0.3}],[0.5^{0.2}\times0.5^{0.4}\times0.1^{0.1}\times0.5^{0.3},\\
&\quad 0.6^{0.2}\times0.6^{0.4}\times0.2^{0.1}\times0.6^{0.3}]\rangle=\langle[0.267,0.437],[0.426,0.538]\rangle
\end{aligned}$$

定义 2.8　设 $\tilde{A}_j=\langle[\mu_{jL},\mu_{jU}],[\nu_{jL},\nu_{jU}]\rangle(j=1,2,\cdots,n)$ 是一组区间直觉模糊数，若 IIFOWA 是一个映射：$F_I^n\to F_I$，使得

$$\text{IIFOWA}_{\omega}(\tilde{A}_1,\tilde{A}_2,\cdots,\tilde{A}_n)=\omega_1\tilde{A}_{\sigma(1)}\oplus\omega_2\tilde{A}_{\sigma(2)}\oplus\cdots\oplus\omega_n\tilde{A}_{\sigma(n)}\tag{2.20}$$

则称 IIFOWA 为区间直觉模糊有序加权平均算子，其中 $\omega=(\omega_1,\omega_2,\cdots,\omega_n)^{\mathrm{T}}$ 为与 IIFOWA 算子相关联的权重向量，$\omega_j\in[0,1](j=1,2,\cdots,n),\sum_{j=1}^{n}\omega_j=1$。$(\sigma(1),\sigma(2),\cdots,\sigma(n))$ 为数组 $(1,2,\cdots,n)$ 的一个置换，使得对任意 k，有 $\tilde{A}_{\sigma(k-1)}\geqslant\tilde{A}_{\sigma(k)}$，即 $\tilde{A}_{\sigma(k)}$ 是区间直觉模糊数 $\tilde{A}_j=\langle[\mu_{jL},\mu_{jU}],[\nu_{jL},\nu_{jU}]\rangle(j=1,2,\cdots,n)$ 中按其排序规则确定的第 k 个最大区间直觉模糊数。

特别地，若 $\omega=(1/n,1/n,\cdots,1/n)^{\mathrm{T}}$，则 IIFOWA 算子退化为区间直觉模糊平均算子。

定理 2.8　设 $\tilde{A}_j=\langle[\mu_{jL},\mu_{jU}],[\nu_{jL},\nu_{jU}]\rangle(j=1,2,\cdots,n)$ 是一组区间直觉模糊数，$\tilde{A}_{\sigma(k)}$ 是区间直觉模糊数 $\tilde{A}_j=\langle[\mu_{jL},\mu_{jU}],[\nu_{jL},\nu_{jU}]\rangle(j=1,2,\cdots,n)$ 中按其排序规则确定的第 k 个最大区间直觉模糊数。则由 IIFOWA 算子运算得到的结果仍然是区间直觉模糊数，且

$$\begin{aligned}\text{IIFOWA}_{\omega}(\tilde{A}_1,\tilde{A}_2,\cdots,\tilde{A}_n)=&\left\langle\left[1-\prod_{j=1}^{n}(1-\mu_{\sigma(j)L})^{\omega_j},1-\prod_{j=1}^{n}(1-\mu_{\sigma(j)U})^{\omega_j}\right],\right.\\
&\left.\left[\prod_{j=1}^{n}(\nu_{\sigma(j)L})^{\omega_j},\prod_{j=1}^{n}(\nu_{\sigma(j)U})^{\omega_j}\right]\right\rangle\end{aligned}\tag{2.21}$$

其中，$\omega=(\omega_1,\omega_2,\cdots,\omega_n)^{\mathrm{T}}$ 为与 IIFOWA 算子相关联的权重向量，$\omega_j\in[0,1](j=1,2,\cdots,n),\sum_{j=1}^{n}\omega_j=1$。

例 2.11　设 $\tilde{A}_1=\langle[0.2,0.3],[0.5,0.6]\rangle$，$\tilde{A}_2=\langle[0.6,0.8],[0.1,0.2]\rangle$，$\tilde{A}_3=\langle[0.4,0.5],$

$[0.2,0.4]\rangle$，$\tilde{A}_4=\langle[0.5,0.7],[0.1,0.3]\rangle$ 为四个区间直觉模糊数，$\omega=(0.2,0.3,0.3,0.2)^{\mathrm{T}}$ 为与 IIFOWA 算子相关联的权重向量。

为了对 $\tilde{A}_j(j=1,2,3,4)$ 进行排序，首先由式（1.12）计算 $\tilde{A}_j(j=1,2,3,4)$ 的得分值：

$$s(\tilde{A}_1)=-0.30\ ,\quad s(\tilde{A}_2)=0.55\ ,\quad s(\tilde{A}_3)=0.15\ ,\quad s(\tilde{A}_4)=0.40$$

所以

$$s(\tilde{A}_2)>s(\tilde{A}_4)>s(\tilde{A}_3)>s(\tilde{A}_1)$$

于是得到

$$\tilde{A}_{\sigma(1)}=\langle[0.6,0.8],[0.1,0.2]\rangle\ ,\quad \tilde{A}_{\sigma(2)}=\langle[0.5,0.7],[0.1,0.3]\rangle\ ,$$

$$\tilde{A}_{\sigma(3)}=\langle[0.4,0.5],[0.2,0.4]\rangle\ ,\quad \tilde{A}_{\sigma(4)}=\langle[0.2,0.3],[0.5,0.6]\rangle$$

因此，

$$\begin{aligned}\mathrm{IIFOWA}_w(\tilde{A}_1,\tilde{A}_2,\tilde{A}_3,\tilde{A}_4)&=w_1\tilde{A}_{\sigma(1)}\oplus w_2\tilde{A}_{\sigma(2)}\oplus w_3\tilde{A}_{\sigma(3)}\oplus w_4\tilde{A}_{\sigma(4)}\\&=\left\langle\left[1-\prod_{j=1}^{4}(1-\mu_{\sigma(j)L})^{w_j},1-\prod_{j=1}^{4}(1-\mu_{\sigma(j)U})^{w_j}\right],\right.\\&\qquad\left.\left[\prod_{j=1}^{4}(\nu_{\sigma(j)L})^{w_j},\prod_{j=1}^{4}(\nu_{\sigma(j)U})^{w_j}\right]\right\rangle\\&=\langle[0.445,0.618],[0.170,0.346]\rangle\end{aligned}$$

定义 2.9 设 $\tilde{A}_j=\langle[\mu_{jL},\mu_{jU}],[\nu_{jL},\nu_{jU}]\rangle(j=1,2,\cdots,n)$ 是一组区间直觉模糊数，若 IIFHA 是一个映射：$F_I^n\to F_I$，使得

$$\mathrm{IIFHA}_{\omega,w}(\tilde{A}_1,\tilde{A}_2,\cdots,\tilde{A}_n)=w_1\tilde{A}'_{\sigma(1)}\oplus w_2\tilde{A}'_{\sigma(2)}\oplus\cdots\oplus w_n\tilde{A}'_{\sigma(n)}\qquad(2.22)$$

则称 IIFHA 为区间直觉模糊混合平均算子，其中 $w=(w_1,w_2,\cdots,w_n)^{\mathrm{T}}$ 为与 IIFHA 算子相关联的权重向量，$w_j\in[0,1](j=1,2,\cdots,n),\sum_{j=1}^{n}w_j=1$。令 $\tilde{A}'_j=n\omega_j\tilde{A}_j=\langle[\mu'_{jL},\mu'_{jU}],[\nu'_{jL},\nu'_{jU}]\rangle(j=1,2,\cdots,n)$，$(\tilde{A}'_{\sigma(1)},\tilde{A}'_{\sigma(2)},\cdots,\tilde{A}'_{\sigma(n)})$ 是加权的区间直觉模糊数组 $(\tilde{A}'_1,\tilde{A}'_2,\cdots,\tilde{A}'_n)$ 的一个置换，使得对任意 k，有 $\tilde{A}'_{\sigma(k-1)}\geqslant\tilde{A}'_{\sigma(k)}$，即 $\tilde{A}'_{\sigma(k)}$ 是区间直觉模糊数 $\tilde{A}_j=\langle[\mu_{jL},\mu_{jU}],[\nu_{jL},\nu_{jU}]\rangle(j=1,2,\cdots,n)$ 按其排序规则确定的第 k 个最大直觉模糊数；$\omega=(\omega_1,\omega_2,\cdots,\omega_n)^{\mathrm{T}}$ 为 $\tilde{A}_j=\langle\mu_j,\nu_j\rangle(j=1,2,\cdots,n)$ 的权重向量，$\omega_j\in[0,1](j=1,2,\cdots,n),\sum_{j=1}^{n}\omega_j=1$；$n$ 为平衡系数。

特别地，若 $w=(1/n,1/n,\cdots,1/n)^{\mathrm{T}}$，则 IIFHA 算子退化为区间直觉模糊加权平均算子；若 $\omega=(1/n,1/n,\cdots,1/n)^{\mathrm{T}}$，IIFHA 算子退化为区间直觉模糊有序加权平均算子。

定理 2.9　设 $\tilde{A}_j=\langle[\mu_{jL},\mu_{jU}],[\nu_{jL},\nu_{jU}]\rangle(j=1,2,\cdots,n)$ 是一组区间直觉模糊数，令 $\tilde{A}'_j=n\omega_j\tilde{A}_j=\langle[\mu'_{jL},\mu'_{jU}],[\nu'_{jL},\nu'_{jU}]\rangle(j=1,2,\cdots,n)$，$\tilde{A}'_{\sigma(k)}$ 是区间直觉模糊数 $\tilde{A}_j=\langle[\mu_{jL},\mu_{jU}],[\nu_{jL},\nu_{jU}]\rangle(j=1,2,\cdots,n)$ 按其排序规则确定的第 k 个最大区间直觉模糊数，则由 IIFHA 算子运算得到的结果仍然是区间直觉模糊数，且

$$\mathrm{IIFHA}_{\omega,w}(\tilde{A}_1,\tilde{A}_2,\cdots,\tilde{A}_n)=\left\langle\left[1-\prod_{j=1}^{n}(1-\mu'_{\sigma(j)L})^{w_j},1-\prod_{j=1}^{n}(1-\mu'_{\sigma(j)U})^{w_j}\right],\left[\prod_{j=1}^{n}(\nu'_{\sigma(j)L})^{w_j},\prod_{j=1}^{n}(\nu'_{\sigma(j)U})^{w_j}\right]\right\rangle \tag{2.23}$$

其中，$w=(w_1,w_2,\cdots,w_n)^{\mathrm{T}}$ 为与 IIFHA 算子相关联的权重向量，$w_j\in[0,1](j=1,2,\cdots,n),\sum_{j=1}^{n}w_j=1$；$\omega=(\omega_1,\omega_2,\cdots,\omega_n)^{\mathrm{T}}$ 为区间直觉模糊数 $\tilde{A}_j(j=1,2,\cdots,n)$ 的权重向量，$\omega_j\in[0,1](j=1,2,\cdots,n),\sum_{j=1}^{n}\omega_j=1$；$n$ 为平衡系数。

例 2.12　设 $\tilde{A}_1=\langle[0.2,0.3],[0.5,0.6]\rangle$，$\tilde{A}_2=\langle[0.7,0.8],[0.1,0.2]\rangle$，$\tilde{A}_3=\langle[0.3,0.4],[0.4,0.6]\rangle$，$\tilde{A}_4=\langle[0.5,0.6],[0.2,0.4]\rangle$，$\tilde{A}_5=\langle[0.6,0.7],[0.2,0.3]\rangle$ 为五个区间直觉模糊数，$\omega=(0.25,0.20,0.18,0.15,0.22)^{\mathrm{T}}$ 为 $\tilde{A}_j(j=1,2,3,4,5)$ 的权重向量，$w=(0.112,0.236,0.304,0.236,0.112)^{\mathrm{T}}$ 是由基于正态分布赋权法确定的与 IIFHA 算子相关联的权重向量。

首先利用区间直觉模糊数的运算法则，计算加权的区间直觉模糊数 $\tilde{A}'_j$：

$$\tilde{A}'_1=\langle[0.243,0.36],[0.42,0.528]\rangle,\quad \tilde{A}'_2=\langle[0.70,0.80],[0.10,0.20]\rangle,$$
$$\tilde{A}'_3=\langle[0.275,0.369],[0.438,0.631]\rangle,\quad \tilde{A}'_4=\langle[0.405,0.497],[0.299,0.503]\rangle,$$
$$\tilde{A}'_5=\langle[0.635,0.734],[0.17,0.266]\rangle$$

利用式（1.12），计算可得 $\tilde{A}'_j(j=1,2,3,4,5)$ 的得分值：

$$s(\tilde{A}'_1)=-0.173,\quad s(\tilde{A}'_2)=0.60,\quad s(\tilde{A}'_3)=-0.213,\quad s(\tilde{A}'_4)=0.050,\quad s(\tilde{A}'_5)=0.467$$

可知
$$s(\tilde{A}'_2)>s(\tilde{A}'_5)>s(\tilde{A}'_4)>s(\tilde{A}'_1)>s(\tilde{A}'_3)$$

则有

$$\tilde{A}'_{\sigma(1)}=\langle[0.70,0.80],[0.10,0.20]\rangle,\quad \tilde{A}'_{\sigma(2)}=\langle[0.635,0.734],[0.17,0.266]\rangle,$$
$$\tilde{A}'_{\sigma(3)}=\langle[0.405,0.497],[0.299,0.503]\rangle,\quad \tilde{A}'_{\sigma(4)}=\langle[0.243,0.36],[0.42,0.528]\rangle,$$

$\tilde{A}'_{\sigma(5)}=\langle[0.275,0.369],[0.438,0.631]\rangle$

根据式（2.23）和权重向量 $w=(0.112,0.236,0.304,0.236,0.112)^{\mathrm{T}}$ 计算可得

$$\mathrm{IIFHA}_{\omega,w}(\tilde{A}_1,\tilde{A}_2,\tilde{A}_3,\tilde{A}_4,\tilde{A}_5)=\langle[0.469,0.576],[0.263,0.405]\rangle$$

2. 基于区间直觉模糊混合平均算子的多属性决策步骤与实例分析

设多属性决策问题有 m 个方案 $Y_i(i=1,2,\cdots,m)$ 组成方案集 $Y=\{Y_1,Y_2,\cdots,Y_m\}$，评价每个方案的属性（或指标）为 $G_j(j=1,2,\cdots,n)$，记属性集为 $G=\{G_1,G_2,\cdots,G_n\}$。假设方案 $Y_i\in Y$ 关于属性 $G_j\in G$ 的评价值可以表示为区间直觉模糊集的形式：$\tilde{F}_{ij}=\langle[\mu_{ijL},\mu_{ijU}],[\nu_{ijL},\nu_{ijU}]\rangle(i=1,2,\cdots,m;j=1,2,\cdots,n)$，这里 $[\mu_{ijL},\mu_{ijU}]$ 表示方案 $Y_i\in Y$ 满足属性 $G_j\in G$ 的程度，$[\nu_{ijL},\nu_{ijU}]$ 表示方案 $Y_i\in Y$ 不满足属性 $G_j\in G$ 的程度。方案 $Y_i\in Y$ 关于所有属性评价值可以简单记为向量 $\tilde{F}_i=(\tilde{F}_{i1},\tilde{F}_{i2},\cdots,\tilde{F}_{in})^{\mathrm{T}}$，此时，所有方案 $Y_i(i=1,2,\cdots,m)$ 关于属性 $G_j(j=1,2,\cdots,n)$ 的区间直觉模糊评价信息可以用一个区间直觉模糊决策矩阵 $F=(\langle[\mu_{ijL},\mu_{ijU}],[\nu_{ijL},\nu_{ijU}]\rangle)_{m\times n}$ 表示（表 2-9）。

表 2-9　区间直觉模糊决策矩阵 *F*

	G_1	G_2	$\cdots$	G_n
Y_1	$\langle[\mu_{11L},\mu_{11U}],[\nu_{11L},\nu_{11U}]\rangle$	$\langle[\mu_{12L},\mu_{12U}],[\nu_{12L},\nu_{12U}]\rangle$	$\cdots$	$\langle[\mu_{1nL},\mu_{1nU}],[\nu_{1nL},\nu_{1nU}]\rangle$
Y_2	$\langle[\mu_{21L},\mu_{21U}],[\nu_{21L},\nu_{21U}]\rangle$	$\langle[\mu_{22L},\mu_{22U}],[\nu_{22L},\nu_{22U}]\rangle$	$\cdots$	$\langle[\mu_{2nL},\mu_{2nU}],[\nu_{2nL},\nu_{2nU}]\rangle$
$\vdots$	$\vdots$	$\vdots$	$\vdots$	$\vdots$
Y_m	$\langle[\mu_{m1L},\mu_{m1U}],[\nu_{m1L},\nu_{m1U}]\rangle$	$\langle[\mu_{m2L},\mu_{m2U}],[\nu_{m2L},\nu_{m2U}]\rangle$	$\cdots$	$\langle[\mu_{mnL},\mu_{mnU}],[\nu_{mnL},\nu_{mnU}]\rangle$

基于区间直觉模糊混合平均算子 IIFHA 的多属性决策步骤如下。

步骤 1　确定多属性决策问题的方案集 $Y=\{Y_1,Y_2,\cdots,Y_m\}$ 和属性集 $G=\{G_1,G_2,\cdots,G_n\}$。

步骤 2　获取多属性决策问题中方案 $Y_i\in Y$ 关于属性 $G_j\in G$ 的区间直觉模糊特征信息，构建区间直觉模糊决策矩阵 F。

步骤 3　确定多属性决策问题各属性的权重，得到属性权重向量 $\omega=(\omega_1,\omega_2,\cdots,\omega_n)^{\mathrm{T}}$。

步骤 4　利用正态分布赋权法[13]等确定与 IIFHA 算子相关联的权重向量（或位置向量）$w=(w_1,w_2,\cdots,w_n)^{\mathrm{T}}$。

步骤 5　利用式（2.23）计算方案 Y_i 的综合属性值 $\tilde{d}_i=\mathrm{IIFHA}_{\omega,w}(\tilde{F}_{i1},\tilde{F}_{i2},\cdots,\tilde{F}_{in})$。首先利用属性权重 $\omega=(\omega_1,\omega_2,\cdots,\omega_n)^{\mathrm{T}}$ 和平衡系数 n 计算加权的区间直觉模

糊数 $\tilde{F}'_{ij}=n\omega_j\tilde{F}_{ij}$，然后利用区间直觉模糊数的排序规则对 $\tilde{F}'_{ij}(j=1,2,\cdots,n)$ 进行排序，得到区间直觉模糊数组 $\tilde{F}'_{i\sigma(1)},\tilde{F}'_{i\sigma(2)},\cdots,\tilde{F}'_{i\sigma(n)}$；最后根据与 IIFHA 算子相关联的权重向量 $w=(w_1,w_2,\cdots,w_n)^{\mathrm{T}}$ 计算方案 Y_i 的综合属性值 $\tilde{d}_i=\mathrm{IIFHA}_{\omega,w}(\tilde{F}_{i1},\tilde{F}_{i2},\cdots,\tilde{F}_{in})$。

步骤 6　计算方案 Y_i 的综合属性值 $\tilde{d}_i$ 的得分值 $s(\tilde{d}_i)$ 和精确值 $h(\tilde{d}_i)$，确定 $\tilde{d}_i(i=1,2,\cdots,m)$ 的不增排列顺序，并利用排序结果对方案 $Y_i(i=1,2,\cdots,m)$ 进行优劣排序。

例 2.13　考虑突发事件应急预案评估问题。突发事件应急预案是针对各种突发事件类型而事先制订的一套能迅速、有效、有序解决问题的行动计划或方案，为全面、客观地评判应急预案处置突发事件的能力，应从预案处置的快速性（G_1）、预案内容的合理性（G_2）、预案保障的充分性（G_3）、预案消耗费用的合理性（G_4）以及预案的广泛适用性（G_5）等五个方面进行综合评价[17]。假设现有五个应急预案 $Y_i(i=1,2,3,4,5)$，专家组根据自己的知识、经验以及已有的统计数据确定出每个应急预案 $Y_i(i=1,2,3,4,5)$ 关于属性 $G_j(j=1,2,3,4,5)$ 的区间直觉模糊评价信息，得到的区间直觉模糊决策矩阵 $F=(\langle[\mu_{ijL},\mu_{ijU}],[\nu_{ijL},\nu_{ijU}]\rangle)_{5\times5}$ 如表 2-10 所示。

表 2-10　应急预案评估的区间直觉模糊决策矩阵 F

	G_1	G_2	G_3	G_4	G_5
Y_1	⟨[0.5, 0.6], [0.1, 0.3]⟩	⟨[0.3, 0.4], [0.4, 0.5]⟩	⟨[0.1, 0.3], [0.5, 0.6]⟩	⟨[0.7, 0.8], [0.1, 0.2]⟩	⟨[0.5, 0.7], [0.1, 0.3]⟩
Y_2	⟨[0.4, 0.5], [0.2, 0.4]⟩	⟨[0.4, 0.6], [0.2, 0.4]⟩	⟨[0.3, 0.5], [0.4, 0.5]⟩	⟨[0.6, 0.7], [0.2, 0.3]⟩	⟨[0.7, 0.8], [0.1, 0.2]⟩
Y_3	⟨[0.6, 0.6], [0.2, 0.3]⟩	⟨[0.7, 0.8], [0.1, 0.2]⟩	⟨[0.4, 0.5], [0.3, 0.5]⟩	⟨[0.4, 0.6], [0.1, 0.3]⟩	⟨[0.6, 0.7], [0.2, 0.3]⟩
Y_4	⟨[0.3, 0.5], [0.3, 0.4]⟩	⟨[0.5, 0.7], [0.2, 0.3]⟩	⟨[0.6, 0.8], [0.1, 0.2]⟩	⟨[0.5, 0.6], [0.2, 0.3]⟩	⟨[0.7, 0.8], [0.1, 0.2]⟩
Y_5	⟨[0.3, 0.4], [0.4, 0.5]⟩	⟨[0.2, 0.4], [0.3, 0.4]⟩	⟨[0.3, 0.4], [0.3, 0.4]⟩	⟨[0.3, 0.5], [0.4, 0.5]⟩	⟨[0.4, 0.6], [0.2, 0.3]⟩

已知属性 $G_j(j=1,2,3,4,5)$ 的权重向量为 $\omega=(0.35,0.2,0.2,0.1,0.15)^{\mathrm{T}}$，基于正态分布赋权法确定的与 IIFHA 算子相关联的权重向量为 $w=(0.112,0.236,0.304,0.236,0.112)^{\mathrm{T}}$。

下面利用基于 IIFHA 的多属性决策方法对应急预案 $Y_i(i=1,2,3,4,5)$ 进行综合评估。

首先根据权重向量 $\omega=(0.35,0.2,0.2,0.1,0.15)^{\mathrm{T}}$ 及平衡系数 $n=5$ 计算加权区间直觉模糊数 $\tilde{F}'_{ij}=n\omega_j\tilde{F}_{ij}$：

$\tilde{F}'_{11}=\langle[0.703,0.799],[0.018,0.122]\rangle$，$\tilde{F}'_{12}=\langle[0.3,0.4],[0.4,0.5]\rangle$，

$\tilde{F}'_{13}=\langle[0.1,0.3],[0.5,0.6]\rangle$，$\tilde{F}'_{14}=\langle[0.452,0.553],[0.316,0.447]\rangle$，

$\tilde{F}'_{15}=\langle[0.405,0.595],[0.178,0.405]\rangle$， $\tilde{F}'_{21}=\langle[0.591,0.703],[0.06,0.201]\rangle$，

$\tilde{F}'_{22}=\langle[0.4,0.6],[0.2,0.4]\rangle$， $\tilde{F}'_{23}=\langle[0.3,0.5],[0.4,0.5]\rangle$，

$\tilde{F}'_{24}=\langle[0.368,0.452],[0.447,0.548]\rangle$， $\tilde{F}'_{25}=\langle[0.595,0.701],[0.178,0.299]\rangle$，

$\tilde{F}'_{31}=\langle[0.799,0.878],[0.06,0.122]\rangle$， $\tilde{F}'_{32}=\langle[0.7,0.8],[0.1,0.2]\rangle$，

$\tilde{F}'_{33}=\langle[0.4,0.5],[0.3,0.5]\rangle$， $\tilde{F}'_{34}=\langle[0.225,0.368],[0.316,0.548]\rangle$，

$\tilde{F}'_{35}=\langle[0.497,0.595],[0.299,0.405]\rangle$， $\tilde{F}'_{41}=\langle[0.464,0.703],[0.122,0.201]\rangle$，

$\tilde{F}'_{42}=\langle[0.5,0.7],[0.2,0.3]\rangle$， $\tilde{F}'_{43}=\langle[0.6,0.8],[0.1,0.2]\rangle$，

$\tilde{F}'_{44}=\langle[0.293,0.368],[0.447,0.548]\rangle$， $\tilde{F}'_{45}=\langle[0.595,0.701],[0.178,0.299]\rangle$，

$\tilde{F}'_{51}=\langle[0.464,0.591],[0.201,0.297]\rangle$， $\tilde{F}'_{52}=\langle[0.2,0.4],[0.3,0.4]\rangle$，

$\tilde{F}'_{53}=\langle[0.3,0.4],[0.3,0.4]\rangle$， $\tilde{F}'_{54}=\langle[0.163,0.293],[0.632,0.707]\rangle$，

$\tilde{F}'_{55}=\langle[0.318,0.497],[0.299,0.405]\rangle$

利用式（1.12）计算加权区间直觉模糊数 $\tilde{F}'_{ij}(i,j=1,2,3,4,5)$ 的得分值分别为

$s(\tilde{F}'_{11})=0.681$， $s(\tilde{F}'_{12})=-0.1$， $s(\tilde{F}'_{13})=-0.35$， $s(\tilde{F}'_{14})=0.121$， $s(\tilde{F}'_{15})=0.209$，
$s(\tilde{F}'_{21})=0.517$， $s(\tilde{F}'_{22})=0.2$， $s(\tilde{F}'_{23})=-0.05$， $s(\tilde{F}'_{24})=-0.088$， $s(\tilde{F}'_{25})=0.41$，
$s(\tilde{F}'_{31})=0.748$， $s(\tilde{F}'_{32})=0.6$， $s(\tilde{F}'_{33})=0.05$， $s(\tilde{F}'_{34})=-0.136$， $s(\tilde{F}'_{35})=0.194$，
$s(\tilde{F}'_{41})=0.422$， $s(\tilde{F}'_{42})=0.35$， $s(\tilde{F}'_{43})=0.55$， $s(\tilde{F}'_{44})=-0.167$， $s(\tilde{F}'_{45})=0.41$，
$s(\tilde{F}'_{51})=0.279$， $s(\tilde{F}'_{52})=-0.05$， $s(\tilde{F}'_{53})=0.00$， $s(\tilde{F}'_{54})=-0.442$， $s(\tilde{F}'_{55})=0.056$

易知：

$$s(\tilde{F}'_{11})>s(\tilde{F}'_{15})>s(\tilde{F}'_{14})>s(\tilde{F}'_{12})>s(\tilde{F}'_{13}),$$
$$s(\tilde{F}'_{21})>s(\tilde{F}'_{25})>s(\tilde{F}'_{22})>s(\tilde{F}'_{23})>s(\tilde{F}'_{24}),$$
$$s(\tilde{F}'_{31})>s(\tilde{F}'_{32})>s(\tilde{F}'_{35})>s(\tilde{F}'_{33})>s(\tilde{F}'_{34}),$$
$$s(\tilde{F}'_{43})>s(\tilde{F}'_{41})>s(\tilde{F}'_{45})>s(\tilde{F}'_{42})>s(\tilde{F}'_{44}),$$
$$s(\tilde{F}'_{51})>s(\tilde{F}'_{55})>s(\tilde{F}'_{53})>s(\tilde{F}'_{52})>s(\tilde{F}'_{54})$$

于是有

$\tilde{F}'_{1\sigma(1)}=\langle[0.703,0.799],[0.018,0.122]\rangle$， $\tilde{F}'_{1\sigma(2)}=\langle[0.405,0.595],[0.178,0.405]\rangle$，

$\tilde{F}'_{1\sigma(3)}=\langle[0.452,0.553],[0.316,0.447]\rangle$， $\tilde{F}'_{1\sigma(4)}=\langle[0.3,0.4],[0.4,0.5]\rangle$，

$\tilde{F}'_{1\sigma(5)}=\langle[0.1,0.3],[0.5,0.6]\rangle$； $\tilde{F}'_{2\sigma(1)}=\langle[0.591,0.703],[0.06,0.201]\rangle$，

$\tilde{F}'_{2\sigma(2)}=\langle[0.595,0.701],[0.178,0.299]\rangle$， $\tilde{F}'_{2\sigma(3)}=\langle[0.4,0.6],[0.2,0.4]\rangle$，

$\tilde{F}'_{2\sigma(4)}=\langle[0.3,0.5],[0.4,0.5]\rangle$， $\tilde{F}'_{2\sigma(5)}=\langle[0.368,0.452],[0.447,0.548]\rangle$；

$\tilde{F}'_{3\sigma(1)}=\langle[0.799,0.878],[0.06,0.122]\rangle$， $\tilde{F}'_{3\sigma(2)}=\langle[0.7,0.8],[0.1,0.2]\rangle$，

$\tilde{F}'_{3\sigma(3)}=\langle[0.497,0.595],[0.299,0.405]\rangle$， $\tilde{F}'_{3\sigma(4)}=\langle[0.4,0.5],[0.3,0.5]\rangle$，

$\tilde{F}'_{3\sigma(5)}=\langle[0.225,0.368],[0.316,0.548]\rangle$； $\tilde{F}'_{4\sigma(1)}=\langle[0.6,0.8],[0.1,0.2]\rangle$，

$\tilde{F}'_{4\sigma(2)}=\langle[0.464,0.703],[0.122,0.201]\rangle$， $\tilde{F}'_{4\sigma(3)}=\langle[0.595,0.701],[0.178,0.299]\rangle$，

$\tilde{F}'_{4\sigma(4)}=\langle[0.5,0.7],[0.2,0.3]\rangle$， $\tilde{F}'_{4\sigma(5)}=\langle[0.293,0.368],[0.447,0.548]\rangle$；

$\tilde{F}'_{5\sigma(1)}=\langle[0.464,0.591],[0.201,0.297]\rangle$， $\tilde{F}'_{5\sigma(2)}=\langle[0.318,0.497],[0.299,0.405]\rangle$，

$\tilde{F}'_{5\sigma(3)}=\langle[0.3,0.4],[0.3,0.4]\rangle$， $\tilde{F}'_{5\sigma(4)}=\langle[0.2,0.4],[0.3,0.4]\rangle$，

$\tilde{F}'_{5\sigma(5)}=\langle[0.163,0.293],[0.632,0.707]\rangle$

根据式（2.23）和权重向量 $w=(0.112,0.236,0.304,0.236,0.112)^{\mathrm{T}}$，计算可得应急预案 $Y_i(i=1,2,3,4,5)$ 的综合评价结果分别为

$$\tilde{d}_1=\langle[0.416,0.545],[0.223,0.401]\rangle,\quad \tilde{d}_2=\langle[0.454,0.606],[0.219,0.378]\rangle,$$
$$\tilde{d}_3=\langle[0.56,0.669],[0.194,0.326]\rangle,\quad \tilde{d}_4=\langle[0.517,0.689],[0.174,0.279]\rangle,$$
$$\tilde{d}_5=\langle[0.289,0.438],[0.312,0.414]\rangle$$

利用式（1.12）计算应急预案 $Y_i(i=1,2,3,4,5)$ 综合评价结果 $\tilde{d}_i$ 的得分值分别为 $s(\tilde{d}_1)=0.1685$， $s(\tilde{d}_2)=0.2315$， $s(\tilde{d}_3)=0.3545$， $s(\tilde{d}_4)=0.3765$， $s(\tilde{d}_5)=0.0005$ 比较可知

$$s(\tilde{d}_4)>s(\tilde{d}_3)>s(\tilde{d}_2)>s(\tilde{d}_1)>s(\tilde{d}_5)$$

因此应急预案 $Y_i(i=1,2,3,4,5)$ 的优劣次序为 $Y_4\succ Y_3\succ Y_2\succ Y_1\succ Y_5$，其中应急预案 Y_4 为最佳。

2.4.2 基于区间直觉模糊混合几何算子的多属性决策方法

1. 区间直觉模糊混合几何算子

定义 2.10 设 $\tilde{A}_j=\langle[\mu_{jL},\mu_{jU}],[\nu_{jL},\nu_{jU}]\rangle(j=1,2,\cdots,n)$ 是一组区间直觉模糊数，IIFWG 是一个映射：$F_I^n\to F_I$，使得

$$\mathrm{IIFWG}_{\omega}(\tilde{A}_1,\tilde{A}_2,\cdots,\tilde{A}_n)=(\tilde{A}_1)^{\omega_1}\otimes(\tilde{A}_2)^{\omega_2}\otimes\cdots\otimes(\tilde{A}_n)^{\omega_n}\tag{2.24}$$

则称 IIFWG 为区间直觉模糊加权几何算子，其中 $\omega=(\omega_1,\omega_2,\cdots,\omega_n)^{\mathrm{T}}$ 为 $\tilde{A}_j=\langle[\mu_{jL},\mu_{jU}],[\nu_{jL},\nu_{jU}]\rangle(j=1,2,\cdots,n)$ 的权重向量， $\omega_j\in[0,1](j=1,2,\cdots,n),\sum_{j=1}^{n}\omega_j=1$。

特别地，若 $\omega=(1/n,1/n,\cdots,1/n)^{\mathrm{T}}$，则 IIFWG 算子退化为区间直觉模糊几何算子：

$$\mathrm{IIFG}(\tilde{A}_1,\tilde{A}_2,\cdots,\tilde{A}_n)=(\tilde{A}_1\otimes\tilde{A}_2\otimes\cdots\otimes\tilde{A}_n)^{1/n}\tag{2.25}$$

类似地，可以证明下面的定理。

定理 2.10　设 $\tilde{A}_j=\langle[\mu_{jL},\mu_{jU}],[\nu_{jL},\nu_{jU}]\rangle(j=1,2,\cdots,n)$ 是一组区间直觉模糊数，则由 IIFWG 算子运算得到的结果仍然是直觉模糊数，且

$$\mathrm{IIFWG}_{\omega}(\tilde{A}_1,\tilde{A}_2,\cdots,\tilde{A}_n)=\left\langle\left[\prod_{j=1}^{n}(\mu_{jL})^{\omega_j},\prod_{j=1}^{n}(\mu_{jU})^{\omega_j}\right],\left[1-\prod_{j=1}^{n}(1-\nu_{jL})^{\omega_j},1-\prod_{j=1}^{n}(1-\nu_{jU})^{\omega_j}\right]\right\rangle \tag{2.26}$$

其中，$\omega=(\omega_1,\omega_2,\cdots,\omega_n)^{\mathrm{T}}$ 为 $\tilde{A}_j=\langle[\mu_{jL},\mu_{jU}],[\nu_{jL},\nu_{jU}]\rangle(j=1,2,\cdots,n)$ 的权重向量，$\omega_j\in[0,1](j=1,2,\cdots,n),\sum_{j=1}^{n}\omega_j=1$。

例 2.14　设 $\tilde{A}_1=\langle[0.4,0.5],[0.2,0.3]\rangle$，$\tilde{A}_2=\langle[0.6,0.7],[0.2,0.3]\rangle$，$\tilde{A}_3=\langle[0.7,0.8],[0.1,0.2]\rangle$，$\tilde{A}_4=\langle[0.3,0.4],[0.3,0.5]\rangle$ 为四个区间直觉模糊数，$\omega=(0.3,0.2,0.1,0.4)^{\mathrm{T}}$ 为该区间直觉模糊数组权重向量，则

$$\begin{aligned}&\mathrm{IIFWG}_{\omega}(\tilde{A}_1,\tilde{A}_2,\tilde{A}_3,\tilde{A}_4)\\&=\left\langle\left[\prod_{j=1}^{4}(\mu_{jL})^{\omega_j},\prod_{j=1}^{4}(\mu_{jU})^{\omega_j}\right],\left[1-\prod_{j=1}^{4}(1-\nu_{jL})^{\omega_j},1-\prod_{j=1}^{4}(1-\nu_{jU})^{\omega_j}\right]\right\rangle\\&=\langle[0.4^{0.3}\times0.6^{0.2}\times0.7^{0.1}\times0.3^{0.4},0.5^{0.3}\times0.7^{0.2}\times0.8^{0.1}\times0.4^{0.4}],\\&\quad[1-(1-0.2)^{0.3}\times(1-0.2)^{0.2}\times(1-0.1)^{0.1}\times(1-0.3)^{0.4},\\&\quad1-(1-0.3)^{0.3}\times(1-0.3)^{0.2}\times(1-0.2)^{0.1}\times(1-0.5)^{0.4}]\rangle\\&=\langle[0.409,0.513],[0.190,380]\rangle\end{aligned}$$

定义 2.11　设 $\tilde{A}_j=\langle[\mu_{jL},\mu_{jU}],[\nu_{jL},\nu_{jU}]\rangle(j=1,2,\cdots,n)$ 是一组区间直觉模糊数，若 IIFOWG 是一个映射：$F_I^n\to F_I$，使得

$$\mathrm{IIFOWG}_w(\tilde{A}_1,\tilde{A}_2,\cdots,\tilde{A}_n)=(\tilde{A}_{\sigma(1)})^{\omega_1}\otimes(\tilde{A}_{\sigma(2)})^{\omega_2}\otimes\cdots\otimes(\tilde{A}_{\sigma(n)})^{\omega_n} \tag{2.27}$$

则称 IIFOWG 为区间直觉模糊有序几何算子，其中 $\omega=(\omega_1,\omega_2,\cdots,\omega_n)^{\mathrm{T}}$ 为与 IIFOWG 算子的权重向量，$\omega_j\in[0,1](j=1,2,\cdots,n),\sum_{j=1}^{n}\omega_j=1$。$\tilde{A}'_j=(\tilde{A}_j)^{n\omega_j}=\langle\mu'_j,\nu'_j\rangle$，$(\tilde{A}'_{\sigma(1)},\tilde{A}'_{\sigma(2)},\cdots,\tilde{A}'_{\sigma(n)})$ 是加权的区间直觉模糊数组 $(\tilde{A}'_1,\tilde{A}'_2,\cdots,\tilde{A}'_n)$ 的一个置换，使得对任意 k，有 $\tilde{A}'_{\sigma(k-1)}\geqslant\tilde{A}'_{\sigma(k)}$，即 $\tilde{A}'_{\sigma(k)}$ 是 $\tilde{A}_j=\langle[\mu_{jL},\mu_{jU}],[\nu_{jL},\nu_{jU}]\rangle$ $(j=1,2,\cdots,n)$ 按区间直觉模糊数的排序规则确定的第 k 个最大直觉模糊数。

特别地，若 $\omega=(1/n,1/n,\cdots,1/n)^{\mathrm{T}}$，则 IIFOWG 算子退化为直觉模糊几何算子：

$$\mathrm{IIFG}(\tilde{A}_1,\tilde{A}_2,\cdots,\tilde{A}_n)=(\tilde{A}_1\otimes\tilde{A}_2\otimes\cdots\otimes\tilde{A}_n)^{1/n}$$

类似地，可以证明下面的定理。

定理 2.11　设 $\tilde{A}_j=\langle[\mu_{jL},\mu_{jU}],[\nu_{jL},\nu_{jU}]\rangle(j=1,2,\cdots,n)$ 是一组直觉模糊数，$\tilde{A}'_{\sigma(k)}$ 是直觉模糊数 $\tilde{A}_j=\langle[\mu_{jL},\mu_{jU}],[\nu_{jL},\nu_{jU}]\rangle(j=1,2,\cdots,n)$ 按区间直觉模糊数的排序规则确定的第 k 个最大区间直觉模糊数，则由 IIFOWG 算子运算得到的结果仍然是区间直觉模糊数，且

$$\mathrm{IIFOWG}_w(\tilde{A}_1,\tilde{A}_2,\cdots,\tilde{A}_n)=\left\langle\left[\prod_{j=1}^{n}(\mu_{\sigma(j)L})^{w_j},\prod_{j=1}^{n}(\mu_{\sigma(j)U})^{w_j}\right],\right.$$
$$\left.\left[1-\prod_{j=1}^{n}(1-\nu_{\sigma(j)L})^{w_j},1-\prod_{j=1}^{n}(1-\nu_{\sigma(j)U})^{w_j}\right]\right\rangle \tag{2.28}$$

其中，$w=(w_1,w_2,\cdots,w_n)^{\mathrm{T}}$ 为与 IIFOWG 算子相关联的权重向量，$w_j\in[0,1](j=1,2,\cdots,n)$，$\sum_{j=1}^{n}w_j=1$。

例 2.15　设 $\tilde{A}_1=\langle[0.4,0.5],[0.2,0.3]\rangle$，$\tilde{A}_2=\langle[0.6,0.7],[0.2,0.3]\rangle$，$\tilde{A}_3=\langle[0.5,0.7],[0.1,0.3]\rangle$，$\tilde{A}_4=\langle[0.3,0.5],[0.2,0.4]\rangle$ 为四个区间直觉模糊数，$w=(0.2,0.3,0.3,0.2)^{\mathrm{T}}$ 为与 IIFOWG 算子相关联的权重向量。

为了对区间直觉模糊数组 $\tilde{A}_j(j=1,2,3,4)$ 进行排序，首先由式（1.12）计算 $\tilde{A}_j(j=1,2,3,4)$ 的得分值：

$$s(\tilde{A}_1)=0.2,\quad s(\tilde{A}_2)=0.4,\quad s(\tilde{A}_3)=0.4,\quad s(\tilde{A}_4)=0.1$$

可知

$$s(\tilde{A}_2)=s(\tilde{A}_3)>s(\tilde{A}_1)>s(\tilde{A}_4)$$

由于 $s(\tilde{A}_2)=s(\tilde{A}_3)$，利用式（1.13）计算 $\tilde{A}_2$、$\tilde{A}_3$ 的精确值：

$$h(\tilde{A}_2)=0.9,\quad h(\tilde{A}_3)=0.8$$

因为 $h(\tilde{A}_2)>h(\tilde{A}_3)$，所以

$$\tilde{A}_2\succ\tilde{A}_3\succ\tilde{A}_1\succ\tilde{A}_4$$

于是

$$\tilde{A}_{\sigma(1)}=\langle[0.6,0.7],[0.2,0.3]\rangle,\quad \tilde{A}_{\sigma(2)}=\langle[0.5,0.7],[0.1,0.3]\rangle,$$
$$\tilde{A}_{\sigma(3)}=\langle[0.4,0.5],[0.2,0.3]\rangle,\quad \tilde{A}_{\sigma(4)}=\langle[0.3,0.5],[0.2,0.4]\rangle$$

所以

$$\mathrm{IIFOWG}_w(\tilde{A}_1,\tilde{A}_2,\tilde{A}_3,\tilde{A}_4)=\left\langle\left[\prod_{j=1}^{4}(\mu_{jL})^{\omega_j},\prod_{j=1}^{4}(\mu_{jU})^{\omega_j}\right],\right.$$

$$\left.\left[1-\prod_{j=1}^{4}(1-\nu_{jL})^{\omega_j},1-\prod_{j=1}^{4}(1-\nu_{jU})^{\omega_j}\right]\right\rangle$$

$$=\langle[0.438,0.592],[0.171,0.321]\rangle$$

定义 2.12 设 $\tilde{A}_j=\langle[\mu_{jL},\mu_{jU}],[\nu_{jL},\nu_{jU}]\rangle(j=1,2,\cdots,n)$ 是一组区间直觉模糊数，IIFHG 是一个映射：$F_I^n\to F_I$，使得

$$\mathrm{IIFHG}_w(\tilde{A}_1,\tilde{A}_2,\cdots,\tilde{A}_n)=(\tilde{A}'_{\sigma(1)})^{w_1}\otimes(\tilde{A}'_{\sigma(2)})^{w_2}\otimes\cdots\otimes(\tilde{A}'_{\sigma(n)})^{w_n}\qquad(2.29)$$

则称 IIFHG 为区间直觉模糊混合几何算子，其中 $w=(w_1,w_2,\cdots,w_n)^{\mathrm{T}}$ 为与 IIFHG 算子相关联的权重向量，$w_j\in[0,1](j=1,2\cdots,n),\sum_{j=1}^{n}w_j=1$。$\tilde{A}'_j=(\tilde{A}_j)^{nw_j}=\langle[\mu_{jL},\mu_{jU}],[\nu_{jL},\nu_{jU}]\rangle(j=1,2,\cdots,n)$。$(\tilde{A}'_{\sigma(1)},\tilde{A}'_{\sigma(2)},\cdots,\tilde{A}'_{\sigma(n)})$ 是加权的区间直觉模糊数组 $(\tilde{A}'_1,\tilde{A}'_2,\cdots,\tilde{A}'_n)$ 的一个置换，使得对任意 k，有 $\tilde{A}'_{\sigma(k-1)}\geqslant\tilde{A}'_{\sigma(k)}$，即 $\tilde{A}'_{\sigma(k)}$ 是 $\tilde{A}_j=\langle[\mu_{jL},\mu_{jU}],[\nu_{jL},\nu_{jU}]\rangle(j=1,2,\cdots,n)$ 按区间直觉模糊数的排序规则确定的第 k 个最大直觉模糊数；$w=(\omega_1,\omega_2,\cdots,\omega_n)^{\mathrm{T}}$ 为 $\tilde{A}_j=\langle[\mu_{jL},\mu_{jU}],[\nu_{jL},\nu_{jU}]\rangle(j=1,2,\cdots,n)$ 的权重向量，$\omega_j\in[0,1](j=1,2,\cdots,n),\sum_{j=1}^{n}\omega_j=1$；$n$ 为平衡系数。

特别地，若 $w=(1/n,1/n,\cdots,1/n)^{\mathrm{T}}$，则 IIFHG 算子退化为区间直觉模糊加权几何算子; 若 $w=(1/n,1/n,\cdots,1/n)^{\mathrm{T}}$，则 IIFHG 算子退化为区间直觉模糊有序加权平均算子。

定理 2.12 设 $\tilde{A}_j=\langle[\mu_{jL},\mu_{jU}],[\nu_{jL},\nu_{jU}]\rangle(j=1,2,\cdots,n)$ 是一组区间直觉模糊数，令 $\tilde{A}'_j=(\tilde{A}_j)^{nw_j}=\langle[\mu'_{jL},\mu'_{jU}],[\nu'_{jL},\nu'_{jU}]\rangle(j=1,2,\cdots,n)$，$\tilde{A}'_{\sigma(k)}$ 是区间直觉模糊数 $\tilde{A}_j=\langle[\mu_{jL},\mu_{jU}],[\nu_{jL},\nu_{jU}]\rangle(j=1,2,\cdots,n)$ 按某种排序规则确定的第 k 个最大区间直觉模糊数，则由 IIFHG 算子运算得到的结果仍然是区间直觉模糊数，且

$$\mathrm{IIFHG}_{\omega,w}(\tilde{A}_1,\tilde{A}_2,\cdots,\tilde{A}_n)=\left\langle\left[\prod_{j=1}^{n}(\mu'_{\sigma(j)L})^{w_j}\prod_{j=1}^{n}(\mu'_{\sigma(j)U})^{w_j}\right],\right.$$

$$\left.\left[1-\prod_{j=1}^{n}(1-\nu'_{\sigma(j)L})^{w_j},1-\prod_{j=1}^{n}(1-\nu'_{\sigma(j)U})^{w_j}\right]\right\rangle$$

(2.30)

其中，$w=(w_1,w_2,\cdots,w_n)^{\mathrm{T}}$ 为与 IIFHG 算子相关联的权重向量，$w_j\in[0,1](j=1,2,\cdots,n),\sum_{j=1}^{n}w_j=1$；$\omega=(\omega_1,\omega_2,\cdots,\omega_n)^{\mathrm{T}}$ 为区间直觉模糊数 $\tilde{A}_j(j=1,2,\cdots,n)$ 的权重向量，$\omega_j\in[0,1](j=1,2,\cdots,n),\sum_{j=1}^{n}\omega_j=1$；$n$ 为平衡系数。

例 2.16　设 $\tilde{A}_1=\langle[0.2,0.3],[0.5,0.6]\rangle$，$\tilde{A}_2=\langle[0.7,0.8],[0.1,0.2]\rangle$，$\tilde{A}_3=\langle[0.3,0.4],[0.4,0.6]\rangle$，$\tilde{A}_4=\langle[0.5,0.6],[0.2,0.4]\rangle$，$\tilde{A}_5=\langle[0.6,0.7],[0.2,0.3]\rangle$ 为五个区间直觉模糊数，$\omega=(0.25,0.20,0.18,0.15,0.22)^{\mathrm{T}}$ 为 $\tilde{A}_j(j=1,2,3,4,5)$ 的权重向量，$\omega=(0.112,0.236,0.304,0.236,0.112)^{\mathrm{T}}$ 是由基于正态分布赋权法确定的与 IIFHG 算子相关联的权重向量。

首先利用区间直觉模糊数的运算法则，计算加权的区间直觉模糊数 $\tilde{A}'_j$：

$$\tilde{A}'_1=\langle[0.134,0.222],[0.580,0.682]\rangle,\quad \tilde{A}'_2=\langle[0.70,0.80],[0.10,0.20]\rangle,$$

$$\tilde{A}'_3=\langle[0.338,0.438],[0.369,0.562]\rangle,\quad \tilde{A}'_4=\langle[0.595,0.438],[0.369,0.562]\rangle,$$

$$\tilde{A}'_5=\langle[0.570,0.675],[0.154,0.318]\rangle$$

利用式（1.12），计算可得 $\tilde{A}'_j(j=1,2,3,4,5)$ 的得分值：

$$s(\tilde{A}'_1)=-0.453,\quad s(\tilde{A}'_2)=0.60,\quad s(\tilde{A}'_3)=-0.078,\quad s(\tilde{A}'_4)=0.403,\quad s(\tilde{A}'_5)=0.351$$

可知

$$s(\tilde{A}'_2)>s(\tilde{A}'_4)>s(\tilde{A}'_5)>s(\tilde{A}'_3)>s(\tilde{A}'_1)$$

则有

$$\tilde{A}'_{\sigma(1)}=\langle[0.70,0.80],[0.10,0.20]\rangle,\quad \tilde{A}'_{\sigma(2)}=\langle[0.595,0.682],[0.154,0.318]\rangle,$$

$$\tilde{A}'_{\sigma(3)}=\langle[0.570,0.675],[0.218,0.325]\rangle,\quad \tilde{A}'_{\sigma(4)}=\langle[0.338,0.438],[0.369,0.562]\rangle,$$

$$\tilde{A}'_{\sigma(5)}=\langle[0.134,0.222],[0.580,0.682]\rangle$$

根据式（2.30）和权重向量 $w=(0.112,0.236,0.304,0.236,0.112)^{\mathrm{T}}$ 计算可得

$$\mathrm{IIFHG}_{\omega,w}(\tilde{A}_1,\tilde{A}_2,\tilde{A}_3,\tilde{A}_4,\tilde{A}_5)=\langle[0.455,0550],[0.288,0.427]\rangle$$

2. 基于区间直觉模糊混合几何算子的多属性决策步骤与实例分析

设多属性决策问题有 m 个方案 $Y_i(i=1,2,\cdots,m)$ 组成方案集 $Y=\{Y_1,Y_2,\cdots,Y_m\}$，评价每个方案的属性（或指标）为 $G_j(j=1,2,\cdots,n)$，记属性集为 $G=\{G_1,G_2,\cdots,G_n\}$。假设方案 $Y_i\in Y$ 关于属性 $G_j\in G$ 的评价值可以表示为区间直觉模糊集的形式：$\tilde{F}_{ij}=\langle[\mu_{ijL},\mu_{ijU}],[\nu_{ijL},\nu_{ijU}]\rangle(i=1,2,\cdots,m;j=1,2,\cdots,n)$，这里 $[\mu_{ijL},\mu_{ijU}]$ 表示方案 $Y_i\in Y$ 满足属性 $G_j\in G$ 的程度，$[\nu_{ijL},\nu_{ijU}]$ 表示方案 $Y_i\in Y$ 不满足属性 $G_j\in G$ 的程度。方案 $Y_i\in Y$ 关于所有属性评价值可以简单记为向量 $\tilde{F}_i=(\tilde{F}_{i1},\tilde{F}_{i2},\cdots,\tilde{F}_{in})^{\mathrm{T}}$，此

时，所有方案 $Y_i=(i=1,2,\cdots,m)$ 关于属性 $G_j(j=1,2,\cdots,n)$ 的区间直觉模糊评价信息可以用一个区间直觉模糊决策矩阵 $F=(\langle[\mu_{ijL},\mu_{ijU}],[\nu_{ijL},\nu_{ijU}]\rangle)_{m\times n}$ 表示（表 2-8）。则基于区间直觉模糊混合几何算子 IIFHG 的多属性决策步骤如下。

步骤 1　确定多属性决策问题的方案集 $Y=\{Y_1,Y_2,\cdots,Y_m\}$ 和属性集 $G=\{G_1,G_2,\cdots,G_n\}$。

步骤 2　获取多属性决策问题中方案 $Y_i\in Y$ 关于属性 $G_j\in G$ 的区间直觉模糊特征信息，构建区间直觉模糊决策矩阵 F。

步骤 3　确定多属性决策问题各属性的权重，得到属性权重向量 $\omega=(\omega_1,\omega_2,\cdots,\omega_n)^{\mathrm{T}}$。

步骤 4　利用正态分布赋权法[13]等确定与 IIFHG 算子相关联的权重向量（或位置向量）$w=(w_1,w_2,\cdots,w_n)^{\mathrm{T}}$。

步骤 5　利用式（2.30）计算方案 Y_i 的综合属性值 $\tilde{d}_i=\mathrm{IIFHG}_{\omega,w}(\tilde{F}_{i1},\tilde{F}_{i2},\cdots,\tilde{F}_{in})$。首先利用属性权重 $\omega=(\omega_1,\omega_2,\cdots,\omega_n)^{\mathrm{T}}$ 和平衡系数 n 计算加权的区间直觉模糊数 $\tilde{F}'_{ij}=(\tilde{F}_{ij})^{n\omega_j}$，然后利用区间直觉模糊数的排序规则对 $\tilde{F}'_{ij}=(j=1,2,\cdots,n)$ 进行排序，得到区间直觉模糊数组 $\tilde{F}'_{\sigma(1)},\tilde{F}'_{\sigma(2)},\cdots,\tilde{F}'_{\sigma(n)}$；最后根据与 IIFHG 算子相关联的权重向量 $w=(w_1,w_2,\cdots,w_n)^{\mathrm{T}}$ 计算方案 Y_i 的综合属性值 $\tilde{d}_i=\mathrm{IIFHG}_{\omega,w}(\tilde{F}_{i1},\tilde{F}_{i2},\cdots,\tilde{F}_{in})$。

步骤 6　计算方案 Y_i 的综合属性值 $\tilde{d}_i$ 的得分值 $s(\tilde{d}_i)$ 和精确值 $h(\tilde{d}_i)$，确定 $\tilde{d}_i(i=1,2,\cdots,m)$ 的不增排列顺序，并利用排序结果对方案 $Y_i(i=1,2,\cdots,m)$ 进行优劣排序。

例 2.17　考虑突发事件应急预案评估问题。仍用例 2.13 说明基于 IIFHG 算子的多属性决策方法的实际应用。

首先根据权重向量 $\omega=(0.35,0.2,0.2,0.1,0.15)^{\mathrm{T}}$ 及平衡系数 $n=5$ 计算加权区间直觉模糊数 $\tilde{F}'_{ij}=(\tilde{F}_{ij})^{n\omega_j}$：

$\tilde{F}'_{11}=\langle[0.297,0.409],[0.168,0.464]\rangle$，$\tilde{F}'_{12}=\langle[0.3,0.4],[0.4,0.5]\rangle$，

$\tilde{F}'_{13}=\langle[0.1,0.3],[0.5,0.6]\rangle$，$\tilde{F}'_{14}=\langle[0.837,0.894],[0.051,0.106]\rangle$，

$\tilde{F}'_{15}=\langle[0.595,0.765],[0.076,0.235]\rangle$，$\tilde{F}'_{21}=\langle[0.201,0.297],[0.323,0.591]\rangle$，

$\tilde{F}'_{22}=\langle[0.4,0.6],[0.2,0.4]\rangle$，$\tilde{F}'_{23}=\langle[0.3,0.5],[0.4,0.5]\rangle$，

$\tilde{F}'_{24}=\langle[0.775,0.837],[0.106,0.163]\rangle$，$\tilde{F}'_{25}=\langle[0.765,0.846],[0.076,0.154]\rangle$，

$\tilde{F}'_{31}=\langle[0.409,0.536],[0.323,0.464]\rangle$，$\tilde{F}'_{32}=\langle[0.7,0.8],[0.1,0.2]\rangle$，

$\tilde{F}'_{33}=\langle[0.4,0.5],[0.3,0.5]\rangle$，$\tilde{F}'_{34}=\langle[0632,0.775],[0.051,0.163]\rangle$，

$\tilde{F}'_{35}=\langle[0.681,0.765],[0.154,0.235]\rangle$，$\tilde{F}'_{41}=\langle[0.122,0.297],[0.464,0.591]\rangle$，

$\tilde{F}'_{42}=\langle[0.5,0.7],[0.2,0.3]\rangle$，$\tilde{F}'_{43}=\langle[0.6,0.8],[0.1,0.2]\rangle$，

$\tilde{F}'_{44}=\langle[0.707,0.775],[0.106,0.163]\rangle$，$\tilde{F}'_{45}=\langle[0.765,0.846],[0.076,0.154]\rangle$，

$\tilde{F}'_{51}=\langle[0.122,0.201],[0.591,0.703]\rangle$，$\tilde{F}'_{52}=\langle[0.2,0.4],[0.3,0.4]\rangle$，

$\tilde{F}'_{53}=\langle[0.3,0.4],[0.3,0.4]\rangle$，$\tilde{F}'_{54}=\langle[0.548,0.707],[0.225,0.293]\rangle$，

$\tilde{F}'_{55}=\langle[0.503,0.682],[0.154,0.235]\rangle$

利用式（1.12）计算加权区间直觉模糊数 $\tilde{F}'_{ij}(i,j=1,2,3,4,5)$ 的得分值分别为

$s(\tilde{F}'_{11})=0.037$，$s(\tilde{F}'_{12})=-0.1$，$s(\tilde{F}'_{13})=-0.35$，$s(\tilde{F}'_{14})=0.787$，$s(\tilde{F}'_{15})=0.525$，
$s(\tilde{F}'_{21})=-0.208$，$s(\tilde{F}'_{22})=0.2$，$s(\tilde{F}'_{23})=-0.05$，$s(\tilde{F}'_{24})=0.672$，$s(\tilde{F}'_{25})=0.691$，
$s(\tilde{F}'_{31})=0.079$，$s(\tilde{F}'_{32})=0.6$，$s(\tilde{F}'_{33})=0.05$，$s(\tilde{F}'_{34})=0.597$，$s(\tilde{F}'_{35})=0.592$，
$s(\tilde{F}'_{41})=-0.318$，$s(\tilde{F}'_{42})=0.35$，$s(\tilde{F}'_{43})=0.55$，$s(\tilde{F}'_{44})=0.607$，$s(\tilde{F}'_{45})=0.691$，
$s(\tilde{F}'_{51})=-0.489$，$s(\tilde{F}'_{52})=-0.05$，$s(\tilde{F}'_{53})=0.00$，$s(\tilde{F}'_{54})=0.369$，$s(\tilde{F}'_{55})=0.398$

易知：

$$s(\tilde{F}'_{14})>s(\tilde{F}'_{15})>s(\tilde{F}'_{11})>s(\tilde{F}'_{12})>s(\tilde{F}'_{13}),$$
$$s(\tilde{F}'_{25})>s(\tilde{F}'_{24})>s(\tilde{F}'_{22})>s(\tilde{F}'_{23})>s(\tilde{F}'_{21}),$$
$$s(\tilde{F}'_{32})>s(\tilde{F}'_{34})>s(\tilde{F}'_{35})>s(\tilde{F}'_{31})>s(\tilde{F}'_{33}),$$
$$s(\tilde{F}'_{45})>s(\tilde{F}'_{44})>s(\tilde{F}'_{43})>s(\tilde{F}'_{42})>s(\tilde{F}'_{41}),$$
$$s(\tilde{F}'_{55})>s(\tilde{F}'_{54})>s(\tilde{F}'_{53})>s(\tilde{F}'_{52})>s(\tilde{F}'_{54}).$$

于是有

$\tilde{F}'_{1\sigma(1)}=\langle[0.837,0.894],[0.051,0.106]\rangle$，$\tilde{F}'_{1\sigma(2)}=\langle[0.595,0.765],[0.076,0.235]\rangle$，

$\tilde{F}'_{1\sigma(3)}=\langle[0.297,0.409],[0.168,0.464]\rangle$，$\tilde{F}'_{1\sigma(4)}=\langle[0.3,0.4],[0.4,0.5]\rangle$，

$\tilde{F}'_{1\sigma(5)}=\langle[0.1,0.3],[0.5,0.6]\rangle$；$\tilde{F}'_{2\sigma(1)}=\langle[0.765,0.846],[0.076,0.154]\rangle$，

$\tilde{F}'_{2\sigma(2)}=\langle[0.775,0.837],[0.106,0.163]\rangle$，$\tilde{F}'_{2\sigma(3)}=\langle[0.4,0.6],[0.2,0.4]\rangle$，

$\tilde{F}'_{2\sigma(4)}=\langle[0.3,0.5],[0.4,0.5]\rangle$，$\tilde{F}'_{2\sigma(5)}=\langle[0.201,0.297],[0.323,0.591]\rangle$；

$\tilde{F}'_{3\sigma(1)}=\langle[0.7,0.8],[0.1,0.2]\rangle$，$\tilde{F}'_{3\sigma(2)}=\langle[0.632,0.775],[0.051,0.163]\rangle$，

$\tilde{F}'_{3\sigma(3)}=\langle[0.681,0.765],[0.154,0.235]\rangle$，$\tilde{F}'_{3\sigma(4)}=\langle[0.409,0.536],[0.323,0.464]\rangle$，

$\tilde{F}'_{3\sigma(5)}=\langle[0.4,0.5],[0.3,0.5]\rangle$；$\tilde{F}'_{4\sigma(1)}=\langle[0.765,0.846],[0.076,0.154]\rangle$，

$\tilde{F}'_{4\sigma(2)}=\langle[0.707,0.775],[0.106,0.163]\rangle$，$\tilde{F}'_{4\sigma(3)}=\langle[0.6,0.8],[0.1,0.2]\rangle$，

$\tilde{F}'_{4\sigma(4)}=\langle[0.5,0.7],[0.2,0.3]\rangle$，$\tilde{F}'_{4\sigma(5)}=\langle[0.122,0.297],[0.464,0.591]\rangle$；

$\tilde{F}'_{5\sigma(1)}=\langle[0.503,0.682],[0.154,0.235]\rangle$，$\tilde{F}'_{5\sigma(2)}=\langle[0.548,0.707],[0.225,0.293]\rangle$，

$\tilde{F}'_{5\sigma(3)}=\langle[0.3,0.4],[0.3,0.4]\rangle$，$\tilde{F}'_{5\sigma(4)}=\langle[0.2,0.4],[0.3,0.4]\rangle$，

$\tilde{F}'_{5\sigma(5)} = \langle [0.122, 0.201], [0.591, 0.703] \rangle$

根据式（2.30）和权重向量 $w = (0.112, 0.236, 0.304, 0.236, 0.112)^{\mathrm{T}}$，计算可得应急预案 $Y_i (i = 1,2,3,4,5)$ 的综合评价结果分别为

$$\tilde{d}_1 = \langle [0.349, 0.497], [0.243, 0.420] \rangle$$
$$\tilde{d}_2 = \langle [0.435, 0.597], [0.235, 0.381] \rangle$$
$$\tilde{d}_3 = \langle [0.561, 0.676], [0.192, 0.311] \rangle$$
$$\tilde{d}_4 = \langle [0.514, 0.678], [0.173, 0.269] \rangle$$
$$\tilde{d}_5 = \langle [0.301, 0.450], [0.310, 0.408] \rangle$$

利用式（1.12）计算应急预案 $Y_i (i = 1,2,3,4,5)$ 综合评价结果 $\tilde{d}_i$ 的得分值分别为

$s(\tilde{d}_1) = 0.092$，$s(\tilde{d}_2) = 0.208$，$s(\tilde{d}_3) = 0.367$，$s(\tilde{d}_4) = 0.375$，$s(\tilde{d}_5) = 0.017$

比较可知：

$$s(\tilde{d}_4) > s(\tilde{d}_3) > s(\tilde{d}_2) > s(\tilde{d}_1) > s(\tilde{d}_5)$$

因此应急预案 $Y_i (i = 1,2,3,4,5)$ 的优劣次序为 $Y_4 \succ Y_3 \succ Y_2 \succ Y_1 \succ Y_5$，其中应急预案 Y_4 为最佳。

参 考 文 献

[1] 李登峰. 直觉模糊集决策与对策分析方法[M]. 北京：国防工业出版社，2012.

[2] Yager R R. On ordered weighted averaging aggregation operators in multicriteria decision making[J]. IEEE Transactions on Systems，Man and Cybernetics，1988，18（1）：183-190.

[3] Yager R R. Generalized OWA aggregation operators[J]. Fuzzy Optimization and Decision Making，2004，3（1）：93-107.

[4] Xu Z S，Yager R R. Some geometric aggregation operators based on intuitionistic fuzzy sets[J]. International Journal of General Systems，2006，35（4）：417-433.

[5] Xu Z S. Intuitionistic fuzzy aggregation operators[J]. IEEE Transactions on Fuzzy Systems，2007，15（6）：1179-1187.

[6] Xu Z S. Multi-person multi-attribute decision making models under intuitionistic fuzzy environment[J]. Fuzzy Optimization and Decision Making，2007，6（3）：221-236.

[7] Li D F. The GOWA operator based approach to multi-attribute decision making using intuitionistic fuzzy sets[J]. Mathematical and Computer Modeling，2011，53（5-6）：1182-1196.

[8] Li D F. Multiattribute decision making method based on generalized OWA operators with intuitionistic fuzzy sets[J]. Expert Systems with Applications，2010，37（12）：8673-8678.

[9] Li D F，Wang L L，Chen G H. Group decision making methodology based on the Atanassov's intuitionistic fuzzy set generalized OWA operator[J]. International Journal of Uncertainty，Fuzziness and Knowledge-based Systems，2010，18（6）：801-817.

[10] Wang S Q，Li D F，Wu Z Q. Generalized ordered weighted averaging operators based methods for MADM in intuitionistic fuzzy set setting?[J]. Journal of Systems Engineering and Electronics，2009，20（6）：1247-1254.

[11] 徐永杰，孙涛，李登峰. 直觉模糊 POWA 算子及其在多准则决策中的应用[J]. 控制与决策，2011，26（1）：129-132.

[12]　伍之前，李登峰. 基于 GOWA 算子的直觉模糊多属性决策方法[J]. 运筹与管理，2010，19（3）：60-64.

[13]　Xu Z S. An overview of methods for determining OWA weirhts[J]. International Journal of Intelligent Systems，2005，20（8）：843-865.

[14]　潘彬. 公共投资项目绩效评估研究[M]. 北京：人民大学出版社，2012.

[15]　毛太田. 地方政府公共财政支出绩效评价研究[M]. 北京：光明日报出版社，2015.

[16]　郭子雪，张强. 质量管理体系运行有效性综合评价[J]. 北京理工大学学报，2009，29（6）：560-564.

[17]　郭子雪，张强. 基于直觉模糊集的突发事件应急预案评估[J]. 数学的实践与认识，2008，38（22）：64-69.

第3章　属性权重未知情形下的直觉模糊多属性决策方法

属性权重的确定是多属性决策中的关键环节。本章将在第 2 章的基础上，假定属性权重完全未知或属性权重信息不完全，通过建立以离差最大化或主客观偏好值总离差最小化为目标的数学规划模型，讨论属性权重未知情形下的直觉模糊多属性决策方法。

3.1　基于离差最大化的直觉模糊多属性决策方法

3.1.1　属性权重完全未知情形下的直觉模糊多属性决策方法

1. 问题描述

设某多属性决策问题有 m 个方案 $Y_i(i=1,2,\cdots,m)$，组成方案集 $Y=\{Y_1,Y_2,\cdots,Y_m\}$，评价每个方案的属性（或指标）为 $G_j(j=1,2,\cdots,n)$，记属性集为 $G=\{G_1,G_2,\cdots,G_n\}$，属性 $G_j(j=1,2,\cdots,n)$ 的权重向量 $\omega=(\omega_1,\omega_2,\cdots,\omega_n)^{\mathrm{T}}$ 完全未知。假设方案 $Y_i\in Y$ 关于属性 $G_j\in G$ 的评价值可以表示为 $\tilde{F}_{ij}=\langle\mu_{ij},\nu_{ij}\rangle(i=1,2,\cdots,m;j=1,2,\cdots,n)$，$\tilde{F}_{ij}$ 为直觉模糊集，其中 $\mu_{ij}\in[0,1]$ 和 $\nu_{ij}\in[0,1]$ 分别表示方案 $Y_i\in Y$ 满足属性 $G_j\in G$ 和不满足属性 $G_j\in G$ 的程度，且 $0\leqslant\mu_{ij}+\nu_{ij}\leqslant1$。则矩阵 $F=(\langle\mu_{ij},\nu_{ij}\rangle)_{m\times n}$ 为该多属性决策问题的直觉模糊决策矩阵，现在的问题是依据直觉模糊决策矩阵 F，如何通过确定属性权重向量 $\omega=(\omega_1,\omega_2,\cdots,\omega_n)^{\mathrm{T}}$，得到一个有效的决策分析方法对所有方案进行优劣排序。

2. 属性权重的确定方法

直觉模糊多属性决策分析，一般是对这些方案综合属性值的排序比较[1]。如果所有方案在属性 $G_j(j=1,2,\cdots,n)$ 下的属性值差异很小，则说明该属性对方案决策与排序所起的作用很小；反之，如果属性 $G_j(j=1,2,\cdots,n)$ 能使所有方案的属性值有较大差异，则说明其对方案决策与排序起重要作用。所以，从对决策方案进行排序的角度考虑，方案属性值偏差越大的属性应该赋予越大的权重。特别地，如果

所有方案在属性 $G_j(j=1,2,\cdots,n)$ 下的属性值无差异，则属性 $G_j(j=1,2,\cdots,n)$ 对方案排序将不起作用，可令其权重为 0。

对于属性 $G_j(j=1,2,\cdots,n)$，用 $D_{ij}(\omega)$ 表示方案 Y_i 与其他方案 Y_k 之间的距离，则可定义

$$D_{ij}(\omega)=\sum_{k=1}^{m}d(\tilde{F}_{ij},\tilde{F}_{kj})\omega_j=\frac{1}{2}\sum_{k=1}^{m}\omega_j(|\mu_{ij}-\mu_{kj}|+|\nu_{ij}-\nu_{kj}|)(i=1,2,\cdots,m;j=1,2,\cdots,n) \tag{3.1}$$

令

$$D_j(\omega)=\sum_{i=1}^{m}D_{ij}(\omega)=\frac{1}{2}\sum_{i=1}^{m}\sum_{k=1}^{m}\omega_j(|\mu_{ij}-\mu_{kj}|+|\nu_{ij}-\nu_{kj}|)(i=1,2,\cdots,m;j=1,2,\cdots,n) \tag{3.2}$$

则 $D_j(\omega)$ 表示对属性 $G_j(j=1,2,\cdots,n)$ 而言，所有方案与其他方案的总离差。根据上述分析，权重向量 $\omega=(\omega_1,\omega_2,\cdots,\omega_n)^{\mathrm{T}}$ 的选择应是所有属性对所有方案的总离差最大。为此构建以下目标函数：

$$\max D(\omega)=\sum_{j=1}^{n}D_j(\omega)=\frac{1}{2}\sum_{j=1}^{n}\sum_{i=1}^{m}\sum_{k=1}^{m}\omega_j(|\mu_{ij}-\mu_{kj}|+|\nu_{ij}-\nu_{kj}|) \tag{3.3}$$

于是，求解权重向量 $\omega=(\omega_1,\omega_2,\cdots,\omega_n)^{\mathrm{T}}$ 就等价于求解如下最优化模型：

$$\begin{cases}\max D(\omega)=\sum_{j=1}^{n}D_j(\omega)=\frac{1}{2}\sum_{j=1}^{n}\sum_{i=1}^{m}\sum_{k=1}^{m}\omega_j(|\mu_{ij}-\mu_{kj}|+|\nu_{ij}-\nu_{kj}|)\\ \text{s.t.}\sum_{j=1}^{n}\omega_j^2=1,\omega_j\geqslant 0(j=1,2,\cdots,n)\end{cases} \tag{3.4}$$

为了求解最优化模型（3.4），可构造拉格朗日函数

$$L(\omega,\lambda)=\frac{1}{2}\sum_{j=1}^{n}\sum_{i=1}^{m}\sum_{k=1}^{m}\omega_j(|\mu_{ij}-\mu_{kj}|+|\nu_{ij}-\nu_{kj}|)+\frac{\lambda}{4}\left(\sum_{j=1}^{n}\omega_j^2-1\right) \tag{3.5}$$

对其求偏导数，并令偏导数等于 0，可得

$$\begin{cases}\dfrac{\partial L}{\partial\omega_j}=\dfrac{1}{2}\sum_{i=1}^{m}\sum_{k=1}^{m}(|\mu_{ij}-\mu_{kj}|+|\nu_{ij}-\nu_{kj}|)+\dfrac{1}{2}\lambda\omega_j=0\\ \dfrac{\partial L}{\partial\lambda}=\dfrac{1}{4}\left(\sum_{j=1}^{n}\omega_j^2-1\right)=0\end{cases} \tag{3.6}$$

解之可得

$$\omega_j^* = \frac{\sum_{i=1}^{m}\sum_{k=1}^{m}(|\mu_{ij}-\mu_{kj}|+|\nu_{ij}-\nu_{kj}|)}{\sqrt{\sum_{j=1}^{n}\left[\sum_{i=1}^{m}\sum_{k=1}^{m}(|\mu_{ij}-\mu_{kj}|+|\nu_{ij}-\nu_{kj}|)\right]^2}} \tag{3.7}$$

对 ω_j^* 进行归一化处理，可得属性权重

$$\omega_j = \frac{\sum_{i=1}^{m}\sum_{k=1}^{m}(|\mu_{ij}-\mu_{kj}|+|\nu_{ij}-\nu_{kj}|)}{\sum_{j=1}^{n}\sum_{i=1}^{m}\sum_{k=1}^{m}(|\mu_{ij}-\mu_{kj}|+|\nu_{ij}-\nu_{kj}|)} \tag{3.8}$$

3. 属性权重完全未知情形下的直觉模糊多属性决策步骤与实例分析

根据以上分析，属性权重完全未知情形下基于离差最大化的直觉模糊多属性决策的步骤可归纳如下。

步骤 1 确定多属性决策问题的方案集 $Y=\{Y_1,Y_2,\cdots,Y_m\}$ 和属性集 $G=\{G_1,G_2,\cdots,G_n\}$。

步骤 2 获取多属性决策问题中方案 $Y_i\in Y$ 关于属性 $G_j\in G$ 的直觉模糊特征信息，构建直觉模糊决策矩阵 F。

步骤 3 利用式（3.8）确定各属性的权重，得到属性权重向量 $\omega=(\omega_1,\omega_2,\cdots,\omega_n)^{\mathrm{T}}$。

步骤 4 利用式（3.9）或式（3.10）计算方案 Y_i 的综合属性值 $\tilde{d}_i$：

$$\tilde{d}_i=\langle\mu_i,\nu_i\rangle=\mathrm{IFWA}_{\omega}(\tilde{A}_1,\tilde{A}_2,\cdots,\tilde{A}_n)=\left\langle 1-\prod_{j=1}^{n}(1-\mu_j)^{\omega_j},\prod_{j=1}^{n}(\nu_j)^{\omega_j}\right\rangle \tag{3.9}$$

$$\tilde{d}_i=\langle\mu_i,\nu_i\rangle=\mathrm{IFWG}_{\omega}(\tilde{A}_1,\tilde{A}_2,\cdots,\tilde{A}_n)=\left\langle \prod_{j=1}^{n}(\mu_j)^{\omega_j},1-\prod_{j=1}^{n}(1-\nu_j)^{\omega_j}\right\rangle \tag{3.10}$$

步骤 5 利用直觉模糊数的得分函数和精确度公式，计算方案 Y_i 的综合属性值 $\tilde{d}_i$ 的得分值 $s(\tilde{d}_i)$ 和精确值 $h(\tilde{d}_i)$，确定 $\tilde{d}_i(i=1,2,\cdots,m)$ 的不增排列顺序，并利用排序结果对方案 $Y_i(i=1,2,\cdots,m)$ 进行优劣排序。

例 3.1 考虑公共投资项目绩效评估问题。公共投资项目绩效评估要同时考虑公共投资的经济性、效率性、有效性和社会公平性，可以从管理绩效（G_1）、经济绩效（G_2）、社会绩效（G_3）、生态绩效（G_4）和可持续发展绩效（G_5）五个方面进行绩效评估[2]。假设通过现场调查和专家咨询可以获得五个公共投资项

目 $Y_i(i=1,2,3,4,5)$ 关于属性 $G_j(j=1,2,3,4,5)$ 的直觉模糊评价结果（表 3-1），各属性权重完全未知。

表 3-1　公共投资项目绩效评价的直觉模糊决策矩阵 F

	G_1	G_2	G_3	G_4	G_5
Y_1	⟨0.7, 0.3⟩	⟨0.7, 0.2⟩	⟨0.4, 0.5⟩	⟨0.7, 0.3⟩	⟨0.6, 0.2⟩
Y_2	⟨0.6, 0.2⟩	⟨0.4, 0.3⟩	⟨0.5, 0.3⟩	⟨0.7, 0.1⟩	⟨0.5, 0.2⟩
Y_3	⟨0.8, 0.1⟩	⟨0.6, 0.2⟩	⟨0.4, 0.3⟩	⟨0.2, 0.6⟩	⟨0.3, 0.4⟩
Y_4	⟨0.5, 0.4⟩	⟨0.3, 0.6⟩	⟨0.6, 0.3⟩	⟨0.3, 0.4⟩	⟨0.5, 0.3⟩
Y_5	⟨0.6, 0.4⟩	⟨0.5, 0.4⟩	⟨0.6, 0.2⟩	⟨0.5, 0.3⟩	⟨0.7, 0.2⟩

下面对五个公共投资项目绩效进行优劣排序。

首先由式（3.8）计算属性 $G_j(j=1,2,3,4,5)$ 的权重，得到属性权重向量

$$\omega=(0.174,0.232,0.139,0.290,0.165)^{\mathrm{T}}$$

利用式（3.9）计算公共投资项目 $Y_i(i=1,2,3,4,5)$ 的综合属性值分别为

$$\tilde{d}_1=\langle 0.654,0.274\rangle,\ \tilde{d}_2=\langle 0.567,0.190\rangle,\ \tilde{d}_3=\langle 0.497,0.298\rangle,$$

$$\tilde{d}_4=\langle 0.422,0.403\rangle,\ \tilde{d}_5=\langle 0.571,0.289\rangle$$

利用直觉模糊数的得分函数计算 $\tilde{d}_i(i=1,2,3,4,5)$ 的得分值分别为

$$s(\tilde{d}_1)=0.380,\ s(\tilde{d}_2)=0.377,\ s(\tilde{d}_3)=0.208,\ s(\tilde{d}_4)=0.019,\ s(\tilde{d}_5)=0.370$$

易知

$$s(\tilde{d}_1)>s(\tilde{d}_2)>s(\tilde{d}_5)>s(\tilde{d}_3)>s(\tilde{d}_4)$$

由此可得五个公共投资项目绩效的优劣排序为 $Y_1 \succ Y_2 \succ Y_5 \succ Y_3 \succ Y_4$，其中公共投资项目 Y_1 的绩效最佳。

3.1.2　属性权重信息不完全情形下的直觉模糊多属性决策方法

1. 问题描述

设某多属性决策问题有 m 个方案 $Y_i(i=1,2,\cdots,m)$，组成方案集 $Y=\{Y_1,Y_2,\cdots,Y_m\}$，评价每个方案的属性（或指标）为 $G_j(j=1,2,\cdots,n)$，记属性集为 $G=\{G_1,G_2,\cdots,G_n\}$，属性 $G_j(j=1,2,\cdots,n)$ 的权重向量为 $\omega=(\omega_1,\omega_2,\cdots,\omega_n)^{\mathrm{T}}$，权重信息不完全，其中 $\underline{\omega}_j \leqslant \omega_j \leqslant \overline{\omega}_j(j=1,2,\cdots,n)$。假设方案 $Y_i \in Y$ 关于属性 $G_j \in G$ 的评价值可以表示为 $\tilde{F}_{ij}=\langle \mu_{ij},\nu_{ij}\rangle(i=1,2,\cdots,m;j=1,2,\cdots,n)$，$\tilde{F}_{ij}$ 为直觉模糊集，其中 $\mu_{ij}\in[0,1]$ 和 $\nu_{ij}\in[0,1]$ 分别表示方案 $Y_i \in Y$ 满足属性 $G_j \in G$ 和不满足属性 $G_j \in G$ 的程度，且

$0 \leqslant \mu_{ij}+\nu_{ij} \leqslant 1$。则矩阵 $F=(\langle \mu_{ij},\nu_{ij}\rangle)_{m\times n}$ 为该多属性决策问题的直觉模糊决策矩阵，现在的问题是依据直觉模糊决策矩阵 F，如何通过确定属性权重 $\omega=(\omega_1,\omega_2,\cdots,\omega_n)^{\mathrm{T}}$，得到一个有效的决策分析方法对所有方案进行优劣排序。

2. 属性权重的确定方法

类似上述分析，确定属性权重的目标是使所有方案与其他方案的总离差最大，在权重满足条件 $\underline{\omega}_j \leqslant \omega_j \leqslant \overline{\omega}_j (j=1,2,\cdots,n)$ 的情况下，求解权重向量就等价于求解以下最优化模型：

$$\begin{cases} \max D(\omega)=\sum_{j=1}^{n} D_j(\omega)=\frac{1}{2}\sum_{j=1}^{n}\sum_{i=1}^{m}\sum_{k=1}^{m}\omega_j(|\mu_{ij}-\mu_{kj}|+|\nu_{ij}-\nu_{kj}|) \\ \text{s.t.}\ \underline{\omega}_j \leqslant \omega_j \leqslant \overline{\omega}_j, \sum_{j=1}^{n}\omega_j=1, \omega_j \geqslant 0 (j=1,2,\cdots,n) \end{cases} \tag{3.11}$$

求解最优化模型（3.11），可得属性 $G_j (j=1,2,\cdots,n)$ 的权重向量 $\omega=(\omega_1,\omega_2,\cdots,\omega_n)^{\mathrm{T}}$。

3. 属性权重信息不完全情形下直觉模糊多属性决策步骤与实例分析

根据以上分析，属性权重信息不完全情形下基于离差最大化的直觉模糊多属性决策的步骤可归纳如下。

步骤 1　确定多属性决策问题的方案集 $Y=\{Y_1,Y_2,\cdots,Y_m\}$ 和属性集 $G=\{G_1,G_2,\cdots,G_n\}$。

步骤 2　获取多属性决策问题中方案 $Y_i \in Y$ 关于属性 $G_j \in G$ 的直觉模糊特征信息，构建直觉模糊决策矩阵 F。

步骤 3　求解最优化模型（3.11）确定各属性的权重，得到属性权重向量 $\omega=(\omega_1,\omega_2,\cdots,\omega_n)^{\mathrm{T}}$。

步骤 4　计算方案 Y_i 的综合属性值 $\tilde{d}_i$：

$$\tilde{d}_i=\langle \mu_i,\nu_i\rangle=\mathrm{IFWA}_{\omega}(\tilde{A}_1,\tilde{A}_2,\cdots,\tilde{A}_n)=\left\langle 1-\prod_{j=1}^{n}(1-\mu_j)^{\omega_j}, \prod_{j=1}^{n}(\nu_j)^{\omega_j}\right\rangle$$

或
$$\tilde{d}_i=\langle \mu_i,\nu_i\rangle=\mathrm{IFWG}_{\omega}(\tilde{A}_1,\tilde{A}_2,\cdots,\tilde{A}_n)=\left\langle \prod_{j=1}^{n}(\mu_j)^{\omega_j}, 1-\prod_{j=1}^{n}(1-\nu_j)^{\omega_j}\right\rangle$$

步骤 5　利用直觉模糊数的得分函数和精确度公式，计算方案 Y_i 的综合属性值 $\tilde{d}_i$ 的得分值 $s(\tilde{d}_i)$ 和精确值 $h(\tilde{d}_i)$，确定 $\tilde{d}_i (i=1,2,\cdots,m)$ 的不增排列顺序，并利用排序结果对方案 $Y_i (i=1,2,\cdots,m)$ 进行优劣排序。

例 3.2　考虑地方政府公共财政支出绩效评价问题。公共财政支出绩效评价是对财政支出活动的经济性、效率性和有效性进行评价，可以从教育支出绩效（G_1）、养老支出绩效（G_2）、就业支出绩效（G_3）和基础设施建设支出绩效（G_4）四个维度进行评估[3]。假设通过调研与专家咨询可以获得五个地区 $Y_i(i=1,2,3,4,5)$ 关于属性 $G_j(j=1,2,3,4)$ 的直觉模糊评价结果，如表 3-2 所示。

表 3-2　公共财政支出绩效评价的加权直觉模糊决策矩阵 $\boldsymbol{F}$

	G_1	G_2	G_3	G_4
Y_1	$\langle 0.51, 0.44\rangle$	$\langle 0.45, 0.32\rangle$	$\langle 0.40, 0.55\rangle$	$\langle 0.35, 0.50\rangle$
Y_2	$\langle 0.45, 0.50\rangle$	$\langle 0.36, 0.45\rangle$	$\langle 0.45, 0.40\rangle$	$\langle 0.70, 0.20\rangle$
Y_3	$\langle 0.65, 0.30\rangle$	$\langle 0.55, 0.40\rangle$	$\langle 0.50, 0.42\rangle$	$\langle 0.45, 0.50\rangle$
Y_4	$\langle 0.60, 0.25\rangle$	$\langle 0.75, 0.15\rangle$	$\langle 0.65, 0.25\rangle$	$\langle 0.50, 0.35\rangle$
Y_5	$\langle 0.55, 0.30\rangle$	$\langle 0.50, 0.35\rangle$	$\langle 0.55, 0.15\rangle$	$\langle 0.55, 0.20\rangle$

如果属性 $G_j(j=1,2,3,4)$ 的权重 $\omega_j(j=1,2,3,4)$ 除了满足 $\sum_{j=1}^{n}\omega_j=1$ 还满足以下条件：$0.15\leqslant\omega_1\leqslant 0.20$，$0.20\leqslant\omega_2\leqslant 0.24$，$0.25\leqslant\omega_3\leqslant 0.35$，$0.30\leqslant\omega_4\leqslant 0.40$。

下面对五个地区 $Y_i(i=1,2,3,4,5)$ 的政府公共财政支出绩效进行优劣排序。

利用表 3-2 给出的直觉模糊决策矩阵，计算最优化模型（3.11）中权重向量 $\omega_j(j=1,2,3,4)$ 的系数，可得以下最优化模型：

$$\begin{cases}\max D(\omega)=2.26\omega_1+2.85\omega_2+3.16\omega_3+3.4\omega_4\\ \text{s.t.}0.15\leqslant\omega_1\leqslant 0.20\\ \quad 0.20\leqslant\omega_2\leqslant 0.24\\ \quad 0.25\leqslant\omega_3\leqslant 0.35\\ \quad 0.30\leqslant\omega_3\leqslant 0.40\\ \quad \omega_1+\omega_2+\omega_3+\omega_4=1\\ \quad \omega_j\geqslant 0, j=1,2,3,4\end{cases}$$

解之可得属性 $G_j(j=1,2,3,4)$ 的权重向量为

$$\omega=(0.20,0.24,0.26,0.30)^{\mathrm{T}}$$

利用式（3.10）计算地区 $Y_i(i=1,2,3,4,5)$ 政府公共财政支出的综合属性值分别为

$$\tilde{d}_1=\langle 0.415,0.464\rangle,\ \tilde{d}_2=\langle 0.487,0.382\rangle,\ \tilde{d}_3=\langle 0.522,0.419\rangle,$$

$$\tilde{d}_4=\langle 0.612,0.260\rangle,\ \tilde{d}_5=\langle 0.538,0.247\rangle$$

由直觉模糊数的得分函数计算 $\tilde{d}_i(i=1,2,3,4)$ 的得分值分别为

$s(\tilde{d}_1)=-0.049$，$s(\tilde{d}_2)=0.105$，$s(\tilde{d}_3)=0.103$，$s(\tilde{d}_4)=0.352$，$s(\tilde{d}_5)=0.291$

易知

$$s(\tilde{d}_4)>s(\tilde{d}_5)>s(\tilde{d}_2)>s(\tilde{d}_3)>s(\tilde{d}_1)$$

因此，五个地区 $Y_i(i=1,2,3,4,5)$ 政府公共财政支出绩效的优劣排序为 $Y_4 \succ Y_5 \succ Y_2 \succ Y_3 \succ Y_1$，且地区 Y_4 的政府公共财政支出绩效为最佳。

3.2 基于离差最大化的区间直觉模糊多属性决策方法

3.2.1 属性权重完全未知情形下区间直觉模糊多属性决策

1. 问题描述

设某多属性决策问题有 m 个方案 $Y_i(i=1,2,\cdots,m)$，组成方案集 $Y=\{Y_1,Y_2,\cdots,Y_m\}$，评价每个方案的属性（或指标）为 $G_j(j=1,2,\cdots,n)$，记属性集为 $G=\{G_1,G_2,\cdots,G_n\}$，属性 $G_j(j=1,2,\cdots,n)$ 的权重向量 $\omega=(\omega_1,\omega_2,\cdots,\omega_n)^{\mathrm{T}}$ 完全未知。假设方案 $Y_i\in Y$ 关于属性 $G_j\in G$ 的评价值可以表示为 $\tilde{F}_{ij}=\langle[\mu_{ijL},\mu_{ijU}],[\nu_{ijL},\nu_{ijU}]\rangle(i=1,2,\cdots,m;j=1,2,\cdots,n)$，$\tilde{F}_{ij}$ 为区间直觉模糊集，$[\mu_{ijL},\mu_{ijU}]$ 表示方案 $Y_i\in Y$ 满足属性 $G_j\in G$ 的程度，$[\nu_{ijL},\nu_{ijU}]$ 表示方案 $Y_i\in Y$ 不满足属性 $G_j\in G$ 的程度。则矩阵 $F_I=(\langle[\mu_{ijL},\mu_{ijU}],[\nu_{ijL},\nu_{ijU}]\rangle)_{m\times n}$ 为该多属性决策问题的区间直觉模糊决策矩阵，现在的问题是依据区间直觉模糊决策矩阵 F_I，如何通过确定属性权重 $\omega=(\omega_1,\omega_2,\cdots,\omega_n)^{\mathrm{T}}$，得到一个有效的决策分析方法对所有方案进行优劣排序。

2. 属性权重的确定方法

在区间直觉模糊决策矩阵 $F_I=(\langle[\mu_{ijL},\mu_{ijU}],[\nu_{ijL},\nu_{ijU}]\rangle)_{m\times n}$ 中，对于属性 G_j 而言，决策方案 Y_i 与其他方案 Y_k 之间的距离用 $D_{ij}(\omega)$ 表示，可以定义为

$$D_{ij}(\omega)=\sum_{k=1}^{m}d(\tilde{F}_{ij},\tilde{F}_{kj})\omega_j=\frac{1}{4}\sum_{k=1}^{m}\omega_j(|\mu_{ijL}-\mu_{kjL}|+|\mu_{ijU}-\mu_{kjU}| +|\nu_{ijL}-\nu_{kjL}|+|\nu_{ijU}-\nu_{kjU}|)(i=1,2,\cdots,m;j=1,2,\cdots,n) \tag{3.12}$$

令

$$D_j(\omega)=\sum_{i=1}^{m}D_{ij}(\omega)=\sum_{i=1}^{m}\sum_{k=1}^{m}d(\tilde{F}_{ij},\tilde{F}_{kj})\omega_j=\frac{1}{4}\sum_{i=1}^{m}\sum_{k=1}^{m}\omega_j(|\mu_{ijL}-\mu_{kjL}|+|\mu_{ijU}-\mu_{kjU}| +|\nu_{ijL}-\nu_{kjL}|+|\nu_{ijU}-\nu_{kjU}|)(i=1,2,\cdots,m;j=1,2,\cdots,n) \tag{3.13}$$

则 $D_j(\omega)$ 表示对属性 G_j 而言，所有方案与其他方案的总离差。

类似于 3.1 节的分析，在区间直觉模糊信息环境下，属性权重的选择同样应

使所有属性对所有决策方案的总离差最大。于是，求解属性权重向量就等价于求解如下最优化模型

$$\begin{cases}\max D(\omega)=\sum_{j=1}^{n}D_j(\omega)=\frac{1}{4}\sum_{j=1}^{n}\sum_{i=1}^{m}\sum_{k=1}^{m}\omega_j(|\mu_{ijL}-\mu_{kjL}|+|\mu_{ijU}-\mu_{kjU}| \\ \qquad +|\nu_{ijL}-\nu_{kjL}|+|\nu_{ijU}-\nu_{kjU}|) \\ \text{s.t.}\sum_{j=1}^{n}\omega_j^2=1,\omega_j\geqslant 0\,(j=1,2,\cdots,n)\end{cases} \tag{3.14}$$

为了求解最优化模型（3.14），可构造拉格朗日函数

$$\begin{aligned}L(\omega,\lambda)=&\frac{1}{4}\sum_{j=1}^{n}\sum_{i=1}^{m}\sum_{k=1}^{m}\omega_j(|\mu_{ijL}-\mu_{kjL}|+|\mu_{ijU}-\mu_{kjU}| \\ &+|\nu_{ijL}-\nu_{kjL}|+|\nu_{ijU}-\nu_{kjU}|)+\frac{\lambda}{8}\left(\sum_{j=1}^{n}\omega_j^2-1\right)\end{aligned} \tag{3.15}$$

对其求偏导数，并令偏导数等于 0，可得

$$\begin{cases}\dfrac{\partial L}{\partial\omega_j}=\dfrac{1}{4}\sum_{i=1}^{m}\sum_{k=1}^{m}(|\mu_{ijL}-\mu_{kjL}|+|\mu_{ijU}-\mu_{kjU}|+|\nu_{ijL}-\nu_{kjL}|+|\nu_{ijU}-\nu_{kjU}|)+\dfrac{1}{4}\lambda\omega_j=0 \\ \dfrac{\partial L}{\partial\lambda}=\dfrac{1}{8}\left(\sum_{j=1}^{n}\omega_j^2-1\right)=0\end{cases} \tag{3.16}$$

解之可得

$$\omega_j^*=\frac{\sum_{i=1}^{m}\sum_{k=1}^{m}(|\mu_{ijL}-\mu_{kjL}|+|\mu_{ijU}-\mu_{kjU}|+|\nu_{ijL}-\nu_{kjL}|+|\nu_{ijU}-\nu_{kjU}|)}{\sqrt{\sum_{j=1}^{n}\left[\sum_{i=1}^{m}\sum_{k=1}^{m}(|\mu_{ijL}-\mu_{kjL}|+|\mu_{ijU}-\mu_{kjU}|+|\nu_{ijL}-\nu_{kjL}|+|\nu_{ijU}-\nu_{kjU}|)\right]^2}} \tag{3.17}$$

对 ω_j^* 进行归一化处理，可得属性权重

$$\omega_j=\frac{\sum_{i=1}^{m}\sum_{k=1}^{m}(|\mu_{ijL}-\mu_{kjL}|+|\mu_{ijU}-\mu_{kjU}|+|\nu_{ijL}-\nu_{kjL}|+|\nu_{ijU}-\nu_{kjU}|)}{\sum_{j=1}^{n}\sum_{i=1}^{m}\sum_{k=1}^{m}(|\mu_{ijL}-\mu_{kjL}|+|\mu_{ijU}-\mu_{kjU}|+|\nu_{ijL}-\nu_{kjL}|+|\nu_{ijU}-\nu_{kjU}|)} \tag{3.18}$$

3. 属性权重信息完全未知情形下区间直觉模糊多属性决策步骤与实例分析

根据以上分析，属性权重完全未知情形下基于离差最大化的区间直觉模糊多属性决策步骤可归纳如下。

步骤 1 确定多属性决策问题的方案集 $Y=\{Y_1,Y_2,\cdots,Y_m\}$ 和属性集 $G=\{G_1,G_2,\cdots,G_n\}$。

步骤 2 获取多属性决策问题中方案 $Y_i\in Y$ 关于属性 $G_j\in G$ 的区间直觉模糊特征信息，构建区间直觉模糊决策矩阵 F。

步骤 3 利用式(3.18)确定各属性的权重，得到属性权重向量 $\omega=(\omega_1,\omega_2,\cdots,\omega_n)^{\mathrm{T}}$。

步骤 4 利用式（3.19）或式（3.20）计算方案 Y_i 的综合属性值 $\tilde{d}_i$：

$$\tilde{d}_i=\left\langle\left[1-\prod_{j=1}^{n}(1-\mu_{jL})^{\omega_j},1-\prod_{j=1}^{n}(1-\mu_{jU})^{\omega_j}\right],\left[\prod_{j=1}^{n}(\nu_{jL})^{\omega_j},\prod_{j=1}^{n}(\nu_{jU})^{\omega_j}\right]\right\rangle \tag{3.19}$$

或 $$\tilde{d}_i=\left\langle\left[\prod_{j=1}^{n}(\mu_{jL})^{\omega_j},\prod_{j=1}^{n}(\mu_{jU})^{\omega_j}\right],\left[1-\prod_{j=1}^{n}(1-\nu_{jL})^{\omega_j},1-\prod_{j=1}^{n}(1-\nu_{jU})^{\omega_j}\right]\right\rangle \tag{3.20}$$

步骤 5 利用区间直觉模糊数的得分函数和精确度公式，计算方案 Y_i 的综合属性值 $\tilde{d}_i$ 的得分值 $s(\tilde{d}_i)$ 和精确值 $h(\tilde{d}_i)$，确定 $\tilde{d}_i(i=1,2,\cdots,m)$ 的不增排列顺序，并利用排序结果对方案 $Y_i(i=1,2,\cdots,m)$ 进行优劣排序。

例 3.3 考虑突发事件应急预案评估问题。突发事件应急预案是针对各种突发事件类型而事先制订的一套能迅速、有效、有序地解决问题的行动计划或方案，为全面、客观地评判应急预案处置突发事件的能力，应从预案处置的快速性（G_1）、预案内容的合理性（G_2）、预案保障的充分性（G_3）、预案消耗费用的合理性（G_4）以及预案的广泛适用性（G_5）等五个方面进行综合评价[4]。假设现有五个应急预案 $Y_i(i=1,2,3,4,5)$，专家组根据自己的知识、经验以及已有的统计数据确定出每个应急预案 $Y_i(i=1,2,3,4,5)$ 关于属性 $G_j(j=1,2,3,4,5)$ 的区间直觉模糊评价信息，得到的区间直觉模糊决策矩阵 $F=(\langle[\mu_{ijL},\mu_{ijU}],[\nu_{ijL},\nu_{ijU}]\rangle)_{5\times5}$ 如表 3-3 所示。

表 3-3 应急预案评估的区间直觉模糊决策矩阵 *F*

	G_1	G_2	G_3	G_4	G_5
Y_1	⟨[0.5, 0.6],[0.1, 0.3]⟩	⟨[0.3, 0.4],[0.4, 0.5]⟩	⟨[0.1, 0.3],[0.5, 0.6]⟩	⟨[0.7, 0.8],[0.1, 0.2]⟩	⟨[0.5, 0.7], [0.1, 0.3]⟩
Y_2	⟨[0.4, 0.5], [0.2, 0.4]⟩	⟨[0.4, 0.6], [0.2, 0.4]⟩	⟨[0.3, 0.5], [0.4, 0.5]⟩	⟨[0.6, 0.7], [0.2, 0.3]⟩	⟨[0.7, 0.8], [0.1, 0.2]⟩

续表

	G_1	G_2	G_3	G_4	G_5
Y_3	$\langle[0.6, 0.6], [0.2, 0.3]\rangle$	$\langle[0.7, 0.8], [0.1, 0.2]\rangle$	$\langle[0.4, 0.5], [0.3, 0.5]\rangle$	$\langle[0.4, 0.6], [0.1, 0.3]\rangle$	$\langle[0.6, 0.7], [0.2, 0.3]\rangle$
Y_4	$\langle[0.3, 0.5], [0.3, 0.4]\rangle$	$\langle[0.5, 0.7], [0.2, 0.3]\rangle$	$\langle[0.6, 0.8], [0.1, 0.2]\rangle$	$\langle[0.5, 0.6], [0.2, 0.3]\rangle$	$\langle[0.7, 0.8], [0.1, 0.2]\rangle$
Y_5	$\langle[0.3, 0.4], [0.4, 0.5]\rangle$	$\langle[0.2, 0.4], [0.3, 0.4]\rangle$	$\langle[0.3, 0.4], [0.3, 0.4]\rangle$	$\langle[0.3, 0.5], [0.4, 0.5]\rangle$	$\langle[0.4, 0.6], [0.2, 0.3]\rangle$

假设属性 $G_j(j=1,2,3,4,5)$ 的权重完全未知。下面对五个应急预案 $Y_i(i=1,2,3,4,5)$ 的优劣进行排序。

利用式（3.18）计算属性 $G_j(j=1,2,3,4,5)$ 的权重，得到属性权重向量

$$\omega=(0.176,0.241,0.264,0.195,0.124)^{\mathrm{T}}$$

根据式（3.20）计算突发事件应急预案 $Y_i(i=1,2,3,4,5)$ 的综合属性值分别为

$\tilde{d}_1=\langle[0.309,0.489],[0.301,0.428]\rangle$，$\tilde{d}_2=\langle[0.430,0.591],[0.248,0.389]\rangle$，

$\tilde{d}_3=\langle[0.517,0.642],[0.187,0.339]\rangle$，$\tilde{d}_4=\langle[0.500,0.674],[0.182,0.283]\rangle$，

$\tilde{d}_5=\langle[0.282,0.439],[0.388,0.428]\rangle$

由区间直觉模糊数的得分函数公式，计算应急预案 $Y_i(i=1,2,3,4,5)$ 综合评价结果 $\tilde{d}_i$ 的得分值分别为

$$s(\tilde{d}_1)=0.035,\ s(\tilde{d}_2)=0.192,\ s(\tilde{d}_3)=0.317,\ s(\tilde{d}_4)=0.355,\ s(\tilde{d}_5)=-0.048$$

比较可知：

$$s(\tilde{d}_4)>s(\tilde{d}_3)>s(\tilde{d}_2)>s(\tilde{d}_1)>s(\tilde{d}_5)$$

因此应急预案 $Y_i(i=1,2,3,4,5)$ 的优劣次序为：$Y_4 \succ Y_3 \succ Y_2 \succ Y_1 \succ Y_5$，其中应急预案 Y_4 为最佳。

3.2.2　属性权重信息不完全情形下的区间直觉模糊多属性决策方法

1. 问题描述

设某多属性决策问题有 m 个方案 $Y_i(i=1,2,\cdots,m)$，组成方案集 $Y=\{Y_1,Y_2,\cdots,Y_m\}$，评价每个方案的属性（或指标）为 $G_j(j=1,2,\cdots,n)$，记属性集为 $G=\{G_1,G_2,\cdots,G_n\}$，属性 $G_j(j=1,2,\cdots,n)$ 的权重向量为 $\omega=(\omega_1,\omega_2,\cdots,\omega_n)^{\mathrm{T}}$，权重信息不完全，其中 $\underline{\omega}_j \leqslant \omega_j \leqslant \overline{\omega}_j(j=1,2,\cdots,n)$。假设方案 $Y_i \in Y$ 关于属性 $G_j \in G$ 的评价值可以表示为 $\tilde{F}_{ij}=\langle[\mu_{ijL},\mu_{ijU}],[\nu_{ijL},\nu_{ijU}]\rangle(i=1,2,\cdots,m;j=1,2,\cdots,n)$，$\tilde{F}_{ij}$ 为区间直觉模糊集，$[\mu_{ijL},\mu_{ijU}]$ 表示方案 $Y_i \in Y$ 满足属性 $G_j \in G$ 的程度，$[\nu_{ijL},\nu_{ijU}]$ 表示方案 $Y_i \in Y$ 满足属性 $G_j \in G$ 的程度。则矩阵 $F_I=(\langle[\mu_{ijL},\mu_{ijU}],[\nu_{ijL},\nu_{ijU}]\rangle)_{m\times n}$ 为该多属性决策问

题的区间直觉模糊决策矩阵，现在的问题是依据区间直觉模糊决策矩阵 F_I 和属性权重满足的条件，如何通过确定属性权重 $\omega=(\omega_1,\omega_2,\cdots,\omega_n)^{\mathrm{T}}$，得到一个有效的决策分析方法对所有方案进行优劣排序。

2. 属性权重的确定方法

类似于 3.1.2 小节的分析，在区间直觉模糊信息环境下，属性权重的选择同样应使所有属性对所有决策方案的总离差最大。在属性权重满足条件 $\underline{\omega}_j \leqslant \omega_j \leqslant \bar{\omega}_j$ $(j=1,2,\cdots,n)$ 下，求解属性权重向量就等价于求解如下最优化模型：

$$\begin{cases}\max D(\omega)=\sum_{j=1}^{n} D_j(\omega)=\frac{1}{4}\sum_{j=1}^{n}\sum_{i=1}^{m}\sum_{k=1}^{m}\omega_j(|\mu_{ijL}-\mu_{kjL}|+|\mu_{ijU}-\mu_{kjU}|+|\nu_{ijL}-\nu_{kjL}| \\ \qquad +|\nu_{ijU}-\nu_{kjU}|) \\ \text{s.t.}\underline{\omega}_j \leqslant \omega_j \leqslant \bar{\omega}_j,\sum_{j=1}^{n}\omega_j=1,\omega_j \geqslant 0(j=1,2,\cdots,n)\end{cases} \tag{3.21}$$

求解最优化模型(3.21)，可得属性 $G_j(j=1,2,\cdots,n)$ 的权重向量 $\omega=(\omega_1,\omega_2,\cdots,\omega_n)^{\mathrm{T}}$。

3. 属性权重信息不完全情形下区间直觉模糊多属性决策步骤与实例分析

根据上述分析，属性权重信息不完全情形下基于偏差最大化的区间直觉模糊多属性决策步骤可归纳如下。

步骤 1 确定多属性决策问题的方案集 $Y=\{Y_1,Y_2,\cdots,Y_m\}$ 和属性集 $G=\{G_1, G_2,\cdots,G_n\}$。

步骤 2 获取多属性决策问题中方案 $Y_i \in Y$ 关于属性 $G_j \in G$ 的区间直觉模糊特征信息，构建区间直觉模糊决策矩阵 F。

步骤 3 求解最优化模型（3.21）可得属性权重向量 $\omega=(\omega_1,\omega_2,\cdots,\omega_n)^{\mathrm{T}}$。

步骤 4 利用式（3.19）或式（3.20）计算方案 Y_i 的综合属性值 $\tilde{d}_i$：

$$\tilde{d}_i=\left\langle\left[1-\prod_{j=1}^{n}(1-\mu_{jL})^{\omega_j},1-\prod_{j=1}^{n}(1-\mu_{jU})^{\omega_j}\right],\left[\prod_{j=1}^{n}(\nu_{jL})^{\omega_j},\prod_{j=1}^{n}(\nu_{jU})^{\omega_j}\right]\right\rangle$$

或

$$\tilde{d}_i=\left\langle\left[\prod_{j=1}^{n}(\mu_{jL})^{\omega_j},\prod_{j=1}^{n}(\mu_{jU})^{\omega_j}\right],\left[1-\prod_{j=1}^{n}(1-\nu_{jL})^{\omega_j},1-\prod_{j=1}^{n}(1-\nu_{jU})^{\omega_j}\right]\right\rangle$$

步骤 5 利用区间直觉模糊数的得分函数和精确度公式，计算方案 Y_i 的综合

属性值 $\tilde{d}_i$ 的得分值 $s(\tilde{d}_i)$ 和精确值 $h(\tilde{d}_i)$，确定 $\tilde{d}_i(i=1,2,\cdots,m)$ 的不增排列顺序，并利用排序结果对方案 $Y_i(i=1,2,\cdots,m)$ 进行优劣排序。

例 3.4　考虑某企业选拔优秀管理人员的多属性决策问题。假设某企业有五位备选管理人员 $Y_i(i=1,2,3,4,5)$，评价优秀管理人员的属性包括专业技能（G_1）、人际交往技能（G_2）、理性技能（G_3）和设计技能（G_4）[5-7]。如果企业管理层的专家准备根据这四个属性在备选的五位管理人员中选拔出一位优秀的管理人员，专家对五位备选管理人员关于四个属性的评价结果用区间直觉模糊数表示，相应地得到区间直觉模糊决策矩阵 F，如表 3-4 所示。

表 3-4　优秀管理人员选拔区间直觉模糊决策矩阵 F

	G_1	G_2	G_3	G_4
Y_1	⟨[0.4, 0.5], [0.3, 0.4]⟩	⟨[0.4, 0.6], [0.2, 0.4]⟩	⟨[0.3, 0.4], [0.4, 0.5]⟩	⟨[0.5, 0.6], [0.1, 0.3]⟩
Y_2	⟨[0.5, 0.6], [0.2, 0.3]⟩	⟨[0.6, 0.7], [0.2, 0.3]⟩	⟨[0.5, 0.6], [0.3, 0.4]⟩	⟨[0.4, 0.7], [0.1, 0.2]⟩
Y_3	⟨[0.3, 0.5], [0.3, 0.4]⟩	⟨[0.1, 0.3], [0.5, 0.6]⟩	⟨[0.2, 0.5], [0.4, 0.5]⟩	⟨[0.2, 0.3], [0.4, 0.6]⟩
Y_4	⟨[0.2, 0.5], [0.3, 0.4]⟩	⟨[0.4, 0.7], [0.1, 0.2]⟩	⟨[0.4, 0.5], [0.3, 0.5]⟩	⟨[0.5, 0.8], [0.1, 0.2]⟩
Y_5	⟨[0.3, 0.4], [0.1, 0.3]⟩	⟨[0.7, 0.8], [0.1, 0.2]⟩	⟨[0.5, 0.6], [0.2, 0.4]⟩	⟨[0.6, 0.7], [0.1, 0.2]⟩

如果属性 $G_j(j=1,2,3,4)$ 的权重 $\omega_j(j=1,2,3,4)$ 除了满足 $\sum_{j=1}^{4}\omega_j=1$ 还满足以下条件：$0.13\leqslant\omega_1\leqslant 0.15$，$0.35\leqslant\omega_2\leqslant 0.40$，$0.15\leqslant\omega_3\leqslant 0.20$，$0.30\leqslant\omega_4\leqslant 0.35$。下面对五位备选的管理人员 $Y_i(i=1,2,3,4,5)$ 进行优劣排序。

首先利用表 3-4 给出的区间直觉模糊决策矩阵 F，计算最优化模型（3.21）中权重 $\omega_j(j=1,2,3,4)$ 的系数，可得以下最优化模型：

$$\begin{cases}\max D(\omega)=1.425\omega_1+3.525\omega_2+1.625\omega_3+2.95\omega_4\\ \text{s.t.}\ 0.13\leqslant\omega_1\leqslant 0.15\\ \quad 0.35\leqslant\omega_2\leqslant 0.40\\ \quad 0.15\leqslant\omega_3\leqslant 0.20\\ \quad 0.30\leqslant\omega_3\leqslant 0.35\\ \quad \omega_1+\omega_2+\omega_3+\omega_4=1\\ \quad \omega_j\geqslant 0, j=1,2,3,4\end{cases}$$

解之可得属性 $G_j(j=1,2,3,4)$ 的权重向量为

$$\omega=(0.13,0.40,0.15,0.32)^{\mathrm{T}}$$

根据式（3.19）计算备选管理人员 $Y_i(i=1,2,3,4,5)$ 的综合属性值分别为

$\tilde{d}_1=\langle[0.421,0.056],[0.187,0.377]\rangle$，$\tilde{d}_2=\langle[0.515,0.675],[0.170,0.275]\rangle$，

$\tilde{d}_3=\langle[0.176,0.363],[0.421,0.554]\rangle$，$\tilde{d}_4=\langle[0.412,0.696],[0.136,0.251]\rangle$，

$\tilde{d}_5=\langle[0.604,0.709],[0.111,0.234]\rangle$

由区间直觉模糊数的得分函数计算 $\tilde{d}_i(i=1,2,3,4,5)$ 的得分值分别为

$s(\tilde{d}_1)=0.210$，$s(\tilde{d}_2)=0.373$，$s(\tilde{d}_3)=-0.218$，$s(\tilde{d}_4)=0.361$，$s(\tilde{d}_5)=0.484$

于是有
$$s(\tilde{d}_5)>s(\tilde{d}_2)>s(\tilde{d}_4)>s(\tilde{d}_1)>s(\tilde{d}_3)$$
因此，五位备选管理人员 $Y_i(i=1,2,3,4,5)$ 的优劣排序为 $Y_5\succ Y_2\succ Y_4\succ Y_1\succ Y_3$，且备选管理人员 Y_5 为最佳。

3.3 对方案有偏好的直觉模糊多属性决策方法

3.3.1 问题描述

设某多属性决策问题有 m 个方案 $Y_i(i=1,2,\cdots,m)$，组成方案集 $Y=\{Y_1,Y_2,\cdots,Y_m\}$，评价每个方案的属性（或指标）为 $G_j(j=1,2,\cdots,n)$，记属性集为 $G=\{G_1,G_2,\cdots,G_n\}$，属性 $G_j(j=1,2,\cdots,n)$ 的权重向量 $\omega=(\omega_1,\omega_2,\cdots,\omega_n)^{\mathrm{T}}$ 完全未知或信息不完全。假设方案 $Y_i\in Y$ 关于属性 $G_j\in G$ 的评价值可以表示为 $\tilde{F}_{ij}=\langle\mu_{ij},\nu_{ij}\rangle(i=1,2,\cdots,m;j=1,2,\cdots,n)$，$\tilde{F}_{ij}$ 为直觉模糊集，其中 $\mu_{ij}\in[0,1]$ 和 $\nu_{ij}\in[0,1]$ 分别表示方案 $Y_i\in Y$ 满足属性 $G_j\in G$ 和不满足属性 $G_j\in G$ 的程度，且 $0\leqslant\mu_{ij}+\nu_{ij}\leqslant1$。则矩阵 $F=(\langle\mu_{ij},\nu_{ij}\rangle)_{m\times n}$ 为该多属性决策问题的直觉模糊决策矩阵。

现在假设决策者对方案 $Y_i(i=1,2,\cdots,m)$ 有一定的主观偏好，设主观偏好值为直觉模糊数 $\tilde{\theta}_i=\langle\alpha_i,\beta_i\rangle$，现在的问题是依据直觉模糊决策矩阵 F，如何通过确定属性权重 $\omega=(\omega_1,\omega_2,\cdots,\omega_n)^{\mathrm{T}}$，得到一个有效的决策分析方法对所有方案进行优劣排序。

3.3.2 属性权重的确定方法

由于种种条件的制约，决策者的主观偏好与客观偏好之间往往存在一定的差距。为了使决策更具合理性，属性权重的选择应使决策者的主观偏好值与客观偏好值（属性值）的总偏差最小化[1]。

对于属性 $G_j(j=1,2,\cdots,n)$，如果 $d(\tilde{F}_{ij},\tilde{\theta}_i)$ 表示决策者对方案 $Y_i(i=1,2,\cdots,m)$

的主观偏好值 $\tilde{\theta}_i$ 与相应的客观偏好值（属性值）$\tilde{F}_{ij}$ 之间的偏差，则可定义

$$d(\tilde{F}_{ij},\tilde{\theta}_i)=\frac{1}{2}\omega_j(|\mu_{ij}-\alpha_i|+|v_{ij}-\beta_i|)\ (i=1,2,\cdots,m;j=1,2,\cdots,n) \quad (3.22)$$

则对属性 $G_j(j=1,2,\cdots,n)$ 而言，所有方案的主观偏好值与客观偏好值（属性值）之间的偏差为

$$D_j(\omega)=\sum_{i=1}^{m}d(\tilde{F}_{ij},\tilde{\theta}_i)=\frac{1}{2}\sum_{i=1}^{m}\omega_j(|\mu_{ij}-\alpha_i|+|v_{ij}-\beta_i|)\ (i=1,2,\cdots,m;j=1,2,\cdots,n)$$

（3.23）

那么，所有方案 $Y_i(i=1,2,\cdots,m)$ 对所有属性 $G_j(j=1,2,\cdots,n)$ 的主观偏好值与客观偏好值（属性值）之间的总偏差为

$$D(\omega)=\sum_{j=1}^{n}D_j(\omega)=\frac{1}{2}\sum_{j=1}^{n}\sum_{i=1}^{m}\omega_j(|\mu_{ij}-\alpha_i|+|v_{ij}-\beta_i|)\ (i=1,2,\cdots,m;j=1,2,\cdots,n)$$

（3.24）

这样，权重向量 ω 的选择应使 $D(\omega)$ 最小化，即

$$\min D(\omega)=\frac{1}{2}\sum_{j=1}^{n}\sum_{i=1}^{m}\omega_j(|\mu_{ij}-\alpha_i|+|v_{ij}-\beta_i|)\ (i=1,2,\cdots,m;j=1,2,\cdots,n) \quad (3.25)$$

当属性权重完全未知时，可以建立如下最优化模型

$$\begin{cases}\min D(\omega)=\dfrac{1}{2}\displaystyle\sum_{j=1}^{n}\sum_{i=1}^{m}\omega_j(|\mu_{ij}-\alpha_i|+|v_{ij}-\beta_i|)\\ \text{s.t.}\displaystyle\sum_{j=1}^{n}\omega_j^2=1,\omega_j\geqslant 0(j=1,2,\cdots,n)\end{cases} \quad (3.26)$$

为了求解最优化模型（3.26），构造拉格朗日函数

$$L(\omega,\lambda)=\frac{1}{2}\sum_{j=1}^{n}\sum_{i=1}^{m}\omega_j(|\mu_{ij}-\alpha_i|+|v_{ij}-\beta_i|)+\frac{\lambda}{4}\left(\sum_{j=1}^{n}\omega_j^2-1\right) \quad (3.27)$$

对其求偏导数，并令偏导数等于 0，可得

$$\begin{cases}\dfrac{\partial L}{\partial\omega_j}=\dfrac{1}{2}\displaystyle\sum_{i=1}^{m}(|\mu_{ij}-\alpha_i|+|v_{ij}-\beta_i|)+\dfrac{1}{2}\lambda\omega_j=0\\ \dfrac{\partial L}{\partial\lambda}=\dfrac{1}{4}\left(\displaystyle\sum_{j=1}^{n}\omega_j^2-1\right)=0\end{cases} \quad (3.28)$$

则有

$$\omega_j^* = \frac{\sum_{i=1}^{m}(|\mu_{ij}-\alpha_i|+|\nu_{ij}-\beta_i|)}{\sqrt{\sum_{j=1}^{n}\left[\sum_{i=1}^{m}(|\mu_{ij}-\alpha_i|+|\nu_{ij}-\beta_i|)\right]^2}} \tag{3.29}$$

对 ω_j^* 进行归一化处理，可得属性权重

$$\omega_j = \frac{\sum_{i=1}^{m}(|\mu_{ij}-\alpha_i|+|\nu_{ij}-\beta_i|)}{\sum_{j=1}^{n}\sum_{i=1}^{m}(|\mu_{ij}-\alpha_i|+|\nu_{ij}-\beta_i|)} \tag{3.30}$$

当属性权重信息不完全时，如果权重向量 $\omega=(\omega_1,\omega_2,\cdots,\omega_n)^{\mathrm{T}}$ 满足条件 $\underline{\omega}_j \leqslant \omega_j \leqslant \bar{\omega}_j, \sum_{j=1}^{n}\omega_j=1, \omega_j \geqslant 0(j=1,2,\cdots,n)$，则求解权重向量 ω 等价于求解以下最优化模型：

$$\begin{cases} \max D(\omega)=\sum_{j=1}^{n}D_j(\omega)=\frac{1}{2}\sum_{j=1}^{n}\sum_{i=1}^{m}\omega_j(|\mu_{ij}-\alpha_i|+|\nu_{ij}-\beta_i|) \\ \text{s.t.}\ \underline{\omega}_j \leqslant \omega_j \leqslant \bar{\omega}_j, \sum_{j=1}^{n}\omega_j=1, \omega_j \geqslant 0(j=1,2,\cdots,n) \end{cases} \tag{3.31}$$

3.3.3 对方案有偏好的直觉模糊多属性决策步骤与实例分析

根据以上分析，决策者对方案有主观偏好情形下的直觉模糊多属性决策步骤可归纳如下。

步骤 1 确定多属性决策问题的方案集 $Y=\{Y_1,Y_2,\cdots,Y_m\}$ 和属性集 $G=\{G_1,G_2,\cdots,G_n\}$。

步骤 2 获取多属性决策问题中方案 $Y_i \in Y$ 关于属性 $G_j \in G$ 的直觉模糊特征信息，构建直觉模糊决策矩阵 F，同时决策者给出对决策方案 $Y_i \in Y$ 的主观偏好值 $\tilde{\theta}_i=\langle\alpha_i,\beta_i\rangle$。

步骤 3 利用式（3.30）或求解最优化模型（3.31）确定各属性的权重，得到属性权重向量 $\omega=(\omega_1,\omega_2,\cdots,\omega_n)^{\mathrm{T}}$。

步骤 4 计算方案 Y_i 的综合属性值 $\tilde{d}_i$：

$$\tilde{d}_i = \langle \mu_i, \nu_i \rangle = \text{IFWA}_{\omega}(\tilde{F}_{i1}, \tilde{F}_{i2}, \cdots, \tilde{F}_{in}) = \left\langle 1 - \prod_{j=1}^{n}(1-\mu_{ij})^{\omega_j}, \prod_{j=1}^{n}(\nu_{ij})^{\omega_j} \right\rangle \tag{3.32}$$

或 $$\tilde{d}_i = \langle \mu_i, \nu_i \rangle = \text{IFWG}_{\omega}(\tilde{F}_{i1}, \tilde{F}_{i2}, \cdots, \tilde{F}_{in}) = \left\langle \prod_{j=1}^{n}(\mu_{ij})^{\omega_j}, 1 - \prod_{j=1}^{n}(1-\nu_{ij})^{\omega_j} \right\rangle \tag{3.33}$$

步骤 5　利用直觉模糊数的得分函数和精确度公式，计算方案 Y_i 的综合属性值 $\tilde{d}_i$ 的得分值 $s(\tilde{d}_i)$ 和精确值 $h(\tilde{d}_i)$，确定 $\tilde{d}_i(i=1,2,\cdots,m)$ 的不增排列顺序，并利用排序结果对方案 $Y_i(i=1,2,\cdots,m)$ 进行优劣排序。

例 3.5　考虑企业质量管理体系有效性评价问题。企业进行质量管理体系运行有效性评价的主要目的是发现质量管理体系运行过程中不完善或不适应环境变化的情况，提高组织的管理能力和经营业绩。通常从质量方针目标（G_1）、产品质量稳定性（G_2）、质量改进与创新（G_3）、资源管理状况（G_4）、财务运行状况（G_5）等五个方面进行评价[8]。假设通过市场调研和专家咨询获得五家企业 $Y_i(i=1,2,3,4,5)$ 关于属性 $G_j(j=1,2,3,4,5)$ 的直觉模糊评价结果如表 3-5 所示。

表 3-5　企业质量管理体系有效性评价的直觉模糊决策矩阵 F

	G_1	G_2	G_3	G_4	G_5
Y_1	⟨0.3, 0.4⟩	⟨0.2, 0.2⟩	⟨0.2, 0. 4⟩	⟨0.3, 0.5⟩	⟨0.4, 0. 5⟩
Y_2	⟨0.4, 0.2⟩	⟨0.4, 0.3⟩	⟨0.3, 0.4⟩	⟨0.6, 0.2⟩	⟨0.8, 0.1⟩
Y_3	⟨0.3, 0.5⟩	⟨0.5, 0.2⟩	⟨0.6, 0.3⟩	⟨0.5, 0.2⟩	⟨0.9, 0.0⟩
Y_4	⟨0.6, 0.3⟩	⟨0.7, 0.2⟩	⟨0.4, 0.4⟩	⟨0.4, 0.1⟩	⟨0.7, 0.2⟩
Y_5	⟨0.6, 0.1⟩	⟨0.3, 0.1⟩	⟨0.1, 0.4⟩	⟨0.7, 0.1⟩	⟨0.5, 0.2⟩

如果决策者对方案 $Y_i(i=1,2,3,4,5)$ 的主观偏好值为直觉模糊数，分别为：$\tilde{\theta}_1 = \langle 0.3, 0.5 \rangle$，$\tilde{\theta}_2 = \langle 0.5, 0.2 \rangle$，$\tilde{\theta}_3 = \langle 0.4, 0.3 \rangle$，$\tilde{\theta}_4 = \langle 0.7, 0.2 \rangle$，$\tilde{\theta}_5 = \langle 0.6, 0.3 \rangle$。下面对企业 $Y_i(i=1,2,,3,4,5)$ 的质量管理体系有效性进行优劣排序。

首先利用式（3.30）计算可得属性 $G_j(j=1,2,3,4,5)$ 的权重向量

$$\omega = (0.134, 0.194, 0.299, 0.149, 0.224)^{\mathrm{T}}$$

然后由式（3.32）计算各企业 $Y_i(i=1,2,3,4,5)$ 质量管理体系运行有效性的综合属性估值分别为

$$\tilde{d}_1 = \langle 0.278, 0.349 \rangle, \ \tilde{d}_2 = \langle 0.538, 0.228 \rangle, \ \tilde{d}_3 = \langle 0.659, 0.000 \rangle,$$
$$\tilde{d}_4 = \langle 0.575, 0.234 \rangle, \ \tilde{d}_5 = \langle 0.428, 0.177 \rangle$$

利用直觉模糊数的得分函数公式，计算可得综合属性值 $\tilde{d}_i$ 的得分值分别为

$$s(\tilde{d}_1) = -0.074, \ s(\tilde{d}_2) = 0.310, \ s(\tilde{d}_3) = 0.659, \ s(\tilde{d}_4) = 0.340, \ s(\tilde{d}_5) = 0.251$$

可知 $s(\tilde{d}_3) > s(\tilde{d}_4) > s(\tilde{d}_2) > s(\tilde{d}_5) > s(\tilde{d}_1)$

因此，企业 $Y_i(i=1,2,3,4,5)$ 质量管理体系有效性的优劣排序为 $Y_3 \succ Y_4 \succ Y_2 \succ Y_5 \succ Y_1$，其中企业 Y_3 的质量管理体系为最佳。

对于上述问题，如果属性权重信息不完全，假设权重向量 $\omega=(\omega_1,\omega_2,\cdots,\omega_n)^{\mathrm{T}}$ 满足条件 $\underline{\omega}_j \leqslant \omega_j \leqslant \bar{\omega}_j, \sum_{j=1}^{n}\omega_j=1, \omega_j \geqslant 0(j=1,2,\cdots,n)$，则可先由最优化模型（3.31）确定属性权重，然后再按步骤 4 和步骤 5 计算方案 $Y_i(i=1,2,3,4,5)$ 的综合属性值及其得分值和精确度，对方案优劣进行排序。

3.4 对方案有偏好的区间直觉模糊多属性决策方法

3.4.1 问题描述

设某多属性决策问题有 m 个方案 $Y_i(i=1,2,\cdots,m)$，组成方案集 $Y=\{Y_1,Y_2,\cdots,Y_m\}$，评价每个方案的属性（或指标）为 $G_j(j=1,2,\cdots,n)$，记属性集为 $G=\{G_1,G_2,\cdots,G_n\}$，属性 $G_j(j=1,2,\cdots,n)$ 的权重向量 $\omega=(\omega_1,\omega_2,\cdots,\omega_n)^{\mathrm{T}}$ 完全未知或信息不完全。假设方案 $Y_i \in Y$ 关于属性 $G_j \in G$ 的评价值可以表示为 $\tilde{F}_{ij}=\langle[\mu_{ijL},\mu_{ijU}],[\nu_{ijL},\nu_{ijU}]\rangle$ $(i=1,2,\cdots,m; j=1,2,\cdots,n)$，$\tilde{F}_{ij}$ 为区间直觉模糊集，$[\mu_{ijL},\mu_{ijU}]$ 表示方案 $Y_i \in Y$ 满足属性 $G_j \in G$ 的程度，$[\nu_{ijL},\nu_{ijU}]$ 表示方案 $Y_i \in Y$ 不满足属性 $G_j \in G$ 的程度。则矩阵 $F=(\langle[\mu_{ijL},\mu_{ijU}],[\nu_{ijL},\nu_{ijU}]\rangle)_{m\times n}$ 为该多属性决策问题的区间直觉模糊决策矩阵。

现在假设决策者对方案 $Y_i(i=1,2,\cdots,m)$ 有一定的主观偏好，设主观偏好值为直觉模糊数 $\tilde{\theta}_i=\langle[\alpha_{iL},\alpha_{iU}],[\beta_{iL},\beta_{iU}]\rangle$，现在的问题是依据直觉模糊决策矩阵 F，如何通过确定属性权重 $\omega=(\omega_1,\omega_2,\cdots,\omega_n)^{\mathrm{T}}$，得到一个有效的决策分析方法对所有方案进行优劣排序。

3.4.2 属性权重的确定方法

由于种种条件的制约，决策者的主观偏好与客观偏好之间往往存在一定的差距。为了使决策更具合理性，属性权重的选择应使决策者的主观偏好值与客观偏好值（属性值）的总偏差最小化。

对于属性 $G_j(j=1,2,\cdots,n)$，如果 $d(\tilde{F}_{ij},\tilde{\theta}_i)$ 表示决策者对方案 $Y_i(i=1,2,\cdots,m)$ 的主观偏好值 $\tilde{\theta}_i$ 与相应的客观偏好值（属性值）$\tilde{F}_{ij}$ 之间的偏差，则可定义

$$d(\tilde{F}_{ij},\tilde{\theta}_i)=\frac{1}{4}\omega_j(|\mu_{ijL}-\alpha_{iL}|+|\mu_{ijU}-\alpha_{iU}|+|\nu_{ijL}-\beta_{iL}|+|\nu_{ijU}-\beta_{iU}|)$$

$$(i=1,2,\cdots,m;j=1,2,\cdots,n)\tag{3.34}$$

则对属性 $G_j(j=1,2,\cdots,n)$ 而言，所有方案的主观偏好值与客观偏好值（属性值）之间的偏差为

$$D(\omega)=\sum_{i=1}^{m}d(\tilde{F}_{ij},\tilde{\theta}_i)=\frac{1}{4}\sum_{i=1}^{m}\omega_j(|\mu_{ijL}-\alpha_{iL}|+|\mu_{ijU}-\alpha_{iU}|+|\nu_{ijL}-\beta_{iL}|+|\nu_{ijU}-\beta_{iU}|)\tag{3.35}$$

那么，所有方案 $Y_i(i=1,2,\cdots,m)$ 对所有属性 $G_j(j=1,2,\cdots,n)$ 的主观偏好值与客观偏好值（属性值）之间的总偏差为

$$D(\omega)=\sum_{j=1}^{n}D_j(\omega)=\frac{1}{4}\sum_{j=1}^{n}\sum_{i=1}^{m}\omega_j(|\mu_{ijL}-\alpha_{iL}|+|\mu_{ijU}-\alpha_{iU}|+|\nu_{ijL}-\beta_{iL}|+|\nu_{ijU}-\beta_{iU}|)\tag{3.36}$$

这样，权重向量 ω 的选择应使 $D(\omega)$ 最小化，即

$$\min D(\omega)=\frac{1}{4}\sum_{j=1}^{n}\sum_{i=1}^{m}\omega_j(|\mu_{ijL}-\alpha_{iL}|+|\mu_{ijU}-\alpha_{iU}|+|\nu_{ijL}-\beta_{iL}|+|\nu_{ijU}-\beta_{iU}|)\tag{3.37}$$

当属性权重完全未知时，可以建立如下最优化模型

$$\begin{cases}\min D(\omega)=\dfrac{1}{4}\displaystyle\sum_{j=1}^{n}\sum_{i=1}^{m}\omega_j(|\mu_{ijL}-\alpha_{iL}|+|\mu_{ijU}-\alpha_{iU}|+|\nu_{ijL}-\beta_{iL}|+|\nu_{ijU}-\beta_{iU}|)\\ \text{s.t.}\displaystyle\sum_{j=1}^{n}\omega_j^2=1,\omega_j\geqslant 0(j=1,2,\cdots,n)\end{cases}\tag{3.38}$$

为了求解最优化模型（3.38），构造拉格朗日函数

$$L(\omega,\lambda)=\frac{1}{4}\sum_{j=1}^{n}\sum_{i=1}^{m}\omega_j(|\mu_{ijL}-\alpha_{iL}|+|\mu_{ijU}-\alpha_{iU}|+|\nu_{ijL}-\beta_{iL}|+|\nu_{ijU}-\beta_{iU}|)+\frac{\lambda}{8}\left(\sum_{i=1}^{n}\omega_j^2-1\right)\tag{3.39}$$

对其求偏导数，并令偏导数等于 0，可得

$$\begin{cases}\dfrac{\partial L}{\partial\omega_j}=\dfrac{1}{4}\displaystyle\sum_{i=1}^{m}(|\mu_{ijL}-\alpha_{iL}|+|\mu_{ijU}-\alpha_{iU}|+|\nu_{ijL}-\beta_{iL}|+|\nu_{ijU}-\beta_{iU}|)+\dfrac{1}{4}\lambda\omega_j=0\\ \dfrac{\partial L}{\partial\lambda}=\dfrac{1}{8}\left(\displaystyle\sum_{j=1}^{n}\omega_j^2-1\right)=0\end{cases}\tag{3.40}$$

则有

$$\omega_j^* = \frac{\sum_{i=1}^{m}(|\mu_{ijL}-\alpha_{iL}|+|\mu_{ijU}-\alpha_{iU}|+|\nu_{ijL}-\beta_{iL}|+|\nu_{ijU}-\beta_{iU}|)}{\sqrt{\sum_{j=1}^{n}\left[\sum_{i=1}^{m}(|\mu_{ijL}-\alpha_{iL}|+|\mu_{ijU}-\alpha_{iU}|+|\nu_{ijL}-\beta_{iL}|+|\nu_{ijU}-\beta_{iU}|)\right]^2}} \tag{3.41}$$

对 ω_j^* 进行归一化处理，可得属性权重

$$\omega_j = \frac{\sum_{i=1}^{m}(|\mu_{ijL}-\alpha_{iL}|+|\mu_{ijU}-\alpha_{iU}|+|\nu_{ijL}-\beta_{iL}|+|\nu_{ijU}-\beta_{iU}|)}{\sum_{j=1}^{n}\sum_{i=1}^{m}(|\mu_{ijL}-\alpha_{iL}|+|\mu_{ijU}-\alpha_{iU}|+|\nu_{ijL}-\beta_{iL}|+|\nu_{ijU}-\beta_{iU}|)} \tag{3.42}$$

当属性权重信息不完全时，如果权重向量 $\omega=(\omega_1,\omega_2,\cdots,\omega_n)^{\mathrm{T}}$ 满足条件 $\underline{\omega}_j \leqslant \omega_j \leqslant \bar{\omega}_j, \sum_{j=1}^{n}\omega_j=1, \omega_j \geqslant 0 (j=1,2,\cdots,n)$，则求解权重向量 ω 等价于求解以下最优化模型

$$\begin{cases}\min D(\omega)=\sum_{j=1}^{n}D_j(\omega)=\frac{1}{4}\sum_{j=1}^{n}\sum_{i=1}^{m}\omega_j(|\mu_{ijL}-\alpha_{iL}|+|\mu_{ijU}-\alpha_{iU}|+|\nu_{ijL}-\beta_{iL}|+|\nu_{ijU}-\beta_{iU}|)\\ \text{s.t.}\ \underline{\omega}_j \leqslant \omega_j \leqslant \bar{\omega}_j, \sum_{j=1}^{n}\omega_j=1, \omega_j \geqslant 0 (j=1,2,\cdots,n)\end{cases} \tag{3.43}$$

3.4.3 对方案有偏好的区间直觉模糊多属性决策步骤与实例分析

根据以上分析，决策者对方案有主观偏好情形下的区间直觉模糊多属性决策步骤可归纳如下。

步骤 1 确定多属性决策问题的方案集 $Y=\{Y_1,Y_2,\cdots,Y_m\}$ 和属性集 $G=\{G_1,G_2,\cdots,G_n\}$。

步骤 2 获取多属性决策问题中方案 $Y_i \in Y$ 关于属性 $G_j \in G$ 的区间直觉模糊特征信息，构建区间直觉模糊决策矩阵 F，同时决策者给出对决策方案 $Y_i \in Y$ 的主观偏好值 $\tilde{\theta}_i=\langle[\alpha_{iL},\alpha_{iU}],[\beta_{iL},\beta_{iU}]\rangle (i=1,2,\cdots,m)$。

步骤 3　利用式（3.42）或求解最优化模型（3.43）确定各属性的权重，得到属性权重向量 $\omega=(\omega_1,\omega_2,\cdots,\omega_n)^{\mathrm{T}}$。

步骤 4　计算方案 Y_i 的综合属性值 $\tilde{d}_i$：

$$\tilde{d}_i=\langle[\mu_{iL},\mu_{iU}],[\nu_{iL},\nu_{iU}]\rangle=\text{IIFWA}_{\omega}(\tilde{F}_{i1},\tilde{F}_{i2},\cdots,\tilde{F}_{in})$$

$$=\left\langle\left[1-\prod_{j=1}^{n}(1-\mu_{ijL})^{\omega_j},1-\prod_{j=1}^{n}(1-\mu_{ijU})^{\omega_j}\right],\left[\prod_{j=1}^{n}(\nu_{ijL})^{\omega_j},\prod_{j=1}^{n}(\nu_{ijU})^{\omega_j}\right]\right\rangle \quad (3.44)$$

或　$$\tilde{d}_i=\langle[\mu_{iL},\mu_{iU}],[\nu_{iL},\nu_{iU}]\rangle=\text{IIFWG}_{\omega}(\tilde{F}_{i1},\tilde{F}_{i2},\cdots,\tilde{F}_{in})$$

$$=\left\langle\left[\prod_{j=1}^{n}(\mu_{ijL})^{\omega_j},\prod_{j=1}^{n}(\mu_{ijU})^{\omega_j}\right],\left[1-\prod_{j=1}^{n}(1-\nu_{ijL})^{\omega_j},1-\prod_{j=1}^{n}(1-\nu_{ijU})^{\omega_j}\right]\right\rangle \quad (3.45)$$

步骤 5　利用区间直觉模糊数的得分函数和精确度公式，计算方案 Y_i 的综合属性值 $\tilde{d}_i$ 的得分值 $s(\tilde{d}_i)$ 和精确值 $h(\tilde{d}_i)$：

$$s(\tilde{d}_i)=\frac{\mu_{iL}+\mu_{iU}-\nu_{iL}-\nu_{iU}}{2},\ h(\tilde{d}_i)=\frac{\mu_{iL}+\mu_{iU}+\nu_{iL}+\nu_{iU}}{2}$$

确定 $\tilde{d}_i(i=1,2,\cdots,m)$ 的不增排列顺序，并利用排序结果对方案 $Y_i(i=1,2,\cdots,m)$ 进行优劣排序。

例 3.6　考虑突发事件应急预案评估问题。突发事件应急预案是针对各种突发事件类型而事先制订的一套能迅速、有效、有序地解决问题的行动计划或方案，为全面、客观地评判应急预案处置突发事件的能力，应从预案处置的快速性（G_1）、预案内容的合理性（G_2）、预案保障的充分性（G_3）、预案消耗费用的合理性（G_4）以及预案的广泛适用性（G_5）等五个方面进行综合评价[4]。假设现有五个应急预案 $Y_i(i=1,2,3,4,5)$，专家组根据自己的知识、经验以及已有的统计数据确定出每个应急预案 $Y_i(i=1,2,3,4,5)$ 关于属性 $G_j(j=1,2,3,4,5)$ 的区间直觉模糊评价信息，得到的区间直觉模糊决策矩阵 $F=(\langle[\mu_{ijL},\mu_{ijU}],[\nu_{ijL},\nu_{ijU}]\rangle)_{5\times5}$ 如表 3-6 所示。

表 3-6　应急预案评估的区间直觉模糊决策矩阵 *F*

	G_1	G_2	G_3	G_4	G_5
Y_1	⟨[0.5, 0.6], [0.1, 0.3]⟩	⟨[0.3, 0.4], [0.4, 0.5]⟩	⟨[0.1, 0.3], [0.5, 0.6]⟩	⟨[0.7, 0.8], [0.1, 0.2]⟩	⟨[0.5, 0.7], [0.1, 0.3]⟩
Y_2	⟨[0.4, 0.5], [0.2, 0.4]⟩	⟨[0.4, 0.6], [0.2, 0.4]⟩	⟨[0.3, 0.5], [0.4, 0.5]⟩	⟨[0.6, 0.7], [0.2, 0.3]⟩	⟨[0.7, 0.8], [0.1, 0.2]⟩
Y_3	⟨[0.6, 0.6], [0.2, 0.3]⟩	⟨[0.7, 0.8], [0.1, 0.2]⟩	⟨[0.4, 0.5], [0.3, 0.5]⟩	⟨[0.4, 0.6], [0.1, 0.3]⟩	⟨[0.6, 0.7], [0.2, 0.3]⟩

续表

	G_1	G_2	G_3	G_4	G_5
Y_4	$\langle[0.3, 0.5], [0.3, 0.4]\rangle$	$\langle[0.5, 0.7], [0.2, 0.3]\rangle$	$\langle[0.6, 0.8], [0.1, 0.2]\rangle$	$\langle[0.5, 0.6], [0.2, 0.3]\rangle$	$\langle[0.7, 0.8], [0.1, 0.2]\rangle$
Y_5	$\langle[0.3, 0.4], [0.4, 0.5]\rangle$	$\langle[0.2, 0.4], [0.3, 0.4]\rangle$	$\langle[0.3, 0.4], [0.3, 0.4]\rangle$	$\langle[0.3, 0.5], [0.4, 0.5]\rangle$	$\langle[0.4, 0.6], [0.2, 0.3]\rangle$

假设属性 $G_j(j=1,2,3,4,5)$ 的权重完全未知，且决策者对应急预案 $Y_i(i=1,2,3,4,5)$ 的主观偏好值为区间直觉模糊数，分别为：$\tilde{\theta}_1=\langle[0.3,0.4],[0.4,0.5]\rangle$，$\tilde{\theta}_2=\langle[0.5,0.6],\ [0.2,0.3]\rangle$，$\tilde{\theta}_3=\langle[0.4,0.5],[0.2,0.4]\rangle$，$\tilde{\theta}_4=\langle[0.7,0.8],[0.1,0.2]\rangle$，$\tilde{\theta}_5=\langle[0.4,0.6],[0.2,\ 0.3]\rangle$。下面对五个应急预案 $Y_i(i=1,2,3,4,5)$ 的优劣进行排序。

利用式（3.42）计算属性 $G_j(j=1,2,3,4,5)$ 的权重，得到属性权重向量

$$\omega=(0.271,0.171,0.155,0.240,0.163)^{\mathrm{T}}$$

根据式（3.44）计算突发事件应急预案 $Y_i(i=1,2,3,4,5)$ 的综合属性值，分别为

$$\tilde{d}_1=\langle[0.487,0.622],[0.163,0.331]\rangle,\ \tilde{d}_2=\langle[0.502,0.633],[0.199,0.345]\rangle,$$

$$\tilde{d}_3=\langle[0.553,0.675],[0.160,0.303]\rangle,\ \tilde{d}_4=\langle[0.513,0.675],[0.179,0.285]\rangle,$$

$$\tilde{d}_5=\langle[0.302,0.462],[0.325,0.428]\rangle$$

利用区间直觉模糊数的得分函数公式，计算可得综合属性值 $\tilde{d}_i(i=1,2,3,4,5)$ 的得分值分别为 $s(\tilde{d}_1)=0.308$，$s(\tilde{d}_2)=0.296$，$s(\tilde{d}_3)=0.383$，$s(\tilde{d}_4)=0.362$，$s(\tilde{d}_5)=0.006$，于是有

$$s(\tilde{d}_3)>s(\tilde{d}_4)>s(\tilde{d}_1)>s(\tilde{d}_2)>s(\tilde{d}_5)$$

因此，突发事件应急预案 $Y_i(i=1,2,3,4,5)$ 有效性的优劣排序为 $Y_3\succ Y_4\succ Y_1\succ Y_2\succ Y_5$，且应急预案 Y_3 为最佳。

对于上述问题，如果属性权重信息不完全，假设权重向量 $\omega=(\omega_1,\omega_2,\cdots,\omega_n)^{\mathrm{T}}$，满足条件 $\underline{\omega}_j\leqslant\omega_j\leqslant\overline{\omega}_j,\sum_{j=1}^{n}\omega_j=1,\omega_j\geqslant 0(j=1,2,\cdots,n)$，则可先由最优化模型（3.43）确定属性权重，然后再按步骤 4 和步骤 5 计算应急预案 $Y_i(i=1,2,3,4,5)$ 的综合属性值及其得分值和精确度，对方案优劣进行排序。

参 考 文 献

[1] 徐泽水. 不确定多属性决策方法及应用[M]. 北京：清华大学出版社，2004.

[2] 潘彬. 公共投资项目绩效评估研究[M]. 北京：人民大学出版社，2012.

[3] 毛太田. 地方政府公共财政支出绩效评价研究[M]. 北京：光明日报出版社，2015.

[4]　郭子雪，张强. 基于直觉模糊集的突发事件应急预案评估[J]. 数学的实践与认识，2008，38（22）：64-69.
[5]　卫贵武. 基于模糊信息的多属性决策理论与方法[M]. 北京：中国经济出版社，2010.
[6]　周三多，陈传明，鲁明泓. 管理学——原理与方法[M]. 上海：复旦大学出版社，2005.
[7]　孔茨，韦里克. 管理学[M]. 郝国华，金慰祖，葛昌权，等译. 北京：经济科学出版社，1998.
[8]　郭子雪，张强. 质量管理体系运行有效性综合评价[J]. 北京理工大学学报，2009，29（6）：560-564.

第 4 章　基于理想解的直觉模糊多属性决策方法

理想解包括正理想解和负理想解，分别指方案集中虚拟的最佳方案和最差方案。基于理想解的直觉模糊多属性决策是通过将方案集中备选方案与理想解的距离进行比较，从而排定方案集中备选方案优劣顺序的决策方法。本章在定义信息熵、直觉模糊熵、区间直觉模糊熵的基础上，重点讨论基于理想解的 TOPSIS 方法、权重未知时基于理想解的直觉模糊多属性决策方法等。

4.1　预 备 知 识

4.1.1　信息熵及其在多属性决策中的应用

1. 信息熵与熵权

定义 4.1　设有一离散型随机变量 X，其可能的取值为 $\alpha_1,\alpha_2,\cdots,\alpha_n$，记 X 取到 α_i 的概率为

$$p_i = p\{X=\alpha_i\} = P(\alpha_i), i=1,2,\cdots,n$$

其中，$\sum_{i=1}^{n} p_i = 1, 0 \leqslant p_i \leqslant 1$，则称

$$I(\alpha_i) = -\log p_i, i=1,2,\cdots,n \tag{4.1}$$

为信息函数，在事件 $\{X=\alpha_i\}$ 发生之前，它表示事件的不确定性；在事件 $\{X=\alpha_i\}$ 发生之后，它表示事件所包含的信息量（或称 α_i 的自信息）。Shannon 把信息函数的统计平均值

$$H(X) = -\sum_{i=1}^{n} p_i \ln p_i, i=1,2,\cdots,n \tag{4.2}$$

作为信息源 X 的不确定性程度的度量，称为信息熵（或概率熵）。

式（4.2）中，$\sum_{i=1}^{n} p_i = 1, 0 \leqslant p_i \leqslant 1$，而且规定：当 $p_i = 0$ 时，$p_i \ln p_i = 0$。

定义 4.2　在有 m 个评价对象、n 个评价指标的评价问题中，第 j 个评价指标的熵定义为

$$H_j=-k\sum_{i=1}^{n}r_{ij}\ln r_{ij},j=1,2,\cdots,n \tag{4.3}$$

式中，r_{ij} 是对评价矩阵进行标准化、归一化处理后的评价指标值，$k=1/\ln m$，并且规定当 $r_{ij}=0$ 时，$r_{ij}\ln r_{ij}=0$。

定义 4.3　在有 m 个评价对象、n 个评价指标的评价问题中，第 j 个评价指标的熵权定义为

$$\omega_j=\frac{1-H_j}{n-\sum_{j=1}^{n}H_j},\ j=1,2,\cdots,n \tag{4.4}$$

熵是系统不确定性的度量，熵值越小，表明评价指标上的信息量越有效，相应的评价指标越重要，指标权重也越大。

2. 基于信息熵的多属性决策方法

设多属性决策问题有 m 个方案 $Y_i(i=1,2,\cdots,m)$，组成方案集 $Y=\{Y_1,Y_2,\cdots,Y_m\}$，评价每个方案的属性（或指标）为 $G_j(j=1,2,\cdots,n)$，记属性集为 $G=\{G_1,G_2,\cdots,G_n\}$。如果 f_{ij} 表示方案 $Y_i\in Y$ 在属性 $G_j\in G$ 的评价指标值，矩阵 $F=(f_{ij})_{m\times n}$ 为该多属性决策问题的决策矩阵，则基于信息熵的多属性决策方法的步骤如下。

步骤 1　确定多属性决策问题的方案集 $Y=\{Y_1,Y_2,\cdots,Y_m\}$ 和属性集 $G=\{G_1,G_2,\cdots,G_n\}$，构建决策矩阵 $F=(f_{ij})_{m\times n}$，并利用适当的方法将其规范化为 $R'=(r'_{ij})_{m\times n}$。

步骤 2　对规范化矩阵 $R'=(r'_{ij})_{m\times n}$ 进行归一化处理，得到归一化矩阵 $R=(r_{ij})_{m\times n}$，其中

$$r_{ij}=\frac{r'_{ij}}{\sum_{i=1}^{m}r'_{ij}} \tag{4.5}$$

步骤 3　计算评价指标 Y_i 的信息熵

$$H_j=-\frac{1}{\ln m}\sum_{i=1}^{m}r_{ij}\ln r_{ij},j=1,2,\cdots,n \tag{4.6}$$

规定当 $r_{ij}=0$ 时，$r_{ij}\ln r_{ij}=0$。

步骤 4　计算属性 $G_j(j=1,2,\cdots,n)$ 的权重向量 $\omega=(\omega_1,\omega_2,\cdots,\omega_n)^{\mathrm{T}}$，其中

$$\omega_j=\frac{1-H_j}{n-\sum_{j=1}^{n}H_j},\ j=1,2,\cdots,n \tag{4.7}$$

步骤 5　利用式（4.8）计算方案 Y_i 得综合评价值 d_i：

$$d_i = \sum_{j=1}^{n} \omega_j r_{ij} \tag{4.8}$$

并利用综合评价值 $d_i (i=1,2,\cdots,m)$ 对方案进行优劣排序。

例 4.1　考虑不同型号飞机选择问题。设某航空公司在国际市场上购买飞机，按四个属性（或决策指标）对不同型号的飞机进行综合评价，这四个评价属性是：最大速度（G_1）、最大范围（G_2）、最大负载（G_3）和价格（G_4）[1]。现有四种型号的飞机可供选择，每种型号飞机的属性评价指标如表 4-1 所示。

表 4-1　飞机属性评价指标决策矩阵 F

	G_1/Ma	G_2/km	G_3/kg	G_4/百万美元
Y_1	2.0	1500	20000	5.5
Y_2	2.5	2700	18000	6.5
Y_3	1.8	2000	21000	4.5
Y_4	2.2	1800	20000	5.0

试用信息熵对四种型号飞机进行综合评价。

在决策指标中，G_1、G_2、G_3 是效益性指标，取值越大越好；G_4 是成本性指标，取值越小越好。利用线性变换法对决策矩阵 F 进行规范化，得到规范化矩阵 R'：

$$R' = \begin{pmatrix} 0.80 & 0.56 & 0.95 & 0.82 \\ 1.00 & 1.00 & 0.86 & 0.69 \\ 0.72 & 0.74 & 1.00 & 1.00 \\ 0.88 & 0.67 & 0.95 & 0.90 \end{pmatrix}$$

根据式（4.5），对规范化矩阵 R' 进行归一化处理，得到归一化矩阵 R：

$$R = \begin{pmatrix} 0.24 & 0.19 & 0.25 & 0.24 \\ 0.29 & 0.34 & 0.23 & 0.20 \\ 0.21 & 0.25 & 0.27 & 0.29 \\ 0.26 & 0.22 & 0.25 & 0.27 \end{pmatrix}$$

利用式（4.6），计算属性 $G_j (j=1,2,3,4)$ 输出的信息熵分别为

$$H_1 = 0.995, H_2 = 0.983, H_3 = 0.999, H_4 = 0.994$$

再由式（4.7），计算属性 $G_j (j=1,2,3,4)$ 的权重向量，可得

$$\omega = (0.172, 0.586, 0.034, 0.208)^{\mathrm{T}}$$

根据式（4.8），计算可得各种型号飞机的综合评价值 d_i：

$$d_1 = 0.211, d_2 = 0.299, d_3 = 0.234, d_4 = 0.238$$

易知
$$d_2 > d_4 > d_3 > d_1$$
所以最佳方案为 Y_2。

4.1.2　基于 TOPSIS 方法的多属性决策方法

1. TOPSIS 方法的基本原理

TOPSIS 方法是逼近理想解的排序方法（technique for order preference by similarity to ideal solution）的英文缩写，是由 Hwang 和 Yoon[2]于 1981 年提出的。该方法借助多属性决策问题正理想解和负理想解给方案集 X 中各方案排序。其中心思想为：设想一个正理想解（最优方案）和一个负理想解（最差方案），然后分别计算各方案与正理想解、负理想解之间的距离。与正理想解最近且与负理想解距离最远的方案即最优方案。

正理想解 Y^+ 是一个方案集 Y 中并不存在的虚拟的最佳方案，它的每个属性值都是决策矩阵中该属性的最好的值；而负理想解 Y^- 则是虚拟的最差方案，它的每个属性值都是决策矩阵中该属性的最差的值。在 n 维空间中将方案集 Y 中的各备选方案 Y_i 与正理想解 Y^+ 和负理想解 Y^- 的距离进行比较，既靠近正理想解又远离负理想解的方案就是方案集 Y 中的最佳方案；并可以据此排定方案集 Y 中各备选方案的优先序。

用理想方案求解多属性决策问题的概念简单，只要在属性空间定义适当的距离测度就能计算备选方案与理想方案。TOPSIS 方法所用的是欧氏距离。至于既用正理想解又用负理想解是因为在仅仅使用正理想解时会出现某两个备选方案与正理想解的距离相同的情况，为了区分这两个方案的优劣，引入负理想解并计算这两个方案与负理想解的距离，与正理想解的距离相同的方案中离负理想解远者为优。

2. TOPSIS 方法的步骤

设多属性决策问题有 m 个方案 $Y_i(i=1,2,\cdots,m)$，组成方案集 $Y=\{Y_1,Y_2,\cdots,Y_m\}$，评价每个方案的属性（或指标）为 $G_j(j=1,2,\cdots,n)$，记属性集为 $G=\{G_1,G_2,\cdots,G_n\}$。如果 f_{ij} 表示方案 $Y_i\in Y$ 在属性 $G_j\in G$ 的评价指标值，矩阵 $F=(f_{ij})_{m\times n}$ 为该多属性决策问题的决策矩阵，则基于 TOPSIS 方法的多属性决策方法的步骤如下。

步骤 1　确定多属性决策问题的方案集 $Y=\{Y_1,Y_2,\cdots,Y_m\}$ 和属性集 $G=\{G_1,G_2,\cdots,G_n\}$，构建决策矩阵 $F=(f_{ij})_{m\times n}$，并利用适当的方法将其规范化为 $R'=(r'_{ij})_{m\times n}$，其中

$$r'_{ij}=f_{ij}\Big/\sqrt{\sum_{i=1}^{m}f_{ij}^2},i=1,\cdots,m;j=1,\cdots,n \tag{4.9}$$

步骤 2　对规范化矩阵 $R'=(r'_{ij})_{m\times n}$ 进行加权处理，得到加权规范化矩阵 $R=(r_{ij})_{m\times n}$，其中 $r_{ij}=\omega_j r'_{ij}, i=1,2,\cdots,m; j=1,2,\cdots,n; \omega=(\omega_1,\omega_2,\cdots,\omega_n)^{\mathrm{T}}$ 为属性 $G_j(j=1,2,\cdots,n)$ 的权重向量。

步骤 3　确定正理想解 Y^+ 和负理想解 Y^-。

设正理想解 Y^+ 的第 j 个属性值为 r_j^+，负理想解 Y^- 的第 j 个属性值为 r_j^-，则

$$\text{正理想方案}\quad r_j^+=\begin{cases}\max\limits_i r_{ij}, j\text{ 为效益型属性}\\ \min\limits_i r_{ij}, j\text{ 为成本型属性}\end{cases},\quad j=1,2,\cdots,n \tag{4.10}$$

$$\text{负理想方案}\quad r_j^-=\begin{cases}\max\limits_i r_{ij}, j\text{ 为成本型属性}\\ \min\limits_i r_{ij}, j\text{ 为效益型属性}\end{cases},\quad j=1,2,\cdots,n \tag{4.11}$$

步骤 4　计算各方案到正理想解与负理想解的距离。

备选方案 Y_i 到正理想解的距离为

$$d_i^+=\sqrt{\sum_{j=1}^{n}(r_{ij}-r_j^+)^2}, i=1,2,\cdots,m \tag{4.12}$$

备选方案 Y_i 到负理想解的距离为

$$d_i^-=\sqrt{\sum_{j=1}^{n}(r_{ij}-r_j^-)^2}, i=1,2,\cdots,m \tag{4.13}$$

步骤 5　计算各方案的相对贴近度

$$c_i=d_i^-/(d_i^-+d_i^+), i=1,2,\cdots,m \tag{4.14}$$

步骤 6　按 c_i 值由大到小排列方案的优劣次序。

例 4.2　考虑研究生学院教学质量评价问题。为了客观地评价我国研究生教育的实际状况和各研究生院的教学质量，国务院学位委员会办公室组织过一次研究生院的评估。为了取得经验，先选五所研究生院 Y_1、Y_2、Y_3、Y_4、Y_5，收集有关数据资料进行了试评估，有关数据如表 4-2 所示。由于生师比为既非效益型又非成本性属性，表中第三列 z_2 的数据是在假设生师比最佳区间为[5, 6]时，对 y_2 数据进行变换后的结果。

表 4-2　研究生院试评估的部分数据

	人均专著 y_1（本/人）	生师比 y_2（z_2）	科研经费 y_3（万元/年）	逾期毕业率 y_4 /%
Y_1	0.1	5（1.0000）	5000	4.7
Y_2	0.2	7（0.8333）	4000	2.2
Y_3	0.6	10（0.3333）	1260	3.0

续表

	人均专著 y_1（本/人）	生师比 y_2（z_2）	科研经费 y_3（万元/年）	逾期毕业率 y_4 /%
Y_4	0.3	4（0.6666）	3000	3.9
Y_5	2.8	2（0.0000）	284	1.2

决策过程如下。

首先对表 4-2 所示的属性值向量进行规范化，可得属性的规范化矩阵见表 4-3。

表 4-3　经规范化后的属性值

	z_1 (y_1)	z_3 (y_3)	z_4 (y_4)	z_2' (z_2)
Y_1	0.0346	0.6956	0.6482	0.6666
Y_2	0.0693	0.5565	0.3034	0.5555
Y_3	0.2078	0.1753	0.4137	0.2222
Y_4	0.1039	0.4174	0.5378	0.4444
Y_5	0.9696	0.0395	0.1655	0.0000

设权重向量仍为 $\omega=(0.2,0.3,0.4,0.1)^{\mathrm{T}}$，得加权的规范化属性矩阵如表 4-4 所示。

表 4-4　加权的规范化属性值

	z_1'	z_2'	z_3'	z_4'
Y_1	0.00692	0.20000	0.27824	0.06482
Y_2	0.01386	0.16667	0.22260	0.03034
Y_3	0.04156	0.06667	0.07012	0.04137
Y_4	0.02078	0.13332	0.16696	0.05378
Y_5	0.19392	0.00000	0.01580	0.01655

由表 4-4 和正理想解、负理想解的定义得

正理想方案 Y^+ 为：（0.1939，0.2000，0.2782，0.01655）

负理想方案 Y^- 为：（0.00692，0.0000，0.01580，0.06482）

根据式（4.12）、式（4.13）计算各方案到正理想解的距离 d_i^+ 和到负理想解的距离 d_i^-（表 4-5）。

表 4-5 各方案到理想解的距离及各方案的贴近度

	d_i^+	d_i^-	c_i
Y_1	0.1931	0.6543	0.7721
Y_2	0.1918	0.4354	0.6577
Y_3	0.2194	0.2528	0.5297
Y_4	0.2197	0.2022	0.4793
Y_5	0.6543	0.1931	0.2254

最后，由式（4.14）计算各方案的贴近度值c_i（表 4-5），由c_i值的大小可确定各方案的排序为

$$Y_1 \succ Y_2 \succ Y_3 \succ Y_4 \succ Y_5$$

故方案Y_1为最优方案。

4.1.3 权重信息未知情形下基于理想解的多属性决策方法

1. 属性权重的确定方法

设多属性决策问题有 m 个方案$Y_i(i=1,2,\cdots,m)$，组成方案集$Y=\{Y_1,Y_2,\cdots,Y_m\}$，评价每个方案的属性（或指标）为$G_j(j=1,2,\cdots,n)$，记属性集为$G=\{G_1,G_2,\cdots,G_m\}$，属性$G_j(j=1,2,\cdots,n)$的权重向量$\omega=(\omega_1,\omega_2,\cdots,\omega_n)^{\mathrm{T}}$完全未知或信息不完全；如果$f_{ij}$表示方案$Y_i\in Y$在属性$G_j\in G$的评价指标值，矩阵$F=(f_{ij})_{m\times n}$为多属性决策问题的决策矩阵。

根据规范化决策矩阵$R=(r_{ij})_{m\times n}$，可令正理想解和负理想解分别对应方案Y^+和Y^-：

$$Y^+=(1,1,\cdots,1)\,,\ Y^-=(0,0,\cdots,0)$$

从对决策方案进行排序的角度考虑，方案$Y_i(i=1,2,\cdots,m)$离正理想解越近（或离负理想解越远），则方案$Y_i(i=1,2,\cdots,m)$越优。

对方案$Y_i(i=1,2,\cdots,m)$，用d_i^+表示方案$Y_i(i=1,2,\cdots,m)$到正理想解的加权偏差

$$d_i^+(\omega)=\sum_{j=1}^{n}|r_{ij}-1|\omega_j=\sum_{j=1}^{n}(1-r_{ij})\omega_j \tag{4.15}$$

令

$$d^+(\omega)=\sum_{i=1}^{m}d_i^+(\omega)=\sum_{i=1}^{m}\sum_{j=1}^{n}|r_{ij}-1|\omega_j=\sum_{i=1}^{m}\sum_{j=1}^{n}(1-r_{ij})\omega_j \tag{4.16}$$

则 $d^+(\omega)$ 表示所有方案 $Y_i(i=1,2,\cdots,m)$ 到正理想解的加权偏差总和。由于方案不存在偏好关系，因此权重向量 $\omega=(\omega_1,\omega_2,\cdots,\omega_n)^{\mathrm{T}}$ 的选择问题就等价于求解如下最优化模型

$$\begin{cases}\min d^+(\omega)=\sum_{i=1}^{m}\sum_{j=1}^{n}(1-r_{ij})\omega_j\\ \text{s.t.}\sum_{j=1}^{n}\omega_j^2=1,\omega_j\geqslant 0,j=1,2,\cdots,n\end{cases}\tag{4.17}$$

为了求解最优化模型（4.17），可构造拉格朗日函数

$$L(\omega,\lambda)=\sum_{i=1}^{m}\sum_{j=1}^{n}(1-r_{ij})\omega_j+\frac{\lambda}{2}\left(\sum_{j=1}^{n}\omega_j^2-1\right)\tag{4.18}$$

求其偏导数，并令偏导数等于 0，可得

$$\begin{cases}\dfrac{\partial L}{\partial\omega_j}=\sum_{i=1}^{m}(1-r_{ij})+\lambda\omega_j=0\\ \dfrac{\partial L}{\partial\lambda}=\dfrac{1}{2}(\sum_{j=1}^{n}\omega_j^2-1)=0\end{cases}\tag{4.19}$$

求解模型（4.19）得其最优解

$$\omega_j^*=\frac{\sum_{i=1}^{m}(1-r_{ij})}{\sqrt{\sum_{j=1}^{n}\left[\sum_{i=1}^{m}(1-r_{ij})\right]^2}},j=1,2,\cdots,n\tag{4.20}$$

对 ω_j^* 进行归一化处理可得属性 G_j 的权重

$$\omega_j=\frac{\sum_{i=1}^{m}(1-r_{ij})}{\sum_{j=1}^{n}\sum_{i=1}^{m}(1-r_{ij})},j=1,2,\cdots,n\tag{4.21}$$

如果属性 $G_j(j=1,2,\cdots,n)$ 的权重向量 $\omega=(\omega_1,\omega_2,\cdots,\omega_n)^{\mathrm{T}}$ 的信息不完全，假设满足 $\underline{\omega}_j\leqslant\omega_j\leqslant\overline{\omega}_j,\sum_{j=1}^{n}\omega_j=1,\omega_j\geqslant 0(j=1,2,\cdots,n)$，则通过求解最优化模型（4.22），可得属性 $G_j(j=1,2,\cdots,n)$ 的权重向量 ω：

$$\begin{cases} \min d^{+}(\omega)=\sum_{j=1}^{n}\sum_{i=1}^{m}(1-r_{ij})\omega_j \\ \text{s.t.}\underline{\omega}_j \leqslant \omega \leqslant \overline{\omega}_j, j=1,2,\cdots,n \\ \quad \sum_{j=1}^{n}\omega_j=1, \\ \quad \omega_j \geqslant 0, j=1,2,\cdots,n \end{cases} \tag{4.22}$$

2. 属性权重未知情形下基于理想解的多属性决策步骤

根据上述分析，属性权重未知情形下基于理想解的多属性决策步骤可归纳如下。

步骤 1　确定多属性决策问题的方案集 $Y=\{Y_1,Y_2,\cdots,Y_m\}$ 和属性集 $G=\{G_1, G_2,\cdots,G_n\}$，构建决策矩阵 $F=(f_{ij})_{m\times n}$。

步骤 2　对决策矩阵 $F=(f_{ij})_{m\times n}$ 利用适当的方法进行规范化处理，得到规范化矩阵 $R=(r_{ij})_{m\times n}$。

步骤 3　利用规范化矩阵 $R=(r_{ij})_{m\times n}$ 及式（4.21）或式（4.22）确定属性 $G_j(j=1,2,\cdots,n)$ 的权重向量 $\omega=(\omega_1,\omega_2,\cdots,\omega_n)^{\mathrm{T}}$。

步骤 4　利用式（4.8）计算方案 Y_i 得综合评价值 d_i：

$$d_i=\sum_{j=1}^{n}\omega_j r_{ij}$$

步骤 5　根据各方案 $Y_i(i=1,2,\cdots,m)$ 的综合评价值 d_i 的大小，对方案的优劣进行排序。

需要指出的是：在确定属性权重时，还可以基于各方案到负理想解的加权偏差最大化或同时考虑各方案到正理想解的加权距离最小化以及到负理想解的加权偏差最小化为目标，构建相应的确定属性权重的最优化模型。

4.2　基于理想解的直觉模糊多属性决策方法

4.2.1　基于信息熵的直觉模糊多属性决策 TOPSIS 方法

1. 直觉模糊熵的度量

模糊熵是香农信息熵在模糊数学领域的扩展，被用来解释模糊集所包含的信息量，信息量越多，则模糊性越低，它能够为决策者提供的信息也就越多[3]。模糊熵用来刻画直觉模糊集的不确定程度和未知程度，其度量主要从隶属度与非隶属度的距离和犹豫度两个方面来考虑。直觉模糊熵最早由 Burillo 等提出，后来

Szimidt 等给出了直觉模糊熵的计算公式，并考虑了犹豫度的影响，其后很多学者对直觉模糊熵进行了较深入的研究[4-9]。

定义 4.4　设 $\tilde{A}=\{\langle x_i,\mu_A(x_i),\nu_A(x_i)\rangle \mid x_i\in X\}$，$\tilde{B}=\{\langle x_i,\mu_B(x_i),\nu_B(x_i)\rangle \mid x_i\in X\}$ 为论域 X 上的两个直觉模糊集，记函数 E：IFS(X)→[0, 1]为直觉模糊熵，如果它满足以下准则：

（1）$E(\tilde{A})=0$ 当且仅当 $\tilde{A}$ 为清晰集，即有 $\mu_A(x_i)=1,\nu_A(x_i)=0$ 或者 $\mu_A(x_i)=0$, $\nu_A(x_i)=1$。

（2）$E(\tilde{A})=1$ 当且仅当 $x_i\in X$ 有 $\mu_A(x_i)=\nu_A(x_i)$。

（3）$E(\tilde{A})=E(\tilde{A}^c)$，对任意 $x_i\in X$。

（4）$E(\tilde{A})\leqslant E(\tilde{B})$，如果直觉模糊集 $\tilde{B}$ 比 $\tilde{A}$ 更模糊。

定义 4.5[10]　设 $\tilde{A}=\{\langle x_i,\mu_A(x_i),\nu_A(x_i)\rangle \mid x_i\in X, i=1,2,\cdots,n\}$ 为论域 X 上的直觉模糊集，则

$$E(\tilde{A})=\frac{1}{n}\sum_{i=1}^{n}\cos\frac{\pi(\mu_A^2(x_i)-\nu_A^2(x_i))}{2} \tag{4.23}$$

是一个直觉模糊熵。

式（4.23）也可以写成

$$E(\tilde{A})=\frac{1}{n}\sum_{i=1}^{n}\cos\frac{\pi(\mu_A(x_i)-\nu_A(x_i))(1-\pi_A(x_i))}{2} \tag{4.24}$$

由式（4.24）可以看出，$E(\tilde{A})$ 不仅考虑了隶属度与非隶属度的偏差 $\mu_A(x_i)-\nu_A(x_i)$，而且考虑了犹豫度 $\pi_A(x_i)$ 的信息。

2. 基于模糊熵的直觉模糊多属性决策 TOPSIS 方法步骤

设某多属性决策问题有 m 个方案 $Y_i(i=1,2,\cdots,m)$ 组成方案集 $Y=\{Y_1,Y_2,\cdots,Y_m\}$，评价每个方案的属性（或指标）为 $G_j(j=1,2,\cdots,n)$，记属性集为 $G=\{G_1,G_2,\cdots,G_n\}$。如果 $\tilde{F}_{ij}=\langle\mu_{ij},\nu_{ij}\rangle(i=1,2,\cdots,m;j=1,2,\cdots,n)$ 为直觉模糊集，表示方案满足属性 $G_j\in G$ 和不满足属性 $G_j\in G$ 的程度，且 $0\leqslant\mu_{ij}+\nu_{ij}\leqslant 1$，矩阵 $F=(\langle\mu_{ij},\nu_{ij}\rangle)_{m\times n}$ 为该多属性决策问题的直觉模糊决策矩阵，则基于模糊熵的直觉模糊多属性决策 TOPSIS 方法步骤可归纳如下。

步骤 1　确定多属性决策问题的方案集 $Y=\{Y_1,Y_2,\cdots,Y_m\}$ 和属性集 $G=\{G_1,G_2,\cdots,G_n\}$，获取多属性决策问题中方案 $Y_i\in Y$ 关于属性 $G_j\in G$ 的直觉模糊特征信息，构建直觉模糊决策矩阵 F。

步骤 2　根据直觉模糊多属性决策矩阵 F，利用式（4.23）计算属性 $G_j(j=1,2,\cdots,n)$ 的模糊熵

$$E_j=\frac{1}{m}\sum_{i=1}^{m}\cos\frac{\pi(\mu_{ij}-\nu_{ij})(1-\pi_{ij})}{2},j=1,2,\cdots,n \tag{4.25}$$

步骤 3　利用属性 $G_j(j=1,2,\cdots,n)$ 的模糊熵 E_j，计算属性 $G_j(j=1,2,\cdots,n)$ 的权重 ω_j

$$\omega_j=\frac{1-E_j}{n-\sum_{j=1}^{n}E_j},j=1,2,\cdots,n \tag{4.26}$$

步骤 4　根据直觉模糊多属性决策矩阵 F 确定多属性解决问题的正理想解 Y^+ 和负理想解 Y^-：

$$\begin{aligned}Y^+&=(\langle\mu_1^+,\nu_1^+\rangle,\langle\mu_2^+,\nu_2^+\rangle,\cdots,\langle\mu_n^+,\nu_n^+\rangle)\\&=(\langle\max_i\mu_{i1},\min_i\nu_{i1}\rangle,\langle\max_i\mu_{i2},\min_i\nu_{i2}\rangle,\cdots,\langle\max_i\mu_{in},\min_i\nu_{in}\rangle)\end{aligned} \tag{4.27}$$

$$\begin{aligned}Y^-&=(\langle\mu_1^-,\nu_1^-\rangle,\langle\mu_2^-,\nu_2^-\rangle,\cdots,\langle\mu_n^-,\nu_n^-\rangle)\\&=(\langle\min_i\mu_{i1},\max_i\nu_{i1}\rangle,\langle\min_i\mu_{i2},\max_i\nu_{i2}\rangle,\cdots,\langle\min_i\mu_{in},\max_i\nu_{in}\rangle)\end{aligned} \tag{4.28}$$

步骤 5　计算各方案 $Y_i(i=1,2,\cdots,m)$ 到正理想解 Y^+ 和负理想解 Y^- 的距离 d_i^+ 和 d_i^-：

$$d_i^+=\frac{1}{2}\sum_{j=1}^{n}\omega_j[|\mu_{ij}-\mu_j^+|+|\nu_{ij}-\nu_j^+|+|\pi_{ij}-\pi_j^+|] \tag{4.29}$$

$$d_i^-=\frac{1}{2}\sum_{j=1}^{n}\omega_j[|\mu_{ij}-\mu_j^-|+|\nu_{ij}-\nu_j^-|+|\pi_{ij}-\pi_j^-|] \tag{4.30}$$

步骤 6　计算方案 $Y_i(i=1,2,\cdots,m)$ 的贴近度 c_i：

$$c_i=\frac{d_i^-}{d_i^-+d_i^+},\ i=1,2,\cdots,m \tag{4.31}$$

并利用贴近度 c_i 的大小对方案 $Y_i(i=1,2,\cdots,m)$ 进行排序，c_i 越大表明方案 Y_i 离正理想解越近、离负理想解越远，方案越优。

3. 实例分析

例 4.3　考虑突发事件应急预案评估问题。突发事件应急预案是针对各种突发事件类型而事先制订的一套能迅速、有效、有序地解决问题的行动计划或方案，为全面、客观地评判应急预案处置突发事件的能力，应从预案处置的快速性（G_1）、预案内容的合理性（G_2）、预案保障的充分性（G_3）、预案消耗费用的合理性（G_4）以及预案的广泛适用性（G_5）等五个方面进行综合评价[11]。假设现有五个应急预案 $Y_i(i=1,2,3,4,5)$，决策者根据自己的知识、经验以及已有的统计数据确定出每

个应急预案 $Y_i(i=1,2,3,4,5)$ 关于属性 $G_j(j=1,2,3,4,5)$ 的直觉模糊评价信息，得到的直觉模糊决策矩阵 $F=(\langle\mu_{ij},\nu_{ij}\rangle)_{5\times5}$ 如表 4-6 所示。

表 4-6　应急预案评估的直觉模糊决策矩阵 *F*

	G_1	G_2	G_3	G_4	G_5
Y_1	⟨0.6, 0.1⟩	⟨0.3, 0.1⟩	⟨0.1, 0.4⟩	⟨0.7, 0.1⟩	⟨0.5, 0.2⟩
Y_2	⟨0.4, 0.2⟩	⟨0.4, 0.3⟩	⟨0.3, 0.4⟩	⟨0.6, 0.2⟩	⟨0.8, 0.1⟩
Y_3	⟨0.6, 0.3⟩	⟨0.7, 0.2⟩	⟨0.4, 0.4⟩	⟨0.4, 0.1⟩	⟨0.7, 0.2⟩
Y_4	⟨0.3, 0.5⟩	⟨0.5, 0.2⟩	⟨0.6, 0.3⟩	⟨0.5, 0.2⟩	⟨0.9, 0.0⟩
Y_5	⟨0.3, 0.4⟩	⟨0.2, 0.2⟩	⟨0.2, 0.4⟩	⟨0.3, 0.5⟩	⟨0.4, 0.5⟩

试对应急预案 $Y_i(i=1,2,3,4,5)$ 进行优劣排序并确定最佳应急预案。

步骤 1　利用式（4.25）计算各属性的模糊熵，可得

$$E_1=0.9418, E_2=0.9385, E_3=0.9720, E_4=0.8984, E_5=0.7079$$

步骤 2　根据式（4.26）计算属性 $G_j(j=1,2,3,4,5)$ 的权重 $\omega_i(i=1,2,3,4,5)$，得属性权重向量

$$\omega=(0.1075,0.1136,0.0517,0.1877,0.5395)^{\mathrm{T}}$$

步骤 3　根据直觉模糊决策矩阵 F，确定正理想解 Y^+ 和负理想解 Y^-：

$$Y^+=(\langle0.6,0.1\rangle,\langle0.7,0.1\rangle,\langle0.6,0.3\rangle,\langle0.7,0.1\rangle,\langle0.9,0.0\rangle)$$

$$Y^-=(\langle0.3,0.5\rangle,\langle0.2,0.3\rangle,\langle0.1,0.4\rangle,\langle0.3,0.5\rangle,\langle0.4,0.5\rangle)$$

步骤 4　利用式（4.29）～式（4.31）计算各方案到正理想解 Y^+ 和负理想解 Y^- 的加权汉明距离以及各方案的贴近度，如表 4-7 所示。

表 4-7　各方案到理想解距离以及各方案的贴近度

	d_i^+	d_i^-	c_i
Y_1	0.5742	0.6621	0.5355
Y_2	0.2876	0.6748	0.7012
Y_3	0.3069	0.6830	0.6899
Y_4	0.2065	0.9080	0.8147
Y_5	0.9091	0.0546	0.0567

所以

$$c_4>c_2>c_3>c_1>c_5$$

故应急预案 $Y_i(i=1,2,3,4,5)$ 的优劣排序为 $Y_4\succ Y_2\succ Y_3\succ Y_1\succ Y_5$，且应急预案 Y_4 为最优。

4.2.2 属性权重未知情形下基于理想解的直觉模糊多属性决策

1. 属性权重的确定方法

设某多属性决策问题有 m 个方案 $Y_i(i=1,2,\cdots,m)$ 组成方案集 $Y=\{Y_1,Y_2,\cdots,Y_m\}$，评价每个方案的属性（或指标）为 $G_j(j=1,2,\cdots,n)$，记属性集为 $G=\{G_1,G_2,\cdots,G_n\}$，假设属性权重向量 $\omega=(\omega_1,\omega_2,\cdots,\omega_n)^{\mathrm{T}}$ 未知或权重信息不完全。如果 $\tilde{F}_{ij}=\langle\mu_{ij},\nu_{ij}\rangle(i=1,2,\cdots,m;j=1,2,\cdots,n)$ 为直觉模糊集，表示方案满足属性 $G_j\in G$ 和不满足属性 $G_j\in G$ 的程度，且 $0\leqslant\mu_{ij}+\nu_{ij}\leqslant1$，矩阵 $F=(\langle\mu_{ij},\nu_{ij}\rangle)_{m\times n}$ 为该多属性决策问题的直觉模糊决策矩阵。

根据直觉模糊多属性决策矩阵 F 确定多属性决策问题的正理想解 Y^+ 和负理想解 Y^-：

$$Y^+=(\langle\mu_1^+,\nu_1^+\rangle,\langle\mu_2^+,\nu_2^+\rangle,\cdots,\langle\mu_n^+,\nu_n^+\rangle)=(\langle\max_i\mu_{i1},\min_i\nu_{i1}\rangle,\langle\max_i\mu_{i2},\min_i\nu_{i2}\rangle,\cdots,\langle\max_i\mu_{in},\min_i\nu_{in}\rangle)$$

$$Y^-=(\langle\mu_1^-,\nu_1^-\rangle,\langle\mu_2^-,\nu_2^-\rangle,\cdots,\langle\mu_n^-,\nu_n^-\rangle)=(\langle\min_i\mu_{i1},\max_i\nu_{i1}\rangle,\langle\min_i\mu_{i2},\max_i\nu_{i2}\rangle,\cdots,\langle\min_i\mu_{in},\max_i\nu_{in}\rangle)$$

对于决策方案 $Y_i(i=1,2,\cdots,m)$，用 $d_i^+(\omega)$、$d_i^-(\omega)$ 分别表示方案 $Y_i(i=1,2,\cdots,m)$ 到正理想解 Y^+ 和负理想解 Y^- 的加权偏差，定义 $d_i^+(\omega)$ 和 $d_i^-(\omega)$ 分别为

$$d_i^+(\omega)=\frac{1}{2}\sum_{j=1}^{n}\omega_j[|\mu_{ij}-\mu_j^+|+|\nu_{ij}-\nu_j^+|+|\pi_{ij}-\pi_j^+|]$$

$$d_i^-(\omega)=\frac{1}{2}\sum_{j=1}^{n}\omega_j[|\mu_{ij}-\mu_j^-|+|\nu_{ij}-\nu_j^-|+|\pi_{ij}-\pi_j^-|]$$

对于给定的权重向量 $\omega=(\omega_1,\omega_2,\cdots,\omega_n)^{\mathrm{T}}$，$d_i^+(\omega)$ 越小而 $d_i^-(\omega)$ 越大，则相应的方案 Y_i 越优。当属性权重信息不完全时，若权重向量满足 $\underline{\omega}_j\leqslant\omega_j\leqslant\bar{\omega}_j,\sum_{j=1}^{n}\omega_j=1,\omega_j\geqslant0(j=1,2,\cdots,n)$，则可建立多目标最优化模型

$$\begin{cases}\min d_i^+(\omega)=\dfrac{1}{2}\sum\limits_{j=1}^{n}\omega_j[|\mu_{ij}-\mu_j^+|+|\nu_{ij}-\nu_j^+|+|\pi_{ij}-\pi_j^+|], & i=1,2,\cdots,m\\ \max d_i^-(\omega)=\dfrac{1}{2}\sum\limits_{j=1}^{n}\omega_j[|\mu_{ij}-\mu_j^-|+|\nu_{ij}-\nu_j^-|+|\pi_{ij}-\pi_j^-|], & i=1,2,\cdots,m\\ \text{s.t. } \underline{\omega}_j\leqslant\omega_j\leqslant\bar{\omega}_j,\sum\limits_{j=1}^{n}\omega_j=1,\omega_j\geqslant0,j=1,2,\cdots,n\end{cases}\tag{4.32}$$

从对决策方案进行排序角度考虑，若方案 $Y_i(i=1,2,\cdots,m)$ 离正理想解越近且离负理想解越远，则方案 Y_i 越优。

令

$$d_i^+(\omega)=\sum_{i=1}^{m}d_i^+(\omega)=\frac{1}{2}\sum_{j=1}^{n}\sum_{i=1}^{m}\omega_j[|\mu_{ij}-\mu_j^+|+|\nu_{ij}-\nu_j^+|+|\pi_{ij}-\pi_j^+|]$$

$$d_i^-(\omega)=\sum_{i=1}^{m}d_i^-(\omega)=\frac{1}{2}\sum_{j=1}^{n}\sum_{i=1}^{m}\omega_j[|\mu_{ij}-\mu_j^-|+|\nu_{ij}-\nu_j^-|+|\pi_{ij}-\pi_j^-|]$$

则 $d^+(\omega)$ 和 $d^-(\omega)$ 分别表示所有方案 $Y_i(i=1,2,\cdots,m)$ 到正理想解 Y^+ 和负理想解 Y^- 的加权偏差总和。由于每个方案都是公平竞争的，不存在任何偏好关系，因此模型（4.32）等权集结为如下单目标最优化模型：

$$\begin{cases}\min d^+(\omega)-d^-(\omega)=\dfrac{1}{2}\sum_{j=1}^{n}\sum_{i=1}^{m}\omega_j[|\mu_{ij}-\mu_j^+|+|\nu_{ij}-\nu_j^+|+|\pi_{ij}-\pi_j^+| \\ \qquad -|\mu_{ij}-\mu_j^-|-|\nu_{ij}-\nu_j^-|-|\pi_{ij}-\pi_j^-|] \\ \text{s.t.}\ \underline{\omega}_j\leqslant\omega_j\leqslant\overline{\omega},\sum_{j=1}^{n}\omega_j=1,\omega_j\geqslant 0,j=1,2,\cdots,n\end{cases}\tag{4.33}$$

解最优化模型（4.33），可得属性权重向量 $\omega=(\omega_1,\omega_2,\cdots,\omega_n)^{\mathrm{T}}$。

如果属性权重信息完全未知，则可构建以 $d^+(\omega)$ 最小化或 $d^-(\omega)$ 最大化为目标的最优化模型式（4.34）和式（4.35）：

$$\begin{cases}\min d^+(\omega)=\dfrac{1}{2}\sum_{j=1}^{n}\sum_{i=1}^{m}\omega_j[|\mu_{ij}-\mu_j^+|+|\nu_{ij}-\nu_j^+|+|\pi_{ij}-\pi_j^+|] \\ \text{s.t.}\sum_{j=1}^{n}\omega_j^2=1,\omega_j\geqslant 0,j=1,2,\cdots,n\end{cases}\tag{4.34}$$

$$\begin{cases}\max d^-(\omega)=\dfrac{1}{2}\sum_{j=1}^{n}\sum_{i=1}^{m}\omega_j[|\mu_{ij}-\mu_j^-|+|\nu_{ij}-\nu_j^-|+|\pi_{ij}-\pi_j^-|] \\ \text{s.t.}\sum_{j=1}^{n}\omega_j^2=1,\omega_j\geqslant 0,j=1,2,\cdots,n\end{cases}\tag{4.35}$$

通过构造拉格朗日函数，求解最优化模型式（4.34）或式（4.35），可得属性 $G_j(j=1,2,\cdots,n)$ 的权重分别为

$$\omega_j=\frac{\sum_{i=1}^{m}[|\mu_{ij}-\mu_j^+|+|\nu_{ij}-\nu_j^+|+|\pi_{ij}-\pi_j^+|]}{\sum_{j=1}^{n}\sum_{i=1}^{m}[|\mu_{ij}-\mu_j^+|+|\nu_{ij}-\nu_j^+|+|\pi_{ij}-\pi_j^+|]},j=1,2,\cdots,n\tag{4.36}$$

或
$$\omega_j=\frac{\sum_{i=1}^{m}[|\mu_{ij}-\mu_j^-|+|\nu_{ij}-\nu_j^-|+|\pi_{ij}-\pi_j^-|]}{\sum_{j=1}^{n}\sum_{i=1}^{m}[|\mu_{ij}-\mu_j^-|+|\nu_{ij}-\nu_j^-|+|\pi_{ij}-\pi_j^-|]},j=1,2,\cdots,n \qquad (4.37)$$

2. 属性权重未知情形下基于理想解的直觉模糊多属性决策步骤

基于上述分析，在权重信息未知情形下，基于理想解的直觉模糊多属性决策步骤可归纳如下。

步骤 1 确定多属性决策问题的方案集 $Y=\{Y_1,Y_2,\cdots,Y_m\}$ 和属性集 $G=\{G_1,G_2,\cdots,G_n\}$，获取多属性决策问题中方案 $Y_i\in Y$ 关于属性 $G_j\in G$ 的直觉模糊特征信息，构建直觉模糊决策矩阵 F。

步骤 2 根据直觉模糊多属性决策矩阵 F 确定多属性决策问题的正理想解 Y^+ 和负理想解 Y^-：

$$Y^+=(\langle\mu_1^+,\nu_1^+\rangle,\langle\mu_2^+,\nu_2^+\rangle,\cdots,\langle\mu_n^+,\nu_n^+\rangle)=(\langle\max_i\mu_{i1},\min_i\nu_{i1}\rangle,\langle\max_i\mu_{i2},\min_i\nu_{i2}\rangle,\cdots,\langle\max_i\mu_{in},\min_i\nu_{in}\rangle)$$

$$Y^-=(\langle\mu_1^-,\nu_1^-\rangle,\langle\mu_2^-,\nu_2^-\rangle,\cdots,\langle\mu_n^-,\nu_n^-\rangle)=(\langle\min_i\mu_{i1},\max_i\nu_{i1}\rangle,\langle\min_i\mu_{i2},\max_i\nu_{i2}\rangle,\cdots,\langle\min_i\mu_{in},\max_i\nu_{in}\rangle)$$

步骤 3 利用式（4.36）、式（4.37）或求解优化模型式（4.33），可得属性 $G_j(j=1,2,\cdots,n)$ 的权重向量 $\omega=(\omega_1,\omega_2,\cdots,\omega_n)^{\mathrm{T}}$。

步骤 4 计算方案 $Y_i(i=1,2,\cdots,m)$ 的综合属性值 $\tilde{d}_i$：

$$\tilde{d}_i=\langle\mu_i,\nu_i\rangle=\mathrm{IFWA}_\omega(\tilde{F}_{i1},\tilde{F}_{i2},\cdots,\tilde{F}_{in})=\left\langle 1-\prod_{j=1}^{n}(1-\mu_j)^{\omega_j},\prod_{j=1}^{n}(\nu_j)^{\omega_j}\right\rangle$$

或

$$\tilde{d}_i=\langle\mu_i,\nu_i\rangle=\mathrm{IFWG}_\omega(\tilde{F}_{i1},\tilde{F}_{i2},\cdots,\tilde{F}_{in})=\left\langle \prod_{j=1}^{n}(\mu_j)^{\omega_j},1-\prod_{j=1}^{n}(1-\nu_j)^{\omega_j}\right\rangle$$

步骤 5 利用直觉模糊数的得分函数和精确度公式，计算方案 Y_i 的综合属性值 $\tilde{d}_i$ 的得分值 $s(\tilde{d}_i)$ 和精确值 $h(\tilde{d}_i)$，确定 $\tilde{d}_i(i=1,2,\cdots,m)$ 的不增排列顺序，并利用排序结果对方案 $Y_i(i=1,2,\cdots,m)$ 进行优劣排序。

3. 实例分析

例 4.4 考虑突发事件应急预案评估问题。突发事件应急预案是针对各种突发事件类型而事先制订的一套能迅速、有效、有序地解决问题的行动计划或方案，为全面、客观地评判应急预案处置突发事件的能力，应从预案处置的快速性（G_1）、预案内容的合理性（G_2）、预案保障的充分性（G_3）、预案消耗费用的合理性（G_4）以及预案的广泛适用性（G_5）等五个方面进行综合评价[11]。假设现有五个应急预案 $Y_i(i=1,2,3,4,5)$，决策者根据自己的知识、经验以及已有的统计数据确定出每个应急预案 $Y_i(i=1,2,3,4,5)$ 关于属性 $G_j(j=1,2,3,4,5)$ 的直觉模糊评价信息，得到的直觉模糊决策矩阵 $F=(\langle\mu_{ij},\nu_{ij}\rangle)_{5\times5}$ 如表 4-6 所示。下面在以下两种情况下对应急预案 $Y_i(i=1,2,3,4,5)$ 进行优劣排序并确定最佳应急预案。

（1）属性 $G_j(j=1,2,3,4,5)$ 的权重完全未知。

（2）属性 $G_j(j=1,2,3,4,5)$ 的权重信息不完全，权重向量 $\omega=(\omega_1,\omega_2,\omega_3,\omega_4,\omega_5)^{\mathrm{T}}$ 满足条件：$0.13\leqslant\omega_1\leqslant0.20, 0.22\leqslant\omega_2\leqslant0.28, 0.25\leqslant\omega_3\leqslant0.36, 0.12\leqslant\omega_4\leqslant0.18$，$0.17\leqslant\omega_5\leqslant0.25$，$\sum_{j=1}^{n}\omega_j=1, \omega_j\geqslant0(j=1,2,\cdots,n)$。

1）属性权重未知情形

首先根据直觉模糊决策矩阵 F 确定正理想解 Y^+ 和负理想解 Y^-：

$$Y^+=(\langle0.6,0.1\rangle,\langle0.7,0.1\rangle,\langle0.6,0.3\rangle,\langle0.7,0.1\rangle,\langle0.9,0.0\rangle)$$

$$Y^-=(\langle0.3,0.5\rangle,\langle0.2,0.3\rangle,\langle0.1,0.4\rangle,\langle0.3,0.5\rangle,\langle0.4,0.5\rangle)$$

将相关数据代入式（4.36），可计算属性 $G_j(j=1,2,3,4,5)$ 的权重向量为

$$\omega=(0.177,0.242,0.226,0.161,0.194)^{\mathrm{T}}$$

利用直觉模糊集的加权平均算子计算各方案 $Y_i(i=1,2,3,4,5)$ 的综合属性值分别为

$$\tilde{d}_1=\mathrm{IFWA}(\tilde{F}_{11},\tilde{F}_{12},\tilde{F}_{13},\tilde{F}_{14},\tilde{F}_{15})=\left\langle1-\prod_{j=1}^{5}(1-\mu_{1j})^{\omega_j},\prod_{j=1}^{5}(\nu_{1j})^{\omega_j}\right\rangle=\langle0.452,0.156\rangle$$

$$\tilde{d}_2=\mathrm{IFWA}(\tilde{F}_{21},\tilde{F}_{22},\tilde{F}_{23},\tilde{F}_{24},\tilde{F}_{25})=\left\langle1-\prod_{j=1}^{5}(1-\mu_{2j})^{\omega_j},\prod_{j=1}^{5}(\nu_{2j})^{\omega_j}\right\rangle=\langle0.530,0.226\rangle$$

$$\tilde{d}_3=\mathrm{IFWA}(\tilde{F}_{31},\tilde{F}_{32},\tilde{F}_{33},\tilde{F}_{34},\tilde{F}_{35})=\left\langle1-\prod_{j=1}^{5}(1-\mu_{3j})^{\omega_j},\prod_{j=1}^{5}(\nu_{3j})^{\omega_j}\right\rangle=\langle0.587,0.225\rangle$$

$$\tilde{d}_4=\mathrm{IFWA}(\tilde{F}_{41},\tilde{F}_{42},\tilde{F}_{43},\tilde{F}_{44},\tilde{F}_{45})=\left\langle1-\prod_{j=1}^{5}(1-\mu_{4j})^{\omega_j},\prod_{j=1}^{5}(\nu_{4j})^{\omega_j}\right\rangle=\langle0.631,0.000\rangle$$

$$\tilde{d}_5=\mathrm{IFWA}(\tilde{F}_{51},\tilde{F}_{52},\tilde{F}_{53},\tilde{F}_{54},\tilde{F}_{55})=\left\langle1-\prod_{j=1}^{5}(1-\mu_{5j})^{\omega_j},\prod_{j=1}^{5}(\nu_{5j})^{\omega_j}\right\rangle=\langle0.277,0.366\rangle$$

根据直觉模糊数的得分函数计算 $\tilde{d}_i(i=1,2,3,4,5)$ 的得分值分别为

$$s(\tilde{d}_1)=0.296,\ s(\tilde{d}_2)=0.304,\ s(\tilde{d}_3)=0.362,\ s(\tilde{d}_4)=0.631,\ s(\tilde{d}_5)=-0.139$$

于是有

$$s(\tilde{d}_4)>s(\tilde{d}_3)>s(\tilde{d}_2)>s(\tilde{d}_1)>s(\tilde{d}_5)$$

因此，五个应急预案 $Y_i(i=1,2,3,4,5)$ 的优劣排序为 $Y_4 \succ Y_3 \succ Y_2 \succ Y_1 \succ Y_5$，应急预案 Y_4 为最佳。

2）属性权重信息不完全情形

如果属性权重信息不完全，则根据直觉模糊决策矩阵 F、正负理想解以及权重向量满足的条件，由模型（4.33）可得以下最优化模型

$$\begin{cases} \min d^+(\omega) - d^-(\omega) = 0.2\omega_2 + 0.3\omega_3 - 0.4\omega_4 + 0.3\omega_5 \\ \text{s.t.} 0.13 \leqslant \omega_1 \leqslant 0.20, 0.22 \leqslant \omega_2 \leqslant 0.28 \\ \quad 0.25 \leqslant \omega_3 \leqslant 0.36, 0.12 \leqslant \omega_4 \leqslant 0.18 \\ \quad 0.17 \leqslant \omega_5 \leqslant 0.25, \omega_1 + \omega_2 + \omega_3 + \omega_4 + \omega_5 = 1, \\ \quad \omega_j \geqslant 0, j = 1, 2, \cdots, n \end{cases}$$

解之可得属性 $G_j(j=1,2,3,4,5)$ 的权重向量为

$$\omega = (0.18, 0.22, 0.25, 0.18, 0.17)^{\mathrm{T}}$$

利用直觉模糊集的加权平均算子计算各方案 $Y_i(i=1,2,3,4,5)$ 的综合属性值分别为

$$\tilde{d}_1 = \mathrm{IFWA}(\tilde{F}_{11}, \tilde{F}_{12}, \tilde{F}_{13}, \tilde{F}_{14}, \tilde{F}_{15}) = \left\langle 1 - \prod_{j=1}^{5} (1-\mu_{1j})^{\omega_j}, \prod_{j=1}^{5} (\nu_{1j})^{\omega_j} \right\rangle = \langle 0.454, 0.159 \rangle$$

$$\tilde{d}_2 = \mathrm{IFWA}(\tilde{F}_{21}, \tilde{F}_{22}, \tilde{F}_{23}, \tilde{F}_{24}, \tilde{F}_{25}) = \left\langle 1 - \prod_{j=1}^{5} (1-\mu_{2j})^{\omega_j}, \prod_{j=1}^{5} (\nu_{2j})^{\omega_j} \right\rangle = \langle 0.519, 0.231 \rangle$$

$$\tilde{d}_3 = \mathrm{IFWA}(\tilde{F}_{31}, \tilde{F}_{32}, \tilde{F}_{33}, \tilde{F}_{34}, \tilde{F}_{35}) = \left\langle 1 - \prod_{j=1}^{5} (1-\mu_{3j})^{\omega_j}, \prod_{j=1}^{5} (\nu_{3j})^{\omega_j} \right\rangle = \langle 0.574, 0.226 \rangle$$

$$\tilde{d}_4 = \mathrm{IFWA}(\tilde{F}_{41}, \tilde{F}_{42}, \tilde{F}_{43}, \tilde{F}_{44}, \tilde{F}_{45}) = \left\langle 1 - \prod_{j=1}^{5} (1-\mu_{4j})^{\omega_j}, \prod_{j=1}^{5} (\nu_{4j})^{\omega_j} \right\rangle = \langle 0.618, 0.000 \rangle$$

$$\tilde{d}_5 = \mathrm{IFWA}(\tilde{F}_{51}, \tilde{F}_{52}, \tilde{F}_{53}, \tilde{F}_{54}, \tilde{F}_{55}) = \left\langle 1 - \prod_{j=1}^{5} (1-\mu_{5j})^{\omega_j}, \prod_{j=1}^{5} (\nu_{5j})^{\omega_j} \right\rangle = \langle 0.274, 0.371 \rangle$$

将上述结果代入直觉模糊数的得分函数公式，计算可得各属性综合值 $\tilde{d}_i(i=1,2,3,4,5)$ 的得分值分别为

$$s(\tilde{d}_1) = 0.295,\ s(\tilde{d}_2) = 0.288,\ s(\tilde{d}_3) = 0.348,\ s(\tilde{d}_4) = 0.618,\ s(\tilde{d}_5) = -0.097$$

于是有

$$s(\tilde{d}_4) > s(\tilde{d}_3) > s(\tilde{d}_1) > s(\tilde{d}_2) > s(\tilde{d}_5)$$

因此，五个应急预案 $Y_i(i=1,2,3,4,5)$ 的优劣排序为 $Y_4 \succ Y_3 \succ Y_1 \succ Y_2 \succ Y_5$，应急预案 Y_4 为最佳。

4.3　基于理想解的区间直觉模糊多属性决策方法

4.3.1　基于模糊熵的区间直觉模糊多属性决策 TOPSIS 方法

1. 区间直觉模糊熵的度量

区间直觉模糊熵是模糊熵在区间直觉模糊集的推广，自从郭效芝在 2004 年提出区间直觉模糊熵的公理化定义后，许多学者研究了区间直觉模糊熵的定义及其计算公式[8, 12, 13]。

定义 4.6　设 $\tilde{A}=\{\langle x_i,[\mu_{AL}(x_i),\mu_{AU}(x_i)],[\nu_{AL}(x_i),\nu_{AU}(x_i)]\rangle \mid x_i\in X\}$，$\tilde{B}=\{\langle x_i,[\mu_{BL}(x_i),\mu_{BU}(x_i)],[\nu_{BL}(x_i),\nu_{BU}(x_i)]\rangle \mid x_i\in X\}$ 为论域 X 上的两个区间直觉模糊集，记函数 E：IIFS(X)→[0, 1]为直觉模糊熵，如果它满足以下准则：

（1）$E(\tilde{A})=0$ 当且仅当 $\tilde{A}$ 为清晰集，即有 $[\mu_{AL}(x_i),\mu_{AU}(x_i)]=[1,1]$，$[\nu_{AL}(x_i),\nu_{AU}(x_i)]=[0,0]$ 或者 $[\mu_{AL}(x_i),\mu_{AU}(x_i)]=[0,0]$，$[\nu_{AL}(x_i),\nu_{AU}(x_i)]=[1,1]$。

（2）$E(\tilde{A})=1$ 当且仅当 $x_i\in X$ 有 $\mu_{AL}(x_i)=\nu_{AL}(x_i)$ 且 $\mu_{AU}(x_i)=\nu_{AU}(x_i)$。

（3）$E(\tilde{A})=E(\tilde{A}^c)$，对任意 $x_i\in X$。

（4）$E(\tilde{A})\leqslant E(\tilde{B})$，如果区间直觉模糊集 $\tilde{B}$ 比 $\tilde{A}$ 更模糊。

定义 4.7[9]　设 $\tilde{A}=\{\langle x_i,[\mu_{AL}(x_i),\mu_{AU}(x_i)],[\nu_{AL}(x_i),\nu_{AU}(x_i)]\rangle \mid x_i\in X\}$ 是任意区间直觉模糊集，则

$$E(\tilde{A})=\frac{1}{n}\sum_{i=1}^{n}\cos\frac{\pi(|\mu_{AL}^2(x_i)-\nu_{AL}^2(x_i)|+|\mu_{AU}^2(x_i)-\nu_{AU}^2(x_i)|)}{4} \tag{4.38}$$

是一个区间直觉模糊熵。

式（4.38）也可以写成

$$E(\tilde{A})=\frac{1}{n}\sum_{i=1}^{n}\cos\frac{(|(\mu_{AL}(x_i)-\nu_{AL}(x_i))(1-\pi_{AL}(x_i))|+|(\mu_{AU}(x_i)-\nu_{AU}(x_i))(1-\pi_{AU}(x_i))|)\pi}{4} \tag{4.39}$$

从式（4.39）可以看出，$E(\tilde{A})$ 不仅包括隶属度与非隶属度的偏差 $\mu_{AL}(x_i)-\nu_{AL}(x_i)$，$\mu_{AU}(x_i)-\nu_{AU}(x_i)$，而且考虑了犹豫度 $\pi_{AL}(x_i)$、$\pi_{AU}(x_i)$ 的信息。

2. 基于模糊熵的区间直觉模糊多属性决策 TOPSIS 方法步骤

设某多属性决策问题有 m 个方案 $Y_i(i=1,2,\cdots,m)$ 组成方案集 $Y=\{Y_1,Y_2,\cdots,Y_m\}$，评价每个方案的属性（或指标）为 $G_j(j=1,2,\cdots,n)$，记属性集为 $G=\{G_1,G_2,\cdots,G_n\}$。如果 $\tilde{F}_{ij}=\langle[\mu_{ijL},\mu_{ijU}],[\nu_{ijL},\nu_{ijU}]\rangle(i=1,2,\cdots,m;j=1,2,\cdots,n)$ 为区间直觉模糊集，表示方

案 $Y_i(i=1,2,\cdots,m)$ 满足属性 $G_j\in G$ 和不满足属性 $G_j\in G$ 的程度，且 $0\leqslant\mu_{ijU}+\nu_{ijU}\leqslant1$，矩阵 $F=(\langle[\mu_{ijL},\mu_{ijU}],[\nu_{ijL},\nu_{ijU}]\rangle)_{m\times n}$ 为该多属性决策问题的区间直觉模糊决策矩阵，则基于模糊熵的区间直觉模糊多属性决策 TOPSIS 方法步骤可归纳如下。

步骤 1　确定多属性决策问题的方案集 $Y=\{Y_1,Y_2,\cdots,Y_m\}$ 和属性集 $G=\{G_1,G_2,\cdots,G_n\}$，获取多属性决策问题中方案 $Y_i\in Y$ 关于属性 $G_j\in G$ 的区间直觉模糊特征信息，构建区间直觉模糊决策矩阵。

步骤 2　根据区间直觉模糊多属性决策矩阵 F，利用式（4.39）计算属性 $G_j(j=1,2,\cdots,n)$ 的模糊熵

$$E_j=\frac{1}{m}\sum_{i=1}^{m}\cos\frac{\pi(|(\mu_{ijL}-\nu_{ijL})(1-\pi_{ijL})|+|(\mu_{ijU}-\nu_{ijU})(1-\pi_{ijU})|)}{4}\tag{4.40}$$

步骤 3　利用属性 $G_j(j=1,2,\cdots,n)$ 的模糊熵 E_j，计算属性 $G_j(j=1,2,\cdots,n)$ 的权重 ω_j

$$\omega_j=\frac{1-E_j}{n-\sum_{j=1}^{n}E_j},\quad j=1,2,\cdots,n\tag{4.41}$$

步骤 4　根据区间直觉模糊多属性决策矩阵 F 确定多属性决策问题的正理想解 Y^+ 和负理想解 Y^-：

$$Y^+=(\langle[\mu_{1L}^+,\mu_{1U}^+],[\nu_{1L}^+,\nu_{1U}^+]\rangle,\langle[\mu_{2L}^+,\mu_{2U}^+],[\nu_{2L}^+,\nu_{2U}^+]\rangle,\cdots,\langle[\mu_{nL}^+,\mu_{nU}^+],[\nu_{nL}^+,\nu_{nU}^+]\rangle)\tag{4.42}$$

$$Y^-=(\langle[\mu_{1L}^-,\mu_{1U}^-],[\nu_{1L}^-,\nu_{1U}^-]\rangle,\langle[\mu_{2L}^-,\mu_{2U}^-],[\nu_{2L}^-,\nu_{2U}^-]\rangle,\cdots,\langle[\mu_{nL}^-,\mu_{nU}^-],[\nu_{nL}^-,\nu_{nU}^-]\rangle)\tag{4.43}$$

式中

$$\langle[\mu_{jL}^+,\mu_{jU}^+],[\nu_{jL}^+,\nu_{jU}^+]\rangle=\langle[\max_i\mu_{ijL},\max_i\mu_{ijU}],[\min_i\nu_{ijL},\min_i\nu_{ijU}]\rangle,\ j=1,2,\cdots,n$$

$$\langle[\mu_{jL}^-,\mu_{jU}^-],[\nu_{jL}^-,\nu_{jU}^-]\rangle=\langle[\min_i\mu_{ijL},\min_i\mu_{ijU}],[\max_i\nu_{ijL},\max_i\nu_{ijU}]\rangle,\ j=1,2,\cdots,n$$

步骤 5　计算各方案 $Y_i(i=1,2,\cdots,m)$ 到正理想解 Y^+ 和负理想解 Y^- 的加权汉明距离 d_i^+ 和 d_i^-：

$$d_i^+=\frac{1}{4}\sum_{j=1}^{n}\omega_j[|\mu_{ijL}-\mu_{jL}^+|+|\mu_{ijU}-\mu_{jU}^+|+|\nu_{ijL}-\nu_{jL}^+|+|\nu_{ijU}-\nu_{jU}^+|\tag{4.44}$$

$$d_i^-=\frac{1}{4}\sum_{j=1}^{n}\omega_j[|\mu_{ijL}-\mu_{jL}^-|+|\mu_{ijU}-\mu_{jU}^-|+|\nu_{ijL}-\nu_{jL}^-|+|\nu_{ijU}-\nu_{jU}^-|]\tag{4.45}$$

步骤 6　计算方案 $Y_i(i=1,2,\cdots,m)$ 的贴近度 c_i：

$$c_i=\frac{d_i^-}{d_i^-+d_i^+},\quad i=1,2,\cdots,m\tag{4.46}$$

并利用贴近度 c_i 的大小对方案 $Y_i(i=1,2,\cdots,m)$ 进行排序，c_i 越大表明方案 Y_i 离正理想解越近、离负理想解越远，方案越优。

3. 实例分析

例 4.5　考虑某企业选拔优秀管理人员的多属性决策问题[14]。假设某企业有五位备选管理人员 $Y_i(i=1,2,3,4,5)$，评价优秀管理人员的属性包括专业技能（G_1）、人际交往技能（G_2）、理性技能（G_3）和设计技能（G_4）。如果企业管理层的专家准备根据这四个属性在备选的五位管理人员中选拔出一位优秀的管理人员，专家对五位备选管理人员关于四个属性的评价结果用区间直觉模糊数表示，相应地得到区间直觉模糊决策矩阵 F 如表 4-8 所示。

表 4-8　优秀管理人员选拔的区间直觉模糊决策矩阵 F

	G_1	G_2	G_3	G_4
Y_1	$\langle[0.4, 0.5], [0.3, 0.4]\rangle$	$\langle[0.4, 0.6], [0.2, 0.4]\rangle$	$\langle[0.3, 0.4], [0.4, 0.5]\rangle$	$\langle[0.5, 0.6], [0.1, 0.3]\rangle$
Y_2	$\langle[0.5, 0.6], [0.2, 0.3]\rangle$	$\langle[0.6, 0.7], [0.2, 0.3]\rangle$	$\langle[0.5, 0.6], [0.3, 0.4]\rangle$	$\langle[0.4, 0.7], [0.1, 0.2]\rangle$
Y_3	$\langle[0.3, 0.5], [0.3, 0.4]\rangle$	$\langle[0.1, 0.3], [0.5, 0.6]\rangle$	$\langle[0.2, 0.5], [0.4, 0.5]\rangle$	$\langle[0.2, 0.3], [0.4, 0.6]\rangle$
Y_4	$\langle[0.2, 0.5], [0.3, 0.4]\rangle$	$\langle[0.4, 0.7], [0.1, 0.2]\rangle$	$\langle[0.4, 0.5], [0.3, 0.5]\rangle$	$\langle[0.5, 0.8], [0.1, 0.2]\rangle$
Y_5	$\langle[0.3, 0.4], [0.1, 0.3]\rangle$	$\langle[0.7, 0.8], [0.1, 0.2]\rangle$	$\langle[0.5, 0.6], [0.2, 0.4]\rangle$	$\langle[0.6, 0.7], [0.1, 0.2]\rangle$

下面对五位备选的管理人员 $Y_i(i=1,2,3,4,5)$ 进行优劣排序。

首先利用区间直觉模糊决策矩阵 F，由式（4.40）计算属性 $G_j(j=1,2,3,4)$ 的模糊熵 $E_j(j=1,2,3,4)$ 分别为

$$E_1=0.9851, E_2=0.8571, E_3=0.9790, E_4=0.8729$$

将上述结果代入式（4.41），计算可得属性 $G_j(j=1,2,3,4)$ 的权重向量

$$\omega=(0.049,0.467,0.069,0.415)^{\mathrm{T}}$$

根据区间直觉模糊决策矩阵 F，由式（4.42）、式（4.43）确定正理想解 Y^+ 和负理想解 Y^-：

$$Y^+=(\langle[0.5,0.6],[0.1,0.3]\rangle,\langle[0.7,0.8],[0.1,0.2]\rangle,\langle[0.5,0.6],[0.2,0.4]\rangle,\langle[0.6,0.8],[0.1,0.2]\rangle)$$

$$Y^-=(\langle[0.2,0.4],[0.3,0.4]\rangle,\langle[0.1,0.3],[0.5,0.6]\rangle,\langle[0.2,0.4],[0.4,0.5]\rangle,\langle[0.2,0.3],[0.4,0.6]\rangle)$$

利用式（4.44）～式（4.46）计算各方案到正理想解 Y^+ 和负理想解 Y^- 的加权汉明距离以及各方案的贴近度，如表 4-9 所示。

表 4-9　各方案到理想解距离以及各方案的贴近度

	d_i^+	d_i^-	c_i
Y_1	0.1531	0.2583	0.6279
Y_2	0.0808	0.3307	0.8036
Y_3	0.4073	0.0041	0.0099
Y_4	0.0726	0.3285	0.8190
Y_5	0.0153	0.3962	0.9628

所以

$$c_5 > c_4 > c_2 > c_1 > c_3$$

故备选管理人员 $Y_i(i=1,2,3,4,5)$ 的优劣排序为 $Y_5 \succ Y_4 \succ Y_2 \succ Y_1 \succ Y_3$，且备选管理人员 Y_5 为最优。

4.3.2　属性权重未知情形下基于理想解的区间直觉模糊多属性决策

1. 属性权重的确定方法

设某多属性决策问题有 m 个方案 $Y_i(i=1,2,\cdots,m)$ 组成方案集 $Y=\{Y_1,Y_2,\cdots,Y_m\}$，评价每个方案的属性（或指标）为 $G_j(j=1,2,\cdots,n)$，记属性集为 $G=\{G_1,G_2,\cdots,G_n\}$，假设属性权重向量 $\omega=(\omega_1,\omega_2,\cdots,\omega_n)^{\mathrm{T}}$ 未知或权重信息不完全。如果 $\tilde{F}_{ij}=\langle[\mu_{ijL},\mu_{ijU}],[\nu_{ijL},\nu_{ijU}]\rangle(i=1,2,\cdots,m;j=1,2,\cdots,n)$ 为区间直觉模糊集，表示方案满足属性 $G_j\in G$ 和不满足属性 $G_j\in G$ 的程度，且 $0\leqslant\mu_{ijU}+\nu_{ijU}\leqslant 1$，矩阵 $F=(\langle[\mu_{ijL},\mu_{ijU}],[\nu_{ijL},\nu_{ijU}]\rangle)_{m\times n}$ 为该多属性决策问题的区间直觉模糊决策矩阵。

根据区间直觉模糊多属性决策矩阵 F 确定多属性决策问题的正理想解 Y^+ 和负理想解 Y^-：

$$Y^+=(\langle[\mu_{1L}^+,\mu_{1U}^+],[\nu_{1L}^+,\nu_{1U}^+]\rangle,\langle[\mu_{2L}^+,\mu_{2U}^+],[\nu_{2L}^+,\nu_{2U}^+]\rangle,\cdots,\langle[\mu_{nL}^+,\mu_{nU}^+],[\nu_{nL}^+,\nu_{nU}^+]\rangle)$$

$$Y^-=(\langle[\mu_{1L}^-,\mu_{1U}^-],[\nu_{1L}^-,\nu_{1U}^-]\rangle,\langle[\mu_{2L}^-,\mu_{2U}^-],[\nu_{2L}^-,\nu_{2U}^-]\rangle,\cdots,\langle[\mu_{nL}^-,\mu_{nU}^-],[\nu_{nL}^-,\nu_{nU}^-]\rangle)$$

式中

$$\langle[\mu_{jL}^+,\mu_{jU}^+],[\nu_{jL}^+,\nu_{jU}^+]\rangle=\langle[\max_i\mu_{ijL},\max_i\mu_{ijU}],[\min_i\nu_{ijL},\min_i\nu_{ijU}]\rangle,\ j=1,2,\cdots,n$$

$$\langle[\mu_{jL}^-,\mu_{jU}^-],[\nu_{jL}^-,\nu_{jU}^-]\rangle=\langle[\min_i\mu_{ijL},\min_i\mu_{ijU}],[\max_i\nu_{ijL},\max_i\nu_{ijU}]\rangle,\ j=1,2,\cdots,n$$

对于决策方案 $Y_i(i=1,2,\cdots,m)$，用 $d_i^+(\omega)$ 和 $d_i^-(\omega)$ 分别表示方案 $Y_i(i=1,2,\cdots,m)$ 到正理想解 Y^+ 和负理想解 Y^- 的加权偏差，定义 $d_i^+(\omega)$ 和 $d_i^-(\omega)$ 分别为

$$d_i^+(\omega)=\frac{1}{4}\sum_{j=1}^{n}\omega_j[|\mu_{ijL}-\mu_{jL}^+|+|\mu_{ijU}-\mu_{jU}^+|+|\nu_{ijL}-\nu_{jL}^+|+|\nu_{ijU}-\nu_{jU}^+|]$$

$$d_i^-(\omega)=\frac{1}{4}\sum_{j=1}^{n}\omega_j[|\mu_{ijL}-\mu_{jL}^-|+|\mu_{ijU}-\mu_{jU}^-|+|\nu_{ijL}-\nu_{jL}^-|+|\nu_{ijU}-\nu_{jU}^-|]$$

从对决策方案进行排序角度考虑，若方案 $Y_i(i=1,2,\cdots,m)$ 离正理想解越近、离负理想解越远，则方案 $Y_i(i=1,2,\cdots,m)$ 越优。即对于给定的权重向量 $\omega=(\omega_1,\omega_2,\cdots,\omega_n)^{\mathrm{T}}$，$d_i^+(\omega)$ 越小而 $d_i^-(\omega)$ 越大，则相应的方案 $Y_i(i=1,2,\cdots,m)$ 越优。

当属性权重信息不完全时，如果权重向量满足 $\underline{\omega}_j\leqslant\omega_j\leqslant\bar{\omega}_j,\sum_{j=1}^{n}\omega_j=1,\omega_j\geqslant 0(j=1,2,\cdots,n)$，则可建立多目标最优化模型：

$$\begin{cases}\min d_i^+(\omega)=\dfrac{1}{4}\sum_{j=1}^{n}\omega_j[|\mu_{ijL}-\mu_{jL}^+|+|\mu_{ijU}-\mu_{jU}^+|+|\nu_{ijL}-\nu_{jL}^+|+|\nu_{ijU}-\nu_{jU}^+|],i=1,2,\cdots,m\\ \max d_i^-(\omega)=\dfrac{1}{4}\sum_{j=1}^{n}\omega_j[|\mu_{ijL}-\mu_{jL}^-|+|\mu_{ijU}-\mu_{jU}^-|+|\nu_{ijL}-\nu_{jL}^-|+|\nu_{ijU}-\nu_{jU}^-|],i=1,2,\cdots,m\\ \text{s.t.}\underline{\omega}_j\leqslant\omega_j\leqslant\bar{\omega}_j,\sum_{j=1}^{n}\omega_j=1,\omega_j\geqslant 0,j=1,2,\cdots,n\end{cases}\tag{4.47}$$

令

$$d^+(\omega)=\sum_{i=1}^{m}d_i^+(\omega)=\frac{1}{4}\sum_{j=1}^{n}\sum_{i=1}^{m}\omega_j[|\mu_{ijL}-\mu_{jL}^+|+|\mu_{ijU}-\mu_{jU}^+|+|\nu_{ijL}-\nu_{jL}^+|+|\nu_{ijU}-\nu_{jU}^+|]$$

$$d^-(\omega)=\sum_{i=1}^{m}d_i^-(\omega)=\frac{1}{4}\sum_{j=1}^{n}\sum_{i=1}^{m}\omega_j[|\mu_{ijL}-\mu_{jL}^-|+|\mu_{ijU}-\mu_{jU}^-|+|\nu_{ijL}-\nu_{jL}^-|+|\nu_{ijU}-\nu_{jU}^-|]$$

则 $d^+(\omega)$ 和 $d^-(\omega)$ 分别表示所有方案 $Y_i(i=1,2,\cdots,m)$ 到正理想解 Y^+ 和负理想解 Y^- 的加权偏差总和。由于每个方案都是公平竞争的，不存在任何偏好关系，因此模型（4.47）等权集结为如下单目标最优化模型：

$$\begin{cases}\min[d^+(\omega)-d^-(\omega)]=\dfrac{1}{4}\sum_{j=1}^{n}\sum_{i=1}^{m}\omega_j[|\mu_{ijL}-\mu_{jL}^+|+|\mu_{ijU}-\mu_{jU}^+|+|\nu_{ijL}-\nu_{jL}^+|+|\nu_{ijU}-\nu_{jU}^+|\\ \qquad -|\mu_{ijL}-\mu_{jL}^-|-|\mu_{ijU}-\mu_{jU}^-|-|\nu_{ijL}-\nu_{jL}^-|-|\nu_{ijU}-\nu_{jU}^-|]\\ \text{s.t.}\underline{\omega}_j\leqslant\omega_j\leqslant\bar{\omega},\sum_{j=1}^{n}\omega_j=1,\omega_j\geqslant 0,j=1,2,\cdots,n\end{cases}\tag{4.48}$$

解最优化模型（4.48），可得属性权重向量 $\omega=(\omega_1,\omega_2,\cdots,\omega_n)^{\mathrm{T}}$。

如果属性权重信息完全未知，则可构建以 $d^+(\omega)$ 最小化或 $d^-(\omega)$ 最大化为目标的最优化模型式（4.49）和式（4.50）：

$$\begin{cases}\min d^{+}(\omega)=\dfrac{1}{4}\sum_{j=1}^{n}\sum_{i=1}^{m}\omega_j[|\mu_{ijL}-\mu_{jL}^{+}|+|\mu_{ijU}-\mu_{jU}^{+}|+|\nu_{ijL}-\nu_{jL}^{+}|+|\nu_{ijU}-\nu_{jU}^{+}|]\\ \text{s.t.}\sum_{j=1}^{n}\omega_j^2=1,\omega_j\geqslant 0,j=1,2,\cdots,n\end{cases}\tag{4.49}$$

$$\begin{cases}\max d^{-}(\omega)=\dfrac{1}{4}\sum_{j=1}^{n}\sum_{i=1}^{m}\omega_j[|\mu_{ijL}-\mu_{jL}^{-}|+|\mu_{ijU}-\mu_{jU}^{-}|+|\nu_{ijL}-\nu_{jL}^{-}|+|\nu_{ijU}-\nu_{jU}^{-}|]\\ \text{s.t.}\sum_{j=1}^{n}\omega_j^2=1,\omega_j\geqslant 0,j=1,2,\cdots,n\end{cases}\tag{4.50}$$

通过构造拉格朗日函数，求解最优化模型式（4.49）或式（4.50），可得属性 $G_j(j=1,2,\cdots,n)$ 的权重分别为

$$\omega_j=\frac{\sum_{i=1}^{m}[|\mu_{ijL}-\mu_{jL}^{+}|+|\mu_{ijU}-\mu_{jU}^{+}|+|\nu_{ijL}-\nu_{jL}^{+}|+|\nu_{ijU}-\nu_{jU}^{+}|]}{\sum_{j=1}^{n}\sum_{i=1}^{m}[|\mu_{ijL}-\mu_{jL}^{+}|+|\mu_{ijU}-\mu_{jU}^{+}|+|\nu_{ijL}-\nu_{jL}^{+}|+|\nu_{ijU}-\nu_{jU}^{+}|]},\quad j=1,2,\cdots,n\tag{4.51}$$

或

$$\omega_j=\frac{\sum_{i=1}^{m}[|\mu_{ijL}-\mu_{jL}^{-}|+|\mu_{ijU}-\mu_{jU}^{-}|+|\nu_{ijL}-\nu_{jL}^{-}|+|\nu_{ijU}-\nu_{jU}^{-}|]}{\sum_{j=1}^{n}\sum_{i=1}^{m}[|\mu_{ijL}-\mu_{jL}^{-}|+|\mu_{ijU}-\mu_{jU}^{-}|+|\nu_{ijL}-\nu_{jL}^{-}|+|\nu_{ijU}-\nu_{jU}^{-}|]},\quad j=1,2,\cdots,n\tag{4.52}$$

2. 属性权重未知情形下基于理想解的区间直觉模糊多属性决策步骤

基于上述分析，在权重信息未知情形下，基于理想解的区间直觉模糊多属性决策步骤可归纳如下。

步骤 1　确定多属性决策问题的方案集 $Y=\{Y_1,Y_2,\cdots,Y_m\}$ 和属性集 $G=\{G_1,G_2,\cdots,G_n\}$，获取多属性决策问题中方案 $Y_i\in Y$ 关于属性 $G_j\in G$ 的区间直觉模糊特征信息，构建直觉模糊决策矩阵 $F=(\langle[\mu_{ijL},\mu_{ijU}],[\nu_{ijL},\nu_{ijU}]\rangle)_{m\times n}$。

步骤 2　根据区间直觉模糊多属性决策矩阵 F 确定多属性决策问题的正理想解 Y^{+} 和负理想解 Y^{-}：

$$Y^{+}=(\langle[\mu_{1L}^{+},\mu_{1U}^{+}],[\nu_{1L}^{+},\nu_{1U}^{+}]\rangle,\langle[\mu_{2L}^{+},\mu_{2U}^{+}],[\nu_{2L}^{+},\nu_{2U}^{+}]\rangle,\cdots,\langle[\mu_{nL}^{+},\mu_{nU}^{+}],[\nu_{nL}^{+},\nu_{nU}^{+}]\rangle)$$

$$Y^{-}=(\langle[\mu_{1L}^{-},\mu_{1U}^{-}],[\nu_{1L}^{-},\nu_{1U}^{-}]\rangle,\langle[\mu_{2L}^{-},\mu_{2U}^{-}],[\nu_{2L}^{-},\nu_{2U}^{-}]\rangle,\cdots,\langle[\mu_{nL}^{-},\mu_{nU}^{-}],[\nu_{nL}^{-},\nu_{nU}^{-}]\rangle)$$

式中

$$\langle[\mu_{jL}^{+},\mu_{jU}^{+}],[\nu_{jL}^{+},\nu_{jU}^{+}]\rangle=\langle[\max_i\mu_{ijL},\max_i\mu_{ijU}],[\min_i\nu_{ijL},\min_i\nu_{ijU}]\rangle,j=1,2,\cdots,n$$

$$\langle[\mu_{jL}^{-},\mu_{jU}^{-}],[\nu_{jL}^{-},\nu_{jU}^{-}]\rangle=\langle[\min_i\mu_{ijL},\min_i\mu_{ijU}],[\max_i\nu_{ijL},\max_i\nu_{ijU}]\rangle,j=1,2,\cdots,n$$

步骤 3　利用式（4.51）、式（4.52）或求解优化模型（4.48），可得属性 $G_j(j=1,2,\cdots,n)$ 的权重向量 $\omega=(\omega_1,\omega_2,\cdots,\omega_n)^{\mathrm{T}}$。

步骤 4　利用区间直觉模糊加权平均算子或区间直觉模糊加权几何算子，计算方案 $Y_i(i=1,2,\cdots,m)$ 的综合属性值 $\tilde{d}_i$：

$$\begin{aligned}\tilde{d}_i&=\langle[\mu_{iL},\mu_{iU}],[\nu_{iL},\nu_{iU}]\rangle=\mathrm{IIFWA}_\omega(\tilde{F}_{i1},\tilde{F}_{i2},\cdots,\tilde{F}_{in})\\&=\left\langle\left[1-\prod_{j=1}^{n}(1-\mu_{jL})^{\omega_j},1-\prod_{j=1}^{n}(1-\mu_{jU})^{\omega_j}\right],\left[\prod_{j=1}^{n}(\nu_{jL})^{\omega_j},\prod_{j=1}^{n}(\nu_{jU})^{\omega_j}\right]\right\rangle\end{aligned}$$

或

$$\begin{aligned}\tilde{d}_i&=\langle[\mu_{iL},\mu_{iU}],[\nu_{iL},\nu_{iU}]\rangle=\mathrm{IIFWG}_\omega(\tilde{F}_{i1},\tilde{F}_{i2},\cdots,\tilde{F}_{in})\\&=\left\langle\left[\prod_{j=1}^{n}(\mu_{jL})^{\omega_j},\prod_{j=1}^{n}(\mu_{jU})^{\omega_j}\right],\left[1-\prod_{j=1}^{n}(1-\nu_{jL})^{\omega_j},1-\prod_{j=1}^{n}(1-\nu_{jU})^{\omega_j}\right]\right\rangle\end{aligned}$$

步骤 5　利用区间直觉模糊数的得分函数和精确度公式，计算方案 Y_i 的综合属性值 $\tilde{d}_i$ 的得分值 $s(\tilde{d}_i)$ 和精确值 $h(\tilde{d}_i)$：

$$s(\tilde{d}_i)=\frac{\mu_{iL}+\mu_{iU}-\nu_{iL}-\nu_{iU}}{2},h(\tilde{d}_i)=\frac{\mu_{iL}+\mu_{iU}+\nu_{iL}+\nu_{iU}}{2}$$

确定 $\tilde{d}_i(i=1,2,\cdots,m)$ 的不增排列顺序，并利用排序结果对方案 $Y_i(i=1,2,\cdots,m)$ 进行优劣排序。

3. 实例分析

例 4.6　考虑生产商选择问题[15]。假设某供应商需要一批产品 M，经调查了解，该供应商可以从三家生产产品 M 的厂商 $Y_i(i=1,2,3)$ 中选择 1 家为其生产产品 M。根据以往经验和实际情况，该供应商选择生产厂商时，确定从产品质量（G_1）、产品成本（G_2）、交货时间（G_3）、运输成本（G_4）以及服务态度（G_5）五个属性（或指标）进行评价。已知三家厂商 $Y_i(i=1,2,3)$ 关于五个属性 $G_j(j=1,2,3,4,5)$ 的评价值可以用区间直觉模糊数形式给出，具体决策矩阵如表 4-10 所示。

表 4-10　区间直觉模糊决策矩阵 *F*

	G_1	G_2	G_3	G_4	G_5
Y_1	⟨[0.4, 0.5], [0.2, 0.3]⟩	⟨[0.2, 0.3], [0.5, 0.6]⟩	⟨[0.4, 0.5], [0.1, 0.3]⟩	⟨[0.2, 0.4], [0.4, 0.5]⟩	⟨[0.4, 0.6], [0.1, 0.2]⟩
Y_2	⟨[0.3, 0.4], [0.4, 0.5]⟩	⟨[0.4, 0.5], [0.3, 0.4]⟩	⟨[0.2, 0.4], [0.3, 0.5]⟩	⟨[0.4, 0.5], [0.2, 0.3]⟩	⟨[0.1, 0.2], [0.6, 0.7]⟩
Y_3	⟨[0.6, 0.7], [0.1, 0.2]⟩	⟨[0.3, 0.4], [0.3, 0.5]⟩	⟨[0.4, 0.6], [0.1, 0.3]⟩	⟨[0.3, 0.5], [0.3, 0.4]⟩	⟨[0.4, 0.5], [0.2, 0.3]⟩

下面对三家生产商进行评价。

首先根据区间直觉模糊决策矩阵 F，确定正理想解 Y^+ 和负理想解 Y^-：

$$Y^+=(\langle[0.6,0.7],[0.1,0.2]\rangle,\langle[0.4,0.5],[0.3,0.4]\rangle,\langle[0.4,0.6],[0.1,0.3]\rangle,\\ \langle[0.4,0.5],[0.2,0.3]\rangle,\langle[0.4,0.6],[0.1,0.2]\rangle)$$

$$Y^-=(\langle[0.3,0.4],[0.4,0.5]\rangle,\langle[0.2,0.3],[0.5,0.6]\rangle,\langle[0.2,0.4],[0.3,0.5]\rangle,\\ \langle[0.2,0.4],[0.4,0.5]\rangle,\langle[0.1,0.2],[0.6,0.7]\rangle)$$

将相关数据代入式（4.51），计算可得属性 $G_j(j=1,2,3,4,5)$ 的权重向量为

$$\omega=(0.254,0.164,0.134,0.149,0.299)^{\mathrm{T}}$$

利用区间直觉模糊加权平均算子，计算厂商 $Y_i(i=1,2,3)$ 的综合属性值分别为

$$\tilde{d}_1=\mathrm{IIFWA}_\omega(\tilde{F}_{11},\tilde{F}_{12},\tilde{F}_{13},\tilde{F}_{14},\tilde{F}_{15})$$

$$=\left\langle\left[1-\prod_{j=1}^{5}(1-\mu_{1jL})^{\omega_j},1-\prod_{j=1}^{5}(1-\mu_{1jU})^{\omega_j}\right],\left[\prod_{j=1}^{5}(\nu_{1jL})^{\omega_j},\prod_{j=1}^{5}(\nu_{1jU})^{\omega_j}\right]\right\rangle$$

$$=\langle[0.3434,0.4921],[0.1909,0.3213]\rangle$$

$$\tilde{d}_2=\mathrm{IIFWA}_\omega(\tilde{F}_{21},\tilde{F}_{22},\tilde{F}_{23},\tilde{F}_{24},\tilde{F}_{25})$$

$$=\left\langle\left[1-\prod_{j=1}^{5}(1-\mu_{2jL})^{\omega_j},1-\prod_{j=1}^{5}(1-\mu_{2jU})^{\omega_j}\right],\left[\prod_{j=1}^{5}(\nu_{2jL})^{\omega_j},\prod_{j=1}^{5}(\nu_{2jU})^{\omega_j}\right]\right\rangle$$

$$=\langle[0.2679,0.3824],[0.3738,0.4940]\rangle$$

$$\tilde{d}_3=\mathrm{IIFWA}_\omega(\tilde{F}_{31},\tilde{F}_{32},\tilde{F}_{33},\tilde{F}_{34},\tilde{F}_{35})$$

$$=\left\langle\left[1-\prod_{j=1}^{5}(1-\mu_{3jL})^{\omega_j},1-\prod_{j=1}^{5}(1-\mu_{3jU})^{\omega_j}\right],\left[\prod_{j=1}^{5}(\nu_{3jL})^{\omega_j},\prod_{j=1}^{5}(\nu_{3jU})^{\omega_j}\right]\right\rangle$$

$$=\langle[0.4320,0.5608],[0.1735,0.3072]\rangle$$

利用区间直觉模糊数的得分函数公式，计算可得综合属性值 $\tilde{d}_i(i=1,2,3)$ 的得分值分别为

$$s(\tilde{d}_1)=0.1617,\quad s(\tilde{d}_2)=-0.1088,\quad s(\tilde{d}_3)=0.2561$$

于是有

$$s(\tilde{d}_3)>s(\tilde{d}_1)>s(\tilde{d}_2)$$

因此，三家厂商 $Y_i(i=1,2,3)$ 的优劣排序为 $Y_3\succ Y_1\succ Y_2$，即生产厂商 Y_3 为最佳。

4.4 基于理想解的动态直觉模糊多属性决策方法

4.4.1 动态直觉模糊多属性决策 TOPSIS 方法

1. 问题描述

设某多阶段动态多属性决策问题有 p 个不同时段 $t_k(k=1,2,\cdots,p)$，m 个方案 $Y_i(i=1,2,\cdots,m)$ 组成方案集 $Y=\{Y_1,Y_2,\cdots,Y_m\}$，评价每个方案的属性（或指标）为

$G_j(j=1,2,\cdots,n)$，记属性集为 $G=\{G_1,G_2,\cdots,G_n\}$，表示属性 $G_j(j=1,2,\cdots,n)$ 的权重向量 $\omega=(\omega_1,\omega_2,\cdots,\omega_n)^{\mathrm{T}}$ 满足 $\sum_{j=1}^{n}\omega_j=1$，$\omega_j\geqslant 0,j=1,2,\cdots,n$；$w_k$ 为时段 t_k 的时间权重 $(k=1,2,\cdots,p)$，满足 $\sum_{k=1}^{p}w_k=1,w_k\geqslant 0,k=1,2,\cdots,p$。如果 $\tilde{F}_{ij}(t_k)=\langle\mu_{ij}^{(k)},\nu_{ij}^{(k)}\rangle$ $(i=1,2,\cdots,m;j=1,2,\cdots,n)$ 为直觉模糊集，表示时段 t_k 方案 Y_i 满足属性 $G_j\in G$ 和不满足属性 $G_j\in G$ 的程度，且 $0\leqslant\mu_{ij}^{(k)}+\nu_{ij}^{(k)}\leqslant 1$，矩阵 $F(t_k)=(\langle\mu_{ij}^{(k)},\nu_{ij}^{(k)}\rangle)_{m\times n}$ 为该多属性决策问题在时段 $t_k(k=1,2,\cdots,p)$ 的直觉模糊决策矩阵（表 4-11）。现在的问题是依据直觉模糊决策矩阵 $F(t_k)(k=1,2,\cdots,p)$，如何通过确定属性权重 $\omega=(\omega_1,\omega_2,\cdots,\omega_n)^{\mathrm{T}}$ 和时段权重 $w=(w_1,w_2,\cdots,w_p)^{\mathrm{T}}$，得到一个有效的决策方法对所有方案进行优劣排序。

表 4-11　时段 t_k 的直觉模糊决策矩阵 $F(t_k)$

	G_1	G_2	$\cdots$	G_n
Y_1	$\langle\mu_{11}^{(k)},\nu_{11}^{(k)}\rangle$	$\langle\mu_{12}^{(k)},\nu_{12}^{(k)}\rangle$	$\cdots$	$\langle\mu_{1n}^{(k)},\nu_{1n}^{(k)}\rangle$
Y_2	$\langle\mu_{21}^{(k)},\nu_{21}^{(k)}\rangle$	$\langle\mu_{22}^{(k)},\nu_{22}^{(k)}\rangle$	$\cdots$	$\langle\mu_{2n}^{(k)},\nu_{2n}^{(k)}\rangle$
$\vdots$	$\vdots$	$\vdots$	$\vdots$	$\vdots$
Y_m	$\langle\mu_{m1}^{(k)},\nu_{m1}^{(k)}\rangle$	$\langle\mu_{m2}^{(k)},\nu_{m2}^{(k)}\rangle$	$\cdots$	$\langle\mu_{mn}^{(k)},\nu_{mn}^{(k)}\rangle$

2. 动态直觉模糊集成算子

定义 4.8[16, 17]　设 $\tilde{A}(t_k)=\langle\mu_k,\nu_k\rangle(k=1,2,\cdots,p)$ 是 p 个不同时段 $t_k(k=1,2,\cdots,p)$ 的动态直觉模糊数，$w_k(k=1,2,\cdots,p)$ 为时段 $t_k(k=1,2,\cdots,p)$ 的权重向量，满足 $\sum_{k=1}^{p}w_k=1,w_k\geqslant 0,k=1,2,\cdots,p$，则称

$$\mathrm{DIFWA}_{\omega,w}(\tilde{A}(t_1),\tilde{A}(t_2),\cdots,\tilde{A}(t_p))=\left\langle 1-\prod_{k=1}^{p}(1-\mu_k)^{w_k},\ \prod_{k=1}^{p}(\nu_k)^{w_k}\right\rangle$$

为动态直觉模糊加权平均算子。

定义 4.9　设 $\tilde{A}(t_k)=\langle\mu_k,\nu_k\rangle(k=1,2,\cdots,p)$ 是 p 个不同时段 $t_k(k=1,2,\cdots,p)$ 的动态直觉模糊数，$w_k(k=1,2,\cdots,p)$ 为时段 $t_k(k=1,2,\cdots,p)$ 的权重向量，满足 $\sum_{k=1}^{p}w_k=1$，$w_k\geqslant 0,k=1,2,\cdots,p$，则称

$$\mathrm{DIFWG}_{\omega,w}(\tilde{A}(t_1),\tilde{A}(t_2),\cdots,\tilde{A}(t_p))=\left\langle\prod_{k=1}^{p}(\mu_k)^{w_k},1-\prod_{k=1}^{p}(1-\nu_k)^{w_k}\right\rangle$$

为动态直觉模糊加权几何算子。

3. 属性权重与时段权重的确定方法

属性权重反映属性的重要程度，可以采用直觉模糊集的模糊熵[17, 18]，利用式（4.26）进行计算。

相对于传统直觉模糊多属性决策问题，动态直觉模糊多属性决策既要考虑属性的重要性，又要考虑时间因素的影响，时段权重的确定也是动态直觉模糊多属性决策中的关键问题。徐泽水提出了确定时段权重的基本单位区间单调函数法、正态分布法、指数分布法以及平均年龄法等[19]。

郭亚军基于数据信息的时效性，借鉴“厚今薄古”的思想，提出了确定时段权重的“厚今薄古”法[18]。本书利用“厚今薄古”法确定时段 $t_k(k=1,2,\cdots,p)$ 的权重，即求解非线性规划模型：

$$\begin{cases}\max I=-\sum_{k=1}^{p}w_k\ln w_k\\ \text{s.t.}\lambda=\sum_{k=1}^{p}\dfrac{p-k}{p-1}w_k,\sum_{k=1}^{p}w_k=1,w_k\geqslant 0,k=1,2,\cdots,p\end{cases}\tag{4.53}$$

式中，λ 为时间度，表示决策者对时段的重视程度，通常用 $\lambda=0.1,0.2,0.3,0.4,0.5$ 代表决策者极端重视、强烈重视、明显重视、稍微重视近期数据和同样重视所有时段数据。

4. 动态直觉模糊多属性决策步骤及实例分析

步骤 1 确定动态多属性决策问题的方案集 $Y=\{Y_1,Y_2,\cdots,Y_m\}$ 和属性集 $G=\{G_1,G_2,\cdots,G_n\}$，获取多属性决策问题中方案 $Y_i\in Y$ 关于属性 $G_j\in G$ 的直觉模糊特征信息，构建动态多属性决策问题各时段 t_k 的直觉模糊决策矩阵 $F(t_k)$。

步骤 2 给定时间度 λ，求解非线性规划模型（4.53），得到时段 t_k 的权重 $w_k(k=1,2,\cdots,p)$。

步骤 3 利用动态直觉模糊加权平均算子(DIFWA)，计算方案 $Y_i(i=1,2,\cdots,m)$ 在各时段 $t_k(k=1,2,\cdots,p)$ 直觉模糊属性值 $\tilde{F}_{ij}(t_k)$ 的综合值 $\tilde{F}_{ij}$：

$$\begin{aligned}\tilde{F}_{ij}&=\langle\mu_{ij},\nu_{ij}\rangle=\mathrm{DIFWA}_{\omega,w}(\tilde{F}_{ij}(t_1),\tilde{F}_{ij}(t_2),\cdots,\tilde{F}_{ij}(t_p))\\&=\left\langle 1-\prod_{k=1}^{p}(1-\mu_{ij}^{(k)})^{w_t},\prod_{k=1}^{p}(\nu_{ij}^{(k)})^{w_{ij}}\right\rangle,i=1,2,\cdots,m;j=1,2,\cdots,n\end{aligned}\tag{4.54}$$

得到直觉模糊综合决策矩阵 $F=(\langle\mu_{ij},\nu_{ij}\rangle)_{m\times n}$。

步骤 4　根据直觉模糊综合决策矩阵 F，确定动态多属性决策问题的正理想解 Y^+ 和负理想解 Y^-：

$$\begin{aligned}Y^+&=(\langle\mu_1^+,\nu_1^+\rangle,\langle\mu_2^+,\nu_2^+\rangle,\cdots,\langle\mu_n^+,\nu_n^+\rangle)\\&=(\langle\max_i\mu_{i1},\min_i\nu_{i1}\rangle,\langle\max_i\mu_{i2},\min_i\nu_{i2}\rangle,\cdots,\langle\max_i\mu_{in},\min_i\nu_{in}\rangle)\end{aligned}\tag{4.55}$$

$$\begin{aligned}Y^-&=(\langle\mu_1^-,\nu_1^-\rangle,\langle\mu_2^-,\nu_2^-\rangle,\cdots,\langle\mu_n^-,\nu_n^-\rangle)\\&=(\langle\min_i\mu_{i1},\max_i\nu_{i1}\rangle,\langle\min_i\mu_{i2},\max_i\nu_{i2}\rangle,\cdots,\langle\min_i\mu_{in},\max_i\nu_{in}\rangle)\end{aligned}\tag{4.56}$$

步骤 5　利用式（4.25）、式（4.26）计算属性 $G_j(j=1,2,\cdots,n)$ 的模糊熵 E_j 和权重 ω_j：

$$E_j=\frac{1}{m}\sum_{i=1}^{m}\cos\frac{\pi(\mu_{ij}-\nu_{ij})(1-\pi_{ij})}{2},\quad j=1,2,\cdots,n$$

$$\omega_j=\frac{1-E_j}{n-\sum_{j=1}^{n}E_j},\quad j=1,2,\cdots,n$$

步骤 6　利用直觉模糊综合决策矩阵 F，计算各方案 $Y_i(i=1,2,\cdots,m)$ 到正理想解 Y^+ 和负理想解 Y^- 的距离 d_i^+ 和 d_i^-：

$$d_i^+=\frac{1}{2}\sum_{j=1}^{n}\omega_j[|\mu_{ij}-\mu_j^+|+|\nu_{ij}-\nu_j^+|+|\pi_{ij}-\pi_j^+|]$$

$$d_i^-=\frac{1}{2}\sum_{j=1}^{n}\omega_j[|\mu_{ij}-\mu_j^-|+|\nu_{ij}-\nu_j^-|+|\pi_{ij}-\pi_j^-|]$$

步骤 7　计算方案 $Y_i(i=1,2,\cdots,m)$ 的贴近度 c_i：

$$c_i=\frac{d_i^-}{d_i^-+d_i^+},\quad i=1,2,\cdots,m$$

并利用贴近度 c_i 的大小对方案 $Y_i(i=1,2,\cdots,m)$ 进行排序，c_i 越大表明方案 Y_i 离正理想解越近、离负理想解越远，方案越优。

例 4.7　考虑风险投资项目方案选择问题[7]。设一个投资者欲对五个可供选择的投资项目方案 $Y_i(i=1,2,3,4,5)$ 进行评价，评价属性包括风险分析（G_1）、成长分析（G_2）、社会影响分析（G_3）、环境影响分析（G_4）四个方面。假设投资者通过对最近三年各方案属性值的分析处理，得到三个时段 $t_k(k=1,2,3)$ 内每个方案关于属性 $G_j(j=1,2,3,4)$ 的直觉模糊评价结果如表 4-12～表 4-14 所示。下面对投资项目方案 $Y_i(i=1,2,3,4,5)$ 进行优劣排序。

表 4-12 直觉模糊决策矩阵 $F(t_1)$

	G_1	G_2	G_3	G_4
Y_1	⟨0.5, 0.4⟩	⟨0.6, 0.3⟩	⟨0.7, 0.2⟩	⟨0.5, 0.4⟩
Y_2	⟨0.6, 0.3⟩	⟨0.7, 0.1⟩	⟨0.8, 0.1⟩	⟨0.4, 0.4⟩
Y_3	⟨0.5, 0.3⟩	⟨0.4, 0.3⟩	⟨0.6, 0.2⟩	⟨0.6, 0.3⟩
Y_4	⟨0.8, 0.1⟩	⟨0.5, 0.3⟩	⟨0.0, 0.5⟩	⟨0.3, 0.6⟩
Y_5	⟨0.7, 0.2⟩	⟨0.4, 0.4⟩	⟨0.7, 0.1⟩	⟨0.6, 0.3⟩

表 4-13 直觉模糊决策矩阵 $F(t_2)$

	G_1	G_2	G_3	G_4
Y_1	⟨0.3, 0.4⟩	⟨0.5, 0.2⟩	⟨0.2, 0.6⟩	⟨0.1, 0.7⟩
Y_2	⟨0.6, 0.2⟩	⟨0.6, 0.1⟩	⟨0.5, 0.2⟩	⟨0.4, 0.5⟩
Y_3	⟨0.6, 0.3⟩	⟨0.4, 0.3⟩	⟨0.5, 0.3⟩	⟨0.6, 0.2⟩
Y_4	⟨0.7, 0.2⟩	⟨0.6, 0.2⟩	⟨0.2, 0.3⟩	⟨0.2, 0.5⟩
Y_5	⟨0.5, 0.3⟩	⟨0.4, 0.2⟩	⟨0.8, 0.1⟩	⟨0.5, 0.4⟩

表 4-14 直觉模糊决策矩阵 $F(t_3)$

	G_1	G_2	G_3	G_4
Y_1	⟨0.4, 0.5⟩	⟨0.5, 0.5⟩	⟨0.2, 0.7⟩	⟨0.1, 0.8⟩
Y_2	⟨0.5, 0.3⟩	⟨0.6, 0.3⟩	⟨0.6, 0.4⟩	⟨0.4, 0.5⟩
Y_3	⟨0.4, 0.4⟩	⟨0.5, 0.4⟩	⟨0.4, 0.3⟩	⟨0.5, 0.4⟩
Y_4	⟨0.7, 0.2⟩	⟨0.6, 0.3⟩	⟨0.3, 0.5⟩	⟨0.2, 0.6⟩
Y_5	⟨0.6, 0.3⟩	⟨0.3, 0.4⟩	⟨0.7, 0.2⟩	⟨0.5, 0.3⟩

首先求时段 $t_k(k=1,2,3)$ 的权重，令 $\lambda=0.3$，解模型（4.53）可得各时段 $t_k(k=1,2,3)$ 的权重分别为 $w_1=0.154, w_2=0.292, w_3=0.554$。

利用式（4.54）将三个时段内各方案的直觉模糊属性值进行集结，得到直觉模糊综合决策矩阵 $\tilde{F}=(\langle\mu_{ij},\nu_{ij}\rangle)_{5\times4}$ 如表 4-15 所示。

表 4-15 直觉模糊综合决策矩阵 F

	G_1	G_2	G_3	G_4
Y_1	⟨0.390, 0.453⟩	⟨0.517, 0.354⟩	⟨0.312, 0.552⟩	⟨0.178, 0.692⟩
Y_2	⟨0.547, 0.267⟩	⟨0.617, 0.184⟩	⟨0.616, 0.264⟩	⟨0.400, 0.483⟩

续表

	G_1	G_2	G_3	G_4
Y_3	$\langle 0.482, 0.352\rangle$	$\langle 0.458, 0.352\rangle$	$\langle 0.466, 0.282\rangle$	$\langle 0.547, 0.312\rangle$
Y_4	$\langle 0.718, 0.180\rangle$	$\langle 0.586, 0.267\rangle$	$\langle 0.272, 0.431\rangle$	$\langle 0.216, 0.569\rangle$
Y_5	$\langle 0.592, 0.282\rangle$	$\langle 0.347, 0.327\rangle$	$\langle 0.574, 0.147\rangle$	$\langle 0.517, 0.326\rangle$

于是有

$$Y^+ = (\langle 0.718,0.180\rangle,\langle 0.617,0.184\rangle,\langle 0.616,0.147\rangle,\langle 0.547,0.312\rangle)$$

$$Y^- = (\langle 0.390,0.453\rangle,\langle 0.347,0.354\rangle,\langle 0.272,0.552\rangle,\langle 0.178,0.692\rangle)$$

根据式（4.25），计算属性 $G_j(j=1,2,3,4)$ 的模糊熵为

$$E_1 = 0.9115, E_2 = 0.9462, E_3 = 0.9356, E_4 = 0.9163$$

于是得到属性 $G_j(j=1,2,3,4)$ 的权重向量为

$$\omega = (0.3047, 0.1853, 0.2218, 0.2882)^{\mathrm{T}}$$

根据直觉模糊综合决策矩阵 $F = (\langle \mu_{ij}, \nu_{ij}\rangle)_{5\times 4}$ 计算各方案到正理想解 Y^+ 和负理想解 Y^- 的加权汉明距离 d_i^+ 和 d_i^- 以及贴近度 c_i，如表 4-16 所示。

表 4-16　各方案到理想解距离以及各方案的贴近度

	d_i^+	d_i^-	c_i
Y_1	0.6616	0.0807	0.1087
Y_2	0.2547	0.4940	0.6598
Y_3	0.2726	0.4415	0.6183
Y_4	0.3715	0.4130	0.5264
Y_5	0.2128	0.5237	0.7111

所以

$$c_5 > c_2 > c_3 > c_4 > c_1$$

故风险投资项目方案 $Y_i(i=1,2,3,4,5)$ 的优劣排序为 $Y_5 \succ Y_2 \succ Y_3 \succ Y_4 \succ Y_1$，投资项目方案 Y_5 为最优。

4.4.2　动态区间直觉模糊多属性决策 TOPSIS 方法

1. 问题描述

设某多阶段动态多属性决策问题有 p 个不同时段 $t_k(k=1,2,\cdots,p)$，m 个方案 $Y_i(i=1,2,\cdots,m)$ 组成方案集 $Y=\{Y_1,Y_2,\cdots,Y_m\}$，评价每个方案的属性（或指标）为

$G_j=(j=1,2,\cdots n)$，记属性集为 $G=\{G_1,G_2,\cdots,G_n\}$，表示属性 $G_j(j=1,2,\cdots,n)$ 的权重向量 $\omega=(\omega_1,\omega_2,\cdots,\omega_n)^{\mathrm{T}}$ 满足 $\sum_{j=1}^{n}\omega_j=1,\omega_j\geqslant 0,\quad j=1,2,\cdots,n$；$w_k$ 为时段 t_k 的时间权重，满足 $\sum_{k=1}^{p}w_k=1,w_k\geqslant 0,k=1,2,\cdots,p$。如果 $\tilde{F}(t_k)=\langle[\mu_{ijL}^{(k)},\mu_{ijU}^{(k)}],[\nu_{ijL}^{(k)},\nu_{ijU}^{(k)}]\rangle$ $(i=1,2,\cdots,m;j=1,2,\cdots,n)$ 为区间直觉模糊集，表示时段 t_k 方案 Y_i 满足属性 $G_j\in G$ 和不满足属性 $G_j\in G$ 的程度，且 $0\leqslant\mu_{ijU}^{(k)}+\nu_{ijU}^{(k)}\leqslant 1$，矩阵 $F(t_k)=(\langle[\mu_{ijL}^{(k)},\mu_{ijU}^{(k)}],[\nu_{ijL}^{(k)},\nu_{ijU}^{(k)}]\rangle)_{m\times n}$ 为该多属性决策问题在时段 $t_k(k=1,2,\cdots,p)$ 的区间直觉模糊决策矩阵（表 4-17）。现在的问题是依据区间直觉模糊决策矩阵 $F(t_k)(k=1,2,\cdots,p)$，如何通过确定属性权重 $\omega=(\omega_1,\omega_2,\cdots,\omega_n)^{\mathrm{T}}$ 和时段权重 $w=(w_1,w_2,\cdots,w_p)^{\mathrm{T}}$，得到一个有效的决策方法对所有方案进行优劣排序。

表 4-17　时段 t_k 的直觉模糊决策矩阵 $F(t_k)$

	G_1	G_2	$\cdots$	G_n
Y_1	$\langle[\mu_{11L}^{(k)},\mu_{11U}^{(k)}],[\nu_{11L}^{(k)},\nu_{11U}^{(k)}]\rangle$	$\langle[\mu_{12L}^{(k)},\mu_{12U}^{(k)}],[\nu_{12L}^{(k)},\nu_{12U}^{(k)}]\rangle$	$\cdots$	$\langle[\mu_{1nL}^{(k)},\mu_{1nU}^{(k)}],[\nu_{1nL}^{(k)},\nu_{1nU}^{(k)}]\rangle$
Y_2	$\langle[\mu_{21L}^{(k)},\mu_{21U}^{(k)}],[\nu_{21L}^{(k)},\nu_{21U}^{(k)}]\rangle$	$\langle[\mu_{22L}^{(k)},\mu_{22U}^{(k)}],[\nu_{22L}^{(k)},\nu_{22U}^{(k)}]\rangle$	$\cdots$	$\langle[\mu_{2nL}^{(k)},\mu_{2nU}^{(k)}],[\nu_{2nL}^{(k)},\nu_{2nU}^{(k)}]\rangle$
$\vdots$	$\vdots$	$\vdots$	$\vdots$	$\vdots$
Y_m	$\langle[\mu_{m1L}^{(k)},\mu_{m1U}^{(k)}],[\nu_{m1L}^{(k)},\nu_{m1U}^{(k)}]\rangle$	$\langle[\mu_{m2L}^{(k)},\mu_{m2U}^{(k)}],[\nu_{m2L}^{(k)},\nu_{m2U}^{(k)}]\rangle$	$\cdots$	$\langle[\mu_{mnL}^{(k)},\mu_{mnU}^{(k)}],[\nu_{mnL}^{(k)},\nu_{mnU}^{(k)}]\rangle$

2. 动态区间直觉模糊集成算子

定义 4.10[17]　设 $\tilde{A}(t_k)=\langle[\mu_{kL},\mu_{kU}],[\nu_{kL},\nu_{kU}]\rangle(k=1,2,\cdots,p)$ 是 p 个不同时段 $t_k(k=1,2,\cdots,p)$ 的动态区间直觉模糊数，$w_k(k=1,2,\cdots,p)$ 为时段 $t_k(k=1,2,\cdots,p)$ 的权重向量，满足

$$\sum_{k=1}^{p}w_k=1,w_k\geqslant 0,k=1,2,\cdots,p$$

则称

$$\mathrm{DIIFWA}_{\omega,w}(\tilde{A}(t_1),\tilde{A}(t_2),\cdots,\tilde{A}(t_p))=\left\langle\left[1-\prod_{k=1}^{p}(1-\mu_{kL})^{w_k},1-\prod_{k=1}^{p}(1-\mu_{kU})^{w_k}\right],\right.$$
$$\left.\left[\prod_{k=1}^{p}(\nu_{kL})^{\omega_k},\prod_{k=1}^{p}(\nu_{kU})^{\omega_k}\right]\right\rangle$$

为动态区间直觉模糊加权平均算子。

定义 4.11[17]　设 $\tilde{A}(t_k)=\langle[\mu_{kL},\mu_{kU}],[\nu_{kL},\nu_{kU}]\rangle(k=1,2,\cdots,p)$ 是 p 个不同时段 $t_k(k=1,2,\cdots,p)$ 的动态区间直觉模糊数，$w_k(k=1,2,\cdots,p)$ 为时段 $t_k(k=1,2,\cdots,p)$ 的权重向量，满足

$$\sum_{k=1}^{p}w_k=1, w_k\geqslant 0, k=1,2,\cdots,p$$

则称

$$\text{DIIFWG}_{\omega,w}(\tilde{A}(t_1),\tilde{A}(t_2),\cdots,\tilde{A}(t_p))=\left\langle\left[\prod_{k=1}^{p}(\mu_{kL})^{w_k},\prod_{k=1}^{p}(\mu_{kU})^{w_k}\right],\left[1-\prod_{k=1}^{p}(1-\nu_{kL})^{w_k},\ 1-\prod_{k=1}^{p}(1-\nu_{kU})^{w_k}\right]\right\rangle$$

为动态区间直觉模糊加权几何算子。

3. *属性权重与时段权重的确定方法*

类似 4.4.1 小节，动态区间直觉模糊多属性决策中的属性权重仍可采用直觉模糊集的模糊熵，利用式（4.26）进行计算；时段 $t_k(k=1,2,\cdots,p)$ 的权重可以利用“厚今薄古”法，即求解非线性规划模型（4.53）：

$$\begin{cases}\max I=-\sum\limits_{k=1}^{p}w_k\ln w_k\\ \text{s.t.}\lambda=\sum\limits_{k=1}^{p}\dfrac{p-k}{p-1}w_k,\sum\limits_{k=1}^{p}w_k=1, w_k\geqslant 0, k=1,2,\cdots,p\end{cases}$$

式中，λ 为时间度，表示决策者对时段的重视程度，通常用 $\lambda=0.1,0.2,0.3,0.4,0.5$ 代表决策者极端重视、强烈重视、明显重视、稍微重视近期数据和同样重视所有时段数据。

4. *动态区间直觉模糊多属性决策步骤及实例分析*

步骤 1　确定动态多属性决策问题的方案集 $Y=\{Y_1,Y_2,\cdots,Y_m\}$ 和属性集 $G=\{G_1,G_2,\cdots,G_n\}$，获取多属性决策问题中方案 $Y_i\in Y$ 关于属性 $G_j\in G$ 的区间直觉模糊特征信息，构建动态多属性决策问题各时段 t_k 的区间直觉模糊决策矩阵 $F(t_k)(k=1,2,\cdots,p)$。

步骤 2　给定时间度 λ，求解模型(4.53)，得到时段 $t_k(k=1,2,\cdots,p)$ 的权重 w_k。

步骤 3　利用动态区间直觉模糊加权平均算子，计算方案 $Y_i(i=1,2,\cdots,m)$ 在各时段 $t_k(k=1,2,\cdots,p)$ 区间直觉模糊属性值 $\tilde{F}_{ij}(t_k)$ 的综合值 $\tilde{F}_{ij}$：

$$
\begin{aligned}
\tilde{F}_{ij} &= \langle[\mu_{ijL},\mu_{ijU}],[\nu_{ijL},\nu_{ijU}]\rangle = \mathrm{DIIFWA}_{\omega,w}(\tilde{F}_{ij}(t_1),\tilde{F}_{ij}(t_2),\cdots,\tilde{F}_{ij}(t_p)) \\
&= \left\langle\left[1-\prod_{k=1}^{p}(1-\mu_{ijL}^{(k)})^{w_k},1-\prod_{k=1}^{p}(1-\mu_{ijU}^{(k)})^{w_k}\right],\left[\prod_{k=1}^{p}(\nu_{ijL}^{(k)})^{w_k},\prod_{k=1}^{p}(\nu_{ijU}^{(k)})^{w_k}\right]\right\rangle, \\
& i=1,2,\cdots,m;\ j=1,2,\cdots,n
\end{aligned}
\tag{4.57}
$$

得到区间直觉模糊综合决策矩阵 $F=(\langle[\mu_{ijL},\mu_{ijU}],[\nu_{ijL},\nu_{ijU}]\rangle)_{m\times n}$ 。

步骤 4 根据区间直觉模糊综合决策矩阵 F_I，确定动态多属性决策问题的正理想解 Y^+ 和负理想解 Y^-：

$$
Y^+=(\langle[\mu_{1L}^+,\mu_{1U}^+],[\nu_{1L}^+,\nu_{1U}^+]\rangle,\langle[\mu_{2L}^+,\mu_{2U}^+],[\nu_{2L}^+,\nu_{2U}^+]\rangle,\cdots,\langle[\mu_{nL}^+,\mu_{nU}^+],[\nu_{nL}^+,\nu_{nU}^+]\rangle) \tag{4.58}
$$

$$
Y^-=(\langle[\mu_{1L}^-,\mu_{1U}^-],[\nu_{1L}^-,\nu_{1U}^-]\rangle,\langle[\mu_{2L}^-,\mu_{2U}^-],[\nu_{2L}^-,\nu_{2U}^-]\rangle,\cdots,\langle[\mu_{nL}^-,\mu_{nU}^-],[\nu_{nL}^-,\nu_{nU}^-]\rangle) \tag{4.59}
$$

式中

$$
\langle[\mu_{jL}^+,\mu_{jU}^+],[\nu_{jL}^+,\nu_{jU}^+]\rangle=\langle[\max_i\mu_{ijL},\max_i\mu_{ijU}],[\min_i\nu_{ijL},\min_i\nu_{ijU}]\rangle,\ j=1,2,\cdots,n
$$

$$
\langle[\mu_{jL}^-,\mu_{jU}^-],[\nu_{jL}^-,\nu_{jU}^-]\rangle=\langle[\min_i\mu_{ijL},\min_i\mu_{ijU}],[\max_i\nu_{ijL},\max_i\nu_{ijU}]\rangle,\ j=1,2,\cdots,n
$$

步骤 5 利用式（4.40）、式（4.41）计算属性 $G_j=(j=1,2,\cdots,n)$ 的模糊熵 E_j 和权重 ω_j：

$$
E_j=\frac{1}{m}\sum_{i=1}^{m}\cos\frac{\pi(|(\mu_{ijL}-\nu_{ijL})(1-\pi_{ijL})|+|(\mu_{ijU}-\nu_{ijU})(1-\pi_{ijU})|)}{4}
$$

$$
\omega_j=\frac{1-E_j}{n-\sum_{j=1}^{n}E_j},\quad j=1,2,\cdots,n
$$

步骤 6 利用区间直觉模糊综合决策矩阵 F，计算各方案 $Y_i(i=1,2,\cdots,m)$ 到正理想解 Y^+ 和负理想解 Y^- 的距离 d_i^+ 和 d_i^-：

$$
d_i^+(\omega)=\frac{1}{4}\sum_{j=1}^{n}\omega_j[|\mu_{ijL}-\mu_{jL}^+|+|\mu_{ijU}-\mu_{jU}^+|+|\nu_{ijL}-\nu_{jL}^+|+|\nu_{ijU}-\nu_{jU}^+|]
$$

$$
d_i^-(\omega)=\frac{1}{4}\sum_{j=1}^{n}\omega_j[|\mu_{ijL}-\mu_{jL}^-|+|\mu_{ijU}-\mu_{jU}^-|+|\nu_{ijL}-\nu_{jL}^-|+|\nu_{ijU}-\nu_{jU}^-|]
$$

步骤 7 计算方案 $Y_i(i=1,2,\cdots,m)$ 的贴近度 c_i：

$$
c_i=\frac{d_i^-}{d_i^-+d_i^+},\quad i=1,2,\cdots,m
$$

并利用贴近度 c_i 的大小对方案 $Y_i(i=1,2,\cdots,m)$ 进行排序， c_i 越大表明方案 Y_i 离正理想解越近、离负理想解越远，方案越优。

例 4.8 考虑风险投资项目方案选择问题。设一个投资者欲对五个可供选择的投资项目方案 $Y_i(i=1,2,3,4,5)$ 进行评价，评价属性包括风险分析（G_1）、成长分析（G_2）、社会影响分析（G_3）、环境影响分析（G_4）四个方面。假设投资者通过对最近三年各方案属性值的分析处理，得到三个时段 $t_k(k=1,2,3)$ 内每个方案关于属性 $G_j(j=1,2,3,4)$ 的区间直觉模糊评价结果，如表 4-18～表 4-20 所示。下面对投资项目方案 $Y_i(i=1,2,3,4,5)$ 进行优劣排序。

表 4-18 区间直觉模糊决策矩阵 $F(t_1)$

	G_1	G_2	G_3	G_4
Y_1	⟨[0.5, 0.6], [0.3, 0.4]⟩	⟨[0.6, 0.7], [0.2, 0.3]⟩	⟨[0.7, 0.8], [0.1, 0.2]⟩	⟨[0.4, 0.5], [0.3, 0.4]⟩
Y_2	⟨[0.6, 0.7], [0.1, 0.2]⟩	⟨[0.5, 0.7], [0.1, 0.2]⟩	⟨[0.7, 0.8], [0.0, 0.1]⟩	⟨[0.3, 0.4], [0.3, 0.4]⟩
Y_3	⟨[0.5, 0.6], [0.2, 0.3]⟩	⟨[0.4, 0.5], [0.3, 0.4]⟩	⟨[0.5, 0.6], [0.2, 0.3]⟩	⟨[0.6, 0.7], [0.1, 0.2]⟩
Y_4	⟨[0.7, 0.8], [0.1, 0.2]⟩	⟨[0.4, 0.5], [0.3, 0.4]⟩	⟨[0.3, 0.4], [0.4, 0.5]⟩	⟨[0.3, 0.4], [0.4, 0.5]⟩
Y_5	⟨[0.6, 0.7], [0.2, 0.3]⟩	⟨[0.4, 0.5], [0.3, 0.4]⟩	⟨[0.6, 0.7], [0.1, 0.2]⟩	⟨[0.5, 0.6], [0.3, 0.4]⟩

表 4-19 区间直觉模糊决策矩阵 $F(t_2)$

	G_1	G_2	G_3	G_4
Y_1	⟨[0.3, 0.4], [0.4, 0.5]⟩	⟨[0.5, 0.6], [0.2, 0.3]⟩	⟨[0.2, 0.3], [0.5, 0.6]⟩	⟨[0.1, 0.2], [0.7, 0.8]⟩
Y_2	⟨[0.5, 0.6], [0.2, 0.3]⟩	⟨[0.6, 0.7], [0.2, 0.3]⟩	⟨[0.5, 0.6], [0.2, 0.4]⟩	⟨[0.4, 0.5], [0.3, 0.4]⟩
Y_3	⟨[0.5, 0.6], [0.3, 0.4]⟩	⟨[0.3, 0.5], [0.3, 0.5]⟩	⟨[0.5, 0.6], [0.3, 0.4]⟩	⟨[0.5, 0.7], [0.2, 0.3]⟩
Y_4	⟨[0.6, 0.7], [0.1, 0.3]⟩	⟨[0.5, 0.6], [0.2, 0.3]⟩	⟨[0.2, 0.3], [0.3, 0.5]⟩	⟨[0.2, 0.4], [0.5, 0.6]⟩
Y_5	⟨[0.5, 0.6], [0.1, 0.3]⟩	⟨[0.3, 0.4], [0.3, 0.5]⟩	⟨[0.7, 0.8], [0.1, 0.2]⟩	⟨[0.4, 0.6], [0.2, 0.3]⟩

表 4-20 区间直觉模糊决策矩阵 $F(t_3)$

	G_1	G_2	G_3	G_4
Y_1	⟨[0.4, 0.5], [0.3, 0.5]⟩	⟨[0.4, 0.5], [0.4, 0.5]⟩	⟨[0.2, 0.3], [0.6, 0.7]⟩	⟨[0.2, 0.3], [0.5, 0.7]⟩
Y_2	⟨[0.4, 0.5], [0.2, 0.3]⟩	⟨[0.5, 0.8], [0.1, 0.2]⟩	⟨[0.6, 0.7], [0.2, 0.3]⟩	⟨[0.5, 0.6], [0.2, 0.3]⟩
Y_3	⟨[0.4, 0.5], [0.4, 0.5]⟩	⟨[0.4, 0.5], [0.3, 0.4]⟩	⟨[0.3, 0.5], [0.3, 0.5]⟩	⟨[0.5, 0.6], [0.3, 0.4]⟩
Y_4	⟨[0.5, 0.7], [0.2, 0.3]⟩	⟨[0.4, 0.5], [0.2, 0.3]⟩	⟨[0.3, 0.5], [0.4, 0.5]⟩	⟨[0.2, 0.3], [0.5, 0.6]⟩
Y_5	⟨[0.5, 0.6], [0.1, 0.3]⟩	⟨[0.3, 0.4], [0.4, 0.5]⟩	⟨[0.6, 0.7], [0.1, 0.2]⟩	⟨[0.5, 0.7], [0.1, 0.2]⟩

首先求时段 $t_k(k=1,2,3)$ 的权重，令 $\lambda=0.3$，解模型（4.53）可得各时段 $t_k(k=1,2,3)$ 的权重分别为 $w_1=0.154, w_2=0.292, w_3=0.554$。

利用式（4.57）将三个时段内各方案的区间直觉模糊属性值进行集结，得到区间直觉模糊综合决策矩阵 $F=(\langle[\mu_{ijL},\mu_{ijU}],[\nu_{ijL},\nu_{ijU}]\rangle)_{5\times4}$，如表 4-21 所示。

表 4-21 区间直觉模糊综合决策矩阵 F

	G_1	G_2	G_3	G_4
Y_1	⟨[0.390, 0.490], [0.326, 0.483]⟩	⟨[0.466, 0.567], [0.294, 0.398]⟩	⟨[0.312, 0.423], [0.432, 0.552]⟩	⟨[0.208, 0.309], [0.510, 0.668]⟩
Y_2	⟨[0.466, 0.567], [0.220, 0.282]⟩	⟨[0.532, 0.760], [0.122, 0.225]⟩	⟨[0.592, 0.693], [0.000, 0.276]⟩	⟨[0.445, 0.546], [0.240, 0.341]⟩
Y_3	⟨[0.447, 0.547], [0.331, 0.433]⟩	⟨[0.372, 0.500], [0.300, 0.427]⟩	⟨[0.398, 0.547], [0.282, 0.433]⟩	⟨[0.517, 0.648], [0.225, 0.331]⟩
Y_4	⟨[0.567, 0.718], [0.147, 0.282]⟩	⟨[0.431, 0.532], [0.213, 0.314]⟩	⟨[0.272, 0.433], [0.318, 0.500]⟩	⟨[0.216, 0.347], [0.483, 0.583]⟩
Y_5	⟨[0.517, 0.617], [0.111, 0.300]⟩	⟨[0.316, 0.417], [0.300, 0.483]⟩	⟨[0.632, 0.733], [0.100, 0.200]⟩	⟨[0.473, 0.659], [0.145, 0.250]⟩

于是有

$$Y^+=(\langle[0.567,0.718],[0.111,0.282]\rangle,\langle[0.532,0.760],[0.122,0.225]\rangle,\langle[0.632,0.733],[0.000,0.200]\rangle,\langle[0.517,0.659],[0.145,0.250]\rangle)$$

$$Y^-=(\langle[0.390,0.490],[0.331,0.483]\rangle,\langle[0.316,0.417],[0.300,0.483]\rangle,\langle[0.272,0.423],[0.432,0.552]\rangle,\langle[0.208,0.309],[0.510,0.668]\rangle)$$

根据式（4.40）、式（4.41），计算属性 $G_j(j=1,2,3,4)$ 的模糊熵为

$$E_1=0.9363,E_2=0.9493,E_3=0.9133,E_4=0.9271$$

属性 $G_j(j=1,2,3,4)$ 的权重向量为

$$\omega=(0.2325,0.1850,0.3164,0.2661)^{\mathrm{T}}$$

根据区间直觉模糊综合决策矩阵 $\tilde{F}=(\langle[\mu_{ijL},\mu_{ijU}],[\nu_{ijL},\nu_{ijU}]\rangle)_{5\times4}$ 计算各方案到正理想解 Y^+ 和负理想解 Y^- 的加权汉明距离 d_i^+ 和 d_i^- 以及贴近度 c_i，如表 4-22 所示。

表 4-22 各方案到理想解距离以及各方案的贴近度

	d_i^+	d_i^-	c_i
Y_1	0.2834	0.0215	0.0705
Y_2	0.0580	0.2470	0.8098
Y_3	0.1609	0.1441	0.4725
Y_4	0.2161	0.0889	0.2915
Y_5	0.0558	0.2383	0.8103

所以

$$c_5 > c_2 > c_3 > c_4 > c_1$$

风险投资项目方案 $Y_i(i=1,2,3,4,5)$ 的优劣排序为 $Y_5 \succ Y_2 \succ Y_3 \succ Y_4 \succ Y_1$，投资项目方案 Y_5 为最优。

参 考 文 献

[1] 张强. 决策理论与方法[M]. 大连：东北财经大学出版社 2009.

[2] Hwang C L，Yoon K. Multiple Attributes Decision Making Methods and Applications[M]. Berlin Heidelberg：Springer，1981.

[3] 范建平，薛坤，吴美琴. 基于直觉模糊熵的交叉效率评价方法[J]. 计算机科学，2018，45（2）：280-286

[4] Dudek W A，Davvaz B，Jun Y B. On intuitionistic fuzzy sub-hyperquasigroups of hyperquasigroups[J]. Information Science，2005，170（4）：251-261.

[5] Mondal T K，Samanta S K. TopologY of interval-valued intuitionistic fuzzy sets[J]. Fuzzy Sets And Systems，2001，119（3）：483-495.

[6] 卫贵武. 对方案有偏好的区间直觉模糊多属性决策方法[J]. 系统工程与电子技术，2009（1）：116-120.

[7] 高明美，孙涛，朱建军. 基于改进熵权和新得分函数的区间直觉模糊多属性决策[J]. 控制与决策，2016，31（10）：1757-1764.

[8] Zhang Q S，Jiang S Y，Jia B G，et al. Some information measures for interval intuitionistic fuzzy sets[J]. Information Sciences，2010，180（24）：5130-5145.

[9] 尹胜，杨桢，陈思翼. 基于改进模糊熵的区间直觉模糊多属性决策[J]. 系统工程与电子技术，2018，40（5）：1079-1084.

[10] 刘满凤，任海平. 基于一类新的直觉模糊熵的多属性决策方法研究[J]. 系统工程理论与实践，2015，35（11）：2909-2916.

[11] 郭子雪，张强. 基于直觉模糊集的突发事件应急预案评估[J]. 数学的实践与认识，2008，38（22）：64-69.

[12] 郭效芝. 模糊不确定性的探讨与扩展[D]. 西安：西北大学，2004.

[13] 刘满凤，任海平. 基于一类新的直觉模糊熵的多属性决策方法研究[J]. 系统工程理论与实践，2015，35（11）：2909-2916.

[14] 卫贵武. 基于模糊信息的多属性决策理论与方法[M]. 北京：中国经济出版社，2010.

[15] 李登峰. 直觉模糊集决策与对策分析方法[M]. 北京：国防工业出版社，2012.

[16] 徐泽水. 不确定多属性决策方法及应用[M]. 北京：清华大学出版社，2004.

[17] Xu Z S，Yager R R. Dynamic intuitionistic fuzzy multiple attribute decision making[J]. International Journal of Approximate Reasoning，2008，48（1）：246-262.

[18] 郭亚军. 综合评价理论方法及应用[M]. 北京：科学出版社，2007.

[19] 徐泽水. 直觉模糊信息集成理论及应用[M]. 北京：科学出版社，2008.

第 5 章　基于直觉模糊不确定信息的 VIKOR 决策方法

VIKOR 方法是一种基于理想解的多属性决策方法。本章将介绍 VIKOR 方法的原理和基本思想，在此基础上重点探讨权重信息已知或者未知情形下的直觉模糊信息下的 VIKOR 方法、区间直觉模糊信息下的 VIKOR 方法以及动态直觉模糊信息下的 VIKOR 方法等。

5.1　确定信息下的 VIKOR 方法

5.1.1　VIKOR 方法的基本思想

VIKOR（VlseKriterijumska Optimizacija I Kompromisno Resenje）方法是由 Opricovic 于 1998 年针对复杂系统而提出的一种基于理想解的多属性决策方法[1, 2]。VIKOR 方法的基本原理是首先确定正理想解（positive ideal solution，PIS）和负理想解（negative ideal solution，NIS），然后根据各个备选方案的属性评价值与理想解的接近程度，在可接受优势和决策过程的稳定条件下对备选方案进行排序。VIKOR 方法求得的解是一种折中解，是所有解中最为接近最优解的可行解，也是最优与最劣两种属性间彼此让步的结果。

在综合评价中，VIKOR 方法采用了由 L_{pj}-metric 发展而来的聚合函数：

$$L_{pj}=\left\{\sum_{i=1}^{n}\left[\frac{\omega_i(y_i^+-y_{ij})}{(y_i^+-y_i^-)}\right]^p\right\}^{\frac{1}{p}} \tag{5.1}$$

式中，$1\leqslant p\leqslant\infty$；$j=1,2,\cdots,m$，$m$ 为备选方案的个数；y_{ij} 为备选方案 Y_j 在第 i 个属性（或准则）的评价值；测度 L_{pj} 为方案 Y_j 与理想解的距离。VIKOR 方法的最大特色是最大化群体效益和最小化个体损失，所以其妥协解可被决策者接受。VIKOR 方法的妥协解如图 5-1 所示。

在图 5-1 中，f_1^*、f_2^* 分别为两个属性（或指标）的理想解，可行解 F^c 是所有解中最接近最优解 F^* 的解，它是两种属性相互妥协的结果。

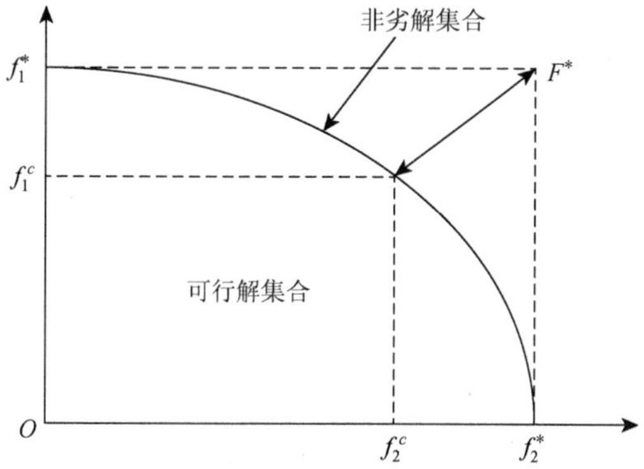

图 5-1　理想解 F^* 与折中解 F^c

5.1.2　权重信息已知情形下的 VIKOR 方法

设多属性决策问题有 m 个方案 $Y_i(i=1,2,\cdots,m)$ 组成方案集 $Y=\{Y_1,Y_2,\cdots,Y_m\}$，评价每个方案的属性（或指标）为 $G_j=(j=1,2,\cdots,n)$，记属性集为 $G=\{G_1,G_2,\cdots,G_n\}$，属性 $G_j(j=1,2,\cdots,n)$ 的权重已知，$\omega=(\omega_1,\omega_2,\cdots,\omega_n)^{\mathrm{T}}$ 为属性权重向量。如果 f_{ij} 表示方案 $Y_i\in Y$ 在属性 $G_j\in G$ 的评价指标值，矩阵 $F=(f_{ij})_{m\times n}$ 为该多属性决策问题的决策矩阵，则属性权重已知条件下的 VIKOR 方法的决策步骤可归纳如下。

步骤 1　确定多属性决策问题的方案集 $Y=\{Y_1,Y_2,\cdots,Y_m\}$ 和属性集 $G=\{G_1,G_2,\cdots,G_n\}$，构建多属性决策问题的决策矩阵 $F=(f_{ij})_{m\times n}$。

步骤 2　对决策矩阵 $F=(f_{ij})_{m\times n}$ 进行规范化处理。利用标准 0-1 变换，对决策矩阵 $F=(f_{ij})_{m\times n}$ 进行规范化处理。得到规范化决策矩阵 $F'=(f'_{ij})_{m\times n}$，f'_{ij} 的具体计算公式如下。

当属性 G_j 为效益型指标时，

$$f'_{ij}=\frac{f_{ij}-\min\limits_i(f_{ij})}{\max\limits_i(f_{ij})-\min\limits_i(f_{ij})}\tag{5.2}$$

当属性 G_j 为成本型指标时，

$$f'_{ij}=\frac{\max\limits_i(f_{ij})-f_{ij}}{\max\limits_i(f_{ij})-\min\limits_i(f_{ij})}\tag{5.3}$$

步骤 3　根据规范化矩阵 $F'=(f'_{ij})_{m\times n}$，确定正理想解 f^* 和负理想解 f^-：

$$f^*=(f_1^*,f_2^*,\cdots,f_n^*),\quad f^-=(f_1^-,f_2^-,\cdots,f_n^-)\tag{5.4}$$

其中，$f_j^*=\max\limits_i(f'_{ij})$，$f_j^-=\min\limits_i(f'_{ij})$。

步骤 4　计算各备选方案 $Y_i \in Y$ 的群体效益值 S_i、个体遗憾值 R_i 以及折中值 Q_i：

$$S_i = \sum_{j=1}^{n} \omega_j \left(\frac{f_j^* - f_{ij}}{f_j^* - f_j^-} \right) \tag{5.5}$$

$$R_i = \max_j \left\{ \omega_j \left(\frac{f_j^* - f_{ij}}{f_j^* - f_j^-} \right) \right\} \tag{5.6}$$

$$Q_i = \nu \frac{S_i - S^*}{S^- - S^*} + (1-\nu) \frac{R_i - R^*}{R^- - R^*}, \ i = 1,2,\cdots,m \tag{5.7}$$

其中，S_i 为最大群体效用，是 $L_{1,j}$ 测度；R_i 为最小个体遗憾，是 $L_{\infty,j}$ 测度；ω_j 为各属性权重；$S^* = \min_i S_i$，$S^- = \max_i S_i$，$R^* = \min_i R_i$，$R^- = \max_i R_i$；ν 为决策机制系数，$\nu \in [0,1]$。当 $\nu > 0.5$ 时，表示根据最大群体效用的决策机制进行决策；当 $\nu = 0.5$ 时，表示依据决策者经过协商达成共识的决策机制进行决策；当 $\nu < 0.5$ 时，表示根据最小个体遗憾的决策机制进行决策。

步骤 5　对各方案进行排序。按 S_i、R_i 以及 Q_i 值对各备选方案进行排序，数值越小表示相应的方案越优。

步骤 6　确定妥协解方案。设按 Q_i 值递增得到的排序为 $Y^{(1)},Y^{(2)},\cdots,Y^{(J)},\cdots,Y^{(m)}$，则备选方案的排序可依据排序条件 1 和排序条件 2 确定。

排序条件 1　可接受优势条件：$Q(Y^{(2)}) - Q(Y^{(1)}) \geqslant \dfrac{1}{m-1}$。

排序条件 2　决策过程中可接受的稳定性条件：方案 $Y^{(1)}$ 必须也是按照 S_i 值或 R_i 值排序第一的方案。

如果排序条件 1 和排序条件 2 同时满足，则方案 $Y^{(1)}$ 在决策过程中为稳定的最优方案。如果排序条件 1 和排序条件 2 不同时满足，当只满足排序条件 1、不满足排序条件 2 时，方案 $Y^{(1)}$ 和方案 $Y^{(2)}$ 均为折中解方案；如果不满足排序条件 1，通过

$$Q(Y^{(J)}) - Q(Y^{(1)}) < \frac{1}{m-1}$$

得到最大的 J，此时方案 $Y^{(1)},Y^{(2)},\cdots,Y^{(J)}$ 为折中解方案。

例 5.1　考虑某铁路突发事件的应急预案评价问题。设该类突发事件有五个应急预案 $Y_i (i=1,2,3,4,5)$，评价应急预案的属性（或指标）包括应急预案的编制（G_1）、应急预案的性能（G_2）、应急预案的实施（G_3）、应急预案的管理（G_4）四个方面。评估专家对五个应急预案进行打分，打分值在 1（最差）到 10（最好）之间，所得结果如表 5-1 所示。

表 5-1　打分值决策矩阵 F

	G_1	G_2	G_3	G_4
Y_1	8.7	6.0	5.7	5.4
Y_2	8.5	8.1	6.2	6.1
Y_3	9.1	7.7	6.3	5.8
Y_4	7.9	8.8	4.8	6.4
Y_5	7.5	7.1	5.8	6.2

如果属性权重 $\omega=(0.15,0.34,0.26,0.25)^{\mathrm{T}}$，下面利用 VIKOR 方法对铁路突发事件应急预案进行排序。

步骤 1　利用式（5.2）对决策矩阵进行规范化处理，得到规范化决策矩阵如表 5-2 所示。

表 5-2　规范化决策矩阵 F'

	G_1	G_2	G_3	G_4
Y_1	0.750	0.000	0.600	0.000
Y_2	0.625	0.750	0.933	0.700
Y_3	1.000	0.607	1.000	0.400
Y_4	0.250	1.000	0.000	1.000
Y_5	0.000	0.550	0.667	0.800

步骤 2　确定正理想解 f^* 与负理想解 f^-。根据表 5-2 可得正理想解 f^* 与负理想解 f^- 分别为

$$f^*=(1,1,1,1)^{\mathrm{T}},\quad f^-=(0,0,0,0)^{\mathrm{T}}$$

步骤 3　确定妥协解方案。取 $v=0.5$，根据式（5.5）～式（5.7）计算 S_i、R_i 以及 Q_i 值，计算结果如表 5-3 所示。

表 5-3　各应急预案的 S_i、R_i 与 Q_i 值

	S_i	R_i	Q_i
Y_1	0.732	0.340	1.000
Y_2	0.234	0.085	0.000
Y_3	0.284	0.150	0.178
Y_4	0.373	0.260	0.483
Y_5	0.440	0.153	0.340

由 Q_i 值得到各应急预案的优劣次序为：$A_2 \succ A_3 \succ A_5 \succ A_4 \succ A_1$，即按 Q_i 值排序应急预案 Y_2 为最佳，应急预案 Y_3 次之，但 $Q(Y_3)-Q(Y_2)=0.178<\dfrac{1}{m-1}=\dfrac{1}{4}$，即不满足排序条件 1；而按 S_i、R_i 值排序 Y_2 均为最佳，即满足排序条件 2。由于

$$Q(Y_5)-Q(Y_2)=0.340>\frac{1}{m-1}=\frac{1}{4}$$

因此，应急预案 Y_2、Y_3 均为折中解方案。

5.1.3　属性权重信息未知情形下的 VIKOR 方法

如果多属性决策问题的属性权重 $\omega=(\omega_1,\omega_2,\cdots,\omega_n)^{\mathrm{T}}$ 完全未知，则可通过构造最优化模型的方法确定属性权重。

设决策矩阵 $F=(f_{ij})_{m\times n}$ 的规范化矩阵为 $F'=(f'_{ij})_{m\times n}$，$f^*=(f_1^*,f_2^*,\cdots,f_n^*)$ 和 $f^-=(f_1^-,f_2^-,\cdots,f_n^-)$ 分别为多属性决策问题的正理想解和负理想解。由于

$$S_i=\sum_{j=1}^{n}\omega_j\left(\frac{f_j^*-f_{ij}}{f_j^*-f_j^-}\right)$$

表示的是备选方案 Y_i 到正理想解的接近程度，S_i 越小说明备选方案 Y_i 越接近正理想解，此时选择属性权重的问题即转化为求解多目标优化模型：

$$\begin{cases}\min S_i=\sum\limits_{j=1}^{n}\omega_j(f_j^*-f'_{ij})/(f_j^*-f_j^-), i=1,2,\cdots,m\\ \text{s.t.}\sum\limits_{j=1}^{n}\omega_j^2=1,\omega_j\geqslant 0, j=1,2,\cdots,n\end{cases}\tag{5.8}$$

由于各备选方案之间不存在偏好关系，则求解上述多目标优化模型就等价于解以下单目标优化模型：

$$\begin{cases}\min S=\sum\limits_{i=1}^{m}\sum\limits_{j=1}^{n}\omega_j(f_j^*-f'_{ij})/(f_j^*-f_j^-)\\ \text{s.t.}\sum\limits_{j=1}^{n}\omega_j^2=1,\omega_j\geqslant 0, j=1,2,\cdots,n\end{cases}\tag{5.9}$$

为了求解最优化模型（5.9），可构造拉格朗日函数：

$$L(\omega,\lambda)=\sum_{i=1}^{m}\sum_{j=1}^{n}\omega_j(f_j^*-f'_{ij})/(f_j^*-f_j^-)+\frac{\lambda}{2}\left(\sum_{j=1}^{n}\omega_j^2-1\right)\tag{5.10}$$

对式（5.10）关于 ω_j 和 λ 求偏导数，并令偏导数等于 0，可得

$$\begin{cases}\dfrac{\partial L}{\partial \omega_j}=\sum\limits_{i=1}^{m}(f_j^*-f_{ij}')/(f_j^*-f_j^-)+\lambda\omega_j=0\\ \dfrac{\partial L}{\partial \omega}=\dfrac{1}{2}\left(\sum\limits_{j=1}^{n}\omega_j^2-1\right)=0\end{cases}$$

解之可得

$$\omega_j^*=\frac{\sum\limits_{i=1}^{m}(f_j^*-f_{ij}')/(f_j^*-f_j^-)}{\sqrt{\sum\limits_{j=1}^{n}\left[\sum\limits_{i=1}^{m}(f_j^*-f_{ij}')/(f_j^*-f_j^-)\right]^2}} \tag{5.11}$$

对 ω_j^* 进行归一化处理可得属性 $G_j=(j=1,2,\cdots,n)$ 的权重为

$$\omega_j^*=\frac{\sum\limits_{i=1}^{m}(f_j^*-f_{ij}')/(f_j^*-f_j^-)}{\sum\limits_{j=1}^{n}\sum\limits_{i=1}^{m}(f_j^*-f_{ij}')/(f_j^*-f_j^-)},\quad j=1,2,\cdots,n \tag{5.12}$$

类似于 5.1.2 小节，属性权重信息完全未知情形下 VIKOR 方法的决策步骤可归纳如下。

步骤 1　确定多属性决策问题的方案集 $Y=\{Y_1,Y_2,\cdots,Y_m\}$ 和属性集 $G=\{G_1,G_2,\cdots,G_n\}$，构建多属性决策问题的决策矩阵 $F=(f_{ij})_{m\times n}$。

步骤 2　对决策矩阵 $F=(f_{ij})_{m\times n}$ 进行规范化处理。利用式（5.2）、式（5.3）对决策矩阵 $F=(f_{ij})_{m\times n}$ 进行规范化处理，可得规范化决策矩阵 $F'=(f_{ij}')_{m\times n}$，f_{ij}' 的具体计算公式如下。

当属性 G_j 为效益型指标时，

$$f_{ij}'=\frac{f_{ij}-\min\limits_i(f_{ij})}{\max\limits_i(f_{ij})-\min\limits_i(f_{ij})}$$

当属性 G_j 为成本型指标时，

$$f_{ij}'=\frac{\max\limits_i(f_{ij})-f_{ij}}{\max\limits_i(f_{ij})-\min\limits_i(f_{ij})}$$

步骤 3　根据规范化矩阵 $F'=(f_{ij}')_{m\times n}$，确定正理想解 f^* 和负理想解 f^-：

$$f^*=(f_1^*,f_2^*,\cdots,f_n^*),\quad f^-=(f_1^-,f_2^-,\cdots,f_n^-)$$

其中，$f_j^*=\max\limits_i(f_{ij}')$，$f_j^-=\min\limits_i(f_{ij}')$。

步骤 4 利用式（5.12）计算属性 $G_j(j=1,2,\cdots,n)$ 的权重 $\omega_j(j=1,2,\cdots,n)$，得到权重向量 $\omega=(\omega_1,\omega_2,\cdots,\omega_n)^{\mathrm{T}}$。

步骤 5 由式（5.5）～式（5.7），计算各备选方案 $Y_i\in Y$ 的群体效益值 S_i、个体遗憾值 R_i 以及折中值 Q_i：

$$S_i=\sum_{j=1}^{n}\omega_j\left(\frac{f_j^*-f_{ij}}{f_j^*-f_j^-}\right)$$

$$R_i=\max_j\left\{\omega_j\left(\frac{f_j^*-f_{ij}}{f_j^*-f_j^-}\right)\right\}$$

$$Q_i=\nu\frac{S_i-S^*}{S^--S^*}+(1-\nu)\frac{R_i-R^*}{R^--R^*},\ i=1,2,\cdots,m$$

并按 S_i、R_i 以及 Q_i 值对各备选方案进行排序，数值越小表示相应的方案越优。

步骤 6 确定妥协解方案。设按 Q_i 值递增得到的排序为 $Y^{(1)},Y^{(2)},\cdots,Y^{(J)},\cdots,Y^{(m)}$，则依据排序条件 1 和排序条件 2 可确定备选方案的优劣排序，并得到折中解方案。

对于例 5.1，如果属性权重完全未知，则根据表 5-2 的规范化矩阵，由式（5.12）计算可得属性 $G_j(j=1,2,3,4)$ 的权重向量为

$$\omega=(0.284,0.250,0.215,0.251)^{\mathrm{T}}$$

取 $\nu=0.5$，利用式（5.5）～式（5.7）计算 S_i、R_i 以及 Q_i 值，计算结果如表 5-4 所示。

表 5-4 各应急预案的 S_i、R_i 与 Q_i 值

	S_i	R_i	Q_i
Y_1	0.658	0.251	0.907
Y_2	0.259	0.107	0.041
Y_3	0.249	0.151	0.124
Y_4	0.428	0.215	0.524
Y_5	0.518	0.284	0.829

由表 5-4 可知，根据 Q_i 值得到各应急预案的优劣次序为

$$A_2\succ A_3\succ A_4\succ A_5\succ A_1$$

即按 Q_i 值排序应急预案 Y_2 为最佳，应急预案 Y_3 次之，按 R_i 值排序应急预案 Y_2 为最佳，即满足排序条件 2。但 $Q(Y_3)-Q(Y_2)=0.083<\frac{1}{m-1}=\frac{1}{4}$，即不满足排序条件 1；由于

$$Q(Y_4)-Q(Y_2)=0.483>\frac{1}{m-1}=\frac{1}{4}$$

因此，应急预案 Y_2、Y_3 均为折中解方案。

5.2　直觉模糊信息下的 VIKOR 方法

5.2.1　基于模糊熵的直觉模糊 VIKOR 方法

1. 问题描述

设某多属性决策问题有 m 个方案 $Y_i(i=1,2,\cdots,m)$ 组成方案集 $Y=\{Y_1,Y_2,\cdots,Y_m\}$，评价每个方案的属性（或指标）为 $G_j(j=1,2,\cdots,n)$，记属性集为 $G=\{G_1,G_2,\cdots,G_n\}$。如果 $\tilde{F}_{ij}=\langle\mu_{ij},\nu_{ij}\rangle(i=1,2,\cdots,m;j=1,2,\cdots,n)$ 为直觉模糊集，表示方案满足属性 $G_j\in G$ 和不满足属性 $G_j\in G$ 的程度，且 $0\leqslant\mu_{ij}+\nu_{ij}\leqslant 1$，矩阵 $F=(\langle\mu_{ij},\nu_{ij}\rangle)_{m\times n}$ 为该多属性决策问题的直觉模糊决策矩阵。现在的问题是依据直觉模糊决策矩阵 F，如何得到一个有效的决策分析方法来对所有方案进行优劣排序。

2. 基于模糊熵的属性权重确定方法

模糊熵是 Shannon 信息熵在模糊数学领域的扩展，被用来解释模糊集所包含的信息量，信息量越多，则模糊性越低，它能够为决策者提供的信息也就越多。直觉模糊熵最早由 Burillo 等提出，后来很多学者对直觉模糊熵的定义及其计算公式进行了较深入的研究[3-6]。本书借鉴文献[7]关于模糊熵的公理化定义计算属性权重。

设 $\tilde{A}=\{\langle x_i,\mu_A(x_i),\nu_A(x_i)\rangle\mid x_i\in X,i=1,2,\cdots,n\}$ 为论域 X 上的直觉模糊集，则

$$E(\tilde{A})=\frac{1}{n}\sum_{i=1}^{n}\cos\frac{\pi(\mu_A^2(x_i)-\nu_A^2(x_i))}{2} \tag{5.13}$$

是一个直觉模糊熵。

由于 $\pi_{\tilde{A}}(x_i)=1-(\mu_{\tilde{A}}(x_i)+\nu_{\tilde{A}}(x_i))$，所以式（5.13）也可以写为

$$E(\tilde{A})=\frac{1}{n}\sum_{i=1}^{n}\cos\frac{\pi(\mu_A(x_i)-\nu_A(x_i))(1-\pi_A(x_i))}{2} \tag{5.14}$$

从式（5.14）不难看出，直觉模糊熵 $E(\tilde{A})$ 不仅考虑了隶属度与非隶属度的偏差 $\mu_A(x_i)-\nu_A(x_i)$，而且考虑了犹豫度 $\pi_A(x_i)$ 的信息。

在多属性决策问题中，由于各方案 $Y_i(i=1,2,\cdots,m)$ 在属性 G_j 的评价值 $\tilde{F}_{ij}=\langle\mu_{ij},\nu_{ij}\rangle$ 为直觉模糊数，根据式（5.14）可得属性 $G_j(j=1,2,\cdots,n)$ 的直觉模糊熵 E_j 为

$$E_j=\frac{1}{m}\sum_{i=1}^{m}\cos\frac{\pi(\mu_{ij}-\nu_{ij})(1-\pi_{ij})}{2},\quad j=1,2,\cdots,n \tag{5.15}$$

于是可得属性 $G_j(j=1,2,\cdots,n)$ 的权重 ω_j 为

$$\omega_j=\frac{1-E_j}{n-\sum_{j=1}^{n}E_j},\quad j=1,2,\cdots,n \tag{5.16}$$

3. 基于模糊熵的直觉模糊 VIKOR 方法的决策步骤

根据以上分析，基于模糊熵的直觉模糊 VIKOR 方法的决策步骤可以归纳如下。

步骤 1 确定多属性决策问题的方案集 $Y=\{Y_1,Y_2,\cdots,Y_m\}$ 和属性集 $G=\{G_1,G_2,\cdots,G_n\}$，获取多属性决策问题中方案 $Y_i\in Y$ 关于属性 $G_j\in G$ 的直觉模糊特征信息，构建直觉模糊决策矩阵 F。

步骤 2 根据直觉模糊多属性决策矩阵 F，利用式（5.15）和式（5.16）计算属性 $G_j(j=1,2,\cdots,n)$ 的模糊熵 E_j 和属性权重 ω_j。

步骤 3 根据直觉模糊多属性决策矩阵 F 确定多属性解决问题的正理想解 Y^+ 和负理想解 Y^-：

$$Y^+=(Y_1^+,Y_2^+,\cdots,Y_n^+) \tag{5.17}$$

$$Y^-=(Y_1^-,Y_2^-,\cdots,Y_n^-) \tag{5.18}$$

式中，$Y_j^+=\langle 1,0\rangle$，$Y_j^-=\langle 0,1\rangle$。

步骤 4 计算各备选方案 $Y_i\in Y$ 的群体效益值 S_i、个体遗憾值 R_i：

$$S_i=\sum_{j=1}^{n}\omega_j\left[\frac{d(Y_j^+,\tilde{F}_{ij})}{d(Y_j^+,Y_j^-)}\right],\quad i=1,2,\cdots,m \tag{5.19}$$

$$R_i=\max_j\left\{\omega_j\left[\frac{d(Y_j^+,\tilde{F}_{ij})}{d(Y_j^+,Y_j^-)}\right]\right\},\quad i=1,2,\cdots,m \tag{5.20}$$

式中，$d(Y_j^+,\tilde{F}_{ij})$，$d(Y_j^+,Y_j^-)$ 为两个直觉模糊数的距离，用以下公式计算：

$$d(\tilde{\alpha}_1,\tilde{\alpha}_2)=\frac{1}{2}(|\mu_{\tilde{\alpha}_1}-\mu_{\tilde{\alpha}_2}|+|\nu_{\tilde{\alpha}_1}-\nu_{\tilde{\alpha}_2}|+|\pi_{\tilde{\alpha}_1}-\pi_{\tilde{\alpha}_2}|)$$

其中，$\tilde{\alpha}_1=\langle\mu_{\tilde{\alpha}_1},\nu_{\tilde{\alpha}_1}\rangle$，$\tilde{\alpha}_2=\langle\mu_{\tilde{\alpha}_2},\nu_{\tilde{\alpha}_2}\rangle$ 为两个任意的直觉模糊数。

步骤 5 计算各备选方案 $Y_i\in Y$ 的折中值 Q_i：

$$Q_i=\nu\frac{S_i-S^*}{S^- -S^*}+(1-\nu)\frac{R_i-R^*}{R^- -R^*},\quad i=1,2,\cdots,m \tag{5.21}$$

其中，S_i 为最大群体效用，是 $L_{1,j}$ 测度；R_i 为最小个体遗憾，是 $L_{\infty,j}$ 测度；ω_j 为各属性权重；$S^*=\min\limits_i S_i$，$S^-=\max\limits_i S_i$，$R^*=\min\limits_i R_i$，$R^-=\max\limits_i R_i$；ν 为决策机

制系数，$\nu\in[0,1]$，当$\nu>0.5$时，表示根据最大群体效用的决策机制进行决策；当$\nu=0.5$时，表示依据决策者经过协商达成共识的决策机制进行决策；当$\nu<0.5$时，表示根据最小个体遗憾的决策机制进行决策。

步骤6　按照Q_i、S_i、R_i值分别从小到大排序，确定妥协解方案。设按Q_i值递增得到的排序为$Y^{(1)},Y^{(2)},\cdots,Y^{(n)},\cdots,Y^{(m)}$，则可依据排序条件1和排序条件2确定备选方案的排序和最优方案或折中解方案。

4. 实例分析

例5.2　考虑突发事件应急预案评估问题。突发事件应急预案是针对各种突发事件类型而事先制订的一套能迅速、有效、有序地解决问题的行动计划或方案，为全面、客观地评判应急预案处置突发事件的能力，应从预案处置的快速性（G_1）、预案内容的合理性（G_2）、预案保障的充分性（G_3）、预案消耗费用的合理性（G_4）以及预案的广泛适用性（G_5）等五个方面进行综合评价[8]。假设现有五个应急预案$Y_i(i=1,2,3,4,5)$，决策者根据自己的知识、经验以及已有的统计数据确定出每个应急预案$Y_i(i=1,2,3,4,5)$关于属性$G_j(j=1,2,3,4,5)$的直觉模糊评价信息，得到的直觉模糊决策矩阵$F=(\langle\mu_{ij},\nu_{ij}\rangle)_{5\times5}$，如表5-5所示。

表5-5　应急预案评估的直觉模糊决策矩阵F

	G_1	G_2	G_3	G_4	G_5
Y_1	〈0.6，0.1〉	〈0.3，0.1〉	〈0.1，0.4〉	〈0.7，0.1〉	〈0.5，0.2〉
Y_2	〈0.4，0.2〉	〈0.4，0.3〉	〈0.3，0.4〉	〈0.6，0.2〉	〈0.8，0.1〉
Y_3	〈0.6，0.3〉	〈0.7，0.2〉	〈0.4，0.4〉	〈0.4，0.1〉	〈0.7，0.2〉
Y_4	〈0.3，0.5〉	〈0.5，0.2〉	〈0.6，0.3〉	〈0.5，0.2〉	〈0.9，0.0〉
Y_5	〈0.3，0.4〉	〈0.2，0.2〉	〈0.2，0.4〉	〈0.3，0.5〉	〈0.4，0.5〉

下面运用基于模糊熵的直觉模糊VIKOR方法对应急预案进行排序。

步骤1　利用式（5.15）计算各属性的模糊熵，可得

$$E_1=0.9418,E_2=0.9385,E_3=0.9720,E_4=0.8984,E_5=0.7079$$

步骤2　根据式（5.16）计算属性$G_j(j=1,2,3,4,5)$的权重$\omega_i(i=1,2,3,4,5)$，得属性权重向量

$$\omega=(0.1075,0.1136,0.0517,0.1877,0.5395)^{\mathrm{T}}$$

步骤3　根据式(5.17)和式(5.18)确定直觉模糊正理想解Y^+和负理想解Y^-：

$$Y^+=(\langle1,0\rangle,\langle1,0\rangle,\langle1,0\rangle,\langle1,0\rangle,\langle1,0\rangle)$$

$$Y^-=(\langle0,1\rangle,\langle0,1\rangle,\langle0,1\rangle,\langle0,1\rangle,\langle0,1\rangle)$$

步骤 4　取 $v=0.5$，根据式（5.19）～式（5.21）计算各方案的群体效益值 S_i、个体遗憾值 R_i 以及折中值 Q_i，计算结果如表 5-6 所示。

表 5-6　各应急预案 S_i、R_i 与 Q_i 值

	Y_1	Y_2	Y_3	Y_4	Y_5	排序
S_i	0.496	0.352	0.383	0.301	0.662	$A_4 \succ A_2 \succ A_3 \succ A_1 \succ A_5$
R_i	0.270	0.108	0.162	0.094	0.324	$A_4 \succ A_2 \succ A_3 \succ A_1 \succ A_5$
Q_i	0.653	0.101	0.261	0.000	1.000	$A_4 \succ A_2 \succ A_3 \succ A_1 \succ A_5$

按 Q_i 值由小到大排序得到应急预案 $Y_i(i=1,2,3,4,5)$ 的优劣次序为

$$A_4 \succ A_2 \succ A_3 \succ A_1 \succ A_5$$

由于 $Q(Y_2)-Q(Y_4)=0.101<\dfrac{1}{m-1}=\dfrac{1}{4}$，即不满足排序条件 1，但是按 S_i、R_i 值排序 Y_4 仍为最优方案，即满足排序条件 2，因此应急预案 Y_4 为折中解方案。

将上述方法与4.2节提出的直觉模糊TOPSIS方法关于突发事件应急预案评估问题的处理结果进行比较，从表 5-7 可以看出，两种方法的排序结果相同，应急预案 Y_4 均为最佳方案，但很明显，本节给出的基于模糊熵的直觉模糊 VIKOR 方法的分辨能力更强。

表 5-7　VIKOR 方法与 TOPSIS 方法的评价结果比较

	TOPSIS 方法	VIKOR 方法	排序
Y_1	0.5355	0.653	4
Y_2	0.7021	0.101	2
Y_3	0.6899	0.261	3
Y_4	0.8147	0.000	1
Y_5	0.0567	1.000	5

5.2.2　属性权重信息未知情况下的直觉模糊 VIKOR 方法

1. 问题描述

设某多属性决策问题有 m 个方案 $Y_i(i=1,2,\cdots,m)$ 组成方案集 $Y=\{Y_1,Y_2,\cdots,Y_m\}$，评价每个方案的属性（或指标）为 $G_j(j=1,2,\cdots,n)$，记属性集为 $G=\{G_1,G_2,\cdots,G_n\}$，假设属性权重向量 $\omega=(\omega_1,\omega_2,\cdots,\omega_n)^{\mathrm{T}}$ 未知或权重信息不完全。如果

$\tilde{F}_{ij}=\langle\mu_{ij},\nu_{ij}\rangle(i=1,2,\cdots,m;j=1,2,\cdots,n)$ 为直觉模糊集，表示方案满足属性 $G_j\in G$ 和不满足属性 $G_j\in G$ 的程度，且 $0\leqslant\mu_{ij}+\nu_{ij}\leqslant 1$，则矩阵 $F=(\langle\mu_{ij},\nu_{ij}\rangle)_{m\times n}$ 为该多属性决策问题的直觉模糊决策矩阵。现在的问题是依据直觉模糊决策矩阵 F，如何通过确定属性 $G_j(j=1,2,\cdots,n)$ 的权重向量，得到一个有效的决策分析方法来对所有方案进行优劣排序。

2. 属性权重的确定方法

根据直觉模糊多属性决策矩阵 F 确定多属性决策问题的正理想解 Y^+ 和负理想解 Y^-：

$$Y^+=(Y_1^+,Y_2^+,\cdots,Y_n^+)=(\langle\mu_1^+,\nu_1^+\rangle,\langle\mu_2^+,\nu_2^+\rangle,\cdots,\langle\mu_n^+,\nu_n^+\rangle)$$

$$Y^-=(Y_1^-,Y_2^-,\cdots,Y_n^-)=(\langle\mu_1^-,\nu_1^-\rangle,\langle\mu_2^-,\nu_2^-\rangle,\cdots,\langle\mu_n^-,\nu_n^-\rangle)$$

式中，$\langle\mu_j^+,\nu_j^+\rangle=\langle\max\limits_i\mu_{ij},\min\limits_i\nu_{ij}\rangle,\langle\mu_j^-,\nu_j^-\rangle=\langle\min\limits_i\mu_{ij},\max\limits_i\nu_{ij}\rangle,j=1,2,\cdots,n$。

对于决策方案 $Y_i(i=1,2,\cdots,m)$，用 $d_i^+(\omega)$、$d_i^-(\omega)$ 分别表示方案 $Y_i(i=1,2,\cdots,m)$ 到正理想解 Y^+ 和负理想解 Y^- 的加权偏差，定义 $d_i^+(\omega)$ 和 $d_i^-(\omega)$ 分别为

$$d_i^+(\omega)=\frac{1}{2}\sum_{j=1}^n\omega_j[|\mu_{ij}-\mu_j^+|+|\nu_{ij}-\nu_j^+|+|\pi_{ij}-\pi_j^+|]$$

$$d_i^-(\omega)=\frac{1}{2}\sum_{j=1}^n\omega_j[|\mu_{ij}-\mu_j^-|+|\nu_{ij}-\nu_j^-|+|\pi_{ij}-\pi_j^-|]$$

对于给定的权重向量 $\omega=(\omega_1,\omega_2,\cdots,\omega_n)^{\mathrm{T}}$，$d_i^+(\omega)$ 越小而 $d_i^-(\omega)$ 越大，则相应的方案 $Y_i(i=1,2,\cdots,m)$ 越优。

当属性权重信息不完全时，若权重向量满足：$\underline{\omega}_j\leqslant\omega_j\leqslant\bar{\omega}_j,\sum\limits_{j=1}^n\omega_j=1,\omega_j\geqslant 0$ $(j=1,2,\cdots,n)$，可建立多目标最优化模型：

$$\begin{cases}\min d_i^+(\omega)=\dfrac{1}{2}\sum\limits_{j=1}^n\omega_j[|\mu_{ij}-\mu_j^+|+|\nu_{ij}-\nu_j^+|+|\pi_{ij}-\pi_j^+|],i=1,2,\cdots,m\\ \max d_i^-(\omega)=\dfrac{1}{2}\sum\limits_{j=1}^n\omega_j[|\mu_{ij}-\mu_j^-|+|\nu_{ij}-\nu_j^-|+|\pi_{ij}-\pi_j^-|],i=1,2,\cdots,m\\ \text{s.t. }\underline{\omega}_j\leqslant\omega_j\leqslant\bar{\omega}_j,\sum\limits_{j=1}^n\omega_j=1,\omega_j\geqslant 0,j=1,2,\cdots,n\end{cases}\tag{5.22}$$

令

$$d^+(\omega)=\sum_{i=1}^m d_i^+(\omega)=\frac{1}{2}\sum_{j=1}^n\sum_{i=1}^m\omega_j[|\mu_{ij}-\mu_j^+|+|\nu_{ij}-\nu_j^+|+|\pi_{ij}-\pi_j^+|]$$

$$d^-(\omega)=\sum_{i=1}^m d_i^-(\omega)=\frac{1}{2}\sum_{j=1}^n\sum_{i=1}^m \omega_j[|\mu_{ij}-\mu_j^-|+|\nu_{ij}-\nu_j^-|+|\pi_{ij}-\pi_j^-|]$$

则 $d^+(\omega)$、$d^-(\omega)$ 分别表示所有方案 $Y_i(i=1,2,\cdots,m)$ 到正理想解 Y^+ 和负理想解 Y^- 的加权偏差总和。每个方案都是公平竞争的，不存在任何偏好关系，因此模型（5.22）等权集结为如下单目标最优化模型：

$$\begin{cases}\min d^+(\omega)-d^-(\omega)=\dfrac{1}{2}\sum\limits_{j=1}^n\sum\limits_{i=1}^m \omega_j[|\mu_{ij}-\mu_j^+|+|\nu_{ij}-\nu_j^+|+|\pi_{ij}-\pi_j^+| \\ \qquad -|\mu_{ij}-\mu_j^-|-|\nu_{ij}-\nu_j^-|-|\pi_{ij}-\pi_j^-|] \\ \text{s.t.}\underline{\omega}_j\leqslant\omega_j\leqslant\overline{\omega}_j,\sum\limits_{j=1}^n\omega_j=1,\omega_j\geqslant 0,j=1,2,\cdots,n\end{cases}\tag{5.23}$$

解最优化模型（5.23），可得属性权重向量 $\omega=(\omega_1,\omega_2,\cdots,\omega_n)^{\mathrm{T}}$。

如果属性权重信息完全未知，则可构建以 $d^+(\omega)$ 最小化或 $d^-(\omega)$ 最大化为目标的最优化模型式（5.24）和式（5.25）：

$$\begin{cases}\min d^+(\omega)=\dfrac{1}{2}\sum\limits_{j=1}^n\sum\limits_{i=1}^m \omega_j[|\mu_{ij}-\mu_j^+|+|\nu_{ij}-\nu_j^+|+|\pi_{ij}-\pi_j^+|] \\ \text{s.t.}\sum\limits_{j=1}^n\omega_j^2=1,\omega_j\geqslant 0,j=1,2,\cdots,n\end{cases}\tag{5.24}$$

$$\begin{cases}\max d^-(\omega)=\dfrac{1}{2}\sum\limits_{j=1}^n\sum\limits_{i=1}^m \omega_j[|\mu_{ij}-\mu_j^-|+|\nu_{ij}-\nu_j^-|+|\pi_{ij}-\pi_j^-|] \\ \text{s.t.}\sum\limits_{j=1}^n\omega_j^2=1,\omega_j\geqslant 0,j=1,2,\cdots,n\end{cases}\tag{5.25}$$

通过构造拉格朗日函数，利用极值理论求解最优化模型式（5.24）或式（5.25），可得其最优解分别为

$$\omega_j^*=\frac{\sum\limits_{i=1}^m[|\mu_{ij}-\mu_j^+|+|\nu_{ij}-\nu_{ij}^+|+|\pi_{ij}-\pi_j^+|]}{\sqrt{\sum\limits_{j=1}^n\left[\sum\limits_{i=1}^m[|\mu_{ij}-\mu_j^+|+|\nu_{ij}-\nu_j^+|+|\pi_{ij}-\pi_j^+|]\right]^2}},\quad j=1,2,\cdots,n\tag{5.26}$$

或 $$\omega_j^*=\frac{\sum\limits_{i=1}^m[|\mu_{ij}-\mu_j^-|+|\nu_{ij}-\nu_{ij}^-|+|\pi_{ij}-\pi_j^-|]}{\sqrt{\sum\limits_{j=1}^n\left[\sum\limits_{i=1}^m[|\mu_{ij}-\mu_j^-|+|\nu_{ij}-\nu_j^-|+|\pi_{ij}-\pi_j^-|]\right]^2}},\quad j=1,2,\cdots,n\tag{5.27}$$

对 ω_j^* 进行归一化处理可得属性 $G_j(j=1,2,\cdots,n)$ 的权重为

$$\omega_j=\frac{\sum_{i=1}^{m}[|\mu_{ij}-\mu_j^+|+|\nu_{ij}-\nu_j^+|+|\pi_{ij}-\pi_j^+|]}{\sum_{j=1}^{n}\sum_{i=1}^{m}[|\mu_{ij}-\mu_j^+|+|\nu_{ij}-\nu_j^+|+|\pi_{ij}-\pi_j^+|]},\quad j=1,2,\cdots,n \tag{5.28}$$

或

$$\omega_j=\frac{\sum_{i=1}^{m}[|\mu_{ij}-\mu_j^-|+|\nu_{ij}-\nu_j^-|+|\pi_{ij}-\pi_j^-|]}{\sum_{j=1}^{n}\sum_{i=1}^{m}[|\mu_{ij}-\mu_j^-|+|\nu_{ij}-\nu_j^-|+|\pi_{ij}-\pi_j^-|]},\quad j=1,2,\cdots,n \tag{5.29}$$

3. 属性权重未知情形下的直觉模糊 VIKOR 方法的决策步骤

根据以上分析，属性权重未知情形下的直觉模糊 VIKOR 方法的决策步骤可以归纳如下。

步骤 1　确定多属性决策问题的方案集 $Y=\{Y_1,Y_2,\cdots,Y_m\}$ 和属性集 $G=\{G_1,G_2,\cdots,G_n\}$，获取多属性决策问题中方案 $Y_i\in Y$ 关于属性 $G_j\in G$ 的直觉模糊特征信息，构建直觉模糊决策矩阵 F。

步骤 2　根据直觉模糊多属性决策矩阵 F 确定多属性解决问题的正理想解 Y^+ 和负理想解 Y^-：

$$Y^+=(Y_1^+,Y_2^+,\cdots,Y_n^+)=(\langle\mu_1^+,\nu_1^+\rangle,\langle\mu_2^+,\nu_2^+\rangle,\cdots,\langle\mu_n^+,\nu_n^+\rangle)$$

$$Y^-=(Y_1^-,Y_2^-,\cdots,Y_n^-)=(\langle\mu_1^-,\nu_1^-\rangle,\langle\mu_2^-,\nu_2^-\rangle,\cdots,\langle\mu_n^-,\nu_n^-\rangle)$$

步骤 3　求解模型(5.23)或利用式(5.28)、式(5.29)确定属性 $G_j(j=1,2,\cdots,n)$ 的权重向量 $\omega=(\omega_1,\omega_2,\cdots,\omega_n)^{\mathrm{T}}$。

步骤 4　计算各备选方案 $Y_i\in Y$ 的群体效益值 S_i、个体遗憾值 R_i：

$$S_i=\sum_{j=1}^{n}\omega_j\left[\frac{d(Y_j^+,\tilde{F}_{ij})}{d(Y_j^+,Y_j^-)}\right],\quad i=1,2,\cdots,m$$

$$R_i=\max_j\left\{\omega_j\left[\frac{d(Y_j^+,\tilde{F}_{ij})}{d(Y_j^+,Y_j^-)}\right]\right\},\quad i=1,2,\cdots,m$$

式中，$d(Y_j^+,\tilde{F}_{ij})$，$d(Y_j^+,Y_j^-)$ 为两个直觉模糊数的距离，用以下公式计算

$$d(\tilde{\alpha}_1,\tilde{\alpha}_2)=\frac{1}{2}(|\mu_{\tilde{\alpha}_1}-\mu_{\tilde{\alpha}_2}|+|\nu_{\tilde{\alpha}_1}-\nu_{\tilde{\alpha}_2}|+|\pi_{\tilde{\alpha}_1}-\pi_{\tilde{\alpha}_2}|)$$

其中，$\tilde{\alpha}_1=\langle\mu_{\tilde{\alpha}_1},\nu_{\tilde{\alpha}_1}\rangle$，$\tilde{\alpha}_2=\langle\mu_{\tilde{\alpha}_2},\nu_{\tilde{\alpha}_2}\rangle$ 为两个任意的直觉模糊数。

步骤 5 计算各备选方案 $Y_i \in Y$ 的折中值 Q_i：

$$Q_i = \nu \frac{S_i - S^*}{S^- - S^*} + (1-\nu)\frac{R_i - R^*}{R^- - R^*}, \quad i = 1,2,\cdots,m$$

式中，S_i 为最大群体效用，是 $L_{1,j}$ 测度；R_i 为最小个体遗憾，是 $L_{\infty,j}$ 测度；ω_j 为各属性权重；$S^* = \min\limits_i S_i$，$S^- = \max\limits_i S_i$，$R^* = \min\limits_i R_i$，$R^- = \max\limits_i R_i$；ν 为决策机制系数，$\nu \in [0,1]$，当 $\nu > 0.5$ 时，表示根据最大群体效用的决策机制进行决策；当 $\nu = 0.5$ 时，表示依据决策者经过协商达成共识的决策机制进行决策；当 $\nu < 0.5$ 时，表示根据最小个体遗憾的决策机制进行决策。

步骤 6 按照 Q_i、S_i、R_i 值分别从小到大排序，确定妥协解方案。设按 Q_i 值递增得到的排序为 $Y^{(1)}, Y^{(2)}, \cdots, Y^{(J)}, \cdots, Y^{(m)}$，则可依据排序条件 1 和排序条件 2 确定备选方案的排序和最优方案或折中解方案。

4. 实例分析

例 5.3 考虑突发事件应急预案评估问题。突发事件应急预案是针对各种突发事件类型而事先制订的一套能迅速、有效、有序地解决问题的行动计划或方案，为全面、客观地评判应急预案处置突发事件的能力，应从预案处置的快速性（G_1）、预案内容的合理性（G_2）、预案保障的充分性（G_3）、预案消耗费用的合理性（G_4）以及预案的广泛适用性（G_5）等五个方面进行综合评价[8]，属性的权重信息完全未知。假设现有五个应急预案 $Y_i(i=1,2,3,4,5)$，决策者根据自己的知识、经验以及已有的统计数据确定出每个应急预案 $Y_i(i=1,2,3,4,5)$ 关于属性 $G_j(j=1,2,3,4,5)$ 的直觉模糊评价信息，得到的直觉模糊决策矩阵 $F = (\langle \mu_{ij}, \nu_{ij} \rangle)_{5\times5}$ 如表 5-8 所示。

表 5-8 应急预案评估的直觉模糊决策矩阵 F

	G_1	G_2	G_3	G_4	G_5
Y_1	⟨0.6，0.1⟩	⟨0.3，0.1⟩	⟨0.1，0.4⟩	⟨0.7，0.1⟩	⟨0.5，0.2⟩
Y_2	⟨0.4，0.2⟩	⟨0.4，0.3⟩	⟨0.3，0.4⟩	⟨0.6，0.2⟩	⟨0.8，0.1⟩
Y_3	⟨0.6，0.3⟩	⟨0.7，0.2⟩	⟨0.4，0.4⟩	⟨0.4，0.1⟩	⟨0.7，0.2⟩
Y_4	⟨0.3，0.5⟩	⟨0.5，0.2⟩	⟨0.6，0.3⟩	⟨0.5，0.2⟩	⟨0.9，0.0⟩
Y_5	⟨0.3，0.4⟩	⟨0.2，0.2⟩	⟨0.2，0.4⟩	⟨0.3，0.5⟩	⟨0.4，0.5⟩

下面运用权重信息未知情形下的直觉模糊 VIKOR 方法对应急预案进行排序。

步骤 1 首先根据直觉模糊决策矩阵 F 确定正理想解 Y^+ 和负理想解 Y^-：

$$Y^+ = (\langle 0.6,0.1 \rangle, \langle 0.7,0.1 \rangle, \langle 0.6,0.3 \rangle, \langle 0.7,0.1 \rangle, \langle 0.9,0.0 \rangle)$$

$$Y^- = (\langle 0.3,0.5 \rangle, \langle 0.2,0.3 \rangle, \langle 0.1,0.4 \rangle, \langle 0.3,0.5 \rangle, \langle 0.4,0.5 \rangle)$$

步骤 2　将相关数据代入式（5.28），可计算属性 $G_j(j=1,2,3,4,5)$ 的权重向量为

$$\omega=(0.177,0.242,0.226,0.161,0.194)^{\mathrm{T}}$$

步骤 3　取 $v=0.5$，根据式（5.19）～式（5.21）计算各方案的群体效益值 S_i、个体遗憾值 R_i 以及折中值 Q_i，计算结果如表 5-9 所示。

表 5-9　各应急预案的 S_i、R_i 与 Q_i 值

	Y_1	Y_2	Y_3	Y_4	Y_5	排序
S_i	0.575	0.448	0.426	0.354	0.910	$A_4 \succ A_3 \succ A_2 \succ A_1 \succ A_5$
R_i	0.226	0.145	0.121	0.177	0.242	$A_3 \succ A_2 \succ A_4 \succ A_1 \succ A_5$
Q_i	0.633	0.184	0.065	0.231	1.000	$A_3 \succ A_2 \succ A_4 \succ A_1 \succ A_5$

按 Q_i 值由小到大排序得到应急预案 $Y_i(i=1,2,3,4,5)$ 的优劣次序为

$$A_3 \succ A_2 \succ A_4 \succ A_1 \succ A_5$$

由于 $Q(Y_2)-Q(Y_3)=0.119<\dfrac{1}{m-1}=\dfrac{1}{4}$，即不满足排序条件 1，且按 R_i 值排序 Y_3 仍为排序第一的方案，即满足排序条件 2。

由于 $Q(Y_4)-Q(Y_3)=0.166<\dfrac{1}{m-1}=\dfrac{1}{4}$，而 $Q(Y_1)-Q(Y_3)=0.568>\dfrac{1}{m-1}=\dfrac{1}{4}$，因此应急预案 Y_3、Y_2、Y_4 均为折中解方案。

为了说明决策结果的稳定性，分别令 v 取 0.1，0.2，0.3，0.4，0.5，0.6，0.7，0.8，0.9，计算相应的 Q_i 值并确定应急预案的折中解方案，具体结果如表 5-10 所示。

表 5-10　v 取不同值时的排序结果比较

	Y_1	Y_2	Y_3	Y_4	Y_5	排序	折中解方案
S_i	0.575	0.448	0.426	0.354	0.910	$A_4 \succ A_3 \succ A_2 \succ A_1 \succ A_5$	
R_i	0.226	0.145	0.121	0.177	0.242	$A_3 \succ A_2 \succ A_4 \succ A_1 \succ A_5$	
$Q_i(0.1)$	0.821	0.195	0.013	0.417	1.000	$A_3 \succ A_2 \succ A_4 \succ A_1 \succ A_5$	Y_2、Y_3
$Q_i(0.2)$	0.774	0.193	0.026	0.370	1.000	$A_3 \succ A_2 \succ A_4 \succ A_1 \succ A_5$	Y_2、Y_3
$Q_i(0.3)$	0.727	0.190	0.039	0.324	1.000	$A_3 \succ A_2 \succ A_4 \succ A_1 \succ A_5$	Y_2、Y_3
$Q_i(0.4)$	0.680	0.187	0.052	0.278	1.000	$A_3 \succ A_2 \succ A_4 \succ A_1 \succ A_5$	Y_2、Y_3、Y_4
$Q_i(0.5)$	0.633	0.184	0.065	0.231	1.000	$A_3 \succ A_2 \succ A_4 \succ A_1 \succ A_5$	Y_2、Y_3、Y_4

续表

	Y_1	Y_2	Y_3	Y_4	Y_5	排序	折中解方案
$Q_i(0.6)$	0.586	0.181	0.078	0.185	1.000	$A_3 \succ A_2 \succ A_4 \succ A_1 \succ A_5$	Y_2、Y_3、Y_4
$Q_i(0.7)$	0.539	0.178	0.091	0.139	1.000	$A_3 \succ A_4 \succ A_2 \succ A_1 \succ A_5$	Y_2、Y_3、Y_4
$Q_i(0.8)$	0.492	0.175	0.104	0.093	1.000	$A_4 \succ A_3 \succ A_2 \succ A_1 \succ A_5$	Y_2、Y_3、Y_4
$Q_i(0.9)$	0.444	0.172	0.117	0.046	1.000	$A_4 \succ A_3 \succ A_2 \succ A_1 \succ A_5$	Y_2、Y_3、Y_4

由表 5-10 可以看出，$Q_i(Y_1)$、$Q_i(Y_2)$和$Q_i(Y_4)$随ν增加而减少，$Q_i(Y_3)$随ν增加而增加，而当ν变化时$Q_i(Y_5)$取 1 保持不变；$Q_i(Y_3)$在 9 次取值中 7 次取值最小，即Y_3排序最优，$Q_i(Y_4)$在 9 次取值中 2 次取值最小，即Y_4排序最优；$Q_i(Y_1)$、$Q_i(Y_5)$在 9 次取值中均是取值最大的两位，即Y_1、Y_5排序最差；Y_2、Y_3、Y_4在 9 次排序中 6 次为折中解方案，其中Y_2、Y_3均为折中解方案，这表明决策结果相对于决策机制系数ν并不敏感，其决策结果均有良好的稳定性。

5.3 区间直觉模糊信息下的 VIKOR 方法

5.3.1 基于模糊熵的区间直觉模糊 VIKOR 方法

1. 问题描述

设某多属性决策问题有m个方案$Y_i(i=1,2,\cdots,m)$组成方案集$Y=\{Y_1,Y_2,\cdots,Y_m\}$，评价每个方案的属性（或指标）为$G_j(j=1,2,\cdots,n)$，记属性集为$G=\{G_1,G_2,\cdots,G_n\}$。如果$\tilde{F}_{ij}=\langle[\mu_{ijL},\mu_{ijU}],[\nu_{ijL},\nu_{ijU}]\rangle(i=1,2,\cdots,m;j=1,2,\cdots,n)$为区间直觉模糊集，表示方案$Y_i(i=1,2,\cdots,m)$满足属性$G_j(j=1,2,\cdots,n)$和不满足属性$G_j(j=1,2,\cdots,n)$的程度，则矩阵$F_I=(\langle[\mu_{ijL},\mu_{ijU}],[\nu_{ijL},\nu_{ijU}]\rangle)_{m\times n}$为该多属性决策问题的区间直觉模糊决策矩阵。现在的问题是依据区间直觉模糊决策矩阵 F，如何得到一个有效的决策分析方法对所有方案进行优劣排序。

2. 基于区间模糊熵的属性权重确定方法

区间直觉模糊熵是模糊熵在区间直觉模糊集的推广，自从郭效芝[9]在 2004 年提出区间直觉模糊熵的公理化定义后，许多学者研究了区间直觉模糊熵的定义及其计算公式。本书利用文献[7]给出的区间直觉模糊熵来解决属性权重的计算问题。

设$\tilde{A}=\{\langle x_i,[\mu_{AL}(x_i),\mu_{AU}(x_i)],[\nu_{AL}(x_i),\nu_{AU}(x_i)]\rangle\mid x_i\in X\}$是任意区间直觉模糊集，则

$$E(\tilde{A})=\frac{1}{n}\sum_{i=1}^{n}\cos\frac{\pi(|\mu_{AL}^2(x_i)-\nu_{AL}^2(x_i)|+|\mu_{AU}^2(x_i)-\nu_{AU}^2(x_i)|)}{4} \tag{5.30}$$

是一个区间直觉模糊熵。

式（5.30）也可以写成

$$E(\tilde{A})=\frac{1}{n}\sum_{i=1}^{n}\cos\frac{\pi(|(\mu_{AL}(x_i)-\nu_{AL}(x_i))(1-\pi_{AL}(x_i))|+|(\mu_{AU}(x_i)-\nu_{AU}(x_i))(1-\pi_{AU}(x_i))|)}{4} \tag{5.31}$$

从式（5.31）可以看出，区间直觉模糊熵 $E(\tilde{A})$ 不仅包括隶属度与非隶属度的偏差 $\mu_{AL}(x_i)-\nu_{AL}(x_i)$，$\mu_{AU}(x_i)-\nu_{AU}(x_i)$，而且考虑了犹豫度 $\pi_{AL}(x_i)$、$\pi_{AU}(x_i)$ 的信息。

在多属性决策问题中，由于各备选方案 $Y_i(i=1,2,\cdots,m)$ 在属性 G_j 的评价值 $\tilde{F}_{ij}=\langle[\mu_{ijL},\mu_{ijU}],[\nu_{ijL},\nu_{ijU}]\rangle$ 为区间直觉模糊数，根据式（5.31）可得属性 $G_j(j=1,2,\cdots,n)$ 的区间直觉模糊熵 E_j 为

$$E_j=\frac{1}{m}\sum_{i=1}^{m}\cos\frac{\pi(|(\mu_{ijL}-\nu_{ijL})(1-\pi_{ijL})|+|(\mu_{ijU}-\nu_{ijU})(1-\pi_{ijU})|)}{4} \tag{5.32}$$

于是得到属性 $G_j(j=1,2,\cdots,n)$ 的权重 ω_j 为

$$\omega_j=\frac{1-E_j}{n-\sum_{j=1}^{n}E_j},\quad j=1,2,\cdots,n \tag{5.33}$$

3. 基于模糊熵的区间直觉模糊 VIKOR 方法的决策步骤

根据以上分析，基于模糊熵的区间直觉模糊 VIKOR 方法的决策步骤可以归纳如下。

步骤 1　确定多属性决策问题的方案集 $Y=\{Y_1,Y_2,\cdots,Y_m\}$ 和属性集 $G=\{G_1,G_2,\cdots,G_n\}$，获取多属性决策问题中方案 $Y_i\in Y$ 关于属性 $G_j\in G$ 的区间直觉模糊特征信息，构建直觉模糊决策矩阵 $F=(\langle[\mu_{ijL},\mu_{ijU}],[\nu_{ijL},\nu_{ijU}]\rangle)_{m\times n}$。

步骤 2　根据直觉模糊多属性决策矩阵 F，利用式（5.32）和式（5.33）计算属性 $G_j(j=1,2,\cdots,n)$ 的区间直觉模糊熵 E_j 和属性权重 ω_j。

步骤 3　根据直觉模糊多属性决策矩阵 F 确定多属性解决问题的正理想解 Y^+ 和负理想解 Y^-：

$$\begin{aligned}Y^+&=(Y_1^+,Y_2^+,\cdots,Y_n^+)\\&=(\langle[\mu_{1L}^+,\mu_{1U}^+],[\nu_{1L}^+,\nu_{1U}^+]\rangle,\langle[\mu_{2L}^+,\mu_{2U}^+],[\nu_{2L}^+,\nu_{2U}^+]\rangle,\cdots,\langle[\mu_{nL}^+,\mu_{nU}^+],[\nu_{nL}^+,\nu_{nU}^+]\rangle)\\Y^-&=(Y_1^-,Y_2^-,\cdots,Y_n^-)\\&=(\langle[\mu_{1L}^-,\mu_{1U}^-],[\nu_{1L}^-,\nu_{1U}^-]\rangle,\langle[\mu_{2L}^-,\mu_{2U}^-],[\nu_{2L}^-,\nu_{2U}^-]\rangle,\cdots,\langle[\mu_{nL}^-,\mu_{nU}^-],[\nu_{nL}^-,\nu_{nU}^-]\rangle)\end{aligned}$$

式中

$$\langle[\mu_{jL}^{+},\mu_{jU}^{+}],[\nu_{jL}^{+},\nu_{jU}^{+}]\rangle=\langle[\max_{i}\mu_{ijL},\max_{i}\mu_{ijU}],[\min_{i}\nu_{ijL},\min_{i}\nu_{ijU}]\rangle$$

$$\langle[\mu_{jL}^{-},\mu_{jU}^{-}],[\nu_{jL}^{-},\nu_{jU}^{-}]\rangle=\langle[\min_{i}\mu_{ijL},\min_{i}\mu_{ijU}],[\max_{i}\nu_{ijL},\max_{i}\nu_{ijU}]\rangle$$

步骤 4　计算各备选方案 $Y_i\in Y$ 的群体效益值 S_i 和个体遗憾值 R_i：

$$S_i=\sum_{j=1}^{n}\omega_j\left[\frac{d(Y_j^{+},\tilde{F}_{ij})}{d(Y_j^{+},Y_j^{-})}\right],\quad i=1,2,\cdots,m \tag{5.34}$$

$$R_i=\max_{j}\left\{\omega_j\left[\frac{d(Y_j^{+},\tilde{F}_{ij})}{d(Y_j^{+},Y_j^{-})}\right]\right\},\quad i=1,2,\cdots,m \tag{5.35}$$

式中，$d(Y_j^{+},\tilde{F}_{ij})$，$d(Y_j^{+},Y_j^{-})$ 为两个区间直觉模糊数的距离，用以下公式计算：

$$d(\tilde{\alpha}_1,\tilde{\alpha}_2)=\frac{1}{2}(|\mu_{\tilde{\alpha}_1L}-\mu_{\tilde{\alpha}_2L}|+|\mu_{\tilde{\alpha}_1U}-\mu_{\tilde{\alpha}_2U}|+|\nu_{\tilde{\alpha}_1L}-\nu_{\tilde{\alpha}_2L}|+|\nu_{\tilde{\alpha}_1U}-\nu_{\tilde{\alpha}_2U}|)$$

其中，$\tilde{\alpha}_1=\langle[\mu_{\tilde{\alpha}_1L},\mu_{\tilde{\alpha}_1U}],[\nu_{\tilde{\alpha}_1L},\nu_{\tilde{\alpha}_1U}]\rangle$，$\tilde{\alpha}_2=\langle[\mu_{\tilde{\alpha}_2L},\mu_{\tilde{\alpha}_2U}],[\nu_{\tilde{\alpha}_2L},\nu_{\tilde{\alpha}_2U}]\rangle$ 为两个任意的直觉模糊数。

步骤 5　计算各备选方案 $Y_i\in Y$ 的折中值 Q_i：

$$Q_i=\nu\frac{S_i-S^{*}}{S^{-}-S^{*}}+(1-\nu)\frac{R_i-R^{*}}{R^{-}-R^{*}},\quad i=1,2,\cdots,m \tag{5.36}$$

式中，S_i 为最大群体效用，是 $L_{1,j}$ 测度；R_i 为最小个体遗憾，是 $L_{\infty,j}$ 测度；ω_j 为各属性权重；$S^{*}=\min_{i}S_i$，$S^{-}=\max_{i}S_i$，$R^{*}=\min_{i}R_i$，$R^{-}=\max_{i}R_i$；ν 为决策机制系数，$\nu\in[0,1]$，当 $\nu>0.5$ 时，表示根据最大群体效用的决策机制进行决策；当 $\nu=0.5$ 时，表示依据决策者经过协商达成共识的决策机制进行决策；当 $\nu<0.5$ 时，表示根据最小个体遗憾的决策机制进行决策。

步骤 6　按照 Q_i、S_i、R_i 值分别从小到大排序，确定妥协解方案。设按 Q_i 值递增得到的排序为 $Y^{(1)},Y^{(2)},\cdots,Y^{(J)},\cdots,Y^{(m)}$，则备选方案的排序可依据排序条件 1 和排序条件 2 确定。

排序条件 1　可接受优势条件：$Q(Y^{(2)})-Q(Y^{(1)})\geqslant\dfrac{1}{m-1}$。

排序条件 2　决策过程中可接受的稳定性条件：方案 $Y^{(1)}$ 必须也是按照 S_i 值或 R_i 值排序第一的方案。

如果排序条件 1 和排序条件 2 同时满足，则方案 $Y^{(1)}$ 在决策过程中为稳定的最优方案。如果排序条件 1 和排序条件 2 不同时满足，当只满足排序条件 1、不满足排序条件 2 时，方案 $Y^{(1)}$ 和方案 $Y^{(2)}$ 均为折中解方案；如果不满足排序条件 1，通过

$$Q_i(Y^{(J)}) - Q_i(Y^{(1)}) < \frac{1}{m-1}$$

得到最大的 J，此时方案 $Y^{(1)}, Y^{(2)}, \cdots, Y^{(J)}$ 为折中解方案。

4. 实例分析

例 5.4　考虑某企业选拔优秀管理人员的多属性决策问题。假设某企业有五位备选管理人员 $Y_i(i=1,2,3,4,5)$，评价优秀管理人员的属性包括专业技能（G_1）、人际交往技能（G_2）、理性技能（G_3）和设计技能（G_4）[10]。如果企业管理层的专家准备根据这四个属性在备选的五位管理人员中选拔出一位优秀的管理人员，专家对五位备选管理人员关于四个属性的评价结果用区间直觉模糊数表示，相应地得到区间直觉模糊决策矩阵 F，如表 5-11 所示。

表 5-11　优秀管理人员选拔的区间直觉模糊决策矩阵 F

	G_1	G_2	G_3	G_4
Y_1	〈[0.4，0.5]，[0.3，0.4]〉	〈[0.4，0.6]，[0.2，0.4]〉	〈[0.3，0.4]，[0.4，0.5]〉	〈[0.5，0.6]，[0.1，0.3]〉
Y_2	〈[0.5，0.6]，[0.2，0.3]〉	〈[0.6，0.7]，[0.2，0.3]〉	〈[0.5，0.6]，[0.3，0.4]〉	〈[0.4，0.7]，[0.1，0.2]〉
Y_3	〈[0.3，0.5]，[0.3，0.4]〉	〈[0.1，0.3]，[0.5，0.6]〉	〈[0.2，0.5]，[0.4，0.5]〉	〈[0.2，0.3]，[0.4，0.6]〉
Y_4	〈[0.2，0.5]，[0.3，0.4]〉	〈[0.4，0.7]，[0.1，0.2]〉	〈[0.4，0.5]，[0.3，0.5]〉	〈[0.5，0.8]，[0.1，0.2]〉
Y_5	〈[0.3，0.4]，[0.1，0.3]〉	〈[0.7，0.8]，[0.1，0.2]〉	〈[0.5，0.6]，[0.2，0.4]〉	〈[0.6，0.7]，[0.1，0.2]〉

下面用基于模糊熵的区间直觉模糊 VIKOR 方法对五位备选管理人员 $Y_i(i=1,2,3,4,5)$ 进行评价并排序。

步骤 1　确定属性权重。利用区间直觉模糊决策矩阵 F，由式（5.32）计算属性 $G_j(j=1,2,3,4)$ 的模糊熵 $E_j(j=1,2,3,4)$ 分别为

$$E_1 = 0.9851, E_2 = 0.8571, E_3 = 0.9790, E_4 = 0.8729$$

将上述结果代入式（5.33），计算可得属性 $G_j(j=1,2,3,4)$ 的权重向量为

$$\omega = (0.049, 0.467, 0.069, 0.415)^{\mathrm{T}}$$

步骤 2　确定正理想解 Y^+ 和负理想解 Y^-。根据区间直觉模糊决策矩阵 F，可得区间直觉模糊正理想解 Y^+ 和负理想解 Y^- 分别为

$$Y^+ = (\langle[0.5,0.6],[0.1,0.3]\rangle, \langle[0.7,0.8],[0.1,0.2]\rangle, \langle[0.5,0.6],[0.2,0.4]\rangle, \langle[0.6,0.8],[0.1,0.2]\rangle)$$

$$Y^- = (\langle[0.2,0.4],[0.3,0.4]\rangle, \langle[0.1,0.3],[0.5,0.6]\rangle, \langle[0.2,0.4],[0.4,0.5]\rangle, \langle[0.2,0.3],[0.4,0.6]\rangle)$$

步骤 3　根据式（5.34）、式（5.35）计算各备选管理人员的群体效益值 S_i 和个体遗憾值 R_i，计算结果如表 5-12 所示。

表 5-12　各备选管理人员的 S_i 、R_i 值

	Y_1	Y_2	Y_3	Y_4	Y_5	排序
S_i	0.391	0.191	0.979	0.202	0.025	$A_5 \succ A_2 \succ A_4 \succ A_1 \succ A_3$
R_i	0.197	0.098	0.467	0.098	0.000	$A_5 \succ A_2 = A_4 \succ A_1 \succ A_3$

步骤 4　取 $v = 0.5$，根据式（5.35）计算各备选管理人员的折中值 Q_i，计算结果如表 5-13 所示。

表 5-13　各备选管理人员的 Q_i 值

	Y_1	Y_2	Y_3	Y_4	Y_5	排序
Q_i	0.405	0.193	1.000	0.198	0.000	$A_5 \succ A_2 \succ A_4 \succ A_1 \succ A_3$

从表 5-13 看出，按 Q_i 值排序备选管理人员 Y_5 为最佳，备选管理人员 Y_2 次之。由于

$$Q(Y_2) - Q(Y_5) = 0.193 < \frac{1}{m-1} = \frac{1}{4}$$

即不满足排序条件 1，进一步分析可知：Y_2、Y_4、Y_5 均为折中解方案。

5.3.2　属性权重信息未知情形下的区间直觉模糊 VIKOR 方法

1. 问题描述

设某多属性决策问题有 m 个方案 $Y_i(i=1,2,\cdots,m)$ 组成方案集 $Y=\{Y_1,Y_2,\cdots,Y_m\}$，评价每个方案的属性（或指标）为 $G_j(j=1,2,\cdots,n)$，记属性集为 $G=\{G_1,G_2,\cdots,G_n\}$，属性权重信息未知。如果 $\tilde{F}_{ij}=\langle[\mu_{ijL},\mu_{ijU}],[v_{ijL},v_{ijU}]\rangle(i=1,2,\cdots,m;j=1,2,\cdots,n)$ 为区间直觉模糊集，表示方案 $Y_i(i=1,2,\cdots,m)$ 满足属性 $G_j(j=1,2,\cdots,n)$ 和不满足属性 $G_j(j=1,2,\cdots,n)$ 的程度，则矩阵 $F=(\langle[\mu_{ijL},\mu_{ijU}],[v_{ijL},v_{ijU}]\rangle)_{m\times n}$ 为该多属性决策问题的区间直觉模糊决策矩阵。现在的问题是依据区间直觉模糊决策矩阵 F，如何确定属性 $G_j(j=1,2,\cdots,n)$ 的权重向量，得到一个有效的决策分析方法对所有方案进行优劣排序。

2. 属性权重的确定方法

根据区间直觉模糊多属性决策矩阵 F 确定多属性决策问题的正理想解 Y^+ 和负理想解 Y^-：

$$Y^+=(\langle[\mu_{1L}^+,\mu_{1U}^+],[v_{1L}^+,v_{1U}^+]\rangle,\langle[\mu_{2L}^+,\mu_{2U}^+],[v_{2L}^+,v_{2U}^+]\rangle,\cdots,\langle[\mu_{nL}^+,\mu_{nU}^+],[v_{nL}^+,v_{nU}^+]\rangle)$$

$$Y^- = (\langle[\mu_{1L}^-, \mu_{1U}^-],[\nu_{1L}^-, \nu_{1U}^-]\rangle, \langle[\mu_{2L}^-, \mu_{2U}^-],[\nu_{2L}^-, \nu_{2U}^-]\rangle, \cdots, \langle[\mu_{nL}^-, \mu_{nU}^-],[\nu_{nL}^-, \nu_{nU}^-]\rangle)$$

式中

$$\langle[\mu_{jL}^+, \mu_{jU}^+],[\nu_{jL}^+, \nu_{jU}^+]\rangle = \langle[\max_i \mu_{ijL}, \max_i \mu_{ijU}],[\min_i \nu_{ijL}, \min_i \nu_{ijU}]\rangle, j = 1,2,\cdots,n$$

$$\langle[\mu_{jL}^-, \mu_{jU}^-],[\nu_{jL}^-, \nu_{jU}^-]\rangle = \langle[\min_i \mu_{ijL}, \min_i \mu_{ijU}],[\max_i \nu_{ijL}, \max_i \nu_{ijU}]\rangle, j = 1,2,\cdots,n$$

对于决策方案 $Y_i(i=1,2,\cdots,m)$，用 $d_i^+(\omega)$、$d_i^-(\omega)$ 分别表示方案 $Y_i(i=1,2,\cdots,m)$ 到正理想解 Y^+ 和负理想解 Y^- 的加权偏差，定义 $d_i^+(\omega)$、$d_i^-(\omega)$ 分别为

$$d_i^+(\omega) = \frac{1}{4}\sum_{j=1}^n \omega_j[|\mu_{ijL} - \mu_{jL}^+| + |\mu_{ijU} - \mu_{jU}^+| + |\nu_{ijL} - \nu_{jL}^+| + |\nu_{ijU} - \nu_{jU}^+|]$$

$$d_i^-(\omega) = \frac{1}{4}\sum_{j=1}^n \omega_j[|\mu_{ijL} - \mu_{jL}^-| + |\mu_{ijU} - \mu_{jU}^-| + |\nu_{ijL} - \nu_{jL}^-| + |\nu_{ijU} - \nu_{jU}^-|]$$

从对决策方案进行排序角度考虑，若方案 $Y_i(i=1,2,\cdots,m)$ 离正理想解越近、离负理想解越远，则方案 $Y_i(i=1,2,\cdots,m)$ 越优。即对于给定的权重向量 $\omega=(\omega_1, \omega_2,\cdots,\omega_n)^{\mathrm{T}}$，$d_i^+(\omega)$ 越小而 $d_i^-(\omega)$ 越大，则相应的方案 $Y_i(i=1,2,\cdots,m)$ 越优。

当属性权重信息不完全时，如果权重向量满足 $\underline{\omega}_j \leqslant \omega_j \leqslant \overline{\omega}_j, \sum_{j=1}^n \omega_j = 1$，$\omega_j \geqslant 0(j=1,2,\cdots,n)$，则可建立如下多目标最优化模型：

$$\begin{cases} \min d_i^+(\omega) = \dfrac{1}{4}\sum\limits_{j=1}^n \omega_j[|\mu_{ijL} - \mu_{jL}^+| + |\mu_{ijU} - \mu_{jU}^+| + |\nu_{ijL} - \nu_{jL}^+| + |\nu_{ijU} - \nu_{jU}^+|], i=1,2,\cdots,m \\ \max d_i^-(\omega) = \dfrac{1}{4}\sum\limits_{j=1}^n \omega_j[|\mu_{ijL} - \mu_{jL}^-| + |\mu_{ijU} - \mu_{jU}^-| + |\nu_{ijL} - \nu_{jL}^-| + |\nu_{ijU} - \nu_{jU}^-|], i=1,2,\cdots,m \\ \text{s.t.} \underline{\omega}_j \leqslant \omega_j \leqslant \overline{\omega}_j, \sum\limits_{j=1}^n \omega_j = 1, \omega_j \geqslant 0, j=1,2,\cdots,n \end{cases} \tag{5.37}$$

令

$$d^+(\omega) = \sum_{i=1}^m d_i^+(\omega) = \frac{1}{4}\sum_{j=1}^n\sum_{i=1}^m \omega_j[|\mu_{ijL} - \mu_{jL}^+| + |\mu_{ijU} - \mu_{jU}^+| + |\nu_{ijL} - \nu_{jL}^+| + |\nu_{ijU} - \nu_{jU}^+|]$$

$$d^-(\omega) = \sum_{i=1}^m d_i^-(\omega) = \frac{1}{4}\sum_{j=1}^n\sum_{i=1}^m \omega_j[|\mu_{ijL} - \mu_{jL}^-| + |\mu_{ijU} - \mu_{jU}^-| + |\nu_{ijL} - \nu_{jL}^-| + |\nu_{ijU} - \nu_{jU}^-|]$$

则 $d^+(\omega)$、$d^-(\omega)$ 分别表示所有方案 $Y_i(i=1,2,\cdots,m)$ 到正理想解 Y^+ 和负理想解 Y^- 的加权偏差总和。每个方案都是公平竞争的，不存在任何偏好关系，因此模型（5.37）等权集结为如下单目标最优化模型：

$$\begin{cases} \min d^{+}(\omega)-d^{-}(\omega)=\dfrac{1}{4}\sum\limits_{j=1}^{n}\sum\limits_{i=1}^{m}\omega_j[|\mu_{ijL}-\mu_{jL}^{+}|+|\mu_{ijU}-\mu_{jU}^{+}|+|\nu_{ijL}-\nu_{jL}^{+}|+|\nu_{ijU}-\nu_{jU}^{+}| \\ \qquad -|\mu_{ijL}-\mu_{jL}^{-}|-|\mu_{ijU}-\mu_{jU}^{-}|-|\nu_{ijL}-\nu_{jL}^{-}|-|\nu_{ijU}-\nu_{jU}^{-}|] \\ \text{s.t.} \underline{\omega}_j \leqslant \omega_j \leqslant \overline{\omega}_j, \sum\limits_{j=1}^{n}\omega_j=1, \omega_j \geqslant 0, j=1,2,\cdots,n \end{cases} \tag{5.38}$$

解最优化模型式（5.38），可得属性权重向量 $\omega=(\omega_1,\omega_2,\cdots,\omega_n)^{\mathrm{T}}$。

如果属性权重信息完全未知，则可构建以 $d^{+}(\omega)$ 最小化或 $d^{-}(\omega)$ 最大化为目标的最优化模型式（5.39）和式（5.40）：

$$\begin{cases} \min d^{+}(\omega)=\dfrac{1}{4}\sum\limits_{j=1}^{n}\sum\limits_{i=1}^{m}\omega_j[|\mu_{ijL}-\mu_{jL}^{+}|+|\mu_{ijU}-\mu_{jU}^{+}|+|\nu_{ijL}-\nu_{jL}^{+}|+|\nu_{ijU}-\nu_{jU}^{+}|] \\ \text{s.t.} \sum\limits_{j=1}^{n}\omega_j^2=1, \omega_j \geqslant 0, j=1,2,\cdots,n \end{cases} \tag{5.39}$$

$$\begin{cases} \max d^{-}(\omega)=\dfrac{1}{4}\sum\limits_{j=1}^{n}\sum\limits_{i=1}^{m}\omega_j[|\mu_{ijL}-\mu_{jL}^{-}|+|\mu_{ijU}-\mu_{jU}^{-}|+|\nu_{ijL}-\nu_{jL}^{-}|+|\nu_{ijU}-\nu_{jU}^{-}|] \\ \text{s.t.} \sum\limits_{j=1}^{n}\omega_j^2=1, \omega_j \geqslant 0, j=1,2,\cdots,n \end{cases} \tag{5.40}$$

通过构造拉格朗日函数，求解最优化模型式（5.39）或式（5.40），可得模型式（5.39）和式（5.40）的最优解分别为

$$\omega_j^{*}=\frac{\sum\limits_{i=1}^{m}[|\mu_{ijL}-\mu_{jL}^{+}|+|\mu_{ijU}-\mu_{jU}^{+}|+|\nu_{ijL}-\nu_{jL}^{+}|+|\nu_{ijU}-\nu_{jU}^{+}|]}{\sqrt{\sum\limits_{j=1}^{n}\left[\sum\limits_{i=1}^{m}(|\mu_{ijL}-\mu_{jL}^{+}|+|\mu_{ijU}-\mu_{jU}^{+}|+|\nu_{ijL}-\nu_{jL}^{+}|+|\nu_{ijU}-\nu_{jU}^{+}|)\right]^2}},\ j=1,2,\cdots,n \tag{5.41}$$

$$\omega_j^{*}=\frac{\sum\limits_{i=1}^{m}[|\mu_{ijL}-\mu_{jL}^{-}|+|\mu_{ijU}-\mu_{jU}^{-}|+|\nu_{ijL}-\nu_{jL}^{-}|+|\nu_{ijU}-\nu_{jU}^{-}|]}{\sqrt{\sum\limits_{j=1}^{n}\left[\sum\limits_{i=1}^{m}(|\mu_{ijL}-\mu_{jL}^{-}|+|\mu_{ijU}-\mu_{jU}^{-}|+|\nu_{ijL}-\nu_{jL}^{-}|+|\nu_{ijU}-\nu_{jU}^{-}|)\right]^2}},\ j=1,2,\cdots,n \tag{5.42}$$

对 ω_j^* 进行归一化处理，可得属性 $G_j(j=1,2,\cdots,n)$ 的权重分别为

$$\omega_j=\frac{\sum_{i=1}^{m}[|\mu_{ijL}-\mu_{jL}^+|+|\mu_{ijU}-\mu_{jU}^+|+|\nu_{ijL}-\nu_{jL}^+|+|\nu_{ijU}-\nu_{jU}^+|]}{\sum_{j=1}^{n}\sum_{i=1}^{m}[|\mu_{ijL}-\mu_{jL}^+|+|\mu_{ijU}-\mu_{jU}^+|+|\nu_{ijL}-\nu_{jL}^+|+|\nu_{ijU}-\nu_{jU}^+|]},\quad j=1,2,\cdots,n \tag{5.43}$$

或

$$\omega_j=\frac{\sum_{i=1}^{m}[|\mu_{ijL}-\mu_{jL}^-|+|\mu_{ijU}-\mu_{jU}^-|+|\nu_{ijL}-\nu_{jL}^-|+|\nu_{ijU}-\nu_{jU}^-|]}{\sum_{j=1}^{n}\sum_{i=1}^{m}[|\mu_{ijL}-\mu_{jL}^-|+|\mu_{ijU}-\mu_{jU}^-|+|\nu_{ijL}-\nu_{jL}^-|+|\nu_{ijU}-\nu_{jU}^-|]},\quad j=1,2,\cdots,n \tag{5.44}$$

3. 属性权重未知情形下区间直觉模糊 VIKOR 方法的决策步骤

基于上述分析，权重信息未知情形下的区间直觉模糊 VIKOR 方法的决策步骤可归纳如下。

步骤 1　确定多属性决策问题的方案集 $Y=\{Y_1,Y_2,\cdots,Y_m\}$ 和属性集 $G=\{G_1,G_2,\cdots,G_n\}$，获取多属性决策问题中方案 $Y_i\in Y$ 关于属性 $G_j\in G$ 的区间直觉模糊特征信息，构建区间直觉模糊决策矩阵 $F=(\langle[\mu_{ijL},\mu_{ijU}],[\nu_{ijL},\nu_{ijU}]\rangle)_{m\times n}$。

步骤 2　根据直觉模糊多属性决策矩阵 F 确定多属性决策问题的正理想解 Y^+ 和负理想解 Y^-：

$$\begin{aligned}Y^+&=(Y_1^+,Y_2^+,\cdots,Y_n^+)\\&=(\langle[\mu_{1L}^+,\mu_{1U}^+],[\nu_{1L}^+,\nu_{1U}^+]\rangle,\langle[\mu_{2L}^+,\mu_{2U}^+],[\nu_{2L}^+,\nu_{2U}^+]\rangle,\cdots,\langle[\mu_{nL}^+,\mu_{nU}^+],[\nu_{nL}^+,\nu_{nU}^+]\rangle)\\Y^-&=(Y_1^-,Y_2^-,\cdots,Y_n^-)\\&=(\langle[\mu_{1L}^-,\mu_{1U}^-],[\nu_{1L}^-,\nu_{1U}^-]\rangle,\langle[\mu_{2L}^-,\mu_{2U}^-],[\nu_{2L}^-,\nu_{2U}^-]\rangle,\cdots,\langle[\mu_{nL}^-,\mu_{nU}^-],[\nu_{nL}^-,\nu_{nU}^-]\rangle)\end{aligned}$$

式中

$$\langle[\mu_{jL}^+,\mu_{jU}^+],[\nu_{jL}^+,\nu_{jU}^+]\rangle=\langle[\max_i\mu_{ijL},\max_i\mu_{ijU}],[\min_i\nu_{ijL},\min_i\nu_{ijU}]\rangle$$

$$\langle[\mu_{jL}^-,\mu_{jU}^-],[\nu_{jL}^-,\nu_{jU}^-]\rangle=\langle[\min_i\mu_{ijL},\min_i\mu_{ijU}],[\max_i\nu_{ijL},\max_i\nu_{ijU}]\rangle$$

步骤 3　求解模型式（5.38）或者利用式（5.43）、式（5.44）计算可得属性权重向量 $\omega=(\omega_1,\omega_2,\cdots,\omega_n)^{\mathrm{T}}$。

步骤 4　计算各备选方案 $Y_i\in Y$ 的群体效益值 S_i 和个体遗憾值 R_i：

$$S_i=\sum_{j=1}^{n}\omega_j\left[\frac{d(Y_j^+,\tilde{F}_{ij})}{d(Y_j^+,Y_j^-)}\right],\quad i=1,2,\cdots,m$$

$$R_i = \max_j \left\{ \omega_j \left[\frac{d(Y_j^+, \tilde{F}_{ij})}{d(Y_j^+, Y_j^-)} \right] \right\}, \quad i = 1, 2, \cdots, m$$

式中，$d(Y_j^+, \tilde{F}_{ij})$，$d(Y_j^+, Y_j^-)$为两个区间直觉模糊数的距离，用以下公式计算：

$$d(\tilde{\alpha}_1, \tilde{\alpha}_2) = \frac{1}{2}(|\mu_{\tilde{\alpha}_1 L} - \mu_{\tilde{\alpha}_2 L}| + |\mu_{\tilde{\alpha}_1 U} - \mu_{\tilde{\alpha}_2 U}| + |\nu_{\tilde{\alpha}_1 L} - \nu_{\tilde{\alpha}_2 L}| + |\nu_{\tilde{\alpha}_1 U} - \nu_{\tilde{\alpha}_2 U}|)$$

其中，$\tilde{\alpha}_1 = \langle [\mu_{\tilde{\alpha}_1 L}, \mu_{\tilde{\alpha}_1 U}], [\nu_{\tilde{\alpha}_1 L}, \nu_{\tilde{\alpha}_1 U}] \rangle$，$\tilde{\alpha}_2 = \langle [\mu_{\tilde{\alpha}_2 L}, \mu_{\tilde{\alpha}_2 U}], [\nu_{\tilde{\alpha}_2 L}, \nu_{\tilde{\alpha}_2 U}] \rangle$为两个任意的直觉模糊数。

步骤 5　计算各备选方案$Y_i \in Y$的折中值Q_i：

$$Q_i = \nu \frac{S_i - S^*}{S^- - S^*} + (1-\nu) \frac{R_i - R^*}{R^- - R^*}, \quad i = 1, 2, \cdots, m$$

其中，S_i为最大群体效用，是$L_{1,j}$测度；R_i为最小个体遗憾，是$L_{\infty,j}$测度；ω_j为各属性权重；$S^* = \min_i S_i$，$S^- = \max_i S_i$，$R^* = \min_i R_i$，$R^- = \max_i R_i$；ν为决策机制系数，$\nu \in [0,1]$，当$\nu > 0.5$时，表示根据最大群体效用的决策机制进行决策；当$\nu = 0.5$时，表示依据决策者经过协商达成共识的决策机制进行决策；当$\nu < 0.5$时，表示根据最小个体遗憾的决策机制进行决策。

步骤 6　按照Q_i、S_i、R_i值分别从小到大排序，确定妥协解方案。设按Q_i值递增得到的排序为$Y^{(1)}, Y^{(2)}, \cdots, Y^{(J)}, \cdots, Y^{(m)}$，则可依据排序条件 1 和排序条件 2 确定备选方案的排序，得到最优方案或折中解方案。

4. 实例分析

例 5.5　考虑生产商选择问题[11]。假设某供应商需要一批产品 M，经调查了解，该供应商可以从三家生产产品 M 的厂商$Y_i(i=1,2,3)$中选择一家为其生产产品M。根据以往经验和实际情况，该供应商选择生产厂商时，确定从产品质量（G_1）、产品成本（G_2）、交货时间（G_3）、运输成本（G_4）以及服务态度（G_5）五个属性（或指标）进行评价。已知三家生产厂商$Y_i(i=1,2,3)$关于五个属性$G_j(j=1,2,3,4,5)$的评价值可以用区间直觉模糊数形式给出，具体决策矩阵如表 5-14 所示。

表 5-14　区间直觉模糊决策矩阵 *F*

	G_1	G_2	G_3	G_4	G_5
Y_1	⟨[0.4, 0.5], [0.2, 0.3]⟩	⟨[0.2, 0.3], [0.5, 0.6]⟩	⟨[0.4, 0.5], [0.1, 0.3]⟩	⟨[0.2, 0.4], [0.4, 0.5]⟩	⟨[0.4, 0.6], [0.1, 0.2]⟩
Y_2	⟨[0.3, 0.4], [0.4, 0.5]⟩	⟨[0.4, 0.5], [0.3, 0.4]⟩	⟨[0.2, 0.4], [0.3, 0.5]⟩	⟨[0.4, 0.5], [0.2, 0.3]⟩	⟨[0.1, 0.2], [0.6, 0.7]⟩
Y_3	⟨[0.6, 0.7], [0.1, 0.2]⟩	⟨[0.3, 0.4], [0.3, 0.5]⟩	⟨[0.4, 0.6], [0.1, 0.3]⟩	⟨[0.3, 0.5], [0.3, 0.4]⟩	⟨[0.4, 0.5] [0.2, 0.3]⟩

假设属性权重完全未知，下面用区间直觉模糊 VIKOR 方法对三家生产厂商进行评价并排序。

步骤 1　确定正理想解和负理想解。根据区间直觉模糊决策矩阵 F_I，得到正理想解 Y^+ 和负理想解 Y^-：

$$Y^+ = (\langle[0.6,0.7],[0.1,0.2]\rangle,\langle[0.4,0.5],[0.3,0.4]\rangle,\langle[0.4,0.6],[0.1,0.3]\rangle,\langle[0.4,0.5],[0.2,0.3]\rangle,\langle[0.4,0.6],[0.1,0.2]\rangle)$$

$$Y^- = (\langle[0.3,0.4],[0.4,0.5]\rangle,\langle[0.2,0.3],[0.5,0.6]\rangle,\langle[0.2,0.4],[0.3,0.5]\rangle,\langle[0.2,0.4],[0.4,0.5]\rangle,\langle[0.1,0.2],[0.6,0.7]\rangle)$$

步骤 2　确定属性权重。将相关数据代入式（5.43），计算可得属性 $G_j(j=1,2,3,4,5)$ 的权重向量为

$$\omega = (0.254,0.164,0.134,0.149,0.299)^{\mathrm{T}}$$

步骤 3　根据式（5.34）、式（5.35）计算生产厂商的群体效益值 S_i 和个体遗憾值 R_i，计算结果如表 5-15 所示。

表 5-15　各生产厂商的 S_i、R_i 值

	Y_1	Y_2	Y_3	排序
S_i	0.452	0.687	0.178	$A_3 \succ A_1 \succ A_2$
R_i	0.164	0.299	0.064	$A_3 \succ A_1 \succ A_2$

步骤 4　取 $v=0.5$，根据式（5.35）计算各生产厂商的折中值 Q_i，计算结果如表 5-16 所示。

表 5-16　各生产厂商的 Q_i 值

	Y_1	Y_2	Y_3	排序
Q_i	0.482	1.000	0.000	$A_3 \succ A_1 \succ A_2$

从表 5-16 可以看出，按 Q_i 值排序生产厂商 Y_3 为最佳，生产厂商 Y_1 次之。由于

$$Q(Y_1)-Q(Y_3)=0.482<\frac{1}{m-1}=\frac{1}{2}$$

而且按 S_i、R_i 值排序 Y_3 均排序第一，即满足排序条件 2，不满足排序条件 1，所以生产厂商 Y_3 为折中解方案。

5.4 动态直觉模糊信息下的 VIKOR 方法

5.4.1 动态直觉模糊信息下的 VIKOR 方法

1. 问题描述

设某多阶段动态多属性决策问题有 p 个不同时段 $t_k(k=1,2,\cdots,p)$，m 个方案 $Y_i(i=1,2,\cdots,m)$ 组成方案集 $Y=\{Y_1,Y_2,\cdots,Y_m\}$，评价每个方案的属性（或指标）为 $G_j(j=1,2,\cdots,n)$，记属性集为 $G=\{G_1,G_2,\cdots,G_n\}$，属性 $G_j(j=1,2,\cdots,n)$ 的权重向量 $\omega=(\omega_1,\omega_2,\cdots,\omega_n)^{\mathrm{T}}$ 满足 $\sum\limits_{j=1}^{n}\omega_j=1,\omega_j\geqslant 0,j=1,2,\cdots,n$；$w_k$ 为时段 t_k 的时间权重 $(k=1,2,\cdots,p)$，满足 $\sum\limits_{k=1}^{p}w_k=1,w_k\geqslant 0,k=1,2,\cdots,p$。如果 $\tilde{F}_{ij}(t_k)=\langle\mu_{ij}^{(k)},\nu_{ij}^{(k)}\rangle(i=1,2,\cdots,m;j=1,2,\cdots,n)$ 为直觉模糊集，表示时段 t_k 方案 Y_i 满足属性 $G_j\in G$ 和不满足属性 $G_j\in G$ 的程度，且 $0\leqslant\mu_{ij}^{(k)}+\nu_{ij}^{(k)}\leqslant 1$，则矩阵 $F(t_k)=(\langle\mu_{ij}^{(k)},\nu_{ij}^{(k)}\rangle)_{m\times n}$ 为该多属性决策问题在时段 $t_k(k=1,2,\cdots,p)$ 的直觉模糊决策矩阵。现在的问题是依据直觉模糊决策矩阵 $F(t_k)(k=1,2,\cdots,p)$，如何通过确定属性权重 $\omega=(\omega_1,\omega_2,\cdots,\omega_n)^{\mathrm{T}}$ 和时段权重 $w=(w_1,w_2,\cdots,w_p)^{\mathrm{T}}$，得到一个有效的决策方法对所有方案进行优劣排序。

2. 属性权重和时段权重的确定方法

属性权重反映属性的重要程度，本书利用直觉模糊熵确定属性权重。在多阶段动态直觉模糊多属性决策问题中，如果 $\tilde{F}_{ij}=\langle\mu_{ij},\nu_{ij}\rangle$ 表示利用 DIFWA 算子得到的方案 $Y_i(i=1,2,\cdots,m)$ 在各时段 $t_k(k=1,2,\cdots,p)$ 关于属性 $G_j(j=1,2,\cdots,n)$ 的评价值 $\tilde{F}(t_k)=\langle\mu_{ij}^{(k)},\nu_{ij}^{(k)}\rangle$ 的集结值，则属性 $G_j(j=1,2,\cdots,n)$ 的直觉模糊熵 E_j 为

$$E_j=\frac{1}{m}\sum_{i=1}^{m}\cos\frac{\pi(\mu_{ij}-\nu_{ij})(1-\pi_{ij})}{2},\quad j=1,2,\cdots,n \tag{5.45}$$

由此得到属性 $G_j(j=1,2,\cdots,n)$ 的权重 ω_j 为

$$\omega_j=\frac{1-E_j}{n-\sum\limits_{j=1}^{n}E_j},\quad j=1,2,\cdots,n \tag{5.46}$$

时段权重的确定也是动态直觉模糊多属性决策中的一个关键问题。本书利用“厚今薄古”法[12]确定时段 $t_k(k=1,2,\cdots,p)$ 的权重，即求解非线性规划模型

$$\begin{cases} \max I = -\sum_{k=1}^{p} w_k \ln w_k \\ \text{s.t.} \lambda = \sum_{k=1}^{p} \dfrac{p-k}{p-1} w_k, \sum_{k=1}^{p} w_k = 1, w_k \geqslant 0, k=1,2,\cdots,p \end{cases} \tag{5.47}$$

式中，λ 为时间度，表示决策者对时段的重视程度，通常用 $\lambda = 0.1, 0.2, 0.3, 0.4, 0.5$ 代表决策者极端重视、强烈重视、明显重视、稍微重视近期数据和同样重视所有时段数据。

3. 动态直觉模糊信息下的 VIKOR 方法的决策步骤

步骤 1　确定动态多属性决策问题的方案集 $Y=\{Y_1,Y_2,\cdots,Y_m\}$ 和属性集 $G=\{G_1,G_2,\cdots,G_n\}$，获取多属性决策问题中方案 $Y_i \in Y$ 关于属性 $G_j \in G$ 的直觉模糊特征信息，构建动态多属性决策问题各时段 t_k 的直觉模糊决策矩阵 $F(t_k)(k=1,2,\cdots,p)$。

步骤 2　给定时间度 λ，求解非线性规划模型（5.47）：

$$\begin{cases} \max I = -\sum_{k=1}^{p} w_k \ln w_k \\ \text{s.t.} \lambda = \sum_{k=1}^{p} \dfrac{p-k}{p-1} w_k, \sum_{k=1}^{p} w_k = 1, w_k \geqslant 0, k=1,2,\cdots,p \end{cases}$$

得到时段 t_k 的权重 $w_k(k=1,2,\cdots,p)$。

步骤 3　利用动态直觉模糊加权平均算子，计算方案 $Y_i(i=1,2,\cdots,m)$ 在各时段 $t_k(k=1,2,\cdots,p)$ 直觉模糊属性值 $\tilde{F}_{ij}(t_k)$ 的综合值 $\tilde{F}_{ij}$：

$$\begin{aligned} \tilde{F}_{ij} &= \langle \mu_{ij}, \nu_{ij} \rangle = \text{DIFWA}_{\omega,w}(\tilde{F}_{ij}(t_1), \tilde{F}_{ij}(t_2), \cdots, \tilde{F}_{ij}(t_p)) \\ &= \left\langle 1-\prod_{k=1}^{p}(1-\mu_{ij}^{(k)})^{w_k}, \prod_{k=1}^{p}(\nu_{ij}^{(k)})^{w_k} \right\rangle, i=1,2,\cdots,m; j=1,2,\cdots,n \end{aligned} \tag{5.48}$$

得到直觉模糊综合决策矩阵 $F=(\langle \mu_{ij}, \nu_{ij} \rangle)_{m\times n}$。

步骤 4　根据直觉模糊综合决策矩阵 $F=(\langle \mu_{ij}, \nu_{ij} \rangle)_{m\times n}$，确定动态多属性决策问题的正理想解 Y^+ 和负理想解 Y^-：

$$\begin{aligned} Y^+ &= (\langle \mu_1^+, \nu_1^+ \rangle, \langle \mu_2^+, \nu_2^+ \rangle, \cdots, \langle \mu_n^+, \nu_n^+ \rangle) \\ &= (\langle \max_i \mu_{i1}, \min_i \nu_{i1} \rangle, \langle \max_i \mu_{i2}, \min_i \nu_{i2} \rangle, \cdots, \langle \max_i \mu_{in}, \min_i \nu_{in} \rangle) \end{aligned} \tag{5.49}$$

$$\begin{aligned} Y^- &= (\langle \mu_1^-, \nu_1^- \rangle, \langle \mu_2^-, \nu_2^- \rangle, \cdots, \langle \mu_n^-, \nu_n^- \rangle) \\ &= (\langle \min_i \mu_{i1}, \max_i \nu_{i1} \rangle, \langle \min_i \mu_{i2}, \max_i \nu_{i2} \rangle, \cdots, \langle \min_i \mu_{in}, \max_i \nu_{in} \rangle) \end{aligned} \tag{5.50}$$

步骤 5 根据直觉模糊综合决策矩阵 $F=(\langle\mu_{ij},\nu_{ij}\rangle)_{m\times n}$，由式（5.45）和式（5.46）计算属性 $G_j(j=1,2,\cdots,n)$ 的直觉模糊熵 E_j 和属性权重 ω_j。

步骤 6 计算各备选方案 $Y_i(i=1,2,\cdots,m)$ 的群体效益值 S_i、个体遗憾值 R_i 以及折中值 Q_i：

$$S_i=\sum_{j=1}^{n}\omega_j\left[\frac{d(Y_j^+,\tilde{F}_{ij})}{d(Y_j^+,Y_j^-)}\right],\quad i=1,2,\cdots,m$$

$$R_i=\max_j\left\{\omega_j\left[\frac{d(Y_j^+,\tilde{F}_{ij})}{d(Y_j^+,Y_j^-)}\right]\right\},\quad i=1,2,\cdots,m$$

$$Q_i=\nu\frac{S_i-S^*}{S^--S^*}+(1-\nu)\frac{R_i-R^*}{R^--R^*},\quad i=1,2,\cdots,m$$

根据排序条件 1 和排序条件 2 确定最优解方案或折中解方案。

4. 实例分析

例 5.6 考虑风险投资项目方案选择问题[4]。设一个投资者欲对五个可供选择的投资项目方案 $Y_i(i=1,2,3,4,5)$ 进行评价，评价属性包括风险分析（G_1）、成长分析（G_2）、社会影响分析（G_3）、环境影响分析（G_4）四个方面。假设投资者通过对最近三年各方案属性值的分析处理，得到三个时段 $t_k(k=1,2,3)$ 内每个方案关于属性 $G_j(j=1,2,3,4)$ 的直觉模糊评价结果如表 5-17～表 5-19 所示。

表 5-17 直觉模糊决策矩阵 $F(t_1)$

	G_1	G_2	G_3	G_4
Y_1	〈0.5，0.4〉	〈0.6，0.3〉	〈0.7，0.2〉	〈0.5，0.4〉
Y_2	〈0.6，0.3〉	〈0.7，0.1〉	〈0.8，0.1〉	〈0.4，0.4〉
Y_3	〈0.5，0.3〉	〈0.4，0.3〉	〈0.6，0.2〉	〈0.6，0.3〉
Y_4	〈0.8，0.1〉	〈0.5，0.3〉	〈0.，0.5〉	〈0.3，0.6〉
Y_5	〈0.7，0.2〉	〈0.4，0.4〉	〈0.7，0.1〉	〈0.6，0.3〉

表 5-18 直觉模糊决策矩阵 $F(t_2)$

	G_1	G_2	G_3	G_4
Y_1	〈0.3，0.4〉	〈0.5，0.2〉	〈0.2，0.6〉	〈0.1，0.7〉
Y_2	〈0.6，0.2〉	〈0.6，0.1〉	〈0.5，0.2〉	〈0.4，0.5〉
Y_3	〈0.6，0.3〉	〈0.4，0.3〉	〈0.5，0.3〉	〈0.6，0.2〉
Y_4	〈0.7，0.2〉	〈0.6，0.2〉	〈0.2，0.3〉	〈0.2，0.5〉
Y_5	〈0.5，0.3〉	〈0.4，0.2〉	〈0.8，0.1〉	〈0.5，0.4〉

表 5-19　直觉模糊决策矩阵 $F(t_3)$

	G_1	G_2	G_3	G_4
Y_1	⟨0.4，0.5⟩	⟨0.5，0.5⟩	⟨0.2，0.7⟩	⟨0.1，0.8⟩
Y_2	⟨0.5，0.3⟩	⟨0.6，0.3⟩	⟨0.6，0.4⟩	⟨0.4，0.5⟩
Y_3	⟨0.4，0.4⟩	⟨0.5，0.4⟩	⟨0.4，0.3⟩	⟨0.5，0.4⟩
Y_4	⟨0.7，0.2⟩	⟨0.6，0.3⟩	⟨0.3，0.5⟩	⟨0.2，0.6⟩
Y_5	⟨0.6，0.3⟩	⟨0.3，0.4⟩	⟨0.7，0.2⟩	⟨0.5，0.3⟩

下面利用动态直觉模糊 VIKOR 方法对五个投资项目方案进行评价并排序。

步骤 1　确定时段 $t_k(k=1,2,3)$ 的权重。令 $\lambda=0.3$，求解模型（5.47）可得各时段 $t_k(k=1,2,3)$ 的权重分别为 $w(t_1)=0.154, w(t_2)=0.292, w(t_3)=0.554$。

步骤 2　对时段属性评价值进行集结。利用式（5.48）将三个时段内各方案的直觉模糊属性值进行集结，得到直觉模糊综合决策矩阵 $F=(\langle\mu_{ij},\nu_{ij}\rangle)_{5\times4}$，如表 5-20 所示。

表 5-20　直觉模糊综合决策矩阵 F

	G_1	G_2	G_3	G_4
Y_1	⟨0.390，0.453⟩	⟨0.517，0.354⟩	⟨0.312，0.552⟩	⟨0.178，0.692⟩
Y_2	⟨0.547，0.267⟩	⟨0.617，0.184⟩	⟨0.616，0.264⟩	⟨0.400，0.483⟩
Y_3	⟨0.482，0.352⟩	⟨0.458，0.352⟩	⟨0.466，0.282⟩	⟨0.547，0.312⟩
Y_4	⟨0.718，0.180⟩	⟨0.586，0.267⟩	⟨0.272，0.431⟩	⟨0.216，0.569⟩
Y_5	⟨0.592，0.282⟩	⟨0.347，0.327⟩	⟨0.574，0.147⟩	⟨0.517，0.326⟩

步骤 3　确定正理想解 Y^+ 和负理想解 Y^-。根据直觉模糊综合决策矩阵 $F=(\langle\mu_{ij},\nu_{ij}\rangle)_{5\times4}$ 得到正理想解 Y^+ 和负理想解 Y^-：

$$Y^+=(\langle0.718,0.180\rangle,\langle0.617,0.184\rangle,\langle0.616,0.147\rangle,\langle0.547,0.312\rangle)$$

$$Y^-=(\langle0.390,0.453\rangle,\langle0.347,0.354\rangle,\langle0.272,0.552\rangle,\langle0.178,0.692\rangle)$$

步骤 4　确定属性权重。根据式（5.45），计算属性 $G_j(j=1,2,3,4)$ 的模糊熵为

$$E_1=0.9115, E_2=0.9462, E_3=0.9356, E_4=0.9163$$

代入式（5.46）计算得到属性 $G_j(j=1,2,3,4)$ 的权重向量为

$$\omega=(0.3047,0.1853,0.2218,0.2882)^{\mathrm{T}}$$

步骤 5　取 $\nu=0.5$，计算各项目投资方案的群体效益值 S_i、个体遗憾值 R_i 以及折中值 Q_i，计算结果如表 5-21 所示。

表 5-21　各项目投资方案的 S_i、R_i 与 Q_i 值

	Y_1	Y_2	Y_3	Y_4	Y_5	排序
S_i	0.932	0.353	0.424	0.496	0.348	$A_5 \succ A_2 \succ A_3 \succ A_4 \succ A_1$
R_i	0.305	0.159	0.219	0.251	0.185	$A_2 \succ A_5 \succ A_3 \succ A_4 \succ A_1$
Q_i	1.000	0.056	0.271	0.442	0.089	$A_2 \succ A_5 \succ A_3 \succ A_4 \succ A_1$

从表 5-21 可以看出，按 Q_i 值排序各投资项目方案的优劣排序为

$$A_2 \succ A_5 \succ A_3 \succ A_4 \succ A_1$$

投资项目方案 Y_2 为最佳，投资项目方案 Y_5 次之，进一步分析可知：Y_2、Y_5 均为折中解方案。

5.4.2　区间直觉模糊信息下的动态 VIKOR 方法

1. 问题描述

设某多阶段动态多属性决策问题有 p 个不同时段 $t_k(k=1,2,\cdots,p)$，m 个方案 $Y_i(i=1,2,\cdots,m)$ 组成方案集 $Y=\{Y_1,Y_2,\cdots,Y_m\}$，评价每个方案的属性（或指标）为 $G_j(j=1,2,\cdots,n)$，记属性集为 $G=\{G_1,G_2,\cdots,G_n\}$，$\omega=(\omega_1,\omega_2,\cdots,\omega_n)^{\mathrm{T}}$ 表示属性 $G_j(j=1,2,\cdots,n)$ 的权重向量，满足 $\sum\limits_{j=1}^{n}\omega_j=1,\omega_j\geqslant 0,j=1,2,\cdots,n$；$w_k$ 为时段 t_k 的时间权重，满足 $\sum\limits_{k=1}^{p}w_k=1,w_k\geqslant 0,k=1,2,\cdots,p$。如果 $\tilde{F}_{ij}(t_k)=\langle[\mu_{ijL}^{(k)},\mu_{ijU}^{(k)}],[\nu_{ijL}^{(k)},\nu_{ijU}^{(k)}]\rangle$ $(i=1,2,\cdots,m;j=1,2,\cdots,n)$ 为区间直觉模糊集，表示时段 $t_k(k=1,2,\cdots,p)$ 方案 Y_i 满足属性 $G_j(j=1,2,\cdots,n)$ 和不满足属性 $G_j(j=1,2,\cdots,n)$ 的程度，且 $0\leqslant\mu_{ijU}^{(k)}+\nu_{ijU}^{(k)}\leqslant 1$，则矩阵 $F_I(t_k)=(\langle[\mu_{ijL}^{(k)},\mu_{ijU}^{(k)}],[\nu_{ijL}^{(k)},\nu_{ijU}^{(k)}]\rangle)_{m\times n}$ 为该多属性决策问题在时段 $t_k(k=1,2,\cdots,p)$ 的区间直觉模糊决策矩阵。现在的问题是依据区间直觉模糊决策矩阵 $F_I(t_k)(k=1,2,\cdots,p)$，如何通过确定属性权重 $\omega=(\omega_1,\omega_2,\cdots,\omega_n)^{\mathrm{T}}$ 和时段权重 $w=(w(t_1),w(t_2),\cdots,w(t_p))^{\mathrm{T}}$，得到一个有效的决策方法对所有方案进行优劣排序。

2. 属性权重和时段权重的确定方法

属性权重反映属性的重要程度，本书利用区间直觉模糊熵确定属性权重。在多阶段动态区间直觉模糊多属性决策问题中，如果 $\tilde{F}_{ij}=\langle[\mu_{ijL},\mu_{ijU}],[\nu_{ijL},\nu_{ijU}]\rangle$ 表示利用动态区间直觉模糊加权平均算子得到的方案 $Y_i(i=1,2,\cdots,m)$ 在各时段 $t_k(k=

$1,2,\cdots,p$) 关于属性 $G_j(j=1,2,\cdots,n)$ 的评价值 $F_I(t_k)=(\langle[\mu_{ijL}^{(k)},\mu_{ijU}^{(k)}],[\nu_{ijL}^{(k)},\nu_{ijU}^{(k)}]\rangle)_{m\times n}$ 的集结值，则属性 $G_j(j=1,2,\cdots,n)$ 的区间直觉模糊熵 E_j 为

$$E_j=\frac{1}{m}\sum_{i=1}^{m}\cos\frac{\pi(|(\mu_{ijL}-\nu_{ijL})(1-\pi_{ijL})|+|(\mu_{ijU}-\nu_{ijU})(1-\pi_{ijU})|)}{4} \quad (5.51)$$

由此得到属性 $G_j(j=1,2,\cdots,n)$ 的权重 ω_j 为

$$\omega_j=\frac{1-E_j}{n-\sum_{j=1}^{n}E_j},\quad j=1,2,\cdots,n \quad (5.52)$$

时段权重的确定也是动态直觉模糊多属性决策中的一个关键问题，在动态区间直觉模糊 VIKOR 方法中仍采用“厚今薄古”法确定时段 $t_k(k=1,2,\cdots,p)$ 的权重向量 $w=(w(t_1),w(t_2),\cdots,w(t_p))^{\mathrm{T}}$。

3. *动态区间直觉模糊 VIKOR 方法的决策步骤*

步骤 1　确定动态多属性决策问题的方案集 $Y=\{Y_1,Y_2,\cdots,Y_m\}$ 和属性集 $G=\{G_1,G_2,\cdots,G_n\}$，获取多属性决策问题中方案 $Y_i\in Y$ 关于属性 $G_j\in G$ 的区间直觉模糊特征信息，构建动态多属性决策问题各时段 t_k 的区间直觉模糊决策矩阵 $F(t_k)=(\langle[\mu_{ijL}^{(k)},\mu_{ijU}^{(k)}],[\nu_{ijL}^{(k)},\nu_{ijU}^{(k)}]\rangle)_{m\times n}(k=1,2,\cdots,p)$。

步骤 2　给定时间度 λ，求解非线性规划模型：

$$\begin{cases}\max I=-\sum_{k=1}^{p}w_k\ln w_k\\ \text{s.t.}\lambda=\sum_{k=1}^{p}\frac{p-k}{p-1}w_k,\sum_{k=1}^{p}w_k=1,w_k\geqslant 0,k=1,2,\cdots,p\end{cases}$$

得到时段 t_k 的权重 $w(t_k)(k=1,2,\cdots,p)$。

步骤 3　利用动态区间直觉模糊加权平均算子，计算方案 $Y_i(i=1,2,\cdots,m)$ 在各时段 $t_k(k=1,2,\cdots,p)$ 区间直觉模糊属性值 $\tilde{F}_{ij}(t_k)$ 的综合值 $\tilde{F}_{ij}$：

$$\begin{aligned}\tilde{F}_{ij}&=\langle[\mu_{ijL},\mu_{ijU}],[\nu_{ijL},\nu_{ijU}]\rangle=\mathrm{DIIFWA}_{\omega,w}(\tilde{F}_{ij}(t_1),\tilde{F}_{ij}(t_2),\cdots,\tilde{F}_{ij}(t_p))\\&=\left\langle\left[1-\prod_{k=1}^{p}(1-\mu_{ijL}^{(k)})^{w_k},1-\prod_{k=1}^{p}(1-\mu_{ijU}^{(k)})^{w_k}\right],\left[\prod_{k=1}^{p}(\nu_{ijL}^{(k)})^{w_k},\prod_{k=1}^{p}(\nu_{ijU}^{(k)})^{w_k}\right]\right\rangle,\ i=1,2,\cdots,m;j=1,2,\cdots,n\end{aligned} \quad (5.53)$$

得到区间直觉模糊综合决策矩阵 $F=(\langle[\mu_{ijL},\mu_{ijU}],[\nu_{ijL},\nu_{ijU}]\rangle)_{m\times n}$。

步骤 4　根据区间直觉模糊综合决策矩阵 F，确定动态多属性决策问题的正理想解 Y^+ 和负理想解 Y^-：

$$Y^+=(\langle[\mu_{1L}^+,\mu_{1U}^+],[\nu_{1L}^+,\nu_{1U}^+]\rangle,\langle[\mu_{2L}^+,\mu_{2U}^+],[\nu_{2L}^+,\nu_{2U}^+]\rangle,\cdots,\langle[\mu_{nL}^+,\mu_{nU}^+],[\nu_{nL}^+,\nu_{nU}^+]\rangle) \quad (5.54)$$

$$Y^- = (\langle[\mu_{1L}^-, \mu_{1U}^-],[\nu_{1L}^-, \nu_{1U}^-]\rangle, \langle[\mu_{2L}^-, \mu_{2U}^-],[\nu_{2L}^-, \nu_{2U}^-]\rangle, \cdots, \langle[\mu_{nL}^-, \mu_{nU}^-],[\nu_{nL}^-, \nu_{nU}^-]\rangle) \tag{5.55}$$

式中

$$\langle[\mu_{jL}^+, \mu_{jU}^+],[\nu_{jL}^+, \nu_{jU}^+]\rangle = \langle[\max_i \mu_{ijL}, \max_i \mu_{ijU}],[\min_i \nu_{ijL}, \min_i \nu_{ijU}]\rangle, \quad j = 1,2,\cdots,n$$

$$\langle[\mu_{jL}^-, \mu_{jU}^-],[\nu_{jL}^-, \nu_{jU}^-]\rangle = \langle[\min_i \mu_{ijL}, \min_i \mu_{ijU}],[\max_i \nu_{ijL}, \max_i \nu_{ijU}]\rangle, \quad j = 1,2,\cdots,n$$

步骤 5　根据区间直觉模糊综合决策矩阵 $F = (\langle[\mu_{ijL}, \mu_{ijU}],[\nu_{ijL}, \nu_{ijU}]\rangle)_{m\times n}$，由式（5.51）和式（5.52）计算属性 $G_j(j = 1,2,\cdots,n)$ 的区间直觉模糊熵 E_j 和属性权重 ω_j。

步骤 6　计算各备选方案 $Y_i(i = 1,2,\cdots,m)$ 的群体效益值 S_i、个体遗憾值 R_i 以及折中值 Q_i：

$$S_i = \sum_{j=1}^{n} \omega_j \left[\frac{d(Y_j^+, \tilde{F}_{ij})}{d(Y_j^+, Y_j^-)}\right], \quad i = 1,2,\cdots,m$$

$$R_i = \max_j \left\{\omega_j \left[\frac{d(Y_j^+, \tilde{F}_{ij})}{d(Y_j^+, Y_j^-)}\right]\right\}, \quad i = 1,2,\cdots,m$$

$$Q_i = \nu \frac{S_i - S^*}{S^- - S^*} + (1-\nu)\frac{R_i - R^*}{R^- - R^*}, \quad i = 1,2,\cdots,m$$

根据排序条件 1 和排序条件 2 确定最优解方案或折中解方案。

4. 实例分析

例 5.7　考虑风险投资项目方案选择问题。设一个投资者欲对五个可供选择的投资项目方案 $Y_i(i = 1,2,3,4,5)$ 进行评价，评价属性包括风险分析（G_1）、成长分析（G_2）、社会影响分析（G_3）、环境影响分析（G_4）四个方面。假设投资者通过对最近三年各方案属性值的分析处理，得到三个时段 $t_k(k = 1,2,3)$ 内每个方案关于属性 $G_j(j = 1,2,3,4)$ 的区间直觉模糊评价结果，如表 5-22～表 5-24 所示。试对投资项目方案 $Y_i(i = 1,2,3,4,5)$ 进行优劣排序。

表 5-22　区间直觉模糊决策矩阵 $F(t_1)$

	G_1	G_2	G_3	G_4
Y_1	〈[0.5，0.6]，[0.3，0.4]〉	〈[0.6，0.7]，[0.2，0.3]〉	〈[0.7，0.8]，[0.1，0.2]〉	〈[0.4，0.5]，[0.3，0.4]〉
Y_2	〈[0.6，0.7]，[0.1，0.2]〉	〈[0.5，0.7]，[0.1，0.2]〉	〈[0.7，0.8]，[0.0，0.1]〉	〈[0.3，0.4]，[0.3，0.4]〉
Y_3	〈[0.5，0.6]，[0.2，0.3]〉	〈[0.4，0.5]，[0.3，0.4]〉	〈[0.5，0.6]，[0.2，0.3]〉	〈[0.6，0.7]，[0.1，0.2]〉
Y_4	〈[0.7，0.8]，[0.1，0.2]〉	〈[0.4，0.5]，[0.3，0.4]〉	〈[0.3，0.4]，[0.4，0.5]〉	〈[0.3，0.4]，[0.4，0.5]〉
Y_5	〈[0.6，0.7]，[0.2，0.3]〉	〈[0.4，0.5]，[0.3，0.4]〉	〈[0.6，0.7]，[0.1，0.2]〉	〈[0.5，0.6]，[0.3，0.4]〉

表 5-23　区间直觉模糊决策矩阵 $F(t_2)$

	G_1	G_2	G_3	G_4
Y_1	⟨[0.3，0.4]，[0.4，0.5]⟩	⟨[0.5，0.6]，[0.2，0.3]⟩	⟨[0.2，0.3]，[0.5，0.6]⟩	⟨[0.1，0.2]，[0.7，0.8]⟩
Y_2	⟨[0.5，0.6]，[0.2，0.3]⟩	⟨[0.6，0.7]，[0.2，0.3]⟩	⟨[0.5，0.6]，[0.2，0.4]⟩	⟨[0.4，0.5]，[0.3，0.4]⟩
Y_3	⟨[0.5，0.6]，[0.3，0.4]⟩	⟨[0.3，0.5]，[0.3，0.5]⟩	⟨[0.5，0.6]，[0.3，0.4]⟩	⟨[0.5，0.7]，[0.2，0.3]⟩
Y_4	⟨[0.6，0.7]，[0.1，0.3]⟩	⟨[0.5，0.6]，[0.2，0.3]⟩	⟨[0.2，0.3]，[0.3，0.5]⟩	⟨[0.2，0.4]，[0.5，0.6]⟩
Y_5	⟨[0.5，0.6]，[0.1，0.3]⟩	⟨[0.3，0.4]，[0.3，0.5]⟩	⟨[0.7，0.8]，[0.1，0.2]⟩	⟨[0.4，0.6]，[0.2，0.3]⟩

表 5-24　区间直觉模糊决策矩阵 $F(t_3)$

	G_1	G_2	G_3	G_4
Y_1	⟨[0.4，0.5]，[0.3，0.5]⟩	⟨[0.4，0.5]，[0.4，0.5]⟩	⟨[0.2，0.3]，[0.6，0.7]⟩	⟨[0.2，0.3]，[0.5，0.7]⟩
Y_2	⟨[0.4，0.5]，[0.2，0.3]⟩	⟨[0.5，0.8]，[0.1，0.2]⟩	⟨[0.6，0.7]，[0.2，0.3]⟩	⟨[0.5，0.6]，[0.2，0.3]⟩
Y_3	⟨[0.4，0.5]，[0.4，0.5]⟩	⟨[0.4，0.5]，[0.3，0.4]⟩	⟨[0.3，0.5]，[0.3，0.5]⟩	⟨[0.5，0.6]，[0.3，0.4]⟩
Y_4	⟨[0.5，0.7]，[0.2，0.3]⟩	⟨[0.4，0.5]，[0.2，0.3]⟩	⟨[0.3，0.5]，[0.4，0.5]⟩	⟨[0.2，0.3]，[0.5，0.6]⟩
Y_5	⟨[0.5，0.6]，[0.1，0.3]⟩	⟨[0.3，0.4]，[0.4，0.5]⟩	⟨[0.6，0.7]，[0.1，0.2]⟩	⟨[0.5，0.7]，[0.1，0.2]⟩

下面用动态区间直觉模糊 VIKOR 方法对投资项目方案进行评价和排序。

步骤 1　确定时段权重。令 $\lambda = 0.3$，求解模型（5.47）可得各时段 $t_k(k=1,2,3)$ 的权重分别为 $w(t_1)=0.154, w(t_2)=0.292, w(t_3)=0.554$。

步骤 2　对时段属性评价值进行集结。利用式（5.53）将三个时段内各方案的区间直觉模糊属性值进行集结，得到区间直觉模糊综合决策矩阵 $F=(\langle[\mu_{ijL},\mu_{ijU}],[\nu_{ijL},\nu_{ijU}]\rangle)_{5\times4}$，如表 5-25 所示。

表 5-25　区间直觉模糊综合决策矩阵 F

	G_1	G_2	G_3	G_4
Y_1	⟨[0.390,0.490],[0.326,0.483]⟩	⟨[0.466,0.567],[0.294,0.398]⟩	⟨[0.312,0.423],[0.432,0.552]⟩	⟨[0.208,0.309],[0.510,0.668]⟩
Y_2	⟨[0.466,0.567],[0.220,0.282]⟩	⟨[0.532,0.760],[0.122,0.225]⟩	⟨[0.592,0.693],[0.000,0.276]⟩	⟨[0.445,0.546],[0.240,0.341]⟩
Y_3	⟨[0.447,0.547],[0.331,0.433]⟩	⟨[0.372,0.500],[0.300,0.427]⟩	⟨[0.398,0.547],[0.282,0.433]⟩	⟨[0.517,0.648],[0.225,0.331]⟩
Y_4	⟨[0.567,0.718],[0.147,0.282]⟩	⟨[0.431,0.532],[0.213,0.314]⟩	⟨[0.272,0.433],[0.318,0.500]⟩	⟨[0.216,0.347],[0.483,0.583]⟩
Y_5	⟨[0.517,0.617],[0.111,0.300]⟩	⟨[0.316,0.417],[0.300,0.483]⟩	⟨[0.632,0.733],[0.100,0.200]⟩	⟨[0.473,0.659],[0.145,0.250]⟩

步骤 3　确定正理想解 Y^+ 和负理想解 Y^-。根据区间直觉模糊综合决策矩阵 F 得到正理想解 Y^+ 和负理想解 Y^-：

$$Y^+ = (\langle[0.567,0.718],[0.111,0.282]\rangle,\langle[0.532,0.760],[0.122,0.225]\rangle,\langle[0.632,0.733],[0.000,0.200]\rangle,\langle[0.517,0.659],[0.145,0.250]\rangle)$$

$$Y^- = (\langle[0.390,0.490],[0.331,0.483]\rangle,\langle[0.316,0.417],[0.300,0.483]\rangle,\langle[0.272,0.423],[0.432,0.552]\rangle,\langle[0.208,0.309],[0.510,0.668]\rangle)$$

步骤 4　分别利用式（5.51）、式（5.52），计算属性 $G_j(j=1,2,3,4)$ 的模糊熵为

$$E_1 = 0.9363, E_2 = 0.9493, E_3 = 0.9133, E_4 = 0.9271$$

属性 $G_j(j=1,2,3,4)$ 的权重向量为

$$\omega = (0.2325, 0.1850, 0.3164, 0.2661)^{\mathrm{T}}$$

步骤 5　取 $v=0.5$，计算各投资项目方案的群体效益值 S_i、个体遗憾值 R_i 以及折中值 Q_i，计算结果如表 5-26 所示。

表 5-26　各投资项目方案的 S_i、R_i 与 Q_i 值

	Y_1	Y_2	Y_3	Y_4	Y_5	排序
S_i	0.916	0.204	0.568	0.634	0.262	$A_2 \succ A_5 \succ A_3 \succ A_4 \succ A_1$
R_i	0.308	0.101	0.203	0.287	0.185	$A_2 \succ A_5 \succ A_3 \succ A_4 \succ A_1$
Q_i	1.000	0.000	0.502	0.752	0.244	$A_2 \succ A_5 \succ A_3 \succ A_4 \succ A_1$

从表 5-26 可以看出，按 Q_i 值排序各投资项目方案的优劣排序为

$$A_2 \succ A_5 \succ A_3 \succ A_4 \succ A_1$$

投资项目方案 Y_2 为最佳，投资项目方案 Y_5 次之，进一步分析可知：Y_2、Y_5 均为折中解方案。

参考文献

[1] Opricovic S. Multicriteria optimization of civil engineering systems[D]. Beldrade：Faculty of Civil Engineering，1998.

[2] Opricovic S，Tzeng G. compromise solution by MCDM methods：A comparative analysis of VIKOR and TOPSIS [J]. European Journal of Operational Research，2004，156（2）：445-455.

[3] Opricovic S，Tzeng G. Extended VIKOR method in comparison with outranking methods[J]. European Journal of Operational Research，2007，178（2）：514-529.

[4] 高明美，孙涛，朱建军. 基于改进熵权和新得分函数的区间直觉模糊多属性决策[J]. 控制与决策，2016，31（10）：1757-1764.

[5] Zhang Q S，Jiang S Y，Jia B G，et al. Some information measures for interval intuitionistic fuzzy sets[J]. Information Sciences，2010，180（24）：5130-5145.

[6] 尹胜，杨桢，陈思翼. 基于改进模糊熵的区间直觉模糊多属性决策[J]. 系统工程与电子技术，2018，40（5）：1079-1084.

[7] 刘满凤，任海平. 基于一类新的直觉模糊熵的多属性决策方法研究[J]. 系统工程理论与实践，2015，35（11）：2909-2916.

[8] 郭子雪，张强. 基于直觉模糊集的突发事件应急预案评估[J]. 数学的实践与认识，2008，38（22）：64-69.

[9] 郭效芝. 模糊不确定性的探讨与扩展[D]. 西安：西北大学，2004.

[10] 潘彬. 公共投资项目绩效评估研究[M]. 北京：人民大学出版社，2012.

[11] 李登峰. 直觉模糊集决策与对策分析方法[M]. 北京：国防工业出版社，2012.

[12] 郭亚军. 综合评价理论法及应用[M]. 北京：科学出版社，2007.

第 6 章　基于直觉模糊多属性决策的逆向物流供应商选择

逆向物流和正向物流是一个完整物流系统的两个子系统，两者相互联结、相互作用、相互制约，共同形成一个开放式的物流循环系统。逆向物流对于节约资源、减少废弃物排放和促进社会经济的可持续发展具有重要的作用。本章将分析逆向物流形成的驱动因素与经济价值，构建逆向物流供应商选择评价指标体系，并从静态和动态两个方面研究基于直觉模糊 TOPSIS 方法的逆向物流供应商选择方法。

6.1　概　　述

6.1.1　研究背景与研究意义

1. 研究背景

从供应链的角度看，完整的物流系统应包括前向物流和逆向物流[1]。逆向物流（reverse logistics）也称反向物流，是相对于传统前向物流而言的，逆向物流与正向物流共同组成一个完整的物流系统，它是发展循环经济、实现社会经济可持续发展的重要基础和条件。逆向物流是物流系统中的新领域，比正向物流起步晚、普及度低，因此关注度不高。但是，经济全球化的发展、人们环保意识的增强和对社会资源循环利用的重视，促进了逆向物流的快速发展。同时，企业也意识到逆向物流对于提高企业竞争优势的重要性[2]。

物流活动与社会经济发展是相辅相成的，一方面，现代物流是经济发展的支柱；另一方面，经济的发展又会引起物流总量的增加[3]。近年来逆向物流不断得到关注的原因可归纳为三个方面：一是越来越多的企业认识到处理好逆向物流能为企业带来财富，许多企业已将逆向物流提升到战略高度，并试图通过对回流产品进行回收处理等一系列逆向物流活动实现企业形象与利益的双赢[4]；二是互联网的发展造成网上销量剧增，使得商品的回流量不断增加；三是循环经济、绿色经济的提出和发展，以及环保法令约束、国家政策导向、企业社会责任等方面的考虑，逆向物流得到学术界和企业界越来越多的关注，发展逆向物流势在必行[5]。

逆向物流运营模式有自营、外包和联合运营三种。选择逆向物流外包运作模式可以使得委托企业将“一对多”的复杂回收处理关系演变为“一对一”的相对简单的委托代理关系，使企业从不擅长或易于失控的业务中脱离出来，更多地发展自身的核心能力，促进企业在竞争激烈的全球化市场上发展[6]。与传统正向物流相比，逆向物流所固有的高度不确定性与复杂性，导致逆向物流运作对企业提出了更多专业化的实力要求[7]。由于大多数企业并不具备处理复杂逆向物流流程的回收网络等资源条件，或者因为需要集中资源专注于核心能力培养等，将全部或部分逆向物流业务外包给专业的逆向物流服务供应商就成为这些企业进行逆向物流运作的首选。但是逆向物流外包存在诸多风险，而正确选择逆向物流服务供应商可以起到一定的风险预防与控制作用以及有效地整合其专业化的资源与能力，最大限度地发挥外包优势[6]。

虽然逆向物流中物品的流动方向与正向物流相反，物品是从消费者手里又流回到供应商手里，但是逆向物流并不是正向物流的简单逆过程。逆向物流本身的特点决定了它与正向物流有很大的区别，所以不能简单地把正向物流的理论和实践直接应用于逆向物流。考虑到逆向物流服务供应商选择的正确与否直接关系到逆向物流的运作绩效，并对企业经营利润、市场形象等具有重要影响，如何正确评价和选择逆向物流供应商成为逆向物流管理的理论与实践中的一个重大研究课题。

2. 研究意义

企业实施逆向物流，从宏观上看，可以减缓环境污染、节约资源，有利于实现可持续发展；从微观上看，实施逆向物流，可以提升企业形象、提高客户服务水平、增强竞争优势，还可以降低成本，提高企业经济效益。逆向物流服务供应商选择是一个典型的多属性决策问题，本书利用直觉模糊多属性决策方法研究逆向物流供应商选择问题，通过建立逆向物流供应商选择评价指标体系和构建逆向物流供应商选择评价模型，既可以指导逆向物流供应商的选择，又可以丰富逆向物流管理理论，具有重要的现实意义和研究价值。

6.1.2　逆向物流供应商选择的国内外研究现状

1. 国外研究现状

20 世纪 90 年代初，美国物流管理协会发布的两篇重要文献拉开了逆向物流研究的序幕。1992 年，Stock[8]在提交给美国物流管理协会的一份报告中对逆向物流的概念做了详细阐述，并分析了逆向物流与商业和社会的关系，指出了逆向物流在促进商业和社会发展中的重要作用。1993 年，Kopicki 等[9]在 Stock 研究的基础上对逆向物流做了进一步研究，分析了逆向物流的原则和操作规则，并指出逆向物流中的再利用和再循环能带来巨大的经济利益。20 世纪 90 年代后期，随着对逆向物流管理研究的逐渐深入，对逆向物流的研究更加具体和量化，主要集中在逆向物流的经济价值和社会价值、网络构建、管理方法等各个方面。如 Marien[10]从逆向物流可以降低经营成本分析得出企业可以利用逆向物流提高竞争力；Fleischmann 等[7]通过分析正向物流和逆向物流的流通渠道，指出二者在流通渠道上的异同，得出逆向物流对物流流通渠道设计的影响。21 世纪，第三方逆向物流的相关研究开始增加，Krumwiede 和 Shen[11]阐述了第三方物流集团进入逆向物流市场的可能性；Serrato 等[12]对逆向物流外包决策进行了研究，重点阐述了逆向物流和产品生命周期的关系，并将 Markov 决策模型引入第三方逆向物流领域中，用以评价逆向物流中的外包行为。

供应商选择是逆向物流管理中的重要研究内容之一，主要涉及评价指标选择与评价模型的构建两个方面。在评价指标体系方面，美国学者 Dickson[13]最早对供应商评价选择标准进行了系统性研究，他通过对 273 名物流管理人员进行调查，得出 23 条供应商选择标准，并根据重要性对 23 条准则按照服务质量、交货期、历史绩效、资金能力、生产设备和能力、技术能力等进行了排序；Weber 等[14]广泛收集相关文献，并从 1967～1990 年的文献中选出 70 多篇具有代表性的文章从不同层面研究了 Dickson 提出的准则，并对这些准则进行了重新排序；Ackerman[15]在对物流供应商选择的研究中，提出了 14 个评价标准，主要包括企业资源实力、管理能力、服务质量、信息技术等方面的指标；Menon 等[16]通过因子分析法得出企业选择第三方物流企业时应考察的五个因素：物流企业的绩效、能力、成本、战略和外部环境适应能力。在评价模型构建方面，Gaballa[17]首次将线性规划方法引用到供应商选择领域，并在线性规划的基础上提出了供应商选择的混合整数规划模型；Meade 和 Sarkis[18]在评价逆向物流供应商选择问题时，考虑了选择第三方逆向物流供应商的影响因素，建立了基于网络分析法（analytic network process，ANP）的评价模型；Momeni 等[19]通过构建多目标可加网络数据包络分析（data envelopment analysis，DEA）模型，研究了基于供应链的第三方逆向物流供应商效率问题；Hyun 和 Evans[20]从第三方物流企业的角度出发，建立了同时优化正向和逆向物流的混合整数非线性规划模型，并提出了基于启发式算法的遗传算法来求解模型；Kishore 运用三阶段数学规划方法设计了逆向物流供应链网络，优化了废旧产品和再生产品的配送路线；Li 等[21]构建了基于混合信息多准则决策的第三方逆向物流供应商选择模型。

2. 国内研究现状

相对于国外，国内在逆向物流管理方面的研究起步较晚。2001 年，向盛斌[22]指出回收品凝聚着巨大的劳动力价值，从节约资源、提高资源利用率角度考虑，提出了实施逆向物流的必要性，并强调政府应对企业的逆向物流活动加以指引和规范；柳键[23]则从企业微观环境出发，考虑了交易成本、市场竞争等因素与逆向物流的关系，提出了逆向物流实施的必要性，并对逆向物流的组织形式及可能遇到的问题和阻碍因素进行了初步探讨；许峰等[24]对第三方逆向物流进行了简单的探讨，指出第三方企业的介入有助于逆向物流的发展；陈增明等[25]分析了正向物流和逆向物流的异同之处，阐述了我国逆向物流决策模型的现状，并根据逆向物流的特点，提出了第三方逆向物流企业提供逆向物流服务的战略决策模型；周文强[26]以降低成本、提高竞争力、提高服务质量为目标，提出第三方逆向物流供应商的管理策略；周垂日等[27]分析了我国建立有效的废旧电子产品逆向物流系统的必要性，讨论了政府在废旧电子产品逆向物流管理中的经济责任机制；夏文汇[28]认为退货逆向物流是供应链管理流程的一部分，退货逆向物流管理有助于企业提高生存发展能力及退货快速反应能力，可以为企业赢得信用并带来很多收益；何勇和任丽丽[29]把第四方物流引入供应链管理中，建立了基于 4PL 逆向物流整合的供应链管理模式；梁芷铭[30]指出了我国连锁零售企业逆向物流管理存在的问题，给出了相应的改进策略。

国内许多专家学者对逆向物流供应商的选择标准进行了深入而广泛的研究。陈荣秋和湛述勇[31]调查了多家汽车制造公司及其零部件供应商之间的供应情况，得出了企业在选择供应商时不仅要考虑成本因素，还要考虑供应商的服务质量、财务状况、交货期及技术水平等其他因素；王能民等[32]在绿色经济的大环境下，提出评价指标体系应考虑供应商的环保水平和回收能力，并给出了计算供应商环保水平和回收能力的方法；马雪芬等[33]认为企业发展潜力、服务质量、技术水平、设备拥有量是选择第三方物流供应商的重要因素；李敏和赵涛[34]在分析逆向物流的产生和特点的基础上，从服务水平、联盟性、企业实力、经验和价格等五个方面建立了第三方逆向物流供应商选择的评价指标体系；陈春霞和余志斌[35]构建了包括综合素质指标和兼容性指标的第三方逆向物流供应商选择与评价指标体系；陈傲等[36]结合逆向物流供应商选择的特点，构建了生产者责任延伸制度（exlended producer responsibility，EPR）约束下的第三方逆向物流供应商评价指标体系；曹琳[37]从资源、服务质量、管理水平、信息技术水平以及环保水平等五个方面对第三方逆向物流供应商进行评价和选择。

在逆向物流供应商评价选择方法方面，国内的专家学者也取得较为丰硕的研究成果。周水银和陈荣秋[38]从顾客需求最大化角度出发，提出了一个顾客需求最大化的供应商选择模型，该模型首先利用数据包络分析方法对供应商进行筛选，其次为了达到顾客需求最大化，对各种供应商组合进行优化，选出最佳的供应商组合；马丽娟[39]在供应链环境下，提出 TOPSIS 方法和熵值法综合选择方法，即利用熵确定各指标的权重，然后根据 TOPSIS 方法进行供应商选择；陈傲和王旭坪[40]结合闭环供应链中核心企业与逆向物流供应商合作关系的特点，提出了基于

DEA 数据处理的层次分析法（analytic hierarchy process，AHP）选择模型；贺团英和马天山[41]构建了报废汽车逆向物流供应商评价指标体系，提出了基于可拓评价法的评价模型，对报废汽车逆向物流供应商进行评价与优选；李晓莉[42]针对第三方逆向物流供应商评价过程中的指标冗余、指标权重的确定需要直接赋权和信息不确定性等问题，提出一种基于粗糙集的灰色 TOPSIS 方法；杨利平和张世斌[43]利用基于二元语义混合有序加权平均的多属性群决策法，讨论了逆向物流供应商评价与选择问题。

6.2　逆向物流供应商选择的相关理论基础

6.2.1　逆向物流的内涵与特征

1. 逆向物流的定义

自从 1992 年 Stock 提出逆向物流的概念以来，国内外的专家、学者对逆向物流定义的研究不断深入。

1992 年，Stock 在美国物流管理协会的报告中提出了“逆向物流”这一术语，认为逆向物流是一种包含了产品退回、物料替代、物品再利用、废弃处理、再处理、维修与再制造等流程的物流活动，它不仅包括废旧产品或包装的回收利用，还包括生产过程中废品和副产品的回收利用，缺陷产品召回或维修退回处理，以及由于产品过时、过期、不合格、错发、多发等引起的退货。

1993 年，Kopicki 给出了与 Stock 非常相似的概念，他认为逆向物流是用来描述从包装到产品等各种有害或无害废弃物的物流管理和处置，它包括引起商品和信息沿正常物流活动相反方向流动的逆向分销。

1995 年，Thierry 等[44]提出了产品回收管理（product recovery management，PRM）的概念，认为在产品回收管理活动中有五种不同的选择，即修理、翻新、拆卸、再制造、再循环，其目标是尽可能合理地恢复经济价值，以减少废弃物的最终数量。

欧洲逆向物流工作小组给出的定义为：逆向物流是对原材料、在制品和产成品由生产地、分销地、使用地向回收恢复地或恰当处理地的流动进行计划、执行和控制的过程。

2000 年，Fleischmann 综合之前几位学者对逆向物流的定义，得出逆向物流是“为恢复价值或合理处置的目的，对与传统供应链方向相反的二手产品的储存和相关信息流的高效率及高效益的计划、实施与控制的过程。

美国物流管理协会对逆向物流的最新定义为：逆向物流就是为了资源回收或正确处理废弃物，在高效及适当成本下，对原材料、在制品、产成品及相关信息从消费点到产出点的流动和储存所进行的规划、实施与控制的过程。

《物流术语》（GB/T 18354—2006）则将逆向物流分为回收物流（returned logistics）和废弃物物流（waste material logistics）。回收物流是指不合格物品的返修、退货以及周转使用的包装容器从需方返回到供方所形成的物品实体流动；废弃物物流则指将经济活动中失去原有使用价值的物品，根据实际需要进行收集、分类、加工、包装、搬运、储存，并分送到专门处理场时所形成的物品实体流动。

虽然以上对逆向物流的定义在表述方式上不尽相同，但是其内涵基本上是一致的，主要包括以下几个方面。

（1）从流动的对象看，逆向物流的处理对象包括回流商品、产品运输容器、包装材料及相关信息，逆向物流的起点可以是消费地或者经济活动的各个场所，终点可以是起始地或者专门的处理场所。

（2）从实施的目的看，逆向物流是为了重新获得废弃产品或有缺陷产品的使用价值，或是为了正确处置废弃物以减轻对环境的危害，实现社会的可持续发展。

（3）从物流活动的构成看，逆向物流应该包括对产品或包装物的回收、再利用、修理、翻新、改造、垃圾填埋和焚毁等处理过程。

从逆向物流的内涵来看，其目标之一是对最终废弃产品或包装废弃物做出正确的处置，即从环保的角度出发，对废弃物进行焚化或运到指定地点填埋。然而，逆向物流并非简单的废弃物回收处理，也并非被动的保护环境。逆向物流是通过对回流品或废料的再利用和再循环等活动，实现对资源的有效利用和对生态系统的最少量输入，从而节约自然资源，降低生产成本和污染治理的成本。据统计，采用回收材料再制造的公司能节省 40%～60%的成本[45]。

2. 逆向物流的特征

逆向物流和正向物流共同组成一个完整的物流系统，虽然逆向物流与正向物流有很多相似点，但是与正向物流相比，逆向物流又具有自己的特点，主要表现在以下几个方面。

（1）逆向性。逆向物流的逆向性是指产品或报废产品通过逆向物流渠道从消费者流向经销商或生产商，逆向物流的物品流动方向为：消费者→中间商→制造商→供应商，起始点和终止点与正向物流完全相反。

（2）高度不确定性。正向物流是客户先下订单，然后才根据客户订单确定运送的货物，以及时间、地点和数量。逆向物流则不然，逆向物流的供应量是由外生力量决定的，即由消费者决定的，所以逆向物流产生的时间、地点和数量是无法确定的。

（3）再生活动复杂性。逆向物流再生形式较多，结构复杂，从废旧产品回收开始的每一步都面临着不同的决策，并受逆向物流规划结果的影响[1]；而且从活动内容上逆向物流还包括回收、检测/分类、运输、储存、再销售、废弃物处置等，这无疑加大了逆向物流再生活动的复杂性。

（4）处理成本高。逆向物流中的物品都是由退货或报废产生的，没有统一的包装，需要人工挑选、分类、处理，且逆向物流的不确定性也不能很好地达到运输和仓储的规模效益，这无疑会增加处理费用。

（5）价值非单调性。逆向物流中的物品经过一系列的包装、运输、仓储等活动，势必会增加企业的成本，这样就消减了这些物品的价值。但是，对于消费者没有价值的物品，经过逆向物流回到供应商那里，经过再加工、再制造又重新获得价值。

6.2.2 逆向物流形成的驱动因素与经济价值

1.驱动因素

（1）来自环境保护的法规强制性要求。经济全球化的推进让世界各国开始密切关注环境保护问题，各国都从自身可持续发展的目标出发，对破坏环境的产品及产品包装制定相关法律进行严格控制[3]。为了减轻废旧产品对环境的危害，许多国家和地区都通过立法以强制要求生产商或进口商对产品整个寿命周期负责，即对废旧产品回收处理实行 EPR 责任或由生产商、销售商和消费者共同承担责任[1]。

（2）来自循环经济的可持续发展要求。循环经济遵循以“减量化、再使用、再循环”为内容的行为原则，从循环经济发展应遵循的原则和循环经济的产业体系可以看出，逆向物流是发展循环经济的重要保证和推动力量。逆向物流的构建是原来单向的企业物流变为完整循环的物流网，它能最大限度地重复利用再生资源，并减少能源消耗，促进循环经济的发展[1]。

（3）来自经济效益的竞争性要求。一方面，即使是精细化的物流与供应链管理运作，由于产品质量问题或配送偏误，都会面临顾客的退货问题，为了维护企业形象及其核心竞争力，企业需要通过有效的逆向物流管理来降低损失；另一方面，回收处理废旧产品还可以节约原材料、降低生产成本，给企业带来直接经济效益，而且通过逆向物流还能树立企业的“环保”形象并由此给企业带来间接的经济效益。

2. 经济价值

企业实施逆向物流，不仅有利于发展循环经济，也是增强企业竞争优势的重要方式之一。逆向物流的经济价值有以下几方面。

（1）降低成本，提升产品竞争力。逆向物流具有再生资源回收的价值，逆向物流回收的零配件经过拆卸、拼修、翻新、改制等逆向物流活动，可以直接进入产品生产过程或销售市场，从而重新获得价值。另外，逆向物流可以提高供应链上所有顾客对产品或服务的满意度，有利于培养终端顾客的忠诚度，强化整个供应链的战略竞争优势[3]。

（2）提高环境业绩，塑造企业形象。环境对经济发展具有推动和约束的双重作用，合理地保护和改善环境可以为发展提供物质基础。实施逆向物流，一方面通过终端用户废弃产品的回收，承担起企业的环保责任；另一方面通过回收资源，可以减少废弃物的排放量，从而降低处理费用。所以，实施逆向物流有利于企业提高环境业绩、塑造环保形象[3]。

（3）节约资源，促进社会经济的可持续发展。资源是稀缺的，而人类的发展与需求则是无止境的。资源的这种稀缺性，客观上要求人们合理配置资源，实现自然资源的可持续供给。逆向物流将废弃物通过收集、加工，重新补充到生产、消费系统中去循环利用，不仅可以降低生产成本，还能够通过提高资源利用率、降低对环境的危害，极大地促进逆向物流自身和社会经济的可持续发展。

6.3　逆向物流供应商选择评价指标体系的构建

6.3.1　评价指标体系的构建原则

逆向物流供应商评价与选择是一个多属性或多目标决策问题，问题复杂且涉及面广，必须建立一套客观、全面的评价指标体系。为了保证评价指标体系的科学性和合理性，逆向物流供应商评价指标体系的构建应遵从以下原则。

（1）系统全面性原则。对逆向物流供应商进行评价涉及逆向物流活动的各层次、各方面的很多因素，构建的逆向物流供应商评价指标体系要全面地体现这些因素，以保证评价指标体系的完整性、客观性和合理性；指标的选择力求具有典型性、完备性、广泛的涵盖性和高度的概括性，要保证反映逆向物流供应商主要属性的指标间既不重复也不遗漏，且尽可能相互独立，以此来反映逆向物流供应商的综合素质与水平。

（2）可比性原则。评价指标的可比性原则是指在设计指标时，应注意评价指标在逆向物流供应商之间普遍适用，能够反映供应商的共同属性，还要注意指标在纵向和横向上的可比性，以及系统内部各子系统之间的协调，以便使指标体系在不同地区、不同时期、不同方案之间进行比较时发挥作用。此外，还应注意指标的稳定性，易变、振荡等难以把握的指标都不应列入评价指标体系。

（3）可行性原则。构建逆向物流供应商评价指标体系的目的是对供应商的综合能力进行具体的评价，以达到对不同供应商进行排序和选优的目的。所以，逆向物流供应商评价指标的设置要实用、容易理解，每项指标的基础数据原则上应有可行的搜集渠道，应尽可能地选择能够量化的指标，而且评价指标的计算简便易行，便于推广和应用。

（4）客观简洁性原则。虽然逆向物流活动涉及企业运行的众多因素，但是逆向物流供应商评价指标也要在保持全面性的基础上尽量做到简洁，用适宜数量的指标客观、科学地反映整个物流系统，指标数量过多或过少都不能很好地对方案进行合理的评价，而且在筛选的过程中要避免受到主观因素的影响。

（5）实用性原则。拟定逆向物流供应商评价指标应当思路清楚、准确全面，评价指标应当简单明确、使用方便，以确保评价工作的正常进行；评价指标应当便于统计和量化计算；评价指标的测定必须有良好的可操作性，以保证评价指标值可以准确、快速地获取，以确保评价工作的正常进行。

（6）定性定量相结合原则。在逆向物流供应商评价的过程中，要涉及很多的定性因素和定量因素，如网络覆盖率、专业人才比、业务处理量、资产流动率等都是定量的，而企业信誉、学习和创新能力、顾客满意度等都是定性的。为了更好地评价逆向物流供应商，在构建逆向物流供应商评价指标时要做到定性评价指标与定量评价指标相结合。

6.3.2　评价指标体系的构建

根据逆向物流供应商选择评价指标体系的国内外研究现状，依据评价指标选择的基本原则，本书将逆向物流供应商选择评价指标体系分为目标层、准则层和指标层三个层次。

1. 目标层

逆向物流供应商的综合能力是目标层的综合指标，用来评价逆向物流供应商在服务质量、服务能力、成本因素以及合作联盟性等方面的实际状况。在评价逆向物流供应商的综合能力时，需要选择不同类型的指标在数量、质量等方面反映逆向物流供应商的能力与水平。

2. 准则层与指标层

（1）服务质量（B_1）。服务质量是企业选择逆向物流供应商时必须考虑的一个评价指标，主要由客户满意度（C_{11}）、响应及时性（C_{12}）、价值回收率（C_{13}）、环保效应（C_{14}）来度量。

（2）运营能力（B_2）。运营能力反映逆向物流供应商专业化技能水平的高低，可以用运输能力（C_{21}）、库存能力（C_{22}）、增值服务能力（C_{23}）、信息化水平（C_{24}）和人员素质（C_{25}）等二级指标进一步评价。

（3）成本因素（B_3）。成本因素也是企业选择逆向物流供应商时必须考虑的一个重要因素，它将对选择逆向物流供应商的企业的经济效益产生直接影响。本书用回收成本（C_{31}）、再配送成本（C_{32}）、运输库存成本（C_{33}）和信息成本（C_{34}）来衡量。

（4）合作联盟性（B_4）。合作联盟性反映逆向物流供应商与委托企业在价值取向、行为准则等方面的一致性程度，是影响合作效率和效果的重要指标，其二级指标包括沟通能力（C_{41}）、企业信誉（C_{42}）、文化兼容性（C_{43}）以及环保意识与能力（C_{44}）等。

逆向物流供应商评价指标体系结构如表 6-1 所示。

表 6-1　逆向物流供应商评价指标体系

准则层/一级指标	指标层/二级指标	指标类型
服务质量（B_1）	客户满意度（C_{11}）	定性
	响应及时性（C_{12}）	定量
	价值回收率（C_{13}）	定量
	环保效应（C_{14}）	定性
运营能力（B_2）	运输能力（C_{21}）	定量
	库存能力（C_{22}）	定量
	增值服务能力（C_{23}）	定量
	信息化水平（C_{24}）	定性
	人员素质（C_{25}）	定量
成本因素（B_3）	回收成本（C_{31}）	定量
	再配送成本（C_{32}）	定量
	运输库存成本（C_{33}）	定量
	信息成本（C_{34}）	定量
合作联盟性（B_4）	沟通能力（C_{41}）	定性
	企业信誉（C_{42}）	定性
	文化兼容性（C_{43}）	定性
	环保意识与能力（C_{44}）	定性

6.4　基于直觉模糊 TOPSIS 方法的逆向物流供应商选择研究

6.4.1　问题描述

设某企业备选的逆向物流供应商有 m 个，分别用 $Y_i(i=1,2,\cdots,m)$ 表示，备选逆向物流供应商的集合记为 Y，即 $Y=\{Y_1,Y_2,\cdots,Y_m\}$；评价每个逆向物流供应商的准则层包含服务质量（B_1）、运营能力（B_2）、成本因素（B_3）以及合作联盟性（B_4）共四个决策准则，每个决策准则 $B_j(j=1,2,3,4)$ 又由二级指标 $C_{jk_j}(j=1,2,3,4;k_j=1,2,\cdots,n_j)$ 决定，$n_1=4,n_2=5,n_3=4,n_4=4$；$\omega=(\omega_1,\omega_2,\omega_3,\omega_4)^{\mathrm{T}}$ 表示决策准则 $B_j(j=1,2,3,4)$ 的权重向量，满足 $\omega_j\geqslant 0$，且 $\sum_{j=1}^{4}\omega_j=1$；$w_j=(w_{j1},w_{j2},\cdots,w_{jn_j})^{\mathrm{T}}$ 为二级指标 $C_{jk_j}(j=1,2,3,4;k_j=1,2,\cdots,n_j)$ 的权重向量，满足 $w_{jk_j}\geqslant 0$ 且 $\sum_{k_j=1}^{n_j}w_{jk_j}=1$。如果 $\tilde{F}_{ijk_j}=\langle\mu_{ijk_j},\nu_{ijk_j}\rangle(i=1,2,\cdots,m;j=1,2,3,4;k_j=1,2,\cdots,n_j)$ 为直觉模糊数，表示备选的逆向物流供应商 Y_i 满足二级指标 C_{jk_j} 和不满足二级指标 C_{jk_j} 的程度，则 $F_j=(\langle\mu_{ijk_j},\nu_{ijk_j}\rangle)_{m\times n_j}(j=1,2,3,4)$ 为该问题关于决策准则 $B_j(j=1,2,3,4)$ 的直觉模糊决策矩阵（表 6-2）。现在的问题是根据直觉模糊决策矩阵 $F_j(j=1,2,3,4)$，如何得到一个决策分析方法来对备选的逆向物流供应商进行评价和选优。

表 6-2　关于准则 B_j 的直觉模糊决策矩阵 F_j

	C_{j1}	C_{j2}	…	C_{jn}
Y_1	$\langle\mu_{1j1},\nu_{1j1}\rangle$	$\langle\mu_{1j2},\nu_{1j2}\rangle$	…	$\langle\mu_{1jn},\nu_{1jn}\rangle$
Y_2	$\langle\mu_{2j1},\nu_{2j1}\rangle$	$\langle\mu_{2j2},\nu_{2j2}\rangle$	…	$\langle\mu_{2jn},\nu_{2jn}\rangle$
⋮	⋮	⋮		⋮
Y_m	$\langle\mu_{mj1},\nu_{mj1}\rangle$	$\langle\mu_{nj2},\nu_{nj2}\rangle$	…	$\langle\mu_{mjn},\nu_{mjn}\rangle$

6.4.2　基于直觉模糊 TOPSIS 方法的逆向物流供应商选择的决策步骤

步骤 1　构建决策准则 B_j 下的直觉模糊决策矩阵 F_j。确定逆向物流供应商选择问题的备选方案集 $Y=\{Y_1,Y_2,\cdots,Y_m\}$，用直觉模糊数表示各备选逆向物流供应商关于二级指标的评价信息，构建 $Y_i(i=1,2,\cdots,m)$ 关于准则 $B_j(j=1,2,3,4)$ 的直觉模糊决策矩阵 F_j。

步骤 2　确定逆向物流供应商选择问题的直觉模糊决策矩阵 F。首先利用直觉模糊熵，分别计算准则 B_j 下的二级指标 $C_{jk_j}(j=1,2,3,4;k_j=1,2,\cdots,n_j)$ 的模糊熵 E_{jk_j} 和权重 w_{jk_j}：

$$E_{jk_j}=\frac{1}{m}\sum_{i=1}^{m}\cos\frac{\pi(\mu_{ijk_j}-\nu_{ijk_j})(1-\pi_{ijk_j})}{2},j=1,2,3,4;k_j=1,2,\cdots,n_j \tag{6.1}$$

$$w_{jk_j}=\frac{1-E_{jk_j}}{n_j-\sum_{k_j=1}^{n_j}E_{jk_j}},j=1,2,3,4;k_j=1,2,\cdots,n_j \tag{6.2}$$

根据直觉模糊加权平均算子，可以计算备选逆向物流供应商在准则 $B_j(j=1,2,3,4)$ 下的直觉模糊评价值 $\tilde{F}_{ij}$：

$$\begin{aligned}\tilde{F}_{ij}&=\langle\mu_{ij},\nu_{ij}\rangle=\text{IFWA}_{\omega}(\tilde{F}_{ij1},\tilde{F}_{ij2},\cdots,\tilde{F}_{ijn})\\&=\left\langle 1-\prod_{k_j=1}^{n_j}(1-\mu_{ijk_j})^{w_{jk_j}},\prod_{k_j=1}^{n_j}(\nu_{jk_j})^{w_{jk_j}}\right\rangle,\quad j=1,2,3,4;k_j=1,2,\cdots,n_j\end{aligned} \tag{6.3}$$

于是得到逆向物流供应商选择问题的直觉模糊决策矩阵 $F=(\tilde{F}_{ij})_{m\times 4}=(\langle\mu_{ij},\nu_{ij}\rangle)_{m\times 4}$。

步骤 3　根据直觉模糊多属性决策矩阵 F 确定该多属性决策问题的正理想解 Y^+ 和负理想解 Y^-：

$$\begin{aligned}Y^+&=(\langle\mu_1^+,\nu_1^+\rangle,\langle\mu_2^+,\nu_2^+\rangle,\langle\mu_3^+,\nu_3^+\rangle,\langle\mu_4^+,\nu_4^+\rangle)\\&=(\langle\max_i\mu_{i1},\min_i\nu_{i1}\rangle,\langle\max_i\mu_{i2},\min_i\nu_{i2}\rangle,\langle\max_i\mu_{i3},\min_i\nu_{i3}\rangle,\langle\max_i\mu_{i4},\min_i\nu_{i4}\rangle)\end{aligned} \tag{6.4}$$

$$\begin{aligned}Y^-&=(\langle\mu_1^-,\nu_1^-\rangle,\langle\mu_2^-,\nu_2^-\rangle,\langle\mu_3^-,\nu_3^-\rangle,\langle\mu_4^-,\nu_4^-\rangle)\\&=(\langle\min_i\mu_{i1},\max_i\nu_{i1}\rangle,\langle\min_i\mu_{i2},\max_i\nu_{i2}\rangle,\langle\min_i\mu_{i3},\max_i\nu_{i3}\rangle,\langle\min_i\mu_{i4},\max_i\nu_{i4}\rangle)\end{aligned} \tag{6.5}$$

步骤 4　计算各备选逆向物流供应商 $Y_i(i=1,2,\cdots,m)$ 到正理想解 Y^+ 和负理想解 Y^- 的距离。利用直觉模糊熵计算准则 $B_j(j=1,2,3,4)$ 的模糊熵 E_j 和权重 ω_j：

$$E_j=\frac{1}{m}\sum_{i=1}^{m}\cos\frac{\pi(\mu_{ij}-\nu_{ij})(1-\pi_{ij})}{2},\quad j=1,2,3,4 \tag{6.6}$$

$$\omega_j=\frac{1-E_j}{4-\sum_{j=1}^{4}E_j},\quad j=1,2,3,4 \tag{6.7}$$

然后计算 $Y_i(i=1,2,\cdots,m)$ 到正理想解 Y^+ 和负理想解 Y^- 的距离 d_i^+ 和 d_i^-：

$$d_i^+=\frac{1}{2}\sum_{j=1}^{4}\omega_j[|\mu_{ij}-\mu_j^+|+|\nu_{ij}-\nu_j^+|+|\pi_{ij}-\pi_j^+|] \tag{6.8}$$

$$d_i^-=\frac{1}{2}\sum_{j=1}^{4}\omega_j[|\mu_{ij}-\mu_j^-|+|\nu_{ij}-\nu_j^-|+|\pi_{ij}-\pi_j^-|] \tag{6.9}$$

步骤 5　选择最优逆向物流供应商。计算各备选逆向物流供应商 $Y_i(i=1,2,\cdots,m)$ 的贴近度 c_i：

$$c_i=\frac{d_i^-}{d_i^-+d_i^+},\quad i=1,2,\cdots,m \tag{6.10}$$

并利用贴近度 c_i 对备选的逆向物流供应商 $Y_i(i=1,2,\cdots,m)$ 进行排序， c_i 越大表明 Y_i 离正理想解越近、离负理想解越远，相应的供应商越优。

6.4.3　实例分析

例 6.1　考虑逆向物流供应商选择问题。设某制造企业需要选择 1 家逆向物流供应商，现有四家供应商 $Y_i(i=1,2,3,4)$ 作为备选方案。假设该制造企业组织有关专家对四家备选的逆向物流供应商 $Y_i(i=1,2,3,4)$ 关于决策准则 $B_j(j=1,2,3,4)$ 下的二级指标 $C_{jk_j}(j=1,2,3,4;k_j=1,2,\cdots,n_j)$ 进行评价，各备选逆向物流供应商对各二级指标的满足程度可用直觉模糊数来表示，有关评价结果如表 6-3～表 6-6 所示。

表 6-3　关于准则 B_1 的直觉模糊决策矩阵 F_1

	G_1	G_2	G_3	G_4
Y_1	⟨0.85，0.10⟩	⟨0.90，0.05⟩	⟨0.90，0.10⟩	⟨0.85，0.15⟩
Y_2	⟨0.80，0.15⟩	⟨0.75，0.15⟩	⟨0.80，0.10⟩	⟨0.75，0.20⟩
Y_3	⟨0.75，0.20⟩	⟨0.85，0.10⟩	⟨0.70，0.25⟩	⟨0.65，0.30⟩
Y_4	⟨0.80，0.10⟩	⟨0.70，0.20⟩	⟨0.65，0.30⟩	⟨0.80，0.15⟩

表 6-4　关于准则 B_2 的直觉模糊决策矩阵 F_2

	G_1	G_2	G_3	G_4	G_5
Y_1	⟨0.90，0.05⟩	⟨0.85，0.10⟩	⟨0.80，0.15⟩	⟨0.90，0.05⟩	⟨0.85，0.15⟩
Y_2	⟨0.85，0.10⟩	⟨0.80，0.20⟩	⟨0.75，0.20⟩	⟨0.90，0.05⟩	⟨0.75，0.20⟩
Y_3	⟨0.85，0.10⟩	⟨0.80，0.15⟩	⟨0.75，0.20⟩	⟨0.85，0.10⟩	⟨0.65，0.20⟩
Y_4	⟨0.80，0.15⟩	⟨0.85，0.10⟩	⟨0.70，0.25⟩	⟨0.85，0.10⟩	⟨0.70，0.25⟩

表 6-5　关于准则 B_3 的直觉模糊决策矩阵 F_3

	G_1	G_2	G_3	G_4
Y_1	⟨0.85，0.10⟩	⟨0.90，0.05⟩	⟨0.85，0.15⟩	⟨0.90，0.05⟩
Y_2	⟨0.90，0.05⟩	⟨0.80，0.15⟩	⟨0.75，0.20⟩	⟨0.70，0.20⟩

续表

	G_1	G_2	G_3	G_4
Y_3	〈0.85，0.10〉	〈0.80，0.15〉	〈0.80，0.15〉	〈0.85，0.10〉
Y_4	〈0.70，0.20〉	〈0.80，0.10〉	〈0.75，0.15〉	〈0.80，0.15〉

表 6-6　关于准则 B_4 的直觉模糊决策矩阵 F_4

	G_1	G_2	G_3	G_4
Y_1	〈0.85，0.10〉	〈0.90，0.05〉	〈0.90，0.05〉	〈0.85，0.10〉
Y_2	〈0.90，0.05〉	〈0.85，0.10〉	〈0.90，0.05〉	〈0.85，0.10〉
Y_3	〈0.75，0.20〉	〈0.80，0.15〉	〈0.75，0.15〉	〈0.75，0.15〉
Y_4	〈0.75，0.15〉	〈0.75，0.20〉	〈0.85，0.10〉	〈0.75，0.15〉

下面用直觉模糊 TOPSIS 方法对四家逆向物流供应商进行评价和选择。

步骤 1　计算各二级指标的权重。

根据表 6-3～表 6-6，利用式（6.1）和式（6.2）计算各二级指标 C_{jk_j} $(j=1,2,3,4;$ $k_j=1,2,\cdots,n_j)$ 的模糊熵 E_{jk_j} 和权重 w_{jk_j}，计算结果如表 6-7～表 6-10 所示。

表 6-7　准则 B_1 下二级指标的模糊熵与权重

	C_{11}	C_{12}	C_{13}	C_{14}
E_{jk_j}	0.5581	0.5390	0.6269	0.6420
w_{jk_j}	0.270	0.282	0.228	0.220

表 6-8　准则 B_2 下二级指标的模糊熵与权重

	C_{21}	C_{22}	C_{23}	C_{24}	C_{25}
E_{jk_j}	0.4340	0.5065	0.6779	0.3671	0.6859
w_{jk_j}	0.243	0.212	0.138	0.272	0.135

表 6-9　准则 B_3 下二级指标的模糊熵与权重

	C_{31}	C_{32}	C_{33}	C_{34}
E_{jk_j}	0.4830	0.4944	0.6240	0.5150
w_{jk_j}	0.274	0.268	0.200	0.258

表 6-10　准则 B_4 下二级指标的模糊熵与权重

	C_{41}	C_{42}	C_{43}	C_{44}
E_{jk_j}	0.5193	0.4953	0.4733	0.5489
w_{jk_j}	0.245	0.257	0.268	0.230

步骤 2　确定逆向物流供应商选择问题的直觉模糊决策矩阵 F。利用式（6.3）计算各备选逆向物流供应商 $Y_i(i=1,2,3,4)$ 在准则 $B_j(j=1,2,3,4)$ 下的二级指标 $C_{jk_j}(j=1,2,3,4;k_j=1,2,\cdots,n_j)$ 的综合直觉模糊评价值 $\tilde{F}_{ij}$，得到直觉模糊决策矩阵 F 如表 6-11 所示。

表 6-11　逆向物流供应商选择的直觉模糊决策矩阵 F

	B_1	B_2	B_3	B_4
Y_1	⟨0.878，0.090⟩	⟨0.873，0.078⟩	⟨0.879，0.075⟩	⟨0.879，0.052⟩
Y_2	⟨0.776，0.146⟩	⟨0.836，0.116⟩	⟨0.808，0.127⟩	⟨0.878，0.070⟩
Y_3	⟨0.757，0.189⟩	⟨0.808，0.132⟩	⟨0.828，0.121⟩	⟨0.764，0.161⟩
Y_4	⟨0.745，0.177⟩	⟨0.806，0.142⟩	⟨0.766，0.146⟩	⟨0.782，0.145⟩

步骤 3　确定正理想解 Y^+ 和负理想解 Y^-。由表 6-11 可知，其正理想解 Y^+ 和负理想解 Y^- 分别为

$$Y^+=(\langle 0.878,0.090\rangle,\langle 0.873,0.078\rangle,\langle 0.879,0.075\rangle,\langle 0.879,0.052\rangle)$$

$$Y^-=(\langle 0.745,0.189\rangle,\langle 0.806,0.142\rangle,\langle 0.766,0.146\rangle,\langle 0.764,0.161\rangle)$$

步骤 4　计算决策准则 $B_j(j=1,2,3,4)$ 的权重。将表 6-11 的数据代入式（6.6）和式（6.7），可计算决策准则 $B_j(j=1,2,3,4)$ 的模糊熵 E_j 和权重 ω_j 分别为

$$E_1=0.5800,\quad E_2=0.4853,\quad E_3=0.5057,\quad E_4=0.4868$$

$$\omega_1=0.216,\quad \omega_2=0.265,\quad \omega_3=0.255,\quad \omega_4=0.264$$

步骤 5　计算各备选逆向物流供应商 $Y_i(i=1,2,3,4)$ 到正理想解 Y^+ 和负理想解 Y^- 的距离。利用式（6.8）～式（6.10），计算各备选逆向物流供应商 $Y_i(i=1,2,3,4)$ 到正理想解 Y^+ 和负理想解 Y^- 的距离 d_i^+ 和 d_i^- 以及贴近度 c_i，计算结果如表 6-12 所示。

表 6-12　各个备选逆向物流供应商选择的 d_i^+、d_i^- 和 c_i

	d_i^+	d_i^-	c_i	排序
Y_1	0.1013	0.0000	1.0000	1
Y_2	0.0578	0.0550	0.5124	2

续表

	d_i^+	d_i^-	c_i	排序
Y_3	0.0211	0.0899	0.1901	3
Y_4	0.0156	0.1009	0.1339	4

由表 6-12 可知，四个备选逆向物流供应商的优劣排序为 $Y_1 \succ Y_2 \succ Y_3 \succ Y_4$，即逆向物流供应商 Y_1 为最佳。

6.5 基于动态直觉模糊TOPSIS方法的逆向物流供应商选择研究

6.5.1 问题描述

设某企业备选的逆向物流供应商有 m 个，分别用 $Y_i(i=1,2,\cdots,m)$ 表示，备选逆向物流供应商的集合记为 Y，即 $Y=\{Y_1,Y_2,\cdots,Y_m\}$；评价每个逆向物流供应商的准则层包含服务质量（B_1）、运营能力（B_2）、成本因素（B_3）以及合作联盟性（B_4）共四个决策准则，每个决策准则 $B_j(j=1,2,3,4)$ 又由二级指标 $C_{jk_j}(j=1,2,3,4;k_j=1,2,\cdots,n_j)$ 决定，$n_1=4,n_2=5,n_3=4,n_4=4$；假设在 p 个不同时段 $t_r(r=1,2,\cdots,p)$ 对备选逆向物流供应商进行综合评价。令 $\omega=(\omega_1,\omega_2,\omega_3,\omega_4)^{\mathrm{T}}$ 表示决策准则 $B_j(j=1,2,3,4)$ 的权重向量，满足 $\omega_j \geqslant 0$，且 $\sum_{j=1}^{4}\omega_j=1$；$w_j=(w_{j1},w_{j2},\cdots,w_{jn_j})^{\mathrm{T}}$ 为二级指标 $C_{jk_j}(j=1,2,3,4;k_j=1,2,\cdots,n_j)$ 的权重向量，满足 $w_{jk_j} \geqslant 0$ 且 $\sum_{k_j=1}^{n_j} w_{jk_j}=1$；$w(t_r)$ 为时段 t_r 的时间权重 $(r=1,2,\cdots,p)$，满足 $\sum_{r=1}^{p} w(t_r)=1, w(t_r)\geqslant 0, r=1,2,\cdots,p$。如果 $\tilde{F}_{ijk_j}(t_r)=\langle \mu_{ijk_j}^{(r)},\nu_{ijk_j}^{(r)}\rangle(i=1,2,\cdots,m;j=1,2,3,4;k_j=1,2,\cdots,n_j)$ 为直觉模糊数，表示时段 $t_r(r=1,2,\cdots,p)$ 备选逆向物流供应商 Y_i 满足二级指标 C_{jk_j} 和不满足二级指标 $C_{jk_j}(j=1,2,3,4;k_j=1,2,\cdots,n_j)$ 的程度，则 $F_j^{(r)}=(\langle \mu_{ijk_j}^{(r)},\nu_{ijk_j}^{(r)}\rangle)_{m\times n_j}(j=1,2,3,4)$ 为该决策问题在时段 $t_r(r=1,2,\cdots,p)$ 关于决策准则 $B_j(j=1,2,3,4)$ 的直觉模糊决策矩阵。现在的问题是根据各时段 $t_r(r=1,2,\cdots,p)$ 关于决策准则 $B_j(j=1,2,3,4)$ 的直觉模糊决策矩阵 $F_j^{(r)}$，如何得到一个有效决策分析方法来对备选的逆向物流供应商进行评价和选优。

6.5.2 基于动态直觉模糊TOPSIS方法的逆向物流供应商选择的决策步骤

步骤 1 构建各时段关于决策准则 B_j 的直觉模糊决策矩阵 $F_j^{(r)}$。确定逆向物流供应商选择问题的备选方案集 $Y=\{Y_1,Y_2,\cdots,Y_m\}$，用直觉模糊数标识各备选逆向物流供应商关于二级指标的评价信息，构建 $Y_i(i=1,2,\cdots,m)$ 在各时段 $t_r(r=1,2,\cdots,p)$ 关于准则 $B_j(j=1,2,3,4)$ 的直觉模糊决策矩阵 $F_j^{(r)}$。

步骤 2 计算逆向物流供应商选择问题在时段 $t_r(r=1,2,\cdots,p)$ 的直觉模糊决策矩阵 $F^{(r)}$。设决策准则 $B_j(j=1,2,3,4)$ 下各二级指标 $C_{jk_j}(j=1,2,3,4;k_j=1,2,\cdots,n_j)$ 的权重向量为

$$w_j=(w_{j1},w_{j2},\cdots,w_{jn_j})^{\mathrm{T}},\quad j=1,2,3,4 \tag{6.11}$$

根据直觉模糊加权平均算子，计算可得备选逆向物流供应商在时段 $t_r(r=1,2,\cdots,p)$ 关于准则 $B_j(j=1,2,3,4)$ 的直觉模糊评价值 $\tilde{F}_{ij}$：

$$\begin{aligned}\tilde{F}_{ij}(t_r)&=\langle\mu_{ij}^{(r)},\nu_{ij}^{(r)}\rangle=\mathrm{IFWA}_w(\tilde{F}_{ij1}(t_r),\tilde{F}_{ij2}(t_r),\cdots,\tilde{F}_{ijn_j}(t_r))\\&=\left\langle 1-\prod_{k_j=1}^{n_j}(1-\mu_{ijk_j}^{(r)})^{w_{jk_j}},\prod_{k_j=1}^{n_j}(\nu_{ijk_j}^{(r)})^{w_{jk_j}}\right\rangle,\quad i=1,2,\cdots,m;j=1,2,3,4\end{aligned} \tag{6.12}$$

得到逆向物流供应商选择问题在时段 $t_r(r=1,2,\cdots,p)$ 的直觉模糊决策矩阵 $F^{(r)}=(\tilde{F}_{ij}(t_r))_{m\times 4}=(\langle\mu_{ij}^{(r)},\nu_{ij}^{(r)}\rangle)_{m\times 4}$。

步骤 3 集结各时段 $t_r(r=1,2,\cdots,p)$ 的评价信息，确定各备选逆向物流供应商关于准则 $B_j(j=1,2,3,4)$ 的综合直觉模糊决策矩阵 F。设时段 $t_r(r=1,2,\cdots,p)$ 的权重向量为 $w(t)=(w(t_1),w(t_2),\cdots,w(t_p))^{\mathrm{T}}$，利用动态直觉模糊加权平均算子，计算 p 个时段内各备选逆向物流供应商在时段 $t_r(r=1,2,\cdots,p)$ 关于准则 B_j 的直觉模糊属性值 $\tilde{F}_{ij}(t_r)$ 的综合值 $\tilde{F}_{ij}$：

$$\begin{aligned}\tilde{F}_{ij}&=\langle\mu_{ij},\nu_{ij}\rangle=\mathrm{DIFWA}_{w(t)}(\tilde{F}_{ij}(t_1),\tilde{F}_{ij}(t_2),\cdots,\tilde{F}_{ij}(t_p))\\&=\left\langle 1-\prod_{r=1}^{p}(1-\mu_{ij}^{(r)})^{w(t_r)},\prod_{r=1}^{p}(\nu_{ij}^{(r)})^{w(t_r)}\right\rangle,\quad i=1,2,\cdots,m;j=1,2,3,4\end{aligned} \tag{6.13}$$

于是得到逆向物流供应商选择问题的综合直觉模糊决策矩阵：

$$F=(\tilde{F}_{ij})_{m\times 4}=(\langle\mu_{ij},\nu_{ij}\rangle)_{m\times 4}$$

步骤 4 确定正理想解 Y^+ 和负理想解 Y^-。根据综合直觉模糊多属性决策矩阵 F 确定该多属性决策问题的正理想解 Y^+ 和负理想解 Y^-：

$$\begin{aligned}Y^+&=(\langle\mu_1^+,\nu_1^+\rangle,\langle\mu_2^+,\nu_2^+\rangle,\langle\mu_3^+,\nu_3^+\rangle,\langle\mu_4^+,\nu_4^+\rangle)\\&=(\langle\max_i\mu_{i1},\min_i\nu_{i1}\rangle,\langle\max_i\mu_{i2},\min_i\nu_{i2}\rangle,\langle\max_i\mu_{i3},\min_i\nu_{i3}\rangle,\langle\max_i\mu_{i4},\min_i\nu_{i4}\rangle)\end{aligned}$$

$$
\begin{aligned}
Y^- &= (\langle \mu_1^-, \nu_1^- \rangle, \langle \mu_2^-, \nu_2^- \rangle, \langle \mu_3^-, \nu_3^- \rangle, \langle \mu_4^-, \nu_4^- \rangle) \\
&= (\langle \min_i \mu_{i1}, \max_i \nu_{i1} \rangle, \langle \min_i \mu_{i2}, \max_i \nu_{i2} \rangle, \langle \min_i \mu_{i3}, \max_i \nu_{i3} \rangle, \langle \min_i \mu_{i4}, \max_i \nu_{i4} \rangle)
\end{aligned}
$$

步骤 5　选择最优逆向物流供应商。假设决策准则 $B_j(j=1,2,3,4)$ 的权重向量为 $\omega=(\omega_1,\omega_2,\omega_3,\omega_4)^{\mathrm{T}}$，根据式（6.8）～式（6.10）计算可得 d_i^+、d_i^- 和 c_i，然后利用贴近度 c_i 的大小对备选的逆向物流供应商 $Y_i(i=1,2,\cdots,m)$ 进行排序，c_i 值越大，表明 Y_i 离正理想解越近、离负理想解越远，相应的逆向物流供应商越优。

6.5.3　实例分析

例 6.2　考虑逆向物流供应商问题。设某大型制造企业拟从备选的四家物流企业 $Y_i(i=1,2,3,4)$ 中选择 1 家作为该企业的逆向物流供应商。现组织专家分三个阶段 $t_r(r=1,2,3)$ 对每个供应商的各方面情况进行调研、考核与评估，假设专家组对备选的逆向物流供应商 $Y_i(i=1,2,3,4)$ 在时段 $t_r(r=1,2,3)$ 关于决策准则 $B_j(j=1,2,3,4)$ 下的二级指标 $C_{jk_j}(j=1,2,3,4;k_j=1,2,\cdots,n_j)$ 的评价结果均用直觉模糊数来表示，然后利用直觉模糊加权平均算子对各时段的二级指标的直觉模糊属性值进行集结，得到逆向物流供应商选择问题在时段 $t_r(r=1,2,3)$ 关于准则 $B_j(j=1,2,3,4)$ 的直觉模糊评价结果，即时段 t_r 的决策矩阵。已知经过集结的时段 $t_r(r=1,2,3)$ 的直觉模糊决策矩阵如表 6-13～表 6-15 所示。

表 6-13　直觉模糊决策矩阵 $F(t_1)$

	B_1	B_2	B_3	B_4
Y_1	〈0.721，0.252〉	〈0.715，0.185〉	〈0.712，0.205〉	〈0.395，0.515〉
Y_2	〈0.585，0.413〉	〈0.515，0.385〉	〈0.502，0.295〉	〈0.603，0.312〉
Y_3	〈0.812，0.125〉	〈0.622，0.282〉	〈0.303，0.397〉	〈0.205，0.585〉
Y_4	〈0.601，0.215〉	〈0.411，0.289〉	〈0.705，0.100〉	〈0.512，0.298〉

表 6-14　直觉模糊决策矩阵 $F(t_2)$

	B_1	B_2	B_3	B_4
Y_1	〈0.613，0.199〉	〈0.617，0.115〉	〈0.618，0.115〉	〈0.325，0.451〉
Y_2	〈0.506，0.295〉	〈0.445，0.317〉	〈0.412，0.203〉	〈0.515，0.213〉
Y_3	〈0.714，0.051〉	〈0.512，0.205〉	〈0.221，0.305〉	〈0.118，0.503〉
Y_4	〈0.495，0.121〉	〈0.323，0.216〉	〈0.625，0.015〉	〈0.424，0.255〉

表 6-15　直觉模糊决策矩阵 $F(t_3)$

	B_1	B_2	B_3	B_4
Y_1	⟨0.613，0.352⟩	⟨0.595，0.315⟩	⟨0.633，0.298⟩	⟨0.315，0.595⟩
Y_2	⟨0.525，0.425⟩	⟨0.405，0.518⟩	⟨0.404，0.396⟩	⟨0.506，0.398⟩
Y_3	⟨0.712，0.195⟩	⟨0.517，0.386⟩	⟨0.205，0.495⟩	⟨0.112，0.723⟩
Y_4	⟨0.504，0.295⟩	⟨0.315，0.423⟩	⟨0.631，0.205⟩	⟨0.415，0.405⟩

如果时段权重向量 $w(t)=(0.154,0.292,0.554)^{\mathrm{T}}$，决策准则 $B_j(j=1,2,3,4)$ 的权重向量 $\omega=(0.315,0.265,0.225,0.195)^{\mathrm{T}}$，下面用动态直觉模糊 TOPSIS 方法对四家逆向物流供应商进行评价和选择。

步骤 1　根据式（6.12），利用动态直觉模糊加权平均算子，计算该问题的综合直觉模糊决策矩阵 $F=(\tilde{F}_{ij})_{4\times4}=(\langle\mu_{ij},\nu_{ij}\rangle)_{4\times4}$，计算结果如表 6-16 所示。

表 6-16　综合直觉模糊决策矩阵 F

	B_1	B_2	B_3	B_4
Y_1	⟨0.632，0.245⟩	⟨0.617，0.216⟩	⟨0.642，0.213⟩	⟨0.331，0.488⟩
Y_2	⟨0.529，0.380⟩	⟨0.437，0.429⟩	⟨0.423，0.311⟩	⟨0.524，0.319⟩
Y_3	⟨0.731，0.123⟩	⟨0.533，0.306⟩	⟨0.226，0.452⟩	⟨0.129，0.634⟩
Y_4	⟨0.423，0.217⟩	⟨0.333，0.332⟩	⟨0.642，0.086⟩	⟨0.434，0.337⟩

步骤 2　确定正理想解 Y^+ 和负理想解 Y^-。根据表 6-16 可得该多属性决策问题的正理想解 Y^+ 和负理想解 Y^-：

$$Y^+=(\langle0.731,0.123\rangle,\langle0.617,0.216\rangle,\langle0.642,0.086\rangle,\langle0.524,0.319\rangle)$$

$$Y^-=(\langle0.423,0.380\rangle,\langle0.333,0.429\rangle,\langle0.226,0.452\rangle,\langle0.129,0.634\rangle)$$

步骤 3　计算备选逆向物流供应商 $Y_i(i=1,2,\cdots,m)$ 到正理想解 Y^+ 和负理想解 Y^- 的距离。根据式（6.8）～式（6.10），计算 d_i^+、d_i^- 与 c_i，计算结果如表 6-17 所示。

表 6-17　逆向物流供应商的 d_i^+、d_i^- 与 c_i 值

	d_i^-	d_i^+	c_i	排序
Y_1	0.2273	0.1046	0.6848	1
Y_2	0.1814	0.1631	0.5266	2
Y_3	0.1500	0.1875	0.4444	4
Y_4	0.2219	0.1898	0.5024	3

由表 6-17 可知，四个逆向物流供应商的优劣排序为 $Y_1 \succ Y_2 \succ Y_4 \succ Y_3$，即逆向物流供应商 Y_1 为最佳。

参 考 文 献

[1] 吴刚. 逆向物流规划体系及其基础理论研究[M]. 成都：西南交通大学出版社，2009.

[2] 李娟，王应明. 基于 CCSD/TOPSIS 的第三方逆向物流供应商评价与选择[J]. 物流技术，2015，34(6)：145-148.

[3] 徐君，岳辉，王育红. 逆向物流系统决策及网络构建[M]. 北京：人民邮电出版社，2007.

[4] 陈可嘉. GI-TOPSIS 方法在逆向物流供应商选择中的应用[J]. 中国流通经济，2014，(3)：39-48.

[5] 张玲. 不确定环境下逆向物流系统的构建与优化[M]. 杭州：浙江大学出版社，2015.

[6] 陈可嘉，于先康. 逆向物流服务供应商选择的 ANP 方法及 Super Decisions 软件实现[J]. 福州大学学报（自然科学版），2012，40（1）：31-37.

[7] Fleischmann M，Krikke H R，Dekker R，et al. A characterisation of logistics networks for product recovery[J]. Omega，2000，28（6）：653-666.

[8] Stock J R. Reverse Logistics[M]. Oak Brook IL：Council of Logistics Management，1992.

[9] Kopicki R，Berg M J，Legg L，et al. Reuse and Recycling：Reverse Logistics Opportunities[M]. Oak Brook IL：Council of Logistics Management，1993.

[10] Marien E J. Reverse logistics as competitive strategy[J]. Supply Chain Management Review，1998，2（1）：43-52.

[11] Krumwiede D W，Sheu C. A model for reverse logistics entry by third-party providers[J]. Omega，2002，30（5）：325-333.

[12] Serrato M，Ryan S M，Gaytan J. Characterization of reverse logistics networks for outsourcing decisions[J]. OR Sepktrum，2004，21：381-409.

[13] Dickson G W. An analysis of vendor selection and the buying process[J]. Journal of Purchasing，1966，2（1）：5-17.

[14] Weber C A，Current J R，Benton W C. Vendor selection criteria and methods[J]. European Journal of Operational Research，1991，50（1）：2-18.

[15] Ackerman C K. How to choose a third-party logistics provider[J]. Material Handling Management，2000，55（3）：95-99.

[16] Menon M K，McGinnis M A，Achenman K B. Selection criteria for providers of the third-party logistics services：An exploratory study[J]. Journal of Business Logistics，1998，19（1）：13-16.

[17] Gaballa A A. Minimum cost allocation of tenders[J]. Journal of Operational Research Society，1974，25（3）：389-398.

[18] Meade L，Sarkis G. A conceptual model for selecting evaluating third-party reverse logistics providers[J]. Supply Chain Management，2002，7（5）：283-295.

[19] Momeni E，Azadi M，Saen R F. Measuring the efficiency of third party reverse logistics provider in supply chain by multi objective additive network DEA model[J]. International Journal of shipping & Transport Logistics，2015，7（1）：21-41.

[20] Hyun J K，Evans G W. A genetic algorithm-based heuristic for the dynamic integrated forward/reverse logistics network for 3PLs[J]. Computers and Operations Research，2007，34（2）：346-366.

[21] Li Y L，Ying C S，Chin K S，et al. Third-party reverse logistics provider selection approach based on hybrid-information MCDM and cumulative prospect theory[J]. Journal of Cleaner Production，2018，195：573-584.

[22] 向盛斌. 逆向物流与环境保护[J]. 物流技术，2001，(1)：44-45.

[23] 柳键. 供应链的逆向物流[[J]. 商业经济与管理，2002，(6)：11-13.

[24] 许峰，王守茂，张艳军. 基于第三方的逆向物流管理[J]. 现代管理科学，2004，(11)：27-28.

[25] 陈增明，梁昌勇，万会奇. 第三方逆向物流战略决策有关问题的探讨[J]. 合肥工业大学学报（自然科学版），2005，28（6）：689-692.

[26] 周文强. 逆向物流的管理策略研究[J]. 物流管理，2007，(5)：5-7.

[27] 周垂日，梁樑，许传永，等. 政府在废旧电子产品逆向物流管理中的经济责任机制[J]. 中国管理科学，2008，16（专辑）：434-437.

[28] 夏文汇. 基于供应链管理流程的退货逆向物流管理[J]. 中国流通经济，2010，(8)：21-24.

[29] 何勇，任丽丽. 基于 4PL 逆向物流整合的供应链管理模式[J]. 东南大学学报（哲学社会科学版），2013，15（4)：41-47.

[30] 梁芷铭. 我国连锁零售企业逆向物流管理的问题与对策——区域物流发展与政府治理转型系列之五[J]. 长春理工大学学报（社会科学版），2014，27（6)：50-52.

[31] 陈荣秋，湛述勇. 论 JIT 环境下制造商和供应商之间的关系[J]. 管理工程学报，1998，(3)：46-52.

[32] 王能民，孙林岩，汪应洛. 绿色制造模式下的供应商选择[J]. 系统工程，2001，19（2)：37-41.

[33] 马雪芬，刘易勇，孙树栋，等. 供应链管理环境下第三方物流企业的评价选择[J]. 计算机工程与应用，2003，(2)：7-9.

[34] 李敏，赵涛. 第三方逆向物流供应商的选择[J]. 西北农林科技大学学报（社会科学版），2006，6（4)：73-77.

[35] 陈春霞，余志斌. 第三方逆向物流供应商选择和评价研究[J]. 山西师范大学学报（自然科学版），2007，21（3)：125-128.

[36] 陈傲，王旭坪，刘党社. EPR 约束下逆向物流供应商评价体系与优化方法研究[J]. 管理评论，2008，20（11)：57-64.

[37] 曹琳. 家电行业第三方逆向物流供应商评价体系研究[J]. 物流科技，2015，(11)：102-106.

[38] 周水银，陈荣秋. 面向顾客需求的供应链合作伙伴选择模型[J]. 华中科技大学学报，2001，29（5)：38-40.

[39] 马丽娟. 基于供应链管理的供应商选择问题初探[J]. 工业工程与管理，2002，(6)：23-25.

[40] 陈傲，王旭坪. 闭环供应链中逆向物流供应商选择模型研究[J]. 工业技术经济，2007，26（7)：44-47.

[41] 贺团英，马天山. 基于可拓法的报废汽车逆向物流供应商选择与评价模型研究[J]. 武汉理工大学学报（社会科学版），2009，22（6)：52-57.

[42] 李晓莉. 基于粗糙集的灰色 TOPSIS 法的第三方逆向物流供应商评价研究[J]. 科研管理研究，2013，(14)：67-71.

[43] 杨利平，张世斌. 逆向物流供应商的二元语义多属性群决策[J]. 广西大学学报（自然科学版），2017，42（2)：576-583.

[44] Thierry M，Salomon M，Van Nunen J，et al. Strategic issue in product recovery management[J]. California Management Review，1995，37（2)：114-135.

[45] 郭巧. 第三方逆向物流的供应商评价及选择问题[D]. 广州：暨南大学，2009.

第 7 章　基于直觉模糊 VIKOR 方法的应急物资储备库选址决策

应急物资储备库选址问题是突发事件应急管理中的重要决策问题之一，将应急物资储备库置于合理的位置，不仅可以降低成本，还能够保证提供应急物资的时效性，它直接关系到应急物资保障的反应速度和最终成效。由于应急物资储备库选址决策时将面临许多模糊不确定信息，本章在阐述应急物资储备库选址问题相关知识的基础上，重点研究指标权重已知、指标权重未知两种情形下，基于直觉模糊 VIKOR 方法的应急物资储备库选址决策方法。

7.1　研究背景与研究意义

7.1.1　研究背景

近年来，世界上各种自然灾害与事故灾难不断发生，人类不断遭受着洪水、地震等自然灾害和恶性传染疾病等公共卫生事件的侵袭，严重影响着人类社会正常的生产、生活秩序，给人民群众的生命财产造成了巨大的损失。2004 年末印度洋的地震与海啸、2005 年 8 月美国南部的“卡特里娜”飓风、2005 年 10 月南亚次大陆 7.6 级地震、2008 年初我国南方地区的重大雪灾、2008 年 5 月 12 日我国四川省汶川地区的 8 级地震以及 2011 年日本近海 9 级强震和海啸等，这些大规模的突发事件给受灾地区的经济、人民群众的生命和财产造成重大损失。面对频繁发生的各种自然灾害与突发事件，如何科学地应对和及时、有效地加以处置，已成为当今各个国家和地区政府必须面对的一个重大课题。

我国是世界上遭受自然灾害最严重的国家之一。联合国的统计数据显示，2005 年世界发生重大自然灾害最多的国家依次是中国（31 次）、印度（30 次）、美国（16 次）、阿富汗（13 次）、孟加拉国（12 次）等，也就是说我国是 2005 年世界上自然灾害发生最多的国家，而且我国自然灾害具有分布区域广、季节性强、灾害种类多、发生频度高等特点。有关资料显示：近年来，我国自然灾害造成的损失呈明显的上升趋势，2003 年我国因各种灾害事故引发的损失共计 6500 亿元，约占我国当年 GDP 的 6%；2008 年我国各类自然灾害造成 88 928 人死亡和失踪，因灾直接经济损失 13 547.5 亿元，比 2007 年增加 473.3%；2000～2008 年来我国因自然灾害造成的直接经济损失每年都在 1000 亿元以上，每年的直接经济损失占当年国民生产总值的 3%～5%，常年受灾人口达 2 亿人次；因灾伤亡人员也相当严重，每年因各种灾害夺取 20 万人的生命。

目前，我国正进入社会、经济高速发展的关键阶段，伴随着发展步伐的加快，各种事故灾害、公共卫生和社会安全等领域暴露出的问题日益严重。进入 21 世纪以来，自然灾害造成的损失呈明显上升趋势，同时我国的城市公共安全形势也十分严峻。2015 年 8 月 12 日发生在天津海滨新区的特大爆炸事故，2017 年 8 月 10 日发生在山西安康的重大道路交通事故等，再次给城市应急管理工作敲响了警钟。

同发达的西方国家相比，我国应急管理方面的研究起始较晚，在整合实物储备信息资源、建立健全应急物资生产、储备、调拨及应急配送体系等诸多方面还亟待提高与完善；在实际的应急救援工作中，还存在由于应急物资储备与调度的问题而不能及时满足应急救援需要的情况。应急物资储备库是应急物流系统的关键节点，应急物资储备库布局是否合理直接影响应急物流系统运行效率，为了保证应急预案的顺利实施和救援工作的有效开展，有必要对应急物流储备库选址问题进行深入研究。

7.1.2 研究意义

20 世纪 70 年代以来，重大突发事故应急系统受到了国际社会的广泛关注，许多工业化国家和国际组织相继制定了一系列重大事故应急救援法规和政策，明确规定了政府有关部门、企业、个人、社区在突发事件应急处置过程中的职责和作用，并且成立了相应的应急管理机构和政府管理部门[1]。近年来全球恐怖事件频繁发生，应急问题层出不穷，应急管理也从对传统的自然灾害的应对，扩展到了对人为灾害的研究[2]。目前，许多国家和地区为了处理各种突发事件，分别建立了相对比较成熟的紧急突发事件应急管理资源调度的研究情况应对机制，如美国、俄罗斯、英国、日本等都有专门的机构应对突发事件。我国在突发事件应急管理方面的研究起步相对较晚，对突发事件应急管理的研究主要集中在人文和社会科学等方面，定性研究和静态研究较多，而定量分析和动态分析较少。事实上，由于本身的特性和客体的特殊性，应急管理非常适合运用运筹学、管理科学的知识来进行研究，运筹学、管理科学在应急管理中应该发挥极其重要的作用[2]。

应急物流以提供各类突发事件所需的应急物资为目的，并且追求时间效益最大化和灾害损失最小化。为了满足在应急状态下应急物资的保障需求，必须加强对应急救援物资的筹集、储备、运输、配送等物流全过程的管理。作为应急物流体系的重要组成部分，应急物资管理对于提高应急物流系统的快速反应能力具有非常重要的作用。应急物资储备库选址问题是突发事件应急管理中的重要决策之一，将应急物资储备库置于合理的位置，不仅可以降低成本，还能够保证提供应急物资的时效性，它直接关系到应急物资保障的反应速度和最终成效。虽然我国的救灾物资储备网络已基本形成，并储备了一定数量和一定品种的救灾物资，在突发事件紧急救援中发挥着至关重要的作用，但在救灾物资仓库的布局方面仍存在许多问题。因此，研究应急物资储备库选址问题具有重要的现实意义和理论价值。

7.2　应急物资储备库选址问题的国内外研究现状

向事故地及时提供充足的应急资源是应急管理最重要的一项职能，所以，决策者首先将面临应急服务设施的选址安排问题。将应急服务点置于合理的位置，不仅可以降低成本，还能够保证提供应急物资的时效性，从而避免了可能导致的更大损失。因此，服务点选址决策在应急管理中具有举足轻重的作用。在应急规定中，一般都对时间有特殊的要求，如公安部标准（GNJ1-82）规定：城镇消防站的布局，应以消防队从接警起 15 分钟到达责任区最远点为一般原则。为了满足应急管理的时间要求与经济性要求，应急服务点选址设计必须合理布局，优化配置[3, 4]。

7.2.1　国外研究现状

现代选址问题的研究始于 1909 年，但直到 20 世纪 60 年代中期 Hakimi 的网络选址问题论文发表以后，才带来该研究领域的复兴。选址问题发展到现在，积累了许多研究成果，基本的选址问题包括：Toregas 和 Revell[5]提出的位置集合覆盖问题、Church 和 Revell[6]提出的最大覆盖问题、最早由 Hakimi 等[7, 8]提出的 p 中值问题和 p 中心问题等。在此基础上，Roth[9]于 1969 年研究了在满足所有需求点的前提下如何使设施的建设费用最小的问题，用于解决消防中心和救护车等的应急服务设施的选址问题；Badri 等[10]指出消防站地址选择问题属于多目标决策问题，考虑到消防站地址的选择涉及一系列相互冲突的目标，提出了一种多属性选址途径，通过建立消防站选址问题的多目标规划模型，既考虑到传统选址模型的距离和时间目标，又考虑了与费用相关的目标；权威的应急管理专家 Suleyman 和 William[11]指出应急管理本质上是一个复杂的多目标优化问题，建议在应急资源有限的情况下必须有效解决资源的折中利用问题；Vladimir 和 Charles[12]针对服务设施经常处于服务状态的情况，在传统的确定性集合覆盖问题模型的基础上，提出了随机条件下的集合覆盖模型。在应急设施选址决策中，传统的集合覆盖模型要求所有的应急需求点都必须被覆盖到，有时会导致过高的财政支出。针对这种情况，Adenso-diaz 和 Rodriguez[13]提出了基于资源或资金限制的最大覆盖选址问题（maximal covering location problem，MCLP），该模型研究了如何使最大数量的人口被覆盖到，并将该模型应用到西班牙 Leon 省的救护车基地选址中。在模型算法方面，近年来许多基于启发式的算法用于解决服务设施选址问题，Fisher 和 Kedia[14]于 1990 年提出了基于对偶的启发式算法，该方法可以解决最多 200 个候选点、2000 个需求点的集覆盖问题；Beasley 和 Jomsten[15]将次梯度优化法和拉格朗日松弛算法结合起来求解集合覆盖问题；Alminana 和 Pastor[16]运用代理启发式算法求解这类问题；Canbolat 和 von Massow[17]在传统的确定性选址模型的基础上，提出了随机需求情形下应急设施选址问题的风险最小化决策模型，并设计了模型的求解算法；Rawls 和 Turnquist[18]建立了应急设施选址问题的两阶段随机混合整数规划模型，提出了模型求解的启发式算法。

7.2.2 国内研究现状

国内学者在对设施选址的研究中，已有不少研究涉及应急系统选址问题。方磊和何建敏[19, 20]在分析影响应急系统选址因素的基础上，将层次分析法与目标规划方法相结合，提出了综合层次分析法和目标规划方法的应急系统选址模型，解决了具有不同度量单位和相互冲突目标的多目标决策问题。何建敏等[1]和方磊[21]研究了绝对 p 中心问题，提出了应急限制期连续条件下的选址模型及其解法；陈志宗和尤建新[22]通过分析突发事件应急救援设施选址问题的特点，建立了一个多目标决策模型，整合了传统选址模型中常用的最大覆盖模型、p 中心模型和 p 中值模型。刘浪[23]利用集合覆盖理论，通过构建航空应急网络的关系矩阵，研究了航空应急物资储备点选址问题。赵振亚和贺国先[24]为了较准确地分析选址方案对仓库布局覆盖能力及其广义时间费用的影响，构建了应急仓库选址问题的集合覆盖双层规划模型。李玉兰等[25]以各种相关约束为前提，探讨了军地一体化下应急物资储备设施选址问题。郭子雪和张强[26, 27]在研究模糊数排序规则的基础上，建立了应急服务设施的选址模型，并探讨了模型的解法。李国旗等[28]通过分析城市应急物流设施选址的基本特征，提出利用模糊折中型多属性决策方法进行应急物流设施选址备选方案的决策偏好生成；在此基础上，建立了问题的多目标选址规划模型，给出了模型的模拟退火算法。田依林[29]通过设置应急物资储备库选址评价指标体系，构建了基于模糊层次分析法（fuzzy analytic hierarchy process，FAHP）

的应急物资储备库选址评价方法。陈达强和刘南[30]建立了以应急响应时间最小和出救点数目最少为决策目标，带时变供应约束的多出救点选择多目标决策模型。葛春景等[31]在给出最大临界距离和最小临界距离概念的基础上，建立了重大突发事件应急设施多重覆盖选址模型。王威[32]构建了城市避震疏散场所综合评价指标体系，提出了城市避震疏散场所多属性 TOPSIS 方法评价模型，给出了基于遗传粒子群优化算法的模型解法。

7.3　应急物资储备库选址问题研究基础

7.3.1　应急物资储备库选址问题的影响因素

应急物资储备库的选址不仅与建设费用相关，还直接影响应急救援工作的效果和效率。影响应急物资储备库选址的因素主要包括以下几个方面。

1. 交通因素

应急管理体现在一个“急”字上，应急救援工作只有快速展开才能确保在一定时间内将突发事件可能造成的损失降至最低。显然，应急物资储备库所在地区的道路通行能力、交通状况等直接影响应急物资的配送时间，对突发事件的应对效果具有较大影响作用。影响应急物资储备库选址的交通因素主要包括选址区域周边的道路状况和通行能力等因素，应急物资储备库周边的进出口道路条数越多，质量越好，通行能力越大，则交通条件越好，越能保证应急救援的实时性和有效性[33, 34]。

2. 经济因素

突发事件应急救援工作旨在第一时间展开救援工作，所以在突发事件应急处置过程中经济因素不是主要考虑的对象。但是，应急物资在突发事件未由于发生之前要存储在应急服务设施中，需要数额较大的建设费、购置费以及日常维护费等，因此，在应急物资储备库选址决策中必须考虑建设成本、运营成本、运输成本等经济因素。应急物资储备库的建设通常会受资金限制，在进行储备库选址决策时，要充分考虑资金的利用效率，尽量做到用最小的投入获得最大的收益[35]。

3. 自然环境因素

自然环境因素影响应急物资储备库的基础建设、应急救援物资的时效以及应急物资的保管费用等，是应急物资储备库选址决策时需要考虑的重要因素之一。影响应急物资储备库选址的自然环境因素主要包括：①气象条件，主要包括温度、风力、降水量、无霜期、冻土深度等；②地质条件，应急物资储备库应避让地震断裂带、活动断层、易砂土液化、泥石流、沉降等可能发生地质灾害的地区，远离泄洪区、低洼地易积水区、高压线走廊区域以及存放易燃易爆品、化学品等的仓库周围地区；③水文条件，应急物资储备库需远离容易泛滥的河川流域与上溢地下水的地区；④地形条件，应急物资储备库应地势高亢、地形平坦，且应具有适当的面积与外形[34]。

4. 社会环境因素

社会环境因素主要指应急物资储备库选址区域的人口密度、人口文化素质和经济条件等。应急管理的目的是最大限度地降低突发事件给受灾地区民众造成的生命和财产损失，所以，应急物资储备库选址决策应重视应急物资储备库的潜在服务对象密度及其辐射效果，保证救援效果的最大化。应急物资储备库周边较发达的经济条件可以在提供数量充足、质优价廉的应急救援物资、快捷便利的交通条件以及弥补应急物资储备不足、发动社会力量筹措应急救援物资等方面提供有力保障；较高的人口文化素质能保证应急物资储备库在建成运营过程中有一个良好的运营环境[33, 36]。

5. 其他因素

影响应急物资储备库选址的其他因素包括应急物资储备库的所在地公用设施状况因素、政策因素、应急物资储备库的容量等。公用设施状况因素要求应急物资储备库所在地的城市道路、通信等公共设施齐备，有充足的供水、供电、供热和供气的能力，以及处理污水、固体废弃物的能力[34]。政策因素是指各级政府及有关部门提出的政策环境，例如，对于省市级的应急物资储备库的选址，国家已有明确的规定来说明储备库规模大小及用途，仅需要在合适的区域选取适当的储备库[37]。

7.3.2 应急物资储备库选址问题的原则

在进行应急物资储备库选址时，应该遵循安全性原则、及时性原则、社会效益原则、经济性原则和适应性原则[28, 38, 39]。

（1）安全性原则。建设应急物资储备库的目的在于应对突发事件，应急物资储备库的安全是突发事件应急管理的物资保障的根本，是突发事件发生后应急设施快速、有效地提供应急服务的前提和基础。因此，应急物资储备库选址的首要原则是安全性。例如，应急物资储备库不能建在地震带上，建筑物必须具备 8 级以上的抗震能力，并且不能建在地质灾害、洪水灾害频发地点等。

（2）及时性原则。突发事件发生时物资供给时间的及时性，与控制灾害的程度有着密切的关系，其损失函数是由物资提供的时间及提供量所决定的。因此，应急物资储备库的选址必须考虑储备库到达可能的事故发生地的距离、道路状况等，综合考虑物资调运的及时性。

（3）社会效益原则。应急物资储备库的选址要坚持以人为本，既要考虑本区域的覆盖率，又要考虑对周边地区突发事件的救助，发扬“一方有难，八方支援”的精神。

（4）经济性原则。节约开支是我国经济建设中的基本原则，应急物资储备库的建设、运行和维护都需要大量的资金投入，在应急物资储备库选址时要兼顾经济性原则，资金投入不能过大，要尽量节约建设成本和管理成本。

（5）适应性原则。应急物资储备库的选址应符合国家、省、市及地方的经济发展方针和政策，与应急物资需求点的地理分布特点相适应，与问题的实际情况相适应，为国民经济和社会的发展保驾护航。

7.3.3　应急物资储备库选址问题的评价指标体系

1. 应急物资储备库选址评价指标的选取原则[40-42]

应急物资储备库选址评价指标的选取原则是建立科学合理的评价指标体系的前提和依据，为了使所建立的评价指标体系能够综合反映应急物资储备库候选点的各个方面，在构建评价指标体系过程中要遵循一定的基本原则。

（1）科学性原则。科学性是对任何评价指标体系的基本要求。应急物资储备库选址评价指标体系的设计必须反映客观实际，评价标准的理论必须在科学的基础上反映实际情况，对实践有指导作用。突发事件应急物资储备库选址评价体系的构建，是为了评价现有的应急物资储备库候选点，并对今后应急物资储备体系的完善和发展起重要的指导作用。因此，突发事件应急物资储备库选址评价指标体系的构建要求具有较高的科学性。

（2）可行性原则。构建应急物资储备库选址评价指标体系的目的是对应急物资储备库及其布局进行具体的评价，以达到优化布局和有效应对突发事件的目的。所以，应急物资储备库选址评价指标的设置要实用、容易理解，每项指标的基础数据应有可行的搜集渠道，而且应尽可能地选择能够量化的指标。

（3）代表性原则。应急物资储备库的选择涉及经济、管理、交通、环境、法律、医疗、通信、资源保障、装备、监测预警、后期恢复等许多方面。如果选择所有的影响因素作为评价指标，既不现实，也没必要。我们只能选择少数指标来说明问题。因此，所选的指标必须具有代表性，以便能全面反映应急物流系统应急救援能力的客观情况。

（4）实用性原则。拟定应急物资储备库选址评价指标应当思路清楚、准确全面，评价指标应当简单明确、使用方便、便于统计和量化计算，以确保评价工作的正常进行；评价指标的测定必须有良好的可操作性，才能保证评价指标值可以准确、快速地获取，以确保评价工作的正常进行。指标个数的多少应以说明问题为准，同时保证指标的公正性。

（5）系统性原则。突发事件应急管理是一个包括灾前预警管理、灾中应对管理和灾后恢复管理的系统工程，应急物资储备库选址评价指标的选择应运用系统论的观点，要求指标体系必须能够全面系统地反映质量评价的主要目标；指标的选择力求具有典型性、完备性、广泛的涵盖性和高度的概括性，并避免指标的重复交叉和相互包含。

2. 应急物资储备库选址评价指标体系的建立

应急物资储备库选址评价指标体系的构建应该是定性分析和定量分析相结合的过程。定性分析主要从评价的目的和原则出发，考虑评价指标的完备性、针对性、稳定性、独立性以及评价指标与评价方法的协调性等因素，主观确定评价指标及其结构的过程。定量分析则是指通过一系列检验，使评价指标体系更加科学与合理的过程。基于 7.1 节中应急物资储备库选址问题的影响因素分析，本书从交通因素、经济因素、自然环境因素和社会环境因素等四个方面对应急物资储备库选址问题进行评价，具体信息如表 7-1 所示。

表 7-1　应急物资储备库选址评价指标体系

决策目标	一级指标	二级指标	说明
选择应急物资储备库	交通因素	通路质量	应急物资储备库周围的通路质量越高、干线通路数量和进出口道路条数越多，表明交通条件越好、通行能力越强，越能保证应急救援工作的及时性和有效性
		干线通路数量	
		进出路线数量	
	经济因素	建设成本	应急物资储备库的建设投资，一般与应急物资储备库所处位置及其规模有关
		运行成本	应急物资储备库的营运费用，包括管理费、进出库费等
		运输成本	从应急物资储备库向应急需求点运送应急物资的运输费用，取决于应急物资储备库的位置、运输距离和运输单价等指标

续表

决策目标	一级指标	二级指标	说明
选择应急物资储备库	自然环境因素	气象条件	包括温度、湿度、风力、年降水量、冻土深度等
		地质条件	应急物资储备库选址应避让地震断裂带、泥石流等可能发生地质性灾害的地区
		地形条件	包括地势高亢、地形平坦、形状规则等指标
		水文条件	应急物资储备库选址应考虑远离洪泛区、内涝区、干河滩等区域
	社会环境因素	人口因素	包括人口密度和人口组成以及人口文化素质等
		政策因素	各级政府及有关部门提出的相关政策
		公用设施状况	包括公共设施状况，供水、供电、供热和供气的能力，以及处理污水、固体废弃物的能力等

7.4　基于模糊熵的应急物资储备库选址问题的直觉模糊 VIKOR 方法

7.4.1　问题描述

设 $Y=\{Y_1,Y_2,\cdots,Y_m\}$ 是应急物资储备库候选点的集合，评价每个应急物资储备库候选点的一级指标包括交通因素（B_1）、经济因素（B_2）、自然环境因素（B_3）以及社会环境因素（B_4）等四个方面，每个一级指标 $B_j(j=1,2,3,4)$ 又有二级指标 $C_{jk_j}(j=1,2,3,4;k_j=1,2,\cdots,n_j)$，$n_1=3,n_2=3,n_3=4,n_4=3$，具体评价指标体系如表 7-1 所示。假设 $\omega=(\omega_1,\omega_2,\omega_3,\omega_4)^{\mathrm{T}}$ 表示一级指标 $B_j(j=1,2,3,4)$ 的权重向量，满足 $\omega_j\geqslant 0$ 且 $\sum_{j=1}^{4}\omega_j=1$；$w_j=(w_{j1},w_{j2},\cdots,w_{jn_j})^{\mathrm{T}}$ 为二级指标 $C_{jk_j}(j=1,2,3,4;k_j=1,2,\cdots,n_j)$ 的权重向量，满足 $w_{jk_j}\geqslant 0$ 且 $\sum_{k_j=1}^{n_j}w_{jk_j}=1$。如果 $\tilde{F}_{ijk_j}=\langle\mu_{ijk_j},\nu_{ijk_j}\rangle(i=1,2,\cdots,m;j=1,2,3,4;k_j=1,2,\cdots,n_j)$ 为直觉模糊数，表示应急物资储备库候选点 Y_i 满足二级指标 C_{jk_j} 和不满足二级指标 C_{jk_j} 的程度，则 $F_j=(\langle\mu_{ijk_j},\nu_{ijk_j}\rangle)_{m\times n_j}(j=1,2,3,4)$ 为应急物资储备库选择问题关于一级指标 $B_j(j=1,2,3,4)$ 的直觉模糊决策矩阵（表 7-2）。现在的问题是根据直觉模糊决策矩阵 $F_j(j=1,2,3,4)$，如何得到一个决策分析方法来对应急物资储备库候选点进行评价和优劣排序。

表 7-2　关于一级指标 B_j 的直觉模糊决策矩阵 F_j

	C_{j1}	C_{j2}	$\cdots$	C_{jn}
Y_1	$\langle \mu_{1j1}, \nu_{1j1} \rangle$	$\langle \mu_{1j2}, \nu_{1j2} \rangle$	$\cdots$	$\langle \mu_{1jn}, \nu_{1jn} \rangle$
Y_2	$\langle \mu_{2j1}, \nu_{2j1} \rangle$	$\langle \mu_{2j2}, \nu_{2j2} \rangle$	$\cdots$	$\langle \mu_{2jn}, \nu_{2jn} \rangle$
$\vdots$	$\vdots$	$\vdots$		$\vdots$
Y_m	$\langle \mu_{mj1}, \nu_{mj1} \rangle$	$\langle \mu_{mj2}, \nu_{mj2} \rangle$	$\cdots$	$\langle \mu_{mjn}, \nu_{mjn} \rangle$

7.4.2　应急物资储备库选择问题的决策步骤

步骤 1　构建决策准则 B_j 下的直觉模糊决策矩阵 F_j。确定应急物资储备库候选点集合 $Y=\{Y_1,Y_2,\cdots,Y_m\}$，用直觉模糊数表示各应急物资储备库候选点关于二级指标的评价信息，构建应急物资储备库候选点 $Y_i(i=1,2,\cdots,m)$ 关于准则 $B_j(j=1,2,3,4)$ 的直觉模糊决策矩阵 F_j。

步骤 2　确定应急物资储备库选址问题的直觉模糊决策矩阵 F。首先利用直觉模糊熵，分别计算准则 B_j 下的二级指标 $C_{jk_j}(j=1,2,3,4;k_j=1,2,\cdots,n_j)$ 的模糊熵 E_{jk_j} 和权重 w_{jk_j}：

$$E_{jk_j}=\frac{1}{m}\sum_{i=1}^{m}\cos\frac{\pi(\mu_{ijk_j}-\nu_{ijk_j})(1-\pi_{ijk_j})}{2},\quad j=1,2,3,4;k_j=1,2,\cdots,n_j \tag{7.1}$$

$$w_{jk_j}=\frac{1-E_{jk_j}}{n_j-\sum_{k_j=1}^{n_j}E_{jk_j}},\quad j=1,2,3,4;k_j=1,2,\cdots,n_j \tag{7.2}$$

根据直觉模糊加权平均算子，计算应急物资储备库候选点在一级指标 $B_j(j=1,2,3,4)$ 下的直觉模糊评价值 $\tilde{F}_{ij}$：

$$\tilde{F}_{ij}=\langle \mu_{ij},\nu_{ij}\rangle=\mathrm{IFWA}_{\omega}(\tilde{F}_{ij1},\tilde{F}_{ij2},\cdots,\tilde{F}_{ijn_j})=\left\langle 1-\prod_{k_j=1}^{n_j}(1-\mu_{ijk_j})^{w_{jk_j}},\prod_{k_j=1}^{n_j}(\nu_{jk_j})^{w_{jk_j}}\right\rangle,$$
$$i=1,2,\cdots,m;j=1,2,3,4 \tag{7.3}$$

于是得到应急物资储备库选址问题的直觉模糊决策矩阵 $F=(\tilde{F}_{ij})_{m\times 4}=(\langle \mu_{ij},\nu_{ij}\rangle)_{m\times 4}$。

步骤 3　确定正理想解和负理想解。根据直觉模糊多属性决策矩阵 F 可以确定其正理想解 Y^{+} 和负理想解 Y^{-}：

$$\begin{aligned}Y^{+} &= (\langle \mu_1^{+},\nu_1^{+}\rangle,\langle \mu_2^{+},\nu_2^{+}\rangle,\langle \mu_3^{+},\nu_3^{+}\rangle,\langle \mu_4^{+},\nu_4^{+}\rangle) \\ &= (\langle \max_i \mu_{i1},\min_i \nu_{i1}\rangle,\langle \max_i \mu_{i2},\min_i \nu_{i2}\rangle,\langle \max_i \mu_{i3},\min_i \nu_{i3}\rangle,\langle \max_i \mu_{i4},\min_i \nu_{i4}\rangle)\end{aligned} \tag{7.4}$$

$$\begin{aligned}Y^{-} &= (\langle \mu_1^{-},\nu_1^{-}\rangle,\langle \mu_2^{-},\nu_2^{-}\rangle,\langle \mu_3^{-},\nu_3^{-}\rangle,\langle \mu_4^{-},\nu_4^{-}\rangle) \\ &= (\langle \min_i \mu_{i1},\max_i \nu_{i1}\rangle,\langle \min_i \mu_{i2},\max_i \nu_{i2}\rangle,\langle \min_i \mu_{i3},\max_i \nu_{i3}\rangle,\langle \min_i \mu_{i4},\max_i \nu_{i4}\rangle)\end{aligned} \tag{7.5}$$

步骤 4　计算一级指标 $B_j(j=1,2,3,4)$ 的模糊熵和权重。利用直觉模糊多属性决策矩阵 F 和直觉模糊熵的计算公式，确定一级指标 $B_j(j=1,2,3,4)$ 的模糊熵 E_j 和权重 ω_j：

$$E_j=\frac{1}{m}\sum_{i=1}^{m}\cos\frac{\pi(\mu_{ij}-\nu_{ij})(1-\pi_{ij})}{2},\quad j=1,2,3,4 \tag{7.6}$$

$$\omega_j=\frac{1-E_j}{4-\sum_{j=1}^{4}E_j},\quad j=1,2,3,4 \tag{7.7}$$

步骤 5　计算各应急物资储备库候选点 $Y_i\in Y$ 的群体效益值 S_i、个体遗憾值 R_i 以及折中值 Q_i：

$$S_i=\sum_{j=1}^{n}\omega_j\left(\frac{d(Y_j^{+},\tilde{F}_{ij})}{d(Y_j^{+},Y_j^{-})}\right),\quad i=1,2,\cdots,m \tag{7.8}$$

$$R_i=\max_j\left\{\omega_j\left[\frac{d(Y_j^{+},\tilde{F}_{ij})}{d(Y_j^{+},Y_j^{-})}\right]\right\},\quad i=1,2,\cdots,m \tag{7.9}$$

$$Q_i=\nu\frac{S_i-S^{*}}{S^{-}-S^{*}}+(1-\nu)\frac{R_i-R^{*}}{R^{-}-R^{*}},\quad i=1,2,\cdots,m \tag{7.10}$$

式中，$d(Y_j^{+},\tilde{F}_{ij})$，$d(Y_j^{+},Y_j^{-})$ 为两个直觉模糊数的距离，用以下公式计算

$$d(\tilde{\alpha}_1,\tilde{\alpha}_2)=\frac{1}{2}(|\mu_{\tilde{\alpha}_1}-\mu_{\tilde{\alpha}_2}|+|\nu_{\tilde{\alpha}_1}-\nu_{\tilde{\alpha}_2}|+|\pi_{\tilde{\alpha}_1}-\pi_{\tilde{\alpha}_2}|)$$

式中，$\tilde{\alpha}_1=\langle\mu_{\tilde{\alpha}_1},\nu_{\tilde{\alpha}_1}\rangle$，$\tilde{\alpha}_2=\langle\mu_{\tilde{\alpha}_2},\nu_{\tilde{\alpha}_2}\rangle$ 为两个任意的直觉模糊数；S_i 为最大群体效用，是 $L_{1,j}$ 测度；R_i 为最小个体遗憾，是 $L_{\infty,j}$ 测度；ω_j 为各属性权重；$S^{*}=\min_i S_i$，$S^{-}=\max_i S_i$，$R^{*}=\min_i R_i$，$R^{-}=\max_i R_i$；ν 为决策机制系数，$\nu\in[0,1]$，当 $\nu>0.5$ 时，表示根据最大群体效用的决策机制进行决策；当 $\nu=0.5$ 时，表示依据决策者经过协商达成共识的决策机制进行决策；当 $\nu<0.5$ 时，表示根据最小个体遗憾的决策机制进行决策。

步骤 6　按照 Q_i、S_i、R_i 值分别从小到大排序，确定妥协解方案。设按 Q_i 值递增得到应急物资储备库候选点的排序为 $Y^{(1)},Y^{(2)},\cdots,Y^{(J)},\cdots,Y^{(m)}$，则依据排序条件 1 和排序条件 2 可以确定应急物资储备库选址问题的最优方案或折中方案。

7.4.3 实例分析

例 7.1 考虑应急物资储备库选址问题。设某地区欲从五个应急物资储备库候选点 $Y_i(i=1,2,3,4,5)$ 中确定最佳方案，所考虑的一级评价指标包括交通因素（B_1）、经济因素（B_2）、自然环境因素（B_3）以及社会环境因素（B_4）等四个方面，各二级指标如表 7-1 所示。该地区相关部门组织专家对五个应急物资储备库候选点 $Y_i(i=1,2,3,4,5)$ 关于各一级评价指标 B_j 下的二级指标 $C_{jk_j}(j=1,2,3,4;k_j=1,2,\cdots,n_j)$ 进行评价，得到直觉模糊决策矩阵，如表 7-3～表 7-6 所示。

表 7-3　关于指标 B_1 的直觉模糊决策矩阵 F_1

	C_{11}	C_{12}	C_{13}
Y_1	⟨0.6, 0.3⟩	⟨0.7, 0.2⟩	⟨0.8, 0.1⟩
Y_2	⟨0.7, 0.2⟩	⟨0.5, 0.3⟩	⟨0.6, 0.3⟩
Y_3	⟨0.5, 0.4⟩	⟨0.6, 0.3⟩	⟨0.7, 0.2⟩
Y_4	⟨0.5, 0.4⟩	⟨0.4, 0.3⟩	⟨0.7, 0.1⟩
Y_5	⟨0.6, 0.2⟩	⟨0.6, 0.1⟩	⟨0.5, 0.4⟩

表 7-4　关于指标 B_2 的直觉模糊决策矩阵 F_2

	C_{21}	C_{22}	C_{23}
Y_1	⟨0.7, 0.2⟩	⟨0.6, 0.3⟩	⟨0.5, 0.2⟩
Y_2	⟨0.6, 0.3⟩	⟨0.7, 0.3⟩	⟨0.6, 0.1⟩
Y_3	⟨0.5, 0.3⟩	⟨0.5, 0.4⟩	⟨0.7, 0.1⟩
Y_4	⟨0.6, 0.3⟩	⟨0.6, 0.3⟩	⟨0.8, 0.1⟩
Y_5	⟨0.7, 0.3⟩	⟨0.3, 0.5⟩	⟨0.5, 0.3⟩

表 7-5　关于指标 B_3 的直觉模糊决策矩阵 F_3

	C_{31}	C_{32}	C_{33}	C_{34}
Y_1	⟨0.7, 0.1⟩	⟨0.8, 0.2⟩	⟨0.6, 0.3⟩	⟨0.6, 0.2⟩
Y_2	⟨0.6, 0.3⟩	⟨0.6, 0.1⟩	⟨0.5, 0.4⟩	⟨0.5, 0.5⟩
Y_3	⟨0.7, 0.2⟩	⟨0.7, 0.3⟩	⟨0.8, 0.1⟩	⟨0.6, 0.3⟩
Y_4	⟨0.8, 0.1⟩	⟨0.8, 0.1⟩	⟨0.7, 0.2⟩	⟨0.8, 0.1⟩
Y_5	⟨0.6, 0.3⟩	⟨0.7, 0.2⟩	⟨0.6, 0.3⟩	⟨0.8, 0.1⟩

表 7-6　关于指标 B_4 的直觉模糊决策矩阵 F_4

	C_{41}	C_{42}	C_{43}
Y_1	$\langle 0.8, 0.1\rangle$	$\langle 0.7, 0.2\rangle$	$\langle 0.6, 0.2\rangle$
Y_2	$\langle 0.5, 0.3\rangle$	$\langle 0.5, 0.4\rangle$	$\langle 0.7, 0.1\rangle$
Y_3	$\langle 0.6, 0.3\rangle$	$\langle 0.7, 0.2\rangle$	$\langle 0.8, 0.1\rangle$
Y_4	$\langle 0.8, 0.1\rangle$	$\langle 0.8, 0.1\rangle$	$\langle 0.7, 0.2\rangle$
Y_5	$\langle 0.6, 0.3\rangle$	$\langle 0.6, 0.2\rangle$	$\langle 0.5, 0.3\rangle$

下面运用基于模糊熵的直觉模糊 VIKOR 方法对应急物资储备库候选点进行评价和排序。

步骤 1　计算各二级指标的权重。根据表 7-3～表 7-6 的相关数据，利用式（7.1）、式（7.2）计算各二级指标 $C_{jk_j}(j=1,2,3,4;k_j=1,2,\cdots,n_j)$ 的模糊熵 E_{jk_j} 和权重 w_{jk_j}，计算结果如表 7-7～表 7-10 所示。

表 7-7　一级指标 B_1 下二级指标的模糊熵与权重

	C_{11}	C_{12}	C_{13}
E_{1k_1}	0.9056	0.8974	0.7880
w_{1k_1}	0.231	0.251	0.518

表 7-8　一级指标 B_2 下二级指标的模糊熵与权重

	C_{21}	C_{22}	C_{23}
E_{2k_2}	0.8722	0.9181	0.8091
w_{2k_2}	0.319	0.204	0.477

表 7-9　一级指标 B_3 下二级指标的模糊熵与权重

	C_{31}	C_{32}	C_{33}	C_{34}
E_{3k_3}	0.7722	0.7118	0.7520	0.7771
w_{3k_3}	0.231	0.292	0.251	0.226

表 7-10　一级指标 B_4 下二级指标的模糊熵与权重

	C_{41}	C_{42}	C_{43}
E_{4k_4}	0.7779	0.7872	0.7227
w_{4k_4}	0.312	0.299	0.389

步骤 2 确定应急物资储备库选址问题的直觉模糊决策矩阵 F。利用式（7.3）计算各应急物资储备库候选点 $Y_i(i=1,2,3,4)$ 在一级指标 $B_j(j=1,2,3,4)$ 下的直觉模糊综合评价值 $\tilde{F}_{ij}$，得到直觉模糊决策矩阵 F，如表 7-11 所示。

表 7-11 应急物资储备库选址问题的直觉模糊决策矩阵 F

	B_1	B_2	B_3	B_4
Y_1	⟨0.740, 0.153⟩	⟨0.594, 0.217⟩	⟨0.694, 0.189⟩	⟨0.704, 0.161⟩
Y_2	⟨0.604, 0.273⟩	⟨0.623, 0.178⟩	⟨0.555, 0.263⟩	⟨0.590, 0.213⟩
Y_3	⟨0.637, 0.260⟩	⟨0.608, 0.188⟩	⟨0.711, 0.207⟩	⟨0.720, 0.173⟩
Y_4	⟨0.598, 0.181⟩	⟨0.713, 0.178⟩	⟨0.779, 0.119⟩	⟨0.766, 0.131⟩
Y_5	⟨0.551, 0.241⟩	⟨0.545, 0.333⟩	⟨0.686, 0.208⟩	⟨0.564, 0.266⟩

步骤 3 确定正理想解 Y^+ 和负理想解 Y^-。由表 7-11 结合式（7.4）和式（7.5）可知，其正理想解 Y^+ 和负理想解 Y^- 分别为

$$Y^+ = (\langle 0.740, 0.153\rangle, \langle 0.713, 0.178\rangle, \langle 0.779, 0.119\rangle, \langle 0.766, 0.131\rangle)$$

$$Y^- = (\langle 0.551, 0.273\rangle, \langle 0.545, 0.333\rangle, \langle 0.555, 0.263\rangle, \langle 0.564, 0.266\rangle)$$

步骤 4 计算决策准则 $B_j(j=1,2,3,4)$ 的权重。将表 7-11 的数据代入式（7.6）和式（7.7），计算可得一级指标 $B_j(j=1,2,3,4)$ 的模糊熵 E_j 和权重 ω_j 分别为

$$E_1 = 0.8480, E_2 = 0.8584, E_3 = 0.7648, E_4 = 0.7809$$

$$\omega_1 = 0.203, \omega_2 = 0.190, \omega_3 = 0.314, \omega_4 = 0.293$$

步骤 5 计算应急物资储备库候选点的群体效益值、个体遗憾值以及折中值。取 $\nu = 0.5$，根据式（7.8）、式（7.9）和式（7.10）计算各应急物资储备库候选点 $Y_i(i=1,2,3,4,5)$ 的群体效益值 S_i、个体遗憾值 R_i 以及折中值 Q_i，计算结果如表 7-12 所示。

表 7-12 各应急物资储备库候选点的 S_i、R_i 与 Q_i 值

	Y_1	Y_2	Y_3	Y_4	Y_5	排序
S_i	0.343	0.817	0.424	0.152	0.816	$A_4 \succ A_1 \succ A_3 \succ A_5 \succ A_2$
R_i	0.135	0.314	0.123	0.152	0.293	$A_3 \succ A_1 \succ A_4 \succ A_5 \succ A_2$
Q_i	0.175	1.000	0.205	0.076	0.944	$A_4 \succ A_1 \succ A_3 \succ A_5 \succ A_2$

步骤 6 确定应急物资储备库最佳选址方案。根据表 7-12 可知，按 Q_i 值由小到大排序得到应急物资储备库候选点 $Y_i(i=1,2,3,4,5)$ 的优劣次序为

$$A_4 \succ A_1 \succ A_3 \succ A_5 \succ A_2$$

故应急物资储备库候选点 Y_4 为最佳选址方案。

7.5 基于偏差最优化的应急物资储备库选址问题的直觉模糊 VIKOR 方法

7.5.1 问题描述

设 $Y=\{Y_1,Y_2,\cdots,Y_m\}$ 是应急物资储备库候选点的集合，评价每个应急物资储备库候选点的一级指标包括交通因素（B_1）、经济因素（B_2）、自然环境因素（B_3）以及社会环境因素（B_4）等四个方面，每个一级指标 $B_j(j=1,2,3,4)$ 又有二级指标 $C_{jk_j}(j=1,2,3,4;k_j=1,2,\cdots,n_j)$，$n_1=3,n_2=3,n_3=4,n_4=3$，具体评价指标体系如表 7-1 所示。假设 $\omega=(\omega_1,\omega_2,\omega_3,\omega_4)^{\mathrm{T}}$ 为一级指标 $B_j(j=1,2,3,4)$ 的权重向量，$w_j=(w_{j1},w_{j2},\cdots,w_{jn_j})^{\mathrm{T}}$ 为二级指标 $C_{jk_j}(j=1,2,3,4;k_j=1,2,\cdots,n_j)$ 的权重向量，属性权重信息完全未知。如果 $\tilde{F}_{ijk_j}=\langle\mu_{ijk_j},v_{ijk_j}\rangle(i=1,2,\cdots,m;j=1,2,3,4;k_j=1,2,\cdots,n_j)$ 为直觉模糊数，表示应急物资储备库候选点 Y_i 满足二级指标 C_{jk_j} 和不满足二级指标 C_{jk_j} 的程度，则 $F_j=(\langle\mu_{ijk_j},v_{ijk_j}\rangle)_{m\times n_j}(j=1,2,3,4)$ 为应急物资储备库选择问题关于一级指标 $B_j(j=1,2,3,4)$ 的直觉模糊决策矩阵（表 7-2）。现在的问题是根据直觉模糊决策矩阵 $F_j(j=1,2,3,4)$，如何通过确定指标权重得到一个有效的决策分析方法来对应急物资储备库候选点进行评价和优劣排序。

7.5.2 应急物资储备库选址问题的决策步骤

步骤 1 构建决策准则 B_j 下的直觉模糊决策矩阵 F_j。确定应急物资储备库候选点集合 $Y=\{Y_1,Y_2,\cdots,Y_m\}$，用直觉模糊数表示各应急物资储备库候选点关于二级指标的评价信息，构建应急物资储备库候选点 $Y_i(i=1,2,\cdots,m)$ 关于一级指标 $B_j(j=1,2,3,4)$ 的直觉模糊决策矩阵 F_j。

步骤 2 建立加权偏差最优化模型，确定二级指标权重。根据直觉模糊多属性决策矩阵 F 确定应急物资储备库选址问题关于一级指标 $B_j(j=1,2,3,4)$ 的正理想解 Y^+ 和负理想解 Y^-：

$$Y_{B_j}^+=(Y_{j1}^+,Y_{j2}^+,\cdots,Y_{jn_j}^+)=(\langle\mu_{j1}^+,v_{j1}^+\rangle,\langle\mu_{j2}^+,v_{j2}^+\rangle,\cdots,\langle\mu_{jn_j}^+,v_{jn_j}^+\rangle) \tag{7.11}$$

$$Y_{B_j}^-=(Y_{j1}^-,Y_{j2}^-,\cdots,Y_{jn_j}^-)=(\langle\mu_{j1}^-,v_{j1}^-\rangle,\langle\mu_{j2}^-,v_{j2}^-\rangle,\cdots,\langle\mu_{jn_j}^-,v_{jn_j}^-\rangle) \tag{7.12}$$

式中

$$\langle \mu_{jk}^{+}, \nu_{jk}^{+} \rangle = \langle \max_i \mu_{ijk}, \min_i \nu_{ijk} \rangle$$

$$\langle \mu_{jk}^{-}, \nu_{jk}^{-} \rangle = \langle \min_i \mu_{ijk}, \max_i \nu_{ijk} \rangle, \quad k = 1,2,\cdots,n_j$$

构建最优化模型式（7.13）和式（7.14）：

$$\begin{cases} \min d_{B_j}^{+}(\omega) = \dfrac{1}{2}\sum_{k_j=1}^{n_j}\sum_{i=1}^{m}\omega_{jk_j}[|\mu_{ijk_j} - \mu_{jk_j}^{+}| + |\nu_{ijk_j} - \nu_{jk_j}^{+}| + |\pi_{ijk_j} - \pi_{jk_j}^{+}|] \\ \text{s.t.}\sum_{j=1}^{n_j}\omega_{jk_j}^{2} = 1, \omega_{jk_j} \geqslant 0, k_j = 1,2,\cdots,n_j \end{cases} \tag{7.13}$$

$$\begin{cases} \min d_{B_j}^{-}(\omega) = \dfrac{1}{2}\sum_{k_j=1}^{n_j}\sum_{i=1}^{m}\omega_{jk_j}[|\mu_{ijk_j} - \mu_{jk_j}^{-}| + |\nu_{ijk_j} - \nu_{jk_j}^{-}| + |\pi_{ijk_j} - \pi_{jk_j}^{-}|] \\ \text{s.t.}\sum_{k_{j=1}}^{n_j}\omega_{jk_j}^{2} = 1, \omega_{jk_j} \geqslant 0, k_j = 1,2,\cdots,n_j \end{cases} \tag{7.14}$$

式中，$d_{B_j}^{+}(\omega)$、$d_{B_j}^{-}(\omega)$ 分别为应急物资储备库候选点 $Y_i(i=1,2,\cdots,m)$ 到正理想解 $Y_{B_j}^{+}$ 和负理想解 $Y_{B_j}^{-}$ 的加权偏差。

通过构造拉格朗日函数，利用极值理论可以求得模型式（7.13）和式（7.14）的最优解分别为

$$\omega_{jk_j}' = \frac{\sum_{i=1}^{m}[|\mu_{ijk_j} - \mu_{jk_j}^{+}| + |\nu_{ijk_j} - \nu_{jk_j}^{+}| + |\pi_{ijk_j} - \pi_{jk_j}^{+}|]}{\sqrt{\sum_{j_k=1}^{n_j}\left[\sum_{i=1}^{m}[|\mu_{ijk_j} - \mu_{jk_j}^{+}| + |\nu_{ijk_j} - \nu_{jk_j}^{+}| + |\pi_{ijk_j} - \pi_{jk_j}^{+}|]\right]^2}}, \quad k_j = 1,2,\cdots,n_j \tag{7.15}$$

$$\omega_{jk_j}'' = \frac{\sum_{i=1}^{m}[|\mu_{ijk_j} - \mu_{jk_j}^{-}| + |\nu_{ijk_j} - \nu_{jk_j}^{-}| + |\pi_{ijk_j} - \pi_{jk_j}^{-}|]}{\sqrt{\sum_{j_k=1}^{n_j}\left[\sum_{i=1}^{m}[|\mu_{ijk_j} - \mu_{jk_j}^{-}| + |\nu_{ijk_j} - \nu_{jk_j}^{-}| + |\pi_{ijk_j} - \pi_{jk_j}^{-}|]\right]^2}}, \quad k_j = 1,2,\cdots,n_j \tag{7.16}$$

对 ω_{jk_j}' 和 ω_{jk_j}'' 进行归一化处理，可得

$$\omega_{jk_j}^{(1)} = \frac{\sum_{i=1}^{m}[|\mu_{ijk_j} - \mu_{jk_j}^{+}| + |\nu_{ijk_j} - \nu_{jk_j}^{+}| + |\pi_{ijk_j} - \pi_{jk_j}^{+}|]}{\sum_{j_k=1}^{n_j}\sum_{i=1}^{m}[|\mu_{ijk_j} - \mu_{jk_j}^{+}| + |\nu_{ijk_j} - \nu_{jk_j}^{+}| + |\pi_{ijk_j} - \pi_{jk_j}^{+}|]}, \quad k_j = 1,2,\cdots,n_j \tag{7.17}$$

$$\omega_{jk_j}^{(2)}=\frac{\sum_{i=1}^{m}[|\mu_{ijk_j}-\mu_{jk_j}^{-}|+|\nu_{ijk_j}-\nu_{jk_j}^{-}|+|\pi_{ijk_j}-\pi_{jk_j}^{-}|]}{\sum_{j_k=1}^{n_j}\sum_{i=1}^{m}[|\mu_{ijk_j}-\mu_{jk_j}^{-}|+|\nu_{ijk_j}-\nu_{jk_j}^{-}|+|\pi_{ijk_j}-\pi_{jk_j}^{-}|]},\quad k_j=1,2,\cdots,n_j \tag{7.18}$$

取 $\omega_{jk_j}^{(1)}$ 和 $\omega_{jk_j}^{(2)}$ 的平均值作为二级指标 C_{jk_j} 的权重 w_{jk_j}，即

$$w_{jk_j}=\frac{1}{2}(\omega_{jk_j}^{(1)}+\omega_{jk_j}^{(2)}) \tag{7.19}$$

步骤 3　确定应急物资储备库选址问题的直觉模糊决策矩阵。根据直觉模糊加权平均算子，计算得到各应急物资储备库候选点在一级指标 $B_j(j=1,2,3,4)$ 下的直觉模糊评价值 $\tilde{F}_{ij}$：

$$\tilde{F}_{ij}=\langle\mu_{ij},\nu_{ij}\rangle=\text{IFWA}_{\omega}(\tilde{F}_{ij1},\tilde{F}_{ij2},\cdots,\tilde{F}_{ijn_j})=\left\langle 1-\prod_{k_j=1}^{n_j}(1-\mu_{ijk_j})^{\omega_{jk_j}},\prod_{k_j=1}^{n_j}(\nu_{jk_j})^{\omega_{jk_j}}\right\rangle,$$
$$i=1,2,\cdots,m;\ j=1,2,3,4 \tag{7.20}$$

于是得到应急物资储备库选址问题的直觉模糊决策矩阵 $F=(\tilde{F}_{ij})_{m\times 4}=(\langle\mu_{ij},\nu_{ij}\rangle)_{m\times 4}$。

步骤 4　确定正理想解和负理想解。根据应急物资储备库选址问题的直觉模糊多属性决策矩阵 F，可以确定其正理想解 Y^{+} 和负理想解 Y^{-}：

$$\begin{aligned}Y^{+}&=(\langle\mu_1^{+},\nu_1^{+}\rangle,\langle\mu_2^{+},\nu_2^{+}\rangle,\langle\mu_3^{+},\nu_3^{+}\rangle,\langle\mu_4^{+},\nu_4^{+}\rangle)\\&=(\langle\max_i\mu_{i1},\min_i\nu_{i1}\rangle,\langle\max_i\mu_{i2},\min_i\nu_{i2}\rangle,\langle\max_i\mu_{i3},\min_i\nu_{i3}\rangle,\langle\max_i\mu_{i4},\min_i\nu_{i4}\rangle)\end{aligned} \tag{7.21}$$

$$\begin{aligned}Y^{-}&=(\langle\mu_1^{-},\nu_1^{-}\rangle,\langle\mu_2^{-},\nu_2^{-}\rangle,\langle\mu_3^{-},\nu_3^{-}\rangle,\langle\mu_4^{-},\nu_4^{-}\rangle)\\&=(\langle\min_i\mu_{i1},\max_i\nu_{i1}\rangle,\langle\min_i\mu_{i2},\max_i\nu_{i2}\rangle,\langle\min_i\mu_{i3},\max_i\nu_{i3}\rangle,\langle\min_i\mu_{i4},\max_i\nu_{i4}\rangle)\end{aligned} \tag{7.22}$$

步骤 5　利用加权偏差最优化模型确定一级指标 $B_j(j=1,2,3,4)$ 的权重。类似于步骤 2，构造加权偏差最优化模型式（7.23）和式（7.24）：

$$\begin{cases}\min d^{+}(\omega)=\dfrac{1}{2}\sum_{j=1}^{4}\sum_{i=1}^{m}\omega_j[|\mu_{ij}-\mu_j^{+}|+|\nu_{ij}-\nu_j^{+}|+|\pi_{ij}-\pi_j^{+}|]\\ \text{s.t.}\sum_{j=1}^{4}\omega_j^2=1,\omega_j\geqslant 0,j=1,2,3,4\end{cases} \tag{7.23}$$

$$\begin{cases}\min d^{-}(\omega)=\dfrac{1}{2}\sum_{j=1}^{4}\sum_{i=1}^{m}\omega_j[|\mu_{ij}-\mu_j^{-}|+|\nu_{ij}-\nu_j^{-}|+|\pi_{ij}-\pi_j^{-}|]\\ \text{s.t.}\sum_{j=1}^{4}\omega_j^2=1,\omega_j\geqslant 0,j=1,2,3,4\end{cases} \tag{7.24}$$

式中，$d^{+}(\omega)$、$d^{-}(\omega)$ 分别为应急物资储备库候选点 $Y_i(i=1,2,\cdots,m)$ 到正理想解 Y^{+} 和负理想解 Y^{-} 的加权偏差。

通过构造拉格朗日函数，利用极值理论可以求得模型式（7.23）和式（7.24）的最优解分别为

$$\omega_j' = \frac{\sum_{i=1}^{m}[|\mu_{ij}-\mu_j^{+}|+|\nu_{ij}-\nu_j^{+}|+|\pi_{ij}-\pi_j^{+}|]}{\sqrt{\sum_{j=1}^{4}\left[\sum_{i=1}^{m}[|\mu_{ij}-\mu_j^{+}|+|\nu_{ij}-\nu_j^{+}|+|\pi_{ij}-\pi_j^{+}|]\right]^2}},\quad j=1,2,3,4 \tag{7.25}$$

$$\omega_j'' = \frac{\sum_{i=1}^{m}[|\mu_{ij}-\mu_j^{-}|+|\nu_{ij}-\nu_j^{-}|+|\pi_{ij}-\pi_j^{-}|]}{\sqrt{\sum_{j=1}^{4}\left[\sum_{i=1}^{m}[|\mu_{ij}-\mu_j^{-}|+|\nu_{ij}-\nu_j^{-}|+|\pi_{ij}-\pi_j^{-}|]\right]^2}},\quad j=1,2,3,4 \tag{7.26}$$

对 ω_j' 和 ω_j'' 进行归一化处理，可得

$$\omega_j^{(1)} = \frac{\sum_{i=1}^{m}[|\mu_{ij}-\mu_j^{+}|+|\nu_{ij}-\nu_j^{+}|+|\pi_{ij}-\pi_j^{+}|]}{\sum_{j=1}^{4}\sum_{i=1}^{m}[|\mu_{ij}-\mu_j^{+}|+|\nu_{ij}-\nu_j^{+}|+|\pi_{ij}-\pi_j^{+}|]},\quad j=1,2,3,4 \tag{7.27}$$

$$\omega_j^{(2)} = \frac{\sum_{i=1}^{m}[|\mu_{ij}-\mu_j^{-}|+|\nu_{ij}-\nu_j^{-}|+|\pi_{ij}-\pi_j^{-}|]}{\sum_{j=1}^{4}\sum_{i=1}^{m}[|\mu_{ij}-\mu_j^{-}|+|\nu_{ij}-\nu_j^{-}|+|\pi_{ij}-\pi_j^{-}|]},\quad j=1,2,3,4 \tag{7.28}$$

取 $\omega_j^{(1)}$ 和 $\omega_j^{(2)}$ 的平均值作为一级指标 B_j 的权重 ω_j，即

$$\omega_j = \frac{1}{2}(\omega_j^{(1)}+\omega_j^{(2)}),\quad j=1,2,3,4 \tag{7.29}$$

步骤 6　计算各应急物资储备库候选点 $Y_i \in Y$ 的群体效益值 S_i、个体遗憾值 R_i 以及折中值 Q_i：

$$S_i = \sum_{j=1}^{n}\omega_j\left[\frac{d(Y_j^{+},\tilde{F}_{ij})}{d(Y_j^{+},Y_j^{-})}\right],\quad i=1,2,\cdots,m$$

$$R_i = \max_j\left\{\omega_j\left[\frac{d(Y_j^{+},\tilde{F}_{ij})}{d(Y_j^{+},Y_j^{-})}\right]\right\},\quad i=1,2,\cdots,m$$

$$Q_i = \nu\frac{S_i-S^{*}}{S^{-}-S^{*}}+(1-\nu)\frac{R_i-R^{*}}{R^{-}-R^{*}},\quad i=1,2,\cdots,m$$

按照排序条件 1 和排序条件 2 确定应急物资储备库选址问题的最优方案或折中方案。

7.5.3　实例分析

例 7.2　利用基于加权偏差最优化的直觉模糊 VIKOR 方法对例 7.1 的五个应急物资储备库候选点进行评价和排序。

步骤 1　确定各应急物资储备库候选点关于一级指标 $B_j(j=1,2,3,4)$ 的正理想解和负理想解。根据表 7-3～表 7-6，利用式（7.11）和式（7.12）得到应急物资储备库候选点 $Y_i(i=1,2,3,4)$ 关于一级指标 $B_j(j=1,2,3,4)$ 的正理想解 $Y_{B_j}^+$ 和负理想解 $Y_{B_j}^-$ 分别为

$$Y_{B_1}^+=(\langle 0.7,0.2\rangle,\langle 0.7,0.1\rangle,\langle 0.8,0.1\rangle)$$
$$Y_{B_1}^-=(\langle 0.5,0.4\rangle,\langle 0.4,0.3\rangle,\langle 0.5,0.4\rangle)$$
$$Y_{B_2}^+=(\langle 0.7,0.2\rangle,\langle 0.7,0.3\rangle,\langle 0.8,0.1\rangle)$$
$$Y_{B_2}^-=(\langle 0.5,0.3\rangle,\langle 0.3,0.5\rangle,\langle 0.5,0.3\rangle)$$
$$Y_{B_3}^+=(\langle 0.8,0.1\rangle,\langle 0.8,0.1\rangle,\langle 0.8,0.1\rangle,\langle 0.8,0.1\rangle)$$
$$Y_{B_3}^-=(\langle 0.6,0.3\rangle,\langle 0.6,0.3\rangle,\langle 0.5,0.4\rangle,\langle 0.5,0.5\rangle)$$
$$Y_{B_4}^+=(\langle 0.8,0.1\rangle,\langle 0.8,0.1\rangle,\langle 0.8,0.1\rangle)$$
$$Y_{B_4}^-=(\langle 0.5,0.3\rangle,\langle 0.4,0.4\rangle,\langle 0.5,0.3\rangle)$$

步骤 2　利用加权偏差最优化模型确定各二级指标权重。根据表 7-3～表 7-6 的相关数据，利用式(7.17)、式(7.18)计算各二级指标 $C_{jk_j}(j=1,2,3,4;k_j=1,2,\cdots,n_j)$ 的权重 $w_{jk_j}^{(1)}$ 、 $w_{jk_j}^{(2)}$ 以及 w_{jk_j} ，计算结果如表 7-13～表 7-16 所示。

表 7-13　一级指标 B_1 下二级指标的权重

	C_{11}	C_{12}	C_{13}
$w_{1k_1}^{(1)}$	0.273	0.409	0.318
$w_{1k_1}^{(2)}$	0.227	0.364	0.409
w_{1k_1}	0.250	0.387	0.363

表 7-14　一级指标 B_2 下二级指标的权重

	C_{21}	C_{22}	C_{23}
$w_{2k_2}^{(1)}$	0.227	0.364	0.409
$w_{2k_2}^{(2)}$	0.231	0.461	0.308
w_{2k_2}	0.229	0.413	0.358

表 7-15　一级指标 B_3 下二级指标的权重

	C_{31}	C_{32}	C_{33}	C_{34}
$w_{3k_3}^{(1)}$	0.214	0.214	0.286	0.286
$w_{3k_3}^{(2)}$	0.152	0.242	0.212	0.394
w_{3k_3}	0.183	0.228	0.249	0.340

表 7-16　一级指标 B_4 下二级指标的权重

	C_{41}	C_{42}	C_{43}
$w_{4k_4}^{(1)}$	0.333	0.333	0.334
$w_{4k_4}^{(2)}$	0.320	0.360	0.320
w_{4k_4}	0.3265	0.3465	0.3270

步骤 3　确定应急物资储备库选址问题的直觉模糊决策矩阵 F。利用表 7-3～表 7-6 中的数据，根据直觉模糊加权算子，计算各应急物资储备库候选点 $Y_i(i=1,2,3,4,5)$ 在一级指标 $B_j(j=1,2,3,4)$ 下的直觉模糊综合评价值 $\tilde{F}_{ij}$，得到应急物资储备库选址问题的直觉模糊决策矩阵 F 如表 7-17 所示。

表 7-17　应急物资储备库选址问题的直觉模糊决策矩阵 F

	B_1	B_2	B_3	B_4
Y_1	$\langle 0.722, 0.172\rangle$	$\langle 0.594, 0.236\rangle$	$\langle 0.676, 0.195\rangle$	$\langle 0.711, 0.159\rangle$
Y_2	$\langle 0.594, 0.271\rangle$	$\langle 0.645, 0.202\rangle$	$\langle 0.544, 0.298\rangle$	$\langle 0.577, 0.182\rangle$
Y_3	$\langle 0.619, 0.278\rangle$	$\langle 0.584, 0.227\rangle$	$\langle 0.701, 0.212\rangle$	$\langle 0.711, 0.182\rangle$
Y_4	$\langle 0.554, 0.242\rangle$	$\langle 0.688, 0.202\rangle$	$\langle 0.779, 0.119\rangle$	$\langle 0.772, 0.125\rangle$
Y_5	$\langle 0.566, 0.197\rangle$	$\langle 0.489, 0.370\rangle$	$\langle 0.704, 0.188\rangle$	$\langle 0.570, 0.261\rangle$

步骤 4　确定正理想解 Y^+ 和负理想解 Y^-。由表 7-17 可知，其正理想解 Y^+ 和负理想解 Y^- 分别为

$$Y^+=(\langle 0.722,0.172\rangle,\langle 0.688,0.202\rangle,\langle 0.779,0.119\rangle,\langle 0.722,0.125\rangle)$$

$$Y^-=(\langle 0.554,0.278\rangle,\langle 0.489,0.370\rangle,\langle 0.544,0.298\rangle,\langle 0.570,0.261\rangle)$$

步骤 5　利用加权偏差最优化模型确定一级指标 $B_j(j=1,2,3,4)$ 的权重。将上述有关数据代入式(7.27)、式(7.28)和式(7.29)，计算可得一级指标 $B_j(j=1,2,3,4)$ 的权重 $\omega_j^{(1)}$ 、 $\omega_j^{(2)}$ 和 ω_j 如表 7-18 所示。

表 7-18　一级指标 $B_j(j=1,2,3,4)$的权重

	B_1	B_2	B_3	B_4
$\omega_j^{(1)}$	0.276	0.217	0.250	0.257
$\omega_j^{(2)}$	0.170	0.280	0.305	0.245
ω_j	0.223	0.248	0.278	0.251

步骤 6　计算应急物资储备库候选点的群体效益值、个体遗憾值以及折中值，确定最优方案。取$v=0.5$，根据式（7.8）、式（7.9）、式（7.10）计算各应急物资储备库候选点$Y_i(i=1,2,3,4,5)$的群体效益值S_i、个体遗憾值R_i以及折中值Q_i，计算结果如表 7-19 所示。

表 7-19　各应急物资储备库候选点的 S_i、R_i 与 Q_i 值

	Y_1	Y_2	Y_3	Y_4	Y_5	排序
S_i	0.315	0.744	0.457	0.223	0.792	$A_4 \succ A_1 \succ A_3 \succ A_2 \succ A_5$
R_i	0.122	0.278	0.141	0.223	0.251	$A_1 \succ A_3 \succ A_4 \succ A_5 \succ A_2$
Q_i	0.081	0.958	0.267	0.324	0.913	$A_1 \succ A_3 \succ A_4 \succ A_5 \succ A_2$

由表 7-19 可知，按Q_i值由小到大排序得到应急物资储备库候选点$Y_i(i=1,2,3,4,5)$的优劣次序为

$$A_1 \succ A_3 \succ A_4 \succ A_5 \succ A_2$$

根据排序条件 1 和排序条件 2 验证可知，Y_1、Y_3和Y_4均为折中解方案，其中Y_1为最佳选址方案。

参 考 文 献

[1] 何建敏，刘春林，曹杰，等. 应急管理与应急系统：选址、调度与算法[M]. 北京：科学出版社，2005.

[2] 车颖涛. 时间约束下应急资源调度模型及算法研究[D]. 开封：河南大学，2007.

[3] 刘春林，何建敏. 给定限制期条件下最关键路的求法[J]. 管理工程学报，2000，14（2）：22-27.

[4] 方磊，何建敏. 给定限期条件下的应急服务系统优化选址模型[J]. 管理工程学报，2004，18（1）：45-81.

[5] Toregas C，Revell C. Optimal location under time or distance constraints[J]. Papers of the Regional Science Association，1972，28：133-143.

[6] Church R，Revell C. The maximal covering location problem[J]. Papers of the Regional Science Association，1974，32（1）：101-111.

[7] Hakimi S L. Optimal location of switching centers and the absolute centers and medians of a graph [J]. Operations Research，1964，12（3）：156-164.

[8] Kariv O，Hakimi S L. An algorithmic approach to network location problems [J]. Siam Journal on Applied

Mathematics，1979，37（3）：513-538.

[9] Roth R. Computer solutions to minimum cover problems [J]. Operation Research，1969，17（3）：455-465.

[10] Badri M A，Motagy A K，Alsayed C A. A multi-objective model for locating fire stations[J]. European Journal of Operational Research，1998，110（2）：243-260.

[11] Tufekci S，Wallace W A. The emerging area of emergency management and engineering[J]. IEEE Transactions on the Engineering Management，1998，45（2）：103-105.

[12] Marianov V，Revelle C. The queuing probabilistic location set covering and some extension[J]. Socio-Economic Planning Science，1994，28（3）：167-178.

[13] Adenso-diaz B，Rodriguez F. A simple search heuristic for the MCLP：Application to the location of the ambulance bases in a rural region[J]. Omege，1997，25（2）：181-187.

[14] Fisher M L，Kedia P. Optimal solution of set covering/partitioning problems using dual heuristics [J]. Management Science，1990，36（6）：674-688.

[15] Beasley J E，Jomsten K. Enhancing an algorithm for set covering problems [J]. European Journal of Operational Research，1992，58（2）：293-300.

[16] Alminana M，Pastor J T. An adaptation of SH heuristic to the location set covering problem [J]. European Journal of Operational Research，1997，100（3）：586-593.

[17] Canbolat M S，von Massow M. Locating emergency facilities with random demand for risk minimization[J]. Expert Systems with Applications，2011，38（8）：10099-10106.

[18] Rawls C G，Turnquist M A. Pre-positioning of emergency supplies for disaster response[J]. Transportation Research Part B，2010，44（4）：521-534.

[19] 方磊，何建敏. 应急系统优化选址的模型及其算法[J]. 系统工程学报，2003，18（1）：49-54.

[20] 方磊，何建敏. 综合AHP和目标规划方法的应急系统选址规划模型[J]. 系统工程理论与实践，2003，12：116-120.

[21] 方磊. 基于偏好DEA的应急系统选址模型研究[J]. 系统工程理论与实践，2006，8：116-123.

[22] 陈志宗，尤建新. 重大突发事件应急救援设施选址的多目标决策模型[J]. 管理科学，2006，19（40）：10-14.

[23] 刘浪. 基于集合覆盖理论的航空应急物资储备点选址方法[J]. 南昌航空大学学报，2010，12（2）：19-26.

[24] 赵振亚，贺国先. 基于模拟退火算法的应急物流仓库选址优化[J]. 大连交通大学学报，2010，31（3）：102-107.

[25] 李玉兰，李波，刘永军. 军地一体化应急物资储备设施选址研究[J]. 北京理工大学学报（社会科学版），2012，14（4）：89-93.

[26] 郭子雪，张强. 应急物资储备库最小加权距离选址模型[J]. 计算机工程与应用，2009，45（34）：195-197.

[27] 郭子雪，张强. 不确定环境下应急服务设施选址模型与算法[J]. 兵工学报，2008，29（11）：116-119.

[28] 李国旗，张锦，刘思婧. 城市应急物流设施选址的多目标规划模型[J]. 计算机工程与应用，2011，47（19）：238-241.

[29] 田依林. 基于FAHP法的应急物资储备库选址研究[J].武汉理工大学学报（交通科学与工程版），2010，34（2）：354-357.

[30] 陈达强，刘南. 带时变供应约束的多出救点选择多目标决策模型[J]. 自然灾害学报，2010，19（3）：94-99.

[31] 葛春景，王霞，关贤军. 重大突发事件应急设施多重覆盖选址模型及算法[J]. 运筹与管理，2011，20（5）：50-56.

[32] 王威. 城市避震疏散场所选址的时间满意覆盖模型[J]. 上海交通大学学报，2014，48（1）：154-158.

[33] 肖俊华，侯云先. 综合模糊TOPSIS决策的应急物资储备库多级覆盖选址模型[J]. 工业工程，2013，16（1）：91-98.

[34]　蒋慧. 应急物流配送中心选址研究[D]. 成都：西华大学，2010.
[35]　艾云飞. 我国税陆跨界应急物资储备库选址问题研究[D]. 大连：大连海事大学，2013.
[36]　康楠. 基于快速响应机制的应急物流选址问题研究[D]. 北京：北京交通大学，2012.
[37]　胡丹. 重大灾害条件下应急物资储备库选址研究[D]. 长春：吉林大学，2012.
[38]　刘强，阮雪景，付碧宏. 特大地震灾害应急避难场所选址原则与模型研究[J]. 中国海洋大学学报，2010，40（8）：129-135.
[39]　尹峰. 煤炭应急物资储备规模与布局研究[D]. 北京：中国矿业大学（北京），2013.
[40]　郭子雪. 突发事件应急物流系统决策问题研究[D]. 北京：北京理工大学，2009.
[41]　王兆平. 辐射突发事件应急预案的评价体系的构建[D]. 长春：吉林大学，2007.
[42]　徐秀芹. 地方政府突发事件应急能力的评价研究[D]. 沈阳：东北大学，2008.

第 8 章　基于区间直觉模糊信息的区域物流产业升级能力评价

现代物流已被广泛认为是企业在降低物质消耗、提高劳动生产率以外创造利润的第三重要源泉，研究区域物流业竞争力评价方法，对探讨区域物流业竞争力提升路径和促进区域物流产业快速发展具有重要的现实意义和理论价值。本章在构建区域物流业竞争力评价指标体系的基础上，研究区间直觉模糊信息环境下基于区间直觉模糊加权平均算子的区域物流产业竞争力评价方法。

8.1　研究背景与研究意义

8.1.1　研究背景

物流业是经济快速发展、社会分工不断深化的产物，是国民经济的重要组成部分和支撑国民经济发展的基础性、战略性产业，物流业发展水平能够直接反映区域经济的发展水平，已经成为影响地区之间供应链体系竞争的重要因素，是提升地区综合竞争力的重要战略举措和抓手[1]。物流业被认为是国民经济发展的动脉，物流产业的发展规模和竞争力水平，已经成为衡量一个国家或地区综合竞争力高低的重要标志。在全球化趋势不断加强、国际间竞争日趋激烈的今天，大力发展物流业成为优化我国产业结构、促进我国经济健康快速发展的必然要求。

我国各级政府高度重视物流业发展，相继出台了一系列政策措施来积极推动物流业发展。2009 年，国务院出台了《物流业调整与振兴规划》，提出积极扩大物流市场需求、大力推进物流服务的社会化和专业化、优化物流业发展的区域布局、加强物流基础设施建设的衔接与协调等十项主要任务，并把物流园区工程、物流标准和技术推广工程、物流公共信息平台工程等列为九大重点工程。2014 年，国家发布了《物流业发展中长期规划（2014—2020 年）》，把物流业确定为基础性、战略性产业，指明了全国物流业的发展目标和总体布局，提出了按照推动京津冀协同发展、环渤海区域合作等思路，加快商贸物流业一体化进程。2015 年，国家出台《京津冀协同发展规划纲要》，河北省人民政府办公厅印发《河北省物流业发展三年行动计划（2015—2017 年）》，提出要把河北省建成“全国现代商贸物流重要基地”，明确了河北省在京津冀协同发展乃至全国物流业中的功能和定位，为河北省物流业指明了发展目标和努力方向。

近年来，我国物流业取得了长足发展，为我国经济的快速、稳定发展提供了强有力的支撑作用。根据有关统计资料，2017 年全国社会物流总额达 252.8 万亿元，按可比价格计算同比增长 6.7%，增速比 2016 年提高 0.6 个百分点；从构成来看，工业品物流总额 234.5 万亿元，同比增长 6.6%；进口货物物流总额 12.5 万亿元，同比增长 8.7%；农产品物流总额 3.7 万亿元，同比增长 3.9%；再生资源物流总额 1.1 万亿元，同比下降 1.9%；单位与居民物品物流总额 1.0 万亿元，同比增长 29.9%。伴随社会物流总额的增加，全国社会物流总费用也快速增长，2017 年全国社会物流总费用达到 12.1 万亿元，同比增长 9.2%；物流费用占 GDP 的比率为 14.6%，比 2016 年下降 0.3 个百分点，但总体水平远远高于发达国家该指标 10%左右的比例要求。随着国际产业结构的深入调整，跨国物流企业加快拓展我国市场，国内各省市竞相加快发展现代物流业，抢占物流发展制高点。面对日趋激烈的竞争形势，如何在《物流业发展中长期规划（2014—2020 年）》的指引下，优化我国区域物流资源配置，提高物流业运行效率和市场竞争能力，已经成为中国物流业发展面临的重要任务。

8.1.2　研究意义

进入 21 世纪以来，我国物流业得到了快速发展，大力发展现代物流业，成为落实科学发展观、转变经济发展方式、增强经济竞争力的重要举措，也是我国“十三五”期间及未来一个时期的重大战略选择。但是，与发达国家相比，我国物流业的发展仍处于初级阶段，仍然存在物流效率低、成本高、竞争力不够强等问题。当前，我国经济已由高速增长阶段转向高质量发展阶段，推进物流产业高质量发展首先面临降低物流成本和提高物流效率两个核心问题，本质上即提高物流产业竞争力问题。本书利用模糊多属性决策理论，从定量角度探讨我国区域物流产业竞争力评价方法，有助于分析区域物流产业发展中存在的不足和面临的问题，对提高区域物流运作效率和竞争力具有较重要的现实意义和理论研究价值。

8.2　区域物流产业竞争力的国内外研究现状

现代物流已被广泛认为是企业在降低物质消耗、提高劳动生产率以外创造利润的第三重要源泉，目前有关区域物流业竞争力的研究主要涉及物流与区域经济发展的关系、区域物流效率评价以及区域物流竞争力分析等方面。

8.2.1 国外研究现状

Wayne[2]通过建立区域交通设施投资与区域经济发展的关系模型，研究了区域交通设施投资带来物流服务能力的提升对区域经济发展的影响。Hulten 等[3]研究发现基础设施网络外部性对经济发展具有显著的正向促进作用。Maciulis 等[4]对物流产业基础设施投入与经济增长之间进行了定性分析，确定了物流产业基础设施投入对经济增长的正向推动和负向阻碍效应，最后提出了物流产业基础设施投入和经济协调增长的可行性策略。Claus[5]研究发现一个国家的物流支出和该国财富之间存在正向相关的关系，具体表现为一个国家的经济发展水平提高后，经济全球化程度加深，物流产业的支出大大增加，相应的该国财富也不断积累和增加。

Rabinovich 和 Knemeyer[6]利用计量经济学模型对美国第三方物流企业的总体效率进行了对比分析，并实证分析了物流企业服务绩效和服务广度对物流生产效率产生的影响。Trujillo 和 Tovar[7]运用随机前沿法（stochastic frontier approach，SFA）分析 22 家港口企业的物流效率，结果表明企业的现有资源没有得到充分利用，生产率仅达到 60%。Hamdan 和 Rogers[8]在传统 DEA-CCR 模型基础上将企业的成长目标和专家提议作为约束条件纳入其中，推出约束性 DEA 模型，并运用两种模型对美国多个仓储中心进行效率分析。Odeck 和 Brathen[9]研究欧洲港口物流效率，他们主要以随机影响模型为基本模型，以欧洲港口相关数据为基础。

Murphy 和 Wood[10]从基础设施、信息系统、人力资源以及供应商服务水平等四个方面来构建物流产业竞争力模型，对国家的物流系统进行评价，并指出物流系统改进的方向。Rodrigue 和 Notteboom[11]从宏观经济的角度出发，将欧洲和美洲北部的网关物流运输条件进行对比，得出了区域物流竞争力的评估指标系统。Yeo 等[12]应用模糊综合评价的方法对香港、上海等六大集装箱港口进行物流产业竞争力综合评估，发现在端口服务方面香港得分最高，在腹地条件方面上海最高、釜山最低。这是衡量集装箱港口竞争力的一种方法。Mothilal 等[13]通过和美国、印度、中国香港等国家和地区比较，发现印度物流以第三方物流为主题，运用多元回归分析的研究方法对其物流产业竞争力进行评价，发现交付状况和顾客满意度是影响印度物流产业竞争力的主要因素。

8.2.2 国内研究现状

张梅青等[14]分析了物流产业与区域经济协调发展的共生模型，提出了物流产业与区域经济协调发展的对策。王瑞荣和李志彬[15]利用灰色关联度分析了区域经济发展与物流产业集聚程度之间的相关性。夏彩云[16]通过建立陕西物流水平与 GDP 回归模型，分析了陕西物流业对区域经济的增长作用。张炜熙和胡玉莹[17]以长三角城市群作为对照，讨论了京津冀城市群的物流产业与城市群协调发展问题。贾海成[18]运用自回归模型、格兰杰因果检验方法等，实证分析了津沪物流与经济增长的关系。蒙玉玲和闫兰香[19]在阐述河北省现代物流业发展现状的基础上，分析了河北省现代物流业发展态势，提出了加快河北省现代物流业发展的相关策略。许良等[20]分析了河北省现代物流产业发展现状，指出了河北省现代物流产业的主要问题，提出了构建河北省现代物流产业体系的建议及对策。

魏华[21]运用 DEA 模型对湖北省物流产业近 12 年的可持续发展状况进行了实证研究，找出了制约湖北省物流产业发展的因素。曾佑新和杜立奎[22]利用 DEA 方法分析了江苏省物流效率，提出了有关对策建议。张春梅等[23]对内蒙古自治区近 9 年的物流产业发展情况进行了整体有效性、技术有效性和投影测度分析。陈洁[24]利用环境 DEA 技术和方向距离函数方法，对碳强度约束下中国物流业全要素生产率的增长来源与区域差异进行了实证分析。王维国和马越越[25]利用三阶段 DEA 模型分析了物流外部营运环境条件对我国物流产业效率变化的影响。

张宝友等[26]分析了物流标准对物流产业竞争力的影响机理，并通过江苏省、浙江省的物流业竞争力比较，提出了提升浙江省物流业竞争力的对策。李新然和吴健妮[27]建立了港口物流产业集群竞争力指标体系，构建了港口物流产业集群竞争力评价模型。隋博文[28]通过对广西北部湾港口物流产业集群的竞争力分析，提出了广西北部湾港口物流产业集群竞争力提升的对策。赵松岭和宋薇[29]利用钻石模型分析了河北省物流产业竞争力影响要素，提出了提升河北省物流产业竞争力的对策。吴健妮[30]研究了港口物流产业集群竞争力指标筛选方法。吴红霞和吴红艳[31]通过建立物流产业竞争力评价体系，实证分析了河北省物流产业竞争力。王洁等[32]利用层次分析法实证分析了河北省物流发展水平，提出了河北省物流业发展对策。

8.3　区域物流产业升级能力评价问题研究基础

8.3.1　区域物流产业竞争力的含义

关于区域物流产业竞争力的概念，目前尚没有一个统一的定义。槐艳菲[33]参考产业经济学有关竞争力的理论，认为区域物流产业竞争力是指某一区域范围内，物流产业所具有的区别于其他区域本产业的资源禀赋竞争优势、政府政策支持、产业创新能力、物流企业能力和信息技术等能力，最终体现为通过区域内部的良性竞争，将上述各种资源、能力有效整合而形成的争夺资源、开拓市场、占据市场并获得利润的综合竞争能力体系。李虹[34]认为区域物流产业竞争力是指不同区域间的物流活动经过角逐或比较而体现出来的综合能力，这种能力主要体现在软硬件环境的支撑能力、获得发展要素的能力、开拓市场的能力以及综合利用各种资源形成的总体发展实力与发展潜力。王昊[35]指出，区域物流产业竞争力是指各区域在物流产业发展中表现出的争夺物流资源、获取物流发展要素、开拓占据市场以及获取增长动力的能力。刘海静[36]认为区域物流产业竞争力是指某一特定区域内物流业独有的区别于其他区域的物流服务能力、物流资源优势、物流政策条件和物流创新能力的综合表现。

本书认为，区域物流产业竞争力是指某国或某一地区的物流产业相对于其他国家或地区物流产业在生产效率、满足市场需求、持续获利等方面所体现的综合优势。区域物流产业竞争力主要体现在以下四个方面：一是区域经济发展水平与发展规模，它是形成区域物流产业竞争力的重要社会经济基础，是区域物流业发展的支撑和保障，区域经济发展水平在一定程度上反映了区域物流产业竞争力的水平；二是区域物流供给水平，包括物流基础设施、交通运输、仓储、邮政业固定资产投资和从业人数，反映区域物流的供给和运作能力，是区域物流业正常运行和参与竞争的前提条件与物质基础；三是区域物流需求水平，反映区域内各行业对物流服务产生的需求数量和规模，是区域物流产业竞争力的重要决定因素；四是区域物流服务保障水平，包括区域物流产业信息化建设水平、区域政策环境等，是影响区域物流服务水平和区域物流产业竞争力的关键因素。

8.3.2 影响区域物流产业竞争力的因素

1. 区域经济发展水平

区域经济与区域物流是相互影响、相互依存、相互协调发展的统一体，区域物流的发展往往与区域经济的发展呈正相关的关系，区域经济发展水平越高，由此产生的对货物运输、仓储、配送、流通加工、物流信息处理等区域性物流服务的需求越大；区域经济的发展是区域物流业产生与发展的源动力，区域经济的发展水平制约区域物流业的发展高度，对区域物流业发展具有保障与支撑作用，是影响区域物流业竞争力的最主要因素。

2. 区域物流基础设施建设状况

区域物流基础设施是指支撑区域物流系统正常运作必需的有形固定资产，包括铁路、公路、航空、港口等线路要素，物流中心，配送中心，物流园区等节点要素以及运输、仓储、搬运、包装等技术设备等。区域物流基础设施是区域物流系统的载体，是区域物流正常运转的基础保障和区域物流发展的前提条件，区域物流基础设施建设状况直接影响区域物流产业服务能力与竞争力水平。

3. 区域物流需求规模

区域物流需求规模是指区域内工业、农业、建筑业等各行业对物流服务产生的需求数量和规模，区域物流需求规模越大，说明区域工业总产值、农业总产值、建筑业总产值、客运总量、货运总量等指标越大，标志着本区域具有较强的物流供应能力和物流发展潜力，所以区域物流需求规模应该作为反映区域物流竞争力的重要解释变量。

4. 区域物流信息化水平

区域物流的发展需要将现代信息技术运用到区域物流运行过程当中，以形成有效的区域物流网络系统和区域物流管理系统。区域物流信息化对提高区域物流服务质量和提升区域物流运行效率具有重要作用，因此，区域物流信息化水平是支撑区域物流系统发展和影响区域物流竞争力的一个关键因素。

5. 区域物流宏观环境因素

区域物流宏观环境因素包括与区域物流相关的政策法规、物流产业发展规划、资源利用政策、市场环境等，是区域物流发展的平台，可以对区域物流竞争力培育提供支撑基础。由于物流业是一个公共物品属性很强的产业，与其他产业的关联性也很强，所以政府有关区域物流方面的政策法规等，不仅影响物流市场的需求、规模、结构和竞争，而且影响区域物流业的整体效率和效益，进而影响区域物流业的竞争力水平。

8.3.3　区域物流业竞争力评价指标体系的构建

构建区域物流业竞争力评价指标体系是合理评价区域物流业竞争力的关键，本书基于物流业竞争力内涵，结合相关学者的研究成果，并考虑指标数据的可得性与可比性，选取区域经济发展水平、区域物流供给水平、区域物流需求水平以及区域物流服务保障水平等四个一级指标、21 个二级指标，对我国区域物流业竞争力进行综合评价。具体内容如表 8-1 所示。

表 8-1　区域物流业竞争力评价指标体系

目标层	一级指标	二级指标	单位
区域物流业竞争力评价指标体系	区域经济发展水平（B_1）	人均 GDP（C_{11}）	亿元
		社会消费品零售总额（C_{12}）	亿元
		地方财政收入（C_{13}）	亿元
		城镇居民人均可支配收入（C_{14}）	元
		进出口总额（C_{15}）	万美元
	区域物流供给水平（B_2）	铁路营业里程（C_{21}）	千米
		公路营业里程（C_{22}）	千米
		交通运输、仓储、邮政业固定资产投资（C_{23}）	亿元
		民用载货汽车总量（C_{24}）	万辆
		民用运输船舶拥有量（C_{25}）	艘
		从事交通运输、仓储、邮政业职工人数（C_{26}）	万人
	区域物流需求水平（B_3）	农业总产值（C_{31}）	亿元
		工业总产值（C_{32}）	亿元
		第三产业总产值（C_{33}）	亿元
		交通运输、仓储、邮政总量（C_{34}）	亿元
		货运总量（C_{35}）	万吨
	区域物流服务保障水平（B_4）	邮电业务总量（C_{41}）	亿元
		电话普及率（C_{42}）	部/百人
		互联网普及率（C_{43}）	%
		每十万人口高等教育学校平均在校生数（C_{44}）	人
		地方政府财政支出（C_{45}）	亿元

8.4　权重已知时基于 IIFWA 算子的区域物流产业竞争力评价

8.4.1　问题描述

设区域物流产业竞争力评价问题中有 m 个区域 $Y_i(i=1,2,\cdots,m)$ 作为评价对象，组成待评价区域集 $Y=\{Y_1,Y_2,\cdots,Y_m\}$，评价每个区域物流产业竞争力的一级指标（或属性）包括区域经济发展水平（B_1）、区域物流供给水平（B_2）、区域物流需求水平（B_3）、区域物流服务保障水平（B_4）等四个准则；每个一级指标 $B_j(j=1,2,3,4)$ 又由二级指标 $C_{jk_j}(j=1,2,3,4;k_j=1,2,\cdots,n_j;n_1=5,n_2=6,n_3=5,n_4=5)$ 决定，具体评价指标体系如表 8-1 所示。假设 $\omega=(\omega_1,\omega_2,\omega_3,\omega_4)^{\mathrm{T}}$ 为一级指标 $B_j(j=1,2,3,4)$ 的权重向量，满足 $\omega_j\geqslant 0$ 且 $\sum_{j=1}^{4}\omega_j=1$；$w_j=(w_1,w_2,\cdots,w_{n_j})^{\mathrm{T}}$ 为二级指标 $C_{jk_j}(k_j=1,2,\cdots,n_j)$ 的权重向量，满足 $w_{k_j}\geqslant 0,\sum_{k_j=1}^{n_j}w_{k_j}=1$；一级指标、二级指标的权重信息已知。如果 $\tilde{F}_{ijk_j}=\langle[\mu_{ijk_j}^L,\mu_{ijk_j}^U],[\nu_{ijk_j}^L,\nu_{ijk_j}^U]\rangle(j=1,2,3,4;k_j=1,2,\cdots,n_j)$ 为区间直觉模糊数，$[\mu_{ijk_j}^L,\mu_{ijk_j}^U]$ 为评价对象 $Y_i(i=1,2,\cdots,m)$ 满足二级指标 C_{jk_j} 的程度，$[\nu_{ijk_j}^L,\nu_{ijk_j}^U]$ 为评价对象 $Y_i(i=1,2,\cdots,m)$ 不满足二级指标 C_{jk_j} 的程度，则矩阵 $F_j=(\langle[\mu_{ijk_j}^L,\mu_{ijk_j}^U],[\nu_{ijk_j}^L,\nu_{ijk_j}^U]\rangle)_{m\times n_j}(j=1,2,3,4)$ 为区域物流产业竞争力评价问题关于一级指标 $B_j(j=1,2,3,4)$ 的区间直觉模糊决策矩阵（表 8-2）。现在的问题是依据区间直觉模糊决策矩阵 $F_j(j=1,2,3,4)$，如何得到一个有效的决策分析方法对不同区域的物流产业竞争力进行评价和优劣排序。

表 8-2　一级指标 B_j 下的区间直觉模糊决策矩阵 F_j

	C_{j1}	C_{j2}	…	C_{jn_j}
Y_1	$\langle[\mu_{1j1}^L,\mu_{1j1}^U],[\nu_{1j1}^L,\nu_{1j1}^U]\rangle$	$\langle[\mu_{1j2}^L,\mu_{1j2}^U],[\nu_{1j2}^L,\nu_{1j2}^U]\rangle$	…	$\langle[\mu_{1jn_j}^L,\mu_{1jn_j}^U],[\nu_{1jn_j}^L,\nu_{1jn_j}^U]\rangle$
Y_2	$\langle[\mu_{2j1}^L,\mu_{2j1}^U],[\nu_{2j1}^L,\nu_{2j1}^U]\rangle$	$\langle[\mu_{2j2}^L,\mu_{2j2}^U],[\nu_{2j2}^L,\nu_{2j2}^U]\rangle$	…	$\langle[\mu_{2jn_j}^L,\mu_{2jn_j}^U],[\nu_{2jn_j}^L,\nu_{2jn_j}^U]\rangle$
⋮	⋮	⋮		⋮
Y_m	$\langle[\mu_{mj1}^L,\mu_{mj1}^U],[\nu_{mj1}^L,\nu_{mj1}^U]\rangle$	$\langle[\mu_{mj2}^L,\mu_{mj2}^U],[\nu_{mj2}^L,\nu_{mj2}^U]\rangle$	…	$\langle[\mu_{mjn_j}^L,\mu_{mjn_j}^U],[\nu_{mjn_j}^L,\nu_{mjn_j}^U]\rangle$

8.4.2　基于 IIFWA 算子的区域物流产业竞争力评价的决策步骤

步骤 1　构建关于一级指标 $B_j(j=1,2,3,4)$ 的区间直觉模糊决策矩阵 F_j。确定待评价区域集 $Y=\{Y_1,Y_2,\cdots,Y_m\}$，用区间直觉模糊数表示各评价对象关于二级指标的评价信息，构建评价对象 $Y_i(i=1,2,\cdots,m)$ 关于一级指标 $B_j(j=1,2,3,4)$ 的区间直觉模糊决策矩阵 F_j。

步骤 2　确定区域物流产业竞争力评价问题的区间直觉模糊决策矩阵 F 。利用区间直觉模糊加权平均算子，计算各评价对象 $Y_i(i=1,2,\cdots,m)$ 在一级指标 $B_j(j=1,2,3,4)$ 下的区间直觉模糊评价值 $\tilde{F}_{ij}$：

$$\begin{aligned}\tilde{F}_{ij} &= \langle[\mu_{ijL},\mu_{ijU}],[\nu_{ijL},\nu_{ijU}]\rangle = \text{IIFWA}_\omega(\tilde{F}_{ij1},\tilde{F}_{ij2},\cdots,\tilde{F}_{ijn_j}) \\ &= \left\langle\left[1-\prod_{k_j=1}^{n_j}(1-\mu_{ijk_j}^L)^{w_{jk_j}},1-\prod_{k_j=1}^{n_j}(1-\mu_{ijk_j}^U)^{w_{jk_j}}\right],\left[\prod_{k_j=1}^{n_j}(\nu_{ijk_j}^L)^{w_{jk_j}},\prod_{k_j=1}^{n_j}(\nu_{ijk_j}^U)^{w_{jk_j}}\right]\right\rangle\end{aligned} \tag{8.1}$$

得到区域物流产业竞争力评价问题的区间直觉模糊决策矩阵 $F=(\tilde{F}_{ij})_{m\times 4}$。

步骤 3　计算各评价对象 $Y_i(i=1,2,\cdots,m)$ 的综合属性值 $\tilde{d}_i$：

$$\begin{aligned}\tilde{d}_i &= \langle[\mu_{iL},\mu_{iU}],[\nu_{iL},\nu_{iU}]\rangle = \text{IIFWA}_\omega(\tilde{F}_{i1},\tilde{F}_{i2},\tilde{F}_{i3},\tilde{F}_{i4}) \\ &= \left\langle\left[1-\prod_{j=1}^{4}(1-\mu_{ijL})^{\omega_j},1-\prod_{j=1}^{4}(1-\mu_{ijU})^{\omega_j}\right],\left[\prod_{j=1}^{4}(\nu_{ijL})^{\omega_j},\prod_{j=1}^{4}(\nu_{ijU})^{\omega_j}\right]\right\rangle,\quad i=1,2,\cdots,m\end{aligned} \tag{8.2}$$

步骤 4　利用评价对象的综合属性值的得分值和精确值对评价对象排序。计算各评价对象 $Y_i(i=1,2,\cdots,m)$ 的综合属性值 $\tilde{d}_i$ 的得分值 $s(\tilde{d}_i)$ 和精确值 $h(\tilde{d}_i)$：

$$s(\tilde{d}_i)=\frac{\mu_{iL}+\mu_{iU}-\nu_{iL}-\nu_{iU}}{2},\quad i=1,2,\cdots,m \tag{8.3}$$

$$h(\tilde{d}_i)=\frac{\mu_{iL}+\mu_{iU}+\nu_{iL}+\nu_{iU}}{2},\quad i=1,2,\cdots,m \tag{8.4}$$

确定 $\tilde{d}_i(i=1,2,\cdots,m)$ 的不增排列顺序，并利用排序结果对评价对象 $Y_i(i=1,2,\cdots,m)$ 进行优劣排序。

8.4.3　实例分析

例 8.1　考虑区域物流产业竞争力评价问题。为了评价五个区域 $Y_i(i=1,2,3,4,5)$ 的物流产业竞争力，专家组从区域经济发展水平（B_1）、区域物流供给水平（B_2）、区域物流需求水平（B_3）、区域物流服务保障水平（B_4）四个方面，对待评价区域进行综合评价。假设专家组对五个评价对象 $Y_i(i=1,2,3,4,5)$ 关于一级指标 $B_j(j=1,2,3,4)$ 下各二级指标 $C_{jk_j}(j=1,2,3,4;k_j=1,2,\cdots,n_j)$ 的评价信息均为区间直觉模糊数，具体结果如表 8-3～表 8-6 所示。如果指标权重已知，其中一级指标权重向量 $\omega=(0.20,0.35,0.30,0.15)^{\mathrm{T}}$；各二级指标权重向量分别为

$$w_{B_1}=(0.15,0.25,0.30,0.10,0.20)^{\mathrm{T}}$$

$$w_{B_2}=(0.15,0.15,0.10,0.20,0.25,0.15)^{\mathrm{T}}$$

$$w_{B_3}=(0.25,0.20,0.15,0.15,0.25)^{\mathrm{T}}$$

$$w_{B_4}=(0.25,0.10,0.25,0.30,0.10)^{\mathrm{T}}$$

表 8-3　关于指标 B_1 的区间直觉模糊决策矩阵 F_1

	C_{11}	C_{12}	C_{13}	C_{14}	C_{15}
Y_1	$\langle[0.5,0.6],[0.2,0.3]\rangle$	$\langle[0.4,0.5],[0.3,0.4]\rangle$	$\langle[0.6,0.7],[0.1,0.2]\rangle$	$\langle[0.4,0.5],[0.1,0.3]\rangle$	$\langle[0.5,0.7],[0.2,0.3]\rangle$
Y_2	$\langle[0.6,0.7],[0.1,0.3]\rangle$	$\langle[0.5,0.6],[0.1,0.3]\rangle$	$\langle[0.6,0.7],[0.2,0.3]\rangle$	$\langle[0.6,0.7],[0.1,0.2]\rangle$	$\langle[0.4,0.6],[0.1,0.3]\rangle$
Y_3	$\langle[0.4,0.5],[0.3,0.4]\rangle$	$\langle[0.7,0.8],[0.1,0.2]\rangle$	$\langle[0.5,0.6],[0.3,0.4]\rangle$	$\langle[0.6,0.7],[0.1,0.3]\rangle$	$\langle[0.4,0.5],[0.3,0.4]\rangle$
Y_4	$\langle[0.6,0.7],[0.2,0.3]\rangle$	$\langle[0.5,0.7],[0.2,0.3]\rangle$	$\langle[0.7,0.8],[0.1,0.2]\rangle$	$\langle[0.3,0.4],[0.2,0.3]\rangle$	$\langle[0.7,0.8],[0.1,0.2]\rangle$
Y_5	$\langle[0.5,0.6],[0.3,0.4]\rangle$	$\langle[0.3,0.4],[0.3,0.5]\rangle$	$\langle[0.3,0.4],[0.4,0.5]\rangle$	$\langle[0.6,0.8],[0.1,0.2]\rangle$	$\langle[0.6,0.7],[0.2,0.3]\rangle$

表 8-4　关于指标 B_2 的区间直觉模糊决策矩阵 F_2

	C_{21}	C_{22}	C_{23}	C_{24}	C_{25}	C_{26}
Y_1	$\langle[0.4,0.5],[0.3,0.4]\rangle$	$\langle[0.5,0.6],[0.2,0.3]\rangle$	$\langle[0.6,0.7],[0.1,0.3]\rangle$	$\langle[0.7,0.8],[0.1,0.2]\rangle$	$\langle[0.6,0.7],[0.2,0.3]\rangle$	$\langle[0.5,0.7],[0.2,0.3]\rangle$
Y_2	$\langle[0.6,0.8],[0.1,0.2]\rangle$	$\langle[0.6,0.7],[0.1,0.3]\rangle$	$\langle[0.3,0.4],[0.4,0.5]\rangle$	$\langle[0.5,0.6],[0.1,0.3]\rangle$	$\langle[0.6,0.7],[0.1,0.2]\rangle$	$\langle[0.7,0.8],[0.1,0.2]\rangle$
Y_3	$\langle[0.5,0.7],[0.2,0.3]\rangle$	$\langle[0.7,0.8],[0.0,0.1]\rangle$	$\langle[0.5,0.6],[0.3,0.4]\rangle$	$\langle[0.3,0.4],[0.3,0.4]\rangle$	$\langle[0.5,0.6],[0.3,0.4]\rangle$	$\langle[0.4,0.5],[0.4,0.5]\rangle$
Y_4	$\langle[0.3,0.4],[0.4,0.5]\rangle$	$\langle[0.6,0.7],[0.1,0.2]\rangle$	$\langle[0.6,0.7],[0.2,0.3]\rangle$	$\langle[0.4,0.5],[0.3,0.4]\rangle$	$\langle[0.7,0.9],[0.0,0.1]\rangle$	$\langle[0.3,0.5],[0.3,0.4]\rangle$
Y_5	$\langle[0.7,0.8],[0.1,0.2]\rangle$	$\langle[0.4,0.5],[0.3,0.5]\rangle$	$\langle[0.4,0.5],[0.3,0.4]\rangle$	$\langle[0.6,0.8],[0.1,0.2]\rangle$	$\langle[0.3,0.4],[0.5,0.6]\rangle$	$\langle[0.5,0.6],[0.2,0.3]\rangle$

表 8-5　关于指标 B_3 的区间直觉模糊决策矩阵 F_3

	C_{31}	C_{32}	C_{33}	C_{34}	C_{35}
Y_1	$\langle[0.4,0.5],[0.3,0.4]\rangle$	$\langle[0.7,0.8],[0.0,0.1]\rangle$	$\langle[0.6,0.7],[0.2,0.3]\rangle$	$\langle[0.4,0.5],[0.2,0.4]\rangle$	$\langle[0.3,0.5],[0.3,0.4]\rangle$
Y_2	$\langle[0.6,0.7],[0.1,0.2]\rangle$	$\langle[0.5,0.6],[0.2,0.3]\rangle$	$\langle[0.4,0.5],[0.3,0.5]\rangle$	$\langle[0.6,0.8],[0.1,0.2]\rangle$	$\langle[0.5,0.6],[0.2,0.3]\rangle$
Y_3	$\langle[0.2,0.4],[0.3,0.5]\rangle$	$\langle[0.4,0.5],[0.3,0.5]\rangle$	$\langle[0.7,0.8],[0.1,0.2]\rangle$	$\langle[0.5,0.6],[0.2,0.3]\rangle$	$\langle[0.6,0.7],[0.1,0.2]\rangle$
Y_4	$\langle[0.7,0.8],[0.1,0.2]\rangle$	$\langle[0.6,0.7],[0.1,0.2]\rangle$	$\langle[0.7,0.8],[0.1,0.2]\rangle$	$\langle[0.4,0.5],[0.4,0.5]\rangle$	$\langle[0.7,0.8],[0.0,0.1]\rangle$
Y_5	$\langle[0.5,0.6],[0.2,0.3]\rangle$	$\langle[0.6,0.8],[0.1,0.2]\rangle$	$\langle[0.5,0.7],[0.1,0.2]\rangle$	$\langle[0.4,0.6],[0.2,0.3]\rangle$	$\langle[0.7,0.8],[0.1,0.2]\rangle$

表 8-6　关于指标 B_4 的区间直觉模糊决策矩阵 F_4

	C_{41}	C_{42}	C_{43}	C_{44}	C_{45}
Y_1	⟨[0.3, 0.4], [0.5, 0.6]⟩	⟨[0.5, 0.6], [0.2, 0.3]⟩	⟨[0.6, 0.7], [0.1, 0.2]⟩	⟨[0.7, 0.8], [0.0, 0.1]⟩	⟨[0.6, 0.7], [0.1, 0.2]⟩
Y_2	⟨[0.5, 0.6], [0.2, 0.4]⟩	⟨[0.6, 0.8], [0.1, 0.2]⟩	⟨[0.5, 0.6], [0.2, 0.3]⟩	⟨[0.4, 0.6], [0.2, 0.3]⟩	⟨[0.5, 0.7], [0.2, 0.3]⟩
Y_3	⟨[0.6, 0.7], [0.1, 0.2]⟩	⟨[0.6, 0.8], [0.1, 0.2]⟩	⟨[0.5, 0.7], [0.1, 0.2]⟩	⟨[0.3, 0.4], [0.4, 0.6]⟩	⟨[0.6, 0.7], [0.1, 0.2]⟩
Y_4	⟨[0.7, 0.8], [0.1, 0.2]⟩	⟨[0.6, 0.7], [0.1, 0.2]⟩	⟨[0.3, 0.4], [0.4, 0.5]⟩	⟨[0.6, 0.7], [0.2, 0.3]⟩	⟨[0.5, 0.7], [0.2, 0.3]⟩
Y_5	⟨[0.4, 0.5], [0.3, 0.4]⟩	⟨[0.5, 0.6], [0.2, 0.4]⟩	⟨[0.3, 0.5], [0.3, 0.4]⟩	⟨[0.7, 0.8], [0.1, 0.2]⟩	⟨[0.4, 0.5], [0.2, 0.4]⟩

下面用区间直觉模糊加权平均算子对五个区域的物流产业竞争力进行评价。

步骤 1　确定区间直觉模糊决策矩阵 F。利用式（8.1）计算评价对象 $Y_i(i=1,2,3,4,5)$ 在一级指标 $B_j(j=1,2,3,4)$ 下的区间直觉模糊评价值 $\tilde{F}_{ij}$，可得区域物流产业竞争力评价问题的区间直觉模糊决策矩阵如表 8-7 所示。

表 8-7　区域物流产业竞争力评价问题的区间直觉模糊决策矩阵 F

	B_1	B_2	B_3	B_4
Y_1	⟨[0.502, 0.625], [0.168, 0.285]⟩	⟨[0.571, 0.688], [0.173, 0.289]⟩	⟨[0.489, 0.614], [0.000, 0.290]⟩	⟨[0.568, 0.675], [0.000, 0.223]⟩
Y_2	⟨[0.541, 0.659], [0.123, 0.288]⟩	⟨[0.576, 0.698], [0.115, 0.253]⟩	⟨[0.530, 0.653], [0.161, 0.275]⟩	⟨[0.484, 0.637], [0.187, 0.310]⟩
Y_3	⟨[0.541, 0.647], [0.204, 0.327]⟩	⟨[0.491, 0.613], [0.000, 0.322]⟩	⟨[0.489, 0.612], [0.182, 0.321]⟩	⟨[0.500, 0.645], [0.152, 0.278]⟩
Y_4	⟨[0.613, 0.737], [0.141, 0.245]⟩	⟨[0.523, 0.698], [0.000, 0.256]⟩	⟨[0.647, 0.751], [0.000, 0.193]⟩	⟨[0.562, 0.678], [0.187, 0.296]⟩
Y_5	⟨[0.437, 0.560], [0.270, 0.398]⟩	⟨[0.496, 0.633], [0.218, 0.344]⟩	⟨[0.567, 0.720], [0.132, 0.235]⟩	⟨[0.503, 0.629], [0.199, 0.325]⟩

步骤 2　计算各评价对象 $Y_i(i=1,2,3,4,5)$ 的综合属性值 $\tilde{d}_i$：

$$\tilde{d}_1=\mathrm{IIFWA}_{\omega}(\tilde{F}_{11},\tilde{F}_{12},\tilde{F}_{13},\tilde{F}_{14})=\langle[0.534,0.653],[0.000,0.277]\rangle$$

$$\tilde{d}_2=\mathrm{IIFWA}_{\omega}(\tilde{F}_{21},\tilde{F}_{22},\tilde{F}_{23},\tilde{F}_{24})=\langle[0.542,0.688],[0.139,0.274]\rangle$$

$$\tilde{d}_3=\mathrm{IIFWA}_{\omega}(\tilde{F}_{31},\tilde{F}_{32},\tilde{F}_{33},\tilde{F}_{34})=\langle[0.502,0.625],[0.000,0.316]\rangle$$

$$\tilde{d}_4=\mathrm{IIFWA}_{\omega}(\tilde{F}_{41},\tilde{F}_{42},\tilde{F}_{43},\tilde{F}_{44})=\langle[0.587,0.720],[0.000,0.238]\rangle$$

$$\tilde{d}_5=\mathrm{IIFWA}_{\omega}(\tilde{F}_{51},\tilde{F}_{52},\tilde{F}_{53},\tilde{F}_{54})=\langle[0.509,0.649],[0.193,0.312]\rangle$$

步骤 3　计算各评价对象 $Y_i(i=1,2,3,4,5)$ 的综合属性值 $\tilde{d}_i$ 的得分值 $s(\tilde{d}_i)$。利用式（8.3）计算综合属性值 $\tilde{d}_i$ 的得分值 $s(\tilde{d}_i)$ 分别为

$$s(\tilde{d}_1)=0.455, s(\tilde{d}_2)=0.399, s(\tilde{d}_3)=0.406, s(\tilde{d}_4)=0.535, s(\tilde{d}_5)=0.327$$

步骤 4　利用各评价对象 $Y_i(i=1,2,3,4,5)$ 综合属性值 $\tilde{d}_i$ 的得分值 $s(\tilde{d}_i)$，对各区域物流产业竞争力进行排序。由于

$$s(\tilde{d}_4)>s(\tilde{d}_1)>s(\tilde{d}_3)>s(\tilde{d}_2)>s(\tilde{d}_5)$$

所以区域 $Y_i(i=1,2,3,4,5)$ 的物流产业竞争力排序为 $Y_4 \succ Y_1 \succ Y_3 \succ Y_2 \succ Y_5$，其中区域 Y_4 的物流产业竞争力最优。

8.5　权重未知时基于 IIFWA 算子的区域物流产业竞争力评价

8.5.1　问题描述

设区域物流产业竞争力评价问题中有 m 个区域 $Y_i(i=1,2,\cdots,m)$ 作为评价对象，组成待评价区域集 $Y=\{Y_1,Y_2,\cdots,Y_m\}$，评价每个区域物流产业竞争力的一级指标（或属性）包括区域经济发展水平（B_1）、区域物流供给水平（B_2）、区域物流需求水平（B_3）、区域物流服务保障水平（B_4）等四个准则；每个一级指标 $B_j(j=1,2,3,4)$ 又由二级指标 $C_{jk_j}(j=1,2,3,4;k_j=1,2,\cdots,n_j;n_1=5,n_2=6,n_3=5,n_4=5)$ 决定，具体评价指标体系如表 8-1 所示。假设一级指标、二级指标的权重信息未知。如果 $\tilde{F}_{ijk_j}=\langle[\mu_{ijk_j}^L,\mu_{ijk_j}^U],[\nu_{ijk_j}^L,\nu_{ijk_j}^U]\rangle(j=1,2,3,4;k_j=1,2,\cdots,n_j)$ 为区间直觉模糊数，$[\mu_{ijk_j}^L,\mu_{ijk_j}^U]$ 为评价对象 $Y_i(i=1,2,\cdots,m)$ 满足二级指标 C_{jk_j} 的程度，$[\nu_{ijk_j}^L,\nu_{ijk_j}^U]$ 为评价对象 $Y_i(i=1,2,\cdots,m)$ 不满足二级指标 C_{jk_j} 的程度，则矩阵 $F_j=(\langle[\mu_{ijk_j}^L,\mu_{ijk_j}^U],[\nu_{ijk_j}^L,\nu_{ijk_j}^U]\rangle)_{m\times n_j}(j=1,2,3,4)$ 为区域物流产业竞争力评价问题关于一级指标 $B_j(j=1,2,3,4)$ 的区间直觉模糊决策矩阵（表 8-2）。现在的问题是依据区间直觉模糊决策矩阵 $F_j(j=1,2,3,4)$，如何得到一个有效的决策分析方法对不同区域的物流产业竞争力进行评价和优劣排序。

8.5.2　基于 IIFWA 算子的区域物流产业竞争力评价的决策步骤

步骤 1　构建关于一级指标 $B_j(j=1,2,3,4)$ 的区间直觉模糊决策矩阵 F_j。确定待评价区域集 $Y=\{Y_1,Y_2,\cdots,Y_m\}$，用区间直觉模糊数表示各评价对象关于二级指标的评价信息，构建评价对象 $Y_i(i=1,2,\cdots,m)$ 关于一级指标 $B_j(j=1,2,3,4)$ 的区间直觉模糊决策矩阵 F_j。

步骤 2 利用离差最大化模型确定各二级指标的权重。对于二级指标 $C_{jk_j}(j=1,2,3,4;k_j=1,2,\cdots,n_j)$，构建最优化模型

$$\begin{cases}\max D(w)=\sum_{j=1}^{n}D_j(w)=\frac{1}{4}\sum_{k_j=1}^{n_j}\sum_{i=1}^{m}\sum_{s=1}^{m}w_{jk_j}(|\mu_{ijk_j}^L-\mu_{sjk_j}^L|+|\mu_{ijk_j}^U-\mu_{sjk_j}^U|+|\nu_{ijk_j}^L-\nu_{sjk_j}^L|+|\nu_{ijk_j}^U-\nu_{sjk_j}^U|)\\ \text{s.t.}\sum_{k_j=1}^{n_j}w_{jk_j}^2=1,w_{jk_j}\geqslant 0,k_j=1,2,\cdots,n_j\end{cases} \tag{8.5}$$

其中

$$D_{k_j}(w)=\frac{1}{4}\sum_{i=1}^{m}\sum_{s=1}^{m}w_{jk_j}(|\mu_{ijk_j}^L-\mu_{sjk_j}^L|+|\mu_{ijk_j}^U-\mu_{sjk_j}^U|+|\nu_{ijk_j}^L-\nu_{sjk_j}^L|+|\nu_{ijk_j}^U-\nu_{sjk_j}^U|)$$

表示对于二级指标 C_{jk_j} 而言，所有方案与其他方案的总离差。

通过构造拉格朗日函数，利用极值理论可以求解模型（8.5）的最优解：

$$w_{jk_j}^*=\frac{\sum_{i=1}^{m}\sum_{s=1}^{m}(|\mu_{ijk_j}^L-\mu_{sjk_j}^L|+|\mu_{ijk_j}^U-\mu_{sjk_j}^U|+|\nu_{ijk_j}^L-\nu_{sjk_j}^L|+|\nu_{ijk_j}^U-\nu_{sjk_j}^U|)}{\sqrt{\sum_{k_j=1}^{n_j}\left[\sum_{i=1}^{m}\sum_{s=1}^{m}(|\mu_{ijk_j}^L-\mu_{sjk_j}^L|+|\mu_{ijk_j}^U-\mu_{sjk_j}^U|+|\nu_{ijk_j}^L-\nu_{sjk_j}^L|+|\nu_{ijk_j}^U-\nu_{sjk_j}^U|)\right]^2}} \tag{8.6}$$

对 $w_{jk_j}^*$ 进行归一化处理，可得二级指标权重

$$w_{jk_j}=\frac{\sum_{i=1}^{m}\sum_{s=1}^{m}(|\mu_{ijk_j}^L-\mu_{sjk_j}^L|+|\mu_{ijk_j}^U-\mu_{sjk_j}^U|+|\nu_{ijk_j}^L-\nu_{sjk_j}^L|+|\nu_{ijk_j}^U-\nu_{sjk_j}^U|)}{\sum_{k_j=1}^{n_j}\sum_{i=1}^{m}\sum_{s=1}^{m}(|\mu_{ijk_j}^L-\mu_{sjk_j}^L|+|\mu_{ijk_j}^U-\mu_{sjk_j}^U|+|\nu_{ijk_j}^L-\nu_{sjk_j}^L|+|\nu_{ijk_j}^U-\nu_{sjk_j}^U|)} \tag{8.7}$$

步骤 3 确定区域物流产业竞争力评价问题的区间直觉模糊决策矩阵 F。利用区间直觉模糊加权平均算子，计算各评价对象 $Y_i(i=1,2,\cdots,m)$ 在一级指标 $B_j(j=1,2,3,4)$ 下的区间直觉模糊评价值 $\tilde{F}_{ij}$：

$$\tilde{F}_{ij}=\langle[\mu_{ijL},\mu_{ijU}],[\nu_{ijL},\nu_{ijU}]\rangle=\text{IIFWA}_w(\tilde{F}_{ij1},\tilde{F}_{ij2},\cdots,\tilde{F}_{ijn_j})$$

$$=\left\langle\left[1-\prod_{k_j=1}^{n_j}(1-\mu_{ijk_j}^L)^{w_{jk_j}},1-\prod_{k_j=1}^{n_j}(1-\mu_{ijk_j}^U)^{w_{jk_j}}\right],\left[\prod_{k_j=1}^{n_j}(\nu_{ijk_j}^L)^{w_{jk_j}},\prod_{k_j=1}^{n_j}(\nu_{ijk_j}^U)^{w_{jk_j}}\right]\right\rangle$$

得到区域物流产业竞争力评价问题的区间直觉模糊决策矩阵 $F=(\tilde{F}_{ij})_{m\times 4}$。

步骤 4　利用离差最大化模型确定各一级指标 $B_j(j=1,2,3,4)$ 的权重。类似步骤 2 的分析过程，同样可得一级指标 $B_j(j=1,2,3,4)$ 的权重 ω_j 为

$$\omega_j=\frac{\sum_{i=1}^{m}\sum_{s=1}^{m}(|\mu_{ijL}-\mu_{sjL}|+|\mu_{ijU}-\mu_{sjU}|+|\nu_{ijL}-\nu_{sjL}|+|\nu_{ijU}-\nu_{sjU}|)}{\sum_{j=1}^{4}\sum_{i=1}^{m}\sum_{s=1}^{m}(|\mu_{ijL}-\mu_{sjL}|+|\mu_{ijU}-\mu_{sjU}|+|\nu_{ijL}-\nu_{sjL}|+|\nu_{ijU}-\nu_{sjU}|)} \tag{8.8}$$

步骤 5　计算各评价对象 $Y_i(i=1,2,\cdots,m)$ 的综合属性值 $\tilde{d}_i$：

$$\tilde{d}_i=\langle[\mu_{iL},\mu_{iU}],[\nu_{iL},\nu_{iU}]\rangle=\text{IIFWA}_{\omega}(\tilde{F}_{i1},\tilde{F}_{i2},\tilde{F}_{i3},\tilde{F}_{i4})$$

$$=\left\langle\left[1-\prod_{j=1}^{4}(1-\mu_{ijL})^{\omega_j},1-\prod_{j=1}^{4}(1-\mu_{ijU})^{\omega_j}\right],\left[\prod_{j=1}^{4}(\nu_{ijL})^{\omega_j},\prod_{j=1}^{4}(\nu_{ijU})^{\omega_j}\right]\right\rangle,\quad i=1,2,\cdots,m$$

步骤 6　利用评价对象的综合属性值的得分值和精确值对评价对象排序。计算各评价对象 $Y_i(i=1,2,\cdots,m)$ 的综合属性值 $\tilde{d}_i$ 的得分值 $s(\tilde{d}_i)$ 和精确值 $h(\tilde{d}_i)$：

$$s(\tilde{d}_i)=\frac{\mu_{iL}+\mu_{iU}-\nu_{iL}-\nu_{iU}}{2},\quad i=1,2,\cdots,m$$

$$h(\tilde{d}_i)=\frac{\mu_{iL}+\mu_{iU}+\nu_{iL}+\nu_{iU}}{2},\quad i=1,2,\cdots,m$$

确定 $\tilde{d}_i(i=1,2,\cdots,m)$ 的不增排列顺序，并利用排序结果对评价对象 $Y_i(i=1,2,\cdots,m)$ 进行优劣排序。

8.5.3　实例分析

例 8.2　考虑区域物流产业竞争力评价问题。为了评价五个区域 $Y_i(i=1,2,3,4,5)$ 的物流产业竞争力，专家组从区域经济发展水平（B_1）、区域物流供给水平（B_2）、区域物流需求水平（B_3）、区域物流服务保障水平（B_4）四个方面，对待评价区域进行综合评价。假设专家组对五个评价对象 $Y_i(i=1,2,3,4,5)$ 关于一级指标 $B_j(j=1,2,3,4)$ 下各二级指标 $C_{jk_j}(j=1,2,3,4;k_j=1,2,\cdots,n_j)$ 的评价信息均为区间直觉模糊数，具体结果如表 8-3～表 8-6 所示。假设权重信息未知，下面用区间直觉模糊加权平均算子对五个区域的物流产业竞争力进行评价。

步骤 1　确定各二级指标的权重。将表 8-3～表 8-6 的数据代入式（8.7），可计算各二级指标的权重为

$$w_{B_1}=(0.137,0.246,0.261,0.175,0.181)^{\mathrm{T}}$$

$$w_{B_2}=(0.183,0.148,0.138,0.163,0.216,0.152)^{\mathrm{T}}$$

$$w_{B_3}=(0.240,0.203,0.180,0.165,0.212)^{\mathrm{T}}$$

$$w_{B_4}=(0.277,0.116,0.203,0.285,0.119)^{\mathrm{T}}$$

步骤 2 确定区域物流产业竞争力评价问题的区间直觉模糊决策矩阵 F。利用式（8.1）计算评价对象 $Y_i(i=1,2,3,4,5)$ 在一级指标 $B_j(j=1,2,3,4)$ 下的区间直觉模糊评价值 $\tilde{F}_{ij}$，可得区域物流产业竞争力评价问题的区间直觉模糊决策矩阵，如表 8-8 所示。

表 8-8 区域物流产业竞争力评价问题的区间直觉模糊决策矩阵 F

	B_1	B_2	B_3	B_4
Y_1	⟨[0.491, 0.613], [0.163, 0.290]⟩	⟨[0.560, 0.678], [0.175, 0.296]⟩	⟨[0.499, 0.621], [0.000, 0.287]⟩	⟨[0.558, 0.665], [0.000, 0.233]⟩
Y_2	⟨[0.545, 0.661], [0.120, 0.279]⟩	⟨[0.571, 0.698], [0.121, 0.257]⟩	⟨[0.528, 0.653], [0.162, 0.279]⟩	⟨[0.487, 0.643], [0.185, 0.310]⟩
Y_3	⟨[0.551, 0.656], [0.189, 0.321]⟩	⟨[0.497, 0.621], [0.000, 0.320]⟩	⟨[0.495, 0.617], [0.182, 0.321]⟩	⟨[0.509, 0.651], [0.148, 0.274]⟩
Y_4	⟨[0.590, 0.717], [0.147, 0.251]⟩	⟨[0.516, 0.684], [0.000, 0.268]⟩	⟨[0.643, 0.747], [0.000, 0.201]⟩	⟨[0.575, 0.691], [0.175, 0.284]⟩
Y_5	⟨[0.452, 0.587], [0.248, 0.377]⟩	⟨[0.503, 0.634], [0.215, 0.340]⟩	⟨[0.558, 0.715], [0.132, 0.236]⟩	⟨[0.503, 0.625], [0.199, 0.328]⟩

步骤 3 利用离差最大化模型确定各一级指标 $B_j(j=1,2,3,4)$ 的权重。将表 8-8 中数据代入式（8.8），计算可得一级指标 $B_j(j=1,2,3,4)$ 的权重向量为

$$\omega=(0.241,0.242,0.300,0.217)^{\mathrm{T}}$$

步骤 4 计算各评价对象 $Y_i(i=1,2,3,4,5)$ 的综合属性值 $\tilde{d}_i$：

$$\tilde{d}_i=\mathrm{IIFWA}_{\omega}(\tilde{F}_{11},\tilde{F}_{12},\tilde{F}_{13},\tilde{F}_{14})=\langle[0.526,0.643],[0.000,0.277]\rangle$$

$$\tilde{d}_2=\mathrm{IIFWA}_{\omega}(\tilde{F}_{21},\tilde{F}_{22},\tilde{F}_{23},\tilde{F}_{24})=\langle[0.535,0.664],[0.145,0.280]\rangle$$

$$\tilde{d}_3=\mathrm{IIFWA}_{\omega}(\tilde{F}_{31},\tilde{F}_{32},\tilde{F}_{33},\tilde{F}_{34})=\langle[0.513,0.635],[0.000,0.310]\rangle$$

$$\tilde{d}_4=\mathrm{IIFWA}_{\omega}(\tilde{F}_{41},\tilde{F}_{42},\tilde{F}_{43},\tilde{F}_{44})=\langle[0.587,0.714],[0.000,0.245]\rangle$$

$$\tilde{d}_5=\mathrm{IIFWA}_{\omega}(\tilde{F}_{51},\tilde{F}_{52},\tilde{F}_{53},\tilde{F}_{54})=\langle[0.509,0.649],[0.189,0.310]\rangle$$

步骤 5 计算各评价对象 $Y_i(i=1,2,3,4,5)$ 的综合属性值 $\tilde{d}_i$ 的得分值 $s(\tilde{d}_i)$。利用式（8.3）计算综合属性值 $\tilde{d}_i$ 的得分值 $s(\tilde{d}_i)$ 分别为

$$s(\tilde{d}_1)=0.456,s(\tilde{d}_2)=0.387,s(\tilde{d}_3)=0.419,s(\tilde{d}_4)=0.528,s(\tilde{d}_5)=0.330$$

步骤 6 利用各评价对象 $Y_i(i=1,2,3,4,5)$ 综合属性值 $\tilde{d}_i$ 的得分值 $s(\tilde{d}_i)$，对各区域物流产业竞争力进行排序。由于

$$s(\tilde{d}_4)>s(\tilde{d}_1)>s(\tilde{d}_3)>s(\tilde{d}_2)>s(\tilde{d}_5)$$

所以区域 $Y_i(i=1,2,3,4,5)$ 物流产业竞争力排序为 $Y_4\succ Y_1\succ Y_3\succ Y_2\succ Y_5$，其中区域 Y_4 的物流产业竞争力最优。

参 考 文 献

[1] 戢晓峰，陈方，郝京京，等. 产业视角下区域物流的空间分析：云南物流业发展报告[M]. 北京：科学出版社，2016.

[2] Talley W. Linkages between transportation infrastructure investment and economic reduction[J]. Logistics and Transportation Review，1996（6）：78-83.

[3] Hulten C R，Bennathan E，Srinivasan S. Infrastructure，externalities，and economic development：A study of India manufacturing industry[J]. The World Bank Economic Review，2006，20（2）：291-308.

[4] Maciulis A，Vasiliauskas A V，Jakubanskas G. The impact of transport on the competitiveness of national economy[J]. Transport，2009，24（2）：93-99.

[5] Claus P. Logistics research：A 50 years' march of idea[J]. Logistics Research，2009，1（1）：53-65.

[6] Rabinovich E，Knemeyer A M. Logistics service providers in internet supply chains[J]. California Management Review，2006，48（4）：84-108.

[7] Trujillo L，Tovar B. The European port industry：An analysis of its economic efficiency[J]. Maritime Economics and Logistics，2007，9（2）：148-171.

[8] Hamdan A，Rogers K J. Evaluating the efficiency of 3PL logistics operations[J]. International Journal of Production Economics，2008，113（1）：235-244.

[9] Odeck J，Brathen S. A meta-analysis of DEA and SFA studies of the technical efficiency of seaports：A comparison of fixed and random-effects regression models[J]. Transportation Research Part A ：Policy and Practice，2012，46（10）：1574-1585.

[10] Murphy P R，Wood D F. Contemporary Logistics [M]. New York：Chapman-Hall，2007.

[11] Rodrigue J P，Notueboom T. Comparative North American and European gateway logistics：The regionalism of freight distribution[J]. Journal of Transport Geography，2010，18（4）：497-507.

[12] Yeo G T，Michael R，Dinwoodie J. Measuring the competitiveness of container ports：Logisticians' perspectives [J]. European Journal of Marketing，2011，45（3）：455-470.

[13] Mothilal S，Gunasekaran A，Nachiappan S P，et al. Key success factors and their performance implications in the Indian third-party logistics （3PL） industry [J]. International Journal of Production Research，2012，50（9）：2407-2422.

[14] 张梅青，周叶，周长龙. 基于共生理论的物流产业与区域经济协调发展研究[J]. 北京交通大学学报（ 社会科学版），2012，11（1）：27-33.

[15] 王瑞荣，李志彬. 区域经济发展与物流产业集聚程度的相关性研究[J]. 物流技术，2014，33（6）：246-248.

[16] 夏彩云. 陕西物流产业的发展对区域经济增长贡献评价[J]. 物流科技，2013，36（6）：35-37.

[17] 张炜熙，胡玉莹. 长三角与京津冀城市群物流产业发展比较及与区域经济关联分析[J]. 现代财经，2010，30（6）：81-86.

[18] 贾海成. 物流产业发展与区域经济关联分析——以天津和上海为例[J]. 科技进步与对策，2012，29（23）：44-49.

[19] 蒙玉玲，闫兰香. 关于河北省现代物流业发展的战略思考[J]. 河北学刊，2012，32（6）：225-227.

[20] 许良，郑欣，李美玲. 基于物流一体化的河北省现代物流产业体系研究[J]. 燕山大学学报（哲学社会科学版），2012，13（3）：114-119.

[21] 魏华. 基于 DEA 的湖北省物流产业可持续发展能力评价[J]. 物流技术，2013，32（11）：303-306.

[22] 曾佑新，杜立奎. 基于 DEA 的江苏省物流产业效率研究[J]. 中国市场，2012（41）：5-8.

[23] 张春梅，王征宇，高俊霞. 基于 DEA 的内蒙古物流产业发展有效性评价[J]. 物流技术，2011，30（1）：72-75.

[24] 陈洁. 碳强度约束下的区域物流产业效率测算[J]. 经济与管理，2014，28（3）：62-67.

[25] 王维国，马越越. 中国区域物流产业效率——基于三阶段 DEA 模型的 Malmquist-luenberger 指数方法[J]. 系统工程，2012，30（3）：66-75.

[26] 张宝友，黄祖庆，孟丽君. 标准视角下省域物流产业竞争力比较研究——以江苏省和浙江省为例[J]. 西安电子科技大学学报（社会科学版），2011，21（5）：1-7.

[27] 李新然，吴健妮. 港口物流产业集群竞争力指标体系构建及评价分析[J]. 大连理工大学学报（社会科学版），2012，33（2）：28-33.

[28] 隋博文. 基于钻石模型的广西北部湾港口物流产业集群竞争力研究[J]. 物流技术，2013，32（1）：12-14.

[29] 赵松岭，宋薇. 基于钻石模型的河北省物流产业竞争力研究[J]. 物流技术，2013，32（9）：97-99.

[30] 吴健妮. 熵权法筛选港口物流产业集群竞争力指标研究[J]. 科技管理研究，2013，6：45-49.

[31] 吴红霞，吴红艳. 河北省物流产业竞争力评价[J]. 合作经济与科技，2013，1：21-22.

[32] 王洁，马玉青，牛林伟. 河北省物流业发展综合评价研究[J]. 中国经贸导刊，2012，5：14-16.

[33] 槐艳菲. 基于产业竞争力的区域物流产业发展研究——以京津冀地区为例[D]. 天津：天津商业大学，2010.

[34] 李虹. 关于我国区域物流竞争力的分析与评价——以辽宁省为例[J]. 技术经济与管理研究，2012（4）：108-111.

[35] 王昊. 中部地区区域物流产业竞争力评价研究[J]. 现代商贸工业，2012（21）：3-5.

[36] 刘海静. 区域物流竞争力评价及其应用研究——以河北省为例[D]. 西安：长安大学，2015.

第9章　基于直觉模糊多属性决策的快递服务质量评价

快递业在物质资源配置和流通领域中肩负着重要的作用，随着快递业在国民经济中的地位不断提升以及顾客多元化需求的发展，提升快递业服务质量问题受到越来越多的关注。本章在回顾快递服务质量评价相关理论的基础上，构建了快递服务质量评价指标体系，研究了区间直觉模糊信息下基于TOPSIS方法和VIKOR方法的快递服务质量评价方法。

9.1　概　　述

9.1.1　研究背景和意义

1. 研究背景

随着互联网的快速发展和经济一体化进程的加快，快递业成为经济贸易流通不可或缺的产业，在物质资源配置和流通领域中肩负着重要的作用。我国快递行业的发展大概有三十多年历史，随着信息技术的进步和网络购物的兴起，快递业在近些年取得了飞跃的发展。国家邮政局统计资料显示：2017年我国快递服务企业业务量共计完成400.6亿件，同比增长28%；快递业务收入完成4957.1亿元，同比增长24.7%。我国快递业务量从2008年的15.1亿件增长到2017年的400.6亿件，累计增长近25倍；快递业务收入从2008年的408亿元增长到2017年的4957.1亿元，累计增长超过11倍。通过快递业务量和快递业务收入两个指标的动态变化，可以看出我国快递业的成长和崛起，标志着我国快递业已经进入快速发展时期。

但是，伴随着我国快递行业的高速发展，服务质量方面存在的问题也逐渐凸显出来，并且已经成为阻碍许多快递企业迅速发展的瓶颈。国家邮政局对快递企业的消费者申诉情况进行定期的统计，2012～2016年各月的有效申诉数量如表9-1所示。

表 9-1　2012～2016 年各月快递有效申诉数量表

月份	2016 年申诉量	2015 年申诉量	2014 年申诉量	2013 年申诉量	2012 年申诉量
1 月	34319	27107	28363	26207	10792
2 月	33390	19136	13357	18316	10288
3 月	28550	23373	17984	20163	9663
4 月	17713	18161	11496	13391	7472
5 月	12673	12870	12839	14111	8423
6 月	11991	12972	14805	12634	7021
7 月	12813	13033	15998	13643	9198
8 月	11345	10513	12753	10332	6792
9 月	15002	14069	19518	14007	7670
10 月	18118	17980	21125	13833	10639
11 月	23785	22486	21034	16051	16003
12 月	43044	83914	45425	23356	33392

数据来源：国家邮政局发布的历年邮政行业发展统计公报。

通过分析可知，近年来我国快递企业投诉量基本呈明显的上升趋势，而投诉的问题也是各种各样的，主要包括时效性问题、安全性问题、服务态度问题和收费合理性问题几大类，具体包括快件投递延误、快件运输过程中丢失损毁、投递收寄服务过程中员工态度消极不礼貌、收费方式违规等情况。究其原因，主要有以下两大方面：从快递行业来看，由于我国快递行业市场准入门槛不高，许多企业被高利润吸引投入其中，快递行业基础设施落后，管理方法还不完善，快递从收寄到投递的各个环节出现脱节现象，造成投递延误，同时行业相关法律法规不健全，对快递市场的管理缺乏统一标准，缺乏服务定价标准和相应的监管；从企业自身来看，快递企业以营利为主要目的，过多追求短期的利益而忽视长期的发展，只看重当前业务而不主动了解消费者的需求，而且企业内部管理松懈，缺少严格的奖惩制度，直接导致服务过程中态度差、服务水平低，甚至出现乱收费等现象。

快递业服务质量已然成为快递业进一步发展的瓶颈，作为一种服务性行业，快递业要想实现高质量发展，就必须从服务质量上下功夫。了解客户需求，有针对性地提高服务质量，才能有效推动快递业的健康、持续发展。

2. *研究意义*

在理论层面，本书可以为评估快递企业服务质量提供一种新的方法。通过构建快递企业服务质量评价体系，利用直觉模糊集理论和多属性决策理论建立快递企业服务质量评价模型，解决快递业服务质量评价问题，对完善快递企业服务质量评价理论有一定的借鉴意义。

在实践层面，对提升快递企业市场竞争力、保障消费者合法权益和便于政府部门监督管理等具有重要的现实意义。快递市场的竞争日益激烈，基于顾客感受构建服务质量评价指标体系和评价模型，有利于快递企业发现自身的不足和提高服务质量的具体方向，有助于提升其市场竞争力；同时顾客也可以在对快递企业服务质量评价的问卷调查中提出自己的意见和建议，让快递企业更加清晰地了解顾客需求，为快递企业改善服务质量提供依据，以便今后更好地为顾客提供优质服务；除此之外，如果政府部门掌握了快递企业服务质量水平，为其制定科学合理的制度和政策也有非常重要的意义。

9.1.2　国内外研究现状

国内外关于快递业服务质量评价的研究主要涉及服务质量概念、服务质量影响因素、服务质量评价方法等方面。

1. 国外研究现状

1982 年芬兰学者 Gronroos [1]首次提出顾客“感知服务质量”的概念，认为服务质量本质是一种感知，它是顾客通过对其期望服务和实际感知服务的比较来确定的，具有主观性，并认为服务质量的高低取决于顾客的感知，服务质量的最高评价者是顾客而不是企业。美国营销领域的学者 Parasuraman 等[2, 3]基于感知服务质量理论提出服务质量差距模型，认为服务质量是顾客的期望服务与实际服务之间的差距，服务质量测评应考虑服务的有形性、可靠性、响应性、保证性和移情性等维度。Lehtinen U 和 Lehtinen J R[4]于 1982 年提出产出质量和过程质量概念，随后又在 1983 年将服务质量分成实体质量、交互质量和企业质量三个方面，其中实体质量包括实体的环境、设施、设备及产品等的质量，交互质量包括顾客与服务人员的关系以及顾客之间的互动关系，企业质量包括企业整体的形象与声誉等因素。Bienstock 等[5]认为物流服务质量包括服务结果和服务过程两个层面，并指出物流服务质量更多的是由服务结果所影响。

服务质量是影响顾客满意度的主要因素，1988 年 Parasuraman 等 [3]提出了服务质量评价的 SERVQUAL（service quality）量表，较好地解决了服务质量评价的难题；SERVQUAL 的核心是服务质量差距模型，即服务质量取决于用户所感知的服务水平与用户所期望的服务水平之间的差别程度。1992 年，Cronin 和 Taylor[6]针对 SERVQUAL 过程中存在概念型和测量性问题，提出 SERVPERF（service performance）量表，并通过实证分析证实了 SERVPERF 模型无论在信度上还是在效度上都优于 SERVQUAL 模型。Lewlyn 等[7]通过数据科学解释了 SERVQUAL 和 SERVPERF 之间的差异和相同之处。物流服务质量是服务质量在物流管理中的延伸，Stank 等[8]在对相关研究进行分析的基础上，从成本质量、运营质量和相关质量三个维度研究了物流服务质量的构成。Olorunniwo 等[9]研究了服务质量、消费者满意度、消费者行为意愿之间的关系，认为服务质量正向影响消费者满意度，消费者满意度在服务质量和消费者行为意愿之间扮演中介的角色。

2. 国内研究现状

我国对服务质量的研究起步较晚，由于快递业在我国的发展较晚，所以有关快递业服务质量研究的文献更少。缪苗[10]研究了快递服务质量对客户稳定性的影响，提出了快递服务质量纬度和顾客成本纬度的概念，并从顾客感知视角逆向分析了可以控制快递服务质量的纬度。张丽[11]在分析 FE 快递公司服务质量管理差异的基础上，通过建立顾客期望、顾客对服务的感知、顾客抱怨等 6 个一级指标，运用层次分析法确定指标权重，构建了快递企业服务质量综合评价模型，实证探讨了 FE 快递公司服务质量评价问题。张同伟[12]对快递公司服务质量评价体系设计和应用进行了深入研究，首先从可靠性、有形性、响应性、保证性和移情性出发构建了包括 5 个一级评价指标和 19 个二级评价指标的服务质量评价指标体系，然后以吉林省邮政公司的 EMS 业务为例进行了实证分析，并根据实证分析结果从提高人员素质、加强品牌建设、加强售后服务等方面提出了提高快递公司服务质量的对策建议。赵彩[13]在阐述快递业服务质量评价相关理论的基础上，根据质量功能展开（quality function deployment，QFD）原理提出了快递企业服务质量改进的 QFD 方法，并从人力资源开发与管理、服务补救、企业信息化建设、使用先进运输技术等方面提出了提升我国民营快递企业服务质量的措施。武淑平[14]从服务补救的角度出发研究了快递企业服务质量提升问题，提出了基于服务质量提升的快递企业服务补救策略。杨世军等[15]阐述了快递服务质量管理内涵，分析了基于服务质量模型的快递服务质量差距形成过程。梁雯和王媛媛[16]以绩效感知服务质量模型为基础，通过问卷调查和探索性因子分析构建了由 22 个指标构成的快递服务质量评价指标体系。

在快递服务质量评价方法方面，于宝琴等[17, 18]将模糊集理论与 QFD 方法相结合，用非对称三角模糊数描述相关信息，构建了基于两阶段 QFD 的快递服务质量评价改进方法。孟庆良等[19]在对 Kano 模型进行改进的基础上，整合 Kano 模型与重要性-绩效分析（importance-performance analysis，IPA）方法，构建了快递服务质量探测过程模型。庄德林等[20]以 SERVQUAL 模型为基础，根据我国快递业特点构建了基于竞争性容忍区间的重要性-绩效分析法（CZIPA 法）的快递企业服务质量评价模型，用以解决快递企业服务质量改进过程中的资源配置问题。张卫国和谢鹏[21]根据消费顾客满意度理论，运用多元回归分析方法，采用 697 份西南 4 省（市）的调研数据，研究了京东快递物流终端服务质量的影响因素。党玮等[22]将 SERVQUAL 模型和 LSQ 模型运用到网购的快递服务业，通过构建基于 SERVQUAL 和 LSQ 模型的邮政 EMS 快递服务质量评价模型，提出了改善 EMS 快递服务质量水平的路径。王世雄等[23]通过创建信息技术介入条件下的一种新的服务接触模型，建立了衡量快递服务质量的指标体系，提出了基于 PZB 服务质量差距模型的快递服务质量评价方法。张美恋[24]根据快递行业的特点，建立了快递服务质量评价指标体系，构造了基于直觉模糊多属性决策的快递服务质量评价模型，并通过算例说明了方法的有效性。山红梅等[25]针对快递业物流服务质量评估指标中存在的随机性和模糊性问题，在构建快递业物流服务质量评估指标体系的基础上，提出了基于云模型的快递业物流服务质量评估方法。

9.2　快递服务质量评价研究基础

9.2.1　快递服务质量相关概念

1. 服务质量

根据 ISO9000：2000《质量管理体系——基础和术语》，服务通常是指无形的并且是在供方和顾客接触面上至少需要完成一项活动的结果 [26] 。一般而言，服务具有无形性、服务的生产和消费不可分离性、服务的差异性、服务的不可存储性等共同特征。

服务质量是指服务满足规定或潜在需求的特征和特性的总和。从顾客的角度来说，顾客购买服务并消费，他对服务质量的认识可以归纳为两个方面：一方面是顾客通过消费服务究竟得到什么，即服务的结果，通常称为服务的技术质量；另一方面是顾客如何消费服务，即服务的过程，通常称为服务的功能质量。服务质量既是服务的技术质量与功能质量的统一，又是服务的过程与结果的统一。

2. 快递服务

《中华人民共和国邮政法》中对快递的定义是：快递是指在承诺的时限内快速完成的寄递活动。快递是指承运方收到托运方的货物后，按照其要求准确、高效、及时地递送到指定地点，由指定人员接收，并且全程提供货物转接的查询服务和动态信息。

而根据《快递服务》邮政行业标准，快递服务（express service）通常是指快速收寄、运输、投递独立包装的并且是有名有地址的不需要储存的物品，按照在所承诺的时间内送到收件人手中或者地址上指定的地点，并最终获得签收的服务。快递服务除了具有服务性、个性化、时效性和技术性等特性，还具有如下特点。

（1）快递服务的对象比较分散。随着互联网购物的兴起，越来越多的人参与其中，人们坐在家里便可买到全国各地甚至国外的产品，同时伴随着农村经济的发展和对配送需求的增加，快递服务网点已经延伸到乡镇，这直接导致快递配送需求范围的增加。因此，快递服务的对象在地理位置上相对比较分散。

（2）快递实体为大批量的小件物品。目前快递企业的主营业务是小件运输，快递服务产品以资料函件、物品礼品和网购商品为主，具有数量多、重量轻和目的地分散等特点。随着经济的发展，快递实体为大批量的小件商品这一特点将会更加明显，同时服务对象的需要也会更加个性化、多样化。

（3）快递服务的资本投入较大。由于快递企业的服务对象相对比较分散，所以需要建设覆盖率比较高的经营网点，才能满足不同顾客的差异化需求，这就需要在营业网点、车辆设施、信息处理等方面投入大量资金。除此之外，快递行业各个环节对人力资源的需求非常大，尤其近些年随着业务的发展，每年都需要新增大量的劳动力，因此企业在员工薪酬和日常运营方面也需要更多的资金投入。

3. 快递服务质量

按照服务质量的定义，快递服务质量是指快递服务满足规定或潜在需求的特征和特性的总和。快递服务质量发生在快递服务生产和交易过程中，它是顾客感知的对象，快递服务质量既要有客观方法加以规定，更要按顾客主观认识加以衡量和检验。

9.2.2　我国快递业服务质量发展状况

1. 快递业总体发展概况

近年来，随着国民经济和对外贸易的平稳快速发展，我国快递业市场规模呈现高速增长的良好发展态势。根据国家邮政局发布的相关报告，在快递业务量方面，我国对世界快递的业务增长的贡献率为 60%，稳居世界第一。2017 年我国快递服务企业同城业务量累计完成 92.7 亿件，同比增长 25%；异地业务量累计完成 299.6 亿件，同比增长 28.9%；国际/港澳台业务量累计完成 8.3 亿件，同比增长 33.8%。2017 年，同城、异地、国际/港澳台快递业务量分别占全部快递业务量的 23.1%、74.8%和 2.1%。我国快递业务量从 2008 年的 15.1 亿件增长到 2017 年的

400.6 亿件，累计增长近 25 倍；快递业务收入从 2008 年的 408 亿元增长到 2017 年的 4957.1 亿元，累计增长超过 11 倍。

从市场竞争格局来看，我国快递行业基本形成国际快递、国有快递、民营快递三方相互竞争、相互制衡的竞争格局。目前，外资快递企业巨头通过在中国建立快递网络，占据了大部分的国际快递业务；民营快递企业则利用本土优势，占据大部分国内快递业务；国有快递企业在政府支持下在某些领域凭借独自经营的优势进行竞争[27]。表 9-2 是 2016 年我国快递业的市场份额。2017 年全年民营快递企业业务量完成 369.5 亿件，实现业务收入 4243.9 亿元。民营快递企业业务量市场份额为 92.2%，业务收入市场份额为 85.6%。可以看出，民营快递企业市场份额得到进一步提升。

表 9-2　2016 年我国快递业市场份额

快递企业	国有快递企业	民营快递企业	国际快递企业	合计
业务量/亿件	28.4	282.4	2	312.8
业务量市场份额/%	9.1	90.3	0.6	100
业务收入/亿元	397.8	3328.8	247.8	3974.4
业务收入市场份额/%	10.5	83.3	6.2	100

2. 快递业服务质量现状

随着快递企业发展规模的日益扩大，在带动经济增长的同时，其服务质量问题不容忽视。根据国家邮政局的统计资料，2018 年各季度的快递有效投诉数分别为 48536 件、19447 件、12989 件和 17932 件，其中的主要问题包括快递送达的准时率低、延误问题严重、投递服务态度差、赔偿及责任认定服务不完善、丢失缺少毁坏等[28]。尽管通过表 9-1 进一步分析可以看出我国快递服务有效投诉率在逐年减少，但是太多的快递服务申诉数量仍说明我国快递物流企业物流服务质量仍处在偏低的状况，随着快递行业间的竞争由业务量竞争慢慢转为服务质量的竞争，快递服务质量的提升迫在眉睫。

9.2.3　快递服务质量评价指标体系构建

1. 快递服务质量评价指标体系构建的原则[29, 30]

（1）科学性原则。建立科学的快递服务质量评价指标体系，是对快递服务的全过程进行有效评估的保证。选择快递服务质量评价指标，要从快递企业的服务流程和影响顾客满意度的因素出发，以快递服务质量的现状和统计数据为依据，建立科学的评判标准。从不同角度对快递服务质量进行评价，必须以科学的态度选取指标，坚持科学性原则。

（2）实用性原则。构建快递服务质量评价指标体系的目的是分析当前服务质量的状况、发现问题、有针对性地进行管理，提高快递服务质量水平。所以在建立评价指标体系时，各级评价指标应有序清晰、简单明确、代表性高；评价指标的测定必须有良好的可操作性，评价指标应使用方便、便于统计和量化计算，保证评价指标值可以准确快速获取。

（3）顾客导向性原则。顾客是快递企业的服务对象，所以对服务质量的评价应由顾客决定，指标设计的出发点和立足点也应该是顾客，而不是企业。如果评价快递企业服务质量的指标是从企业的角度选取的，那么通过调查分析得出的结论就不能代表顾客对快递服务质量的真实看法。所以，在构建快递服务质量评价指标体系时，应该以顾客为中心，遵循顾客导向性原则。

（4）可行性原则。快递服务质量评价指标体系的设置要实用、容易理解，每项指标的基础数据应有可行的搜集渠道，以便能反映快递服务的客观情况。尽管有时从理论的角度设计出的指标可以准确反映快递服务质量的某一特性，但由于这些指标过于理想化，在实际中往往难以获得其数据，也失去了现实研究的意义。所以，在构建快递服务质量评价指标体系时，必须考虑指标数据是否可以获取并来源真实。

2. 快递服务质量评价指标体系的建立

SERVQUAL 量表是从有形性、保证性、可靠性、响应性和移情性五个维度设计服务质量评价指标体系的，本书结合快递服务质量的特点，借鉴相关研究成果[16, 20, 22-25, 31]增加经济性、安全性指标来全面评价快递服务质量，评价指标体系包括 6 个一级评价指标和 22 个二级评价指标，具体如表 9-3 所示。

表 9-3　快递服务质量评价指标体系

目标层	一级指标	二级指标	含义
快递服务质量评价	有形性（B_1）	快递企业作业装备先进性（C_{11}）	快递企业高效设备数量及比例
		快递服务人员着装整洁度（C_{12}）	快递服务人员着装是否统一、规范
		快递包装规范性（C_{13}）	快递包装是否规范得当、符合要求
		快递服务专用标志统一性（C_{14}）	服务场所、人员、设备是否有统一的快递服务专用标志
	保证性（B_2）	快递服务人员的服务态度（C_{21}）	快递服务人员的言行、态度、礼仪等
		快递服务人员专业技能水平（C_{22}）	快递服务人员解决包装、投递过程中遇到问题的能力
		快递服务人员的信赖程度（C_{23}）	是否提醒验货，有没有丢件、损坏等
		投诉处理的保证性（C_{24}）	是否有快件损失责任认定及退货条款

续表

目标层	一级指标	二级指标	含义
快递服务质量评价	可靠性（B_3）	快递投递的及时性（C_{31}）	是否按约定及时投递、派送快件
		快件投递地点的准确性（C_{32}）	是否按约定地点投递、派送快件
		快递企业的信誉（C_{33}）	快递企业在公众心目中的形象
		快递物品的完好程度（C_{34}）	物品包装是否完好、有没有破损等
	响应性（B_4）	服务的及时性（C_{41}）	受理顾客快件业务时是否快速及时
		服务时间的便利性（C_{42}）	能否按顾客要求提供个性化服务等
		物流信息查询的及时性（C_{43}）	物流信息更新是否及时
		投诉与索赔处理的及时性（C_{44}）	处理消费者投诉是否及时有效
	安全性（B_5）	个人快递信息的安全性（C_{51}）	能否保证不泄露寄件人的相关信息
		投递物品准入的安全性（C_{52}）	通过严格的程序对收寄的快件安全检查，不收寄危害国家安全的快件
		快递人员和快件的安全性（C_{53}）	快递企业是否有必要的安全措施保证服务人员和快件的安全
	经济性（B_6）	价格合理性（C_{61}）	相对于竞争者是否有价格上的优势
		收费标准的统一性（C_{62}）	收费标准是否有章可循、是否合理等
		结算的便利性（C_{63}）	是否有多种方式结算

9.3　基于区间直觉模糊 TOPSIS 方法的快递服务质量评价

9.3.1　问题描述

设有 m 个快递公司 $Y_i(i=1,2,\cdots,m)$ 作为评价对象，组成评价对象集 $Y=\{Y_1, Y_2,\cdots,Y_m\}$，评价每个快递公司服务质量的一级指标（或属性）包括有形性（B_1）、保证性（B_2）、可靠性（B_3）、响应性（B_4）、安全性（B_5）和经济性（B_6）等六个准则；每个一级指标 $B_j(j=1,2,3,4,5,6)$ 又由二级指标 $C_{jk_j}(j=1,2,3,4;k_j=1,2,\cdots,n_j;n_1=n_2=n_3=n_4=4,n_5=n_6=3)$ 决定，具体评价指标体系如表 9-3 所示。假设 $\omega=(\omega_1,\omega_2,\omega_3,\omega_4,\omega_5,\omega_6)^{\mathrm{T}}$ 为一级指标 $B_j(j=1,2,3,4,5,6)$ 的权重向量，满足 $\omega_j\geqslant 0$ 且 $\sum_{j=1}^{6}\omega_j=1$；$w_j=(w_1,w_2,\cdots,w_{n_j})^{\mathrm{T}}$ 为二级指标 $C_{jk_j}(k_j=1,2,\cdots,n_j)$ 的权重向量，满足 $w_{k_j}\geqslant 0,\sum_{k_j=1}^{n_j}w_{k_j}=1$；一级指标、二级指标的权重信息已知。如果

$\tilde{F}_{ijk_j}=\langle[\mu_{ijk_j}^L,\mu_{ijk_j}^U],[\nu_{ijk_j}^L,\nu_{ijk_j}^U]\rangle(j=1,2,3,4,5,6;k_j=1,2,\cdots,n_j)$ 为区间直觉模糊数，$[\mu_{ijk_j}^L,\mu_{ijk_j}^U]$ 为快递企业 $Y_i(i=1,2,\cdots,m)$ 满足二级指标 C_{jk_j} 的程度，$[\nu_{ijk_j}^L,\nu_{ijk_j}^U]$ 为快递企业 $Y_i(i=1,2,\cdots,m)$ 不满足二级指标 C_{jk_j} 的程度，则矩阵 $F_j=(\langle[\mu_{ijk_j}^L,\mu_{ijk_j}^U],[\nu_{ijk_j}^L,\nu_{ijk_j}^U]\rangle)_{m\times n_j}(j=1,2,3,4,5,6)$ 为快递企业服务质量评价问题关于一级指标 $B_j(j=1,2,3,4,5,6)$ 的区间直觉模糊决策矩阵（表 9-4）。现在的问题是依据区间直觉模糊决策矩阵 $F_j(j=1,2,3,4,5,6)$，如何得到一个有效的决策分析方法对 m 个快递公司服务质量进行评价和优劣排序。

表 9-4　一级指标 B_j 下的区间直觉模糊决策矩阵 F_j

	C_{j1}	C_{j2}	…	C_{jn_j}
Y_1	$\langle[\mu_{1j1}^L,\mu_{1j1}^U],[\nu_{1j1}^L,\nu_{1j1}^U]\rangle$	$\langle[\mu_{1j2}^L,\mu_{1j2}^U],[\nu_{1j2}^L,\nu_{1j2}^U]\rangle$	…	$\langle[\mu_{1jn_j}^L,\mu_{1jn_j}^U],[\nu_{1jn_j}^L,\nu_{1jn_j}^U]\rangle$
Y_2	$\langle[\mu_{2j1}^L,\mu_{2j1}^U],[\nu_{2j1}^L,\nu_{2j1}^U]\rangle$	$\langle[\mu_{2j2}^L,\mu_{2j2}^U],[\nu_{2j2}^L,\nu_{2j2}^U]\rangle$	…	$\langle[\mu_{2jn_j}^L,\mu_{2jn_j}^U],[\nu_{2jn_j}^L,\nu_{2jn_j}^U]\rangle$
⋮	⋮	⋮		⋮
Y_m	$\langle[\mu_{mj1}^L,\mu_{mj1}^U],[\nu_{mj1}^L,\nu_{mj1}^U]\rangle$	$\langle[\mu_{mj2}^L,\mu_{mj2}^U],[\nu_{mj2}^L,\nu_{mj2}^U]\rangle$	…	$\langle[\mu_{mjn_j}^L,\mu_{mjn_j}^U],[\nu_{mjn_j}^L,\nu_{mjn_j}^U]\rangle$

9.3.2　基于区间直觉模糊 TOPSIS 方法的快递服务质量评价的决策步骤

步骤 1　构建决策准则 B_j 下的区间直觉模糊决策矩阵 F_j。确定快递服务质量评价问题的评价对象集 $Y=\{Y_1,Y_2,\cdots,Y_m\}$，用区间直觉模糊数表示各快递公司关于二级指标的评价信息，构建 $Y_i(i=1,2,\cdots,m)$ 关于准则 $B_j(j=1,2,3,4)$ 的区间直觉模糊决策矩阵 F_j。

步骤 2　确定快递服务质量评价问题的直觉模糊决策矩阵 F。首先利用区间直觉模糊熵，分别计算准则 B_j 下的二级指标 $C_{jk_j}(j=1,2,3,4,5,6;k_j=1,2,\cdots,n_j)$ 的模糊熵 E_{jk_j} 和权重 w_{jk_j}：

$$E_{jk_j}=\frac{1}{m}\sum_{i=1}^{m}\cos\frac{\pi(|(\mu_{ijk_j}^L-\nu_{ijk_j}^L)(1-\pi_{ijk_j}^L)|+|(\mu_{ijk_j}^U-\nu_{ijk_j}^U)(1-\pi_{ijk_j}^U)|)}{4},\tag{9.1}$$

$$j=1,2,\cdots,6;k_j=1,2,\cdots,n_j$$

$$w_{jk_j}=\frac{1-E_{jk_j}}{n_j-\sum_{j=1}^{n_j}E_{jk_j}},\quad j=1,2,\cdots,6;k_j=1,2,\cdots,n_j\tag{9.2}$$

根据区间直觉模糊加权平均算子，可以计算各快递公司在准则 $B_j(j=1,2,3,4,5,6)$ 下的区间直觉模糊评价值 $\tilde{F}_{ij}$：

$$\tilde{F}_{ij}=\langle[\mu_{ijL},\mu_{ijU}],[\nu_{ijL},\nu_{ijU}]\rangle=\mathrm{IIFWA}_{\omega}(\tilde{F}_{ij1},\tilde{F}_{ij2},\cdots,\tilde{F}_{ijn_j})$$

$$=\left\langle\left[1-\prod_{k_j=1}^{n_j}(1-\mu_{ijk_j}^{L})^{w_{jk_j}},1-\prod_{k_j=1}^{n_j}(1-\mu_{ijk_j}^{U})^{w_{jk_j}}\right],\left[\prod_{k_j=1}^{n_j}(\nu_{ijk_j}^{L})^{w_{jk_j}},\prod_{k_j=1}^{n_j}(1-\nu_{ijk_j}^{U})^{w_{jk_j}}\right]\right\rangle,$$

$$j=1,2,\cdots,6;k_j=1,2,\cdots,n_j \tag{9.3}$$

于是得到快递服务质量评价问题的区间直觉模糊决策矩阵 $F=(\tilde{F}_{ij})_{m\times 6}=(\langle[\mu_{ijL},\mu_{ijU}],[\nu_{ijL},\nu_{ijU}]\rangle)_{m\times 6}$。

步骤 3　根据区间直觉模糊多属性决策矩阵 F_I 确定该多属性决策问题的正理想解 Y^+ 和负理想解 Y^-：

$$Y^+=(\langle[\mu_{1L}^+,\mu_{1U}^+,\nu_{1L}^+,\nu_{1U}^+]\rangle,\langle[\mu_{2L}^+,\mu_{2U}^+,\nu_{2L}^+,\nu_{2U}^+]\rangle,\cdots,\langle[\mu_{nL}^+,\mu_{nU}^+,\nu_{nL}^+,\nu_{nU}^+]\rangle) \tag{9.4}$$

$$Y^-=(\langle[\mu_{1L}^-,\mu_{1U}^-,\nu_{1L}^-,\nu_{1U}^-]\rangle,\langle[\mu_{2L}^-,\mu_{2U}^-,\nu_{2L}^-,\nu_{2U}^-]\rangle,\cdots,\langle[\mu_{nL}^-,\mu_{nU}^-,\nu_{nL}^-,\nu_{nU}^-]\rangle) \tag{9.5}$$

式中

$$\langle[\mu_{jL}^+,\mu_{jU}^+],[\nu_{jL}^+,\nu_{jU}^+]\rangle=\langle[\max_i\mu_{ijL},\max_i\mu_{ijU}],[\min_i\nu_{ijL},\min_i\nu_{ijU}]\rangle,j=1,2,\cdots,n$$

$$\langle[\mu_{jL}^-,\mu_{jU}^-],[\nu_{jL}^-,\nu_{jU}^-]\rangle=\langle[\min_i\mu_{ijL},\min_i\mu_{ijU}],[\max_i\nu_{ijL},\max_i\nu_{ijU}]\rangle,j=1,2,\cdots,n$$

步骤 4　计算各快递公司 $Y_i(i=1,2,\cdots,m)$ 到正理想解 Y^+ 和负理想解 Y^- 的距离。区间利用直觉模糊熵计算准则 $B_j(j=1,2,3,4,5,6)$ 的模糊熵 E_j 和权重 ω_j：

$$E_j=\frac{1}{m}\sum_{i=1}^{m}\cos\frac{\pi(|(\mu_{ijL}-\nu_{ijL})(1-\pi_{ijL})|+|(\mu_{ijU}-\nu_{ijU})(1-\pi_{ijU})|)}{4} \tag{9.6}$$

$$\omega_j=\frac{1-E_j}{6-\sum_{j=1}^{6}E_j},\quad j=1,2,\cdots,6 \tag{9.7}$$

然后计算 $Y_i(i=1,2,\cdots,m)$ 到正理想解 Y^+ 和负理想解 Y^- 的距离 d_i^+ 和 d_i^-：

$$d_i^+(\omega)=\frac{1}{4}\sum_{j=1}^{6}\omega_j[|\mu_{ijL}-\mu_{jL}^+|+|\mu_{ijU}-\mu_{jU}^+|+|\nu_{ijL}-\nu_{jL}^+|+|\nu_{ijU}-\nu_{jU}^+|] \tag{9.8}$$

$$d_i^-(\omega)=\frac{1}{4}\sum_{j=1}^{6}\omega_j[|\mu_{ijL}-\mu_{jL}^-|+|\mu_{ijU}-\mu_{jU}^-|+|\nu_{ijL}-\nu_{jL}^-|+|\nu_{ijU}-\nu_{jU}^-|] \tag{9.9}$$

步骤 5　对快递服务质量进行评价。计算各快递公司 $Y_i(i=1,2,\cdots,m)$ 的贴近度 c_i：

$$c_i=\frac{d_i^-}{d_i^-+d_i^+},\quad i=1,2,\cdots,m \tag{9.10}$$

并利用贴近度 c_i 对快递公司 $Y_i(i=1,2,\cdots,m)$ 的服务质量进行排序，c_i 越大表明 Y_i 离正理想解越近、离负理想解越远，相应的快递公司服务质量越优。

9.3.3 实例分析

例 9.1 考虑快递服务质量评价问题。为了帮助顾客了解快递公司服务质量情况，设拟对四家快递公司 $Y_i(i=1,2,3,4)$ 进行服务质量评价，评价的一级指标（或属性）包括有形性（B_1）、保证性（B_2）、可靠性（B_3）、响应性（B_4）、安全性（B_5）和经济性(B_6)等，二级指标如表 9-3 所示；假设专家组对四家快递公司 $Y_i(i=1,2,3,4)$ 关于决策准则 $B_j(j=1,2,3,4,5,6)$ 下的二级指标 $C_{jk_j}(j=1,2,3,4,5,6;k_j=1,2,\cdots,n_j)$ 进行评价，各快递公司对二级指标的满足程度可用区间直觉模糊数来表示，具体评价结果如表 9-5～表 9-10 所示。

表 9-5　关于准则 B_1 的区间直觉模糊决策矩阵 F_1

	C_{11}	C_{12}	C_{13}	C_{14}
Y_1	⟨[0.6, 0.7], [0.1, 0.3]⟩	⟨[0.6, 0.7], [0.1, 0.3]⟩	⟨[0.7, 0.8], [0.1, 0.2]⟩	⟨[0.6, 0.7], [0.2, 0.3]⟩
Y_2	⟨[0.4, 0.5], [0.2, 0.3]⟩	⟨[0.3, 0.4], [0.4, 0.5]⟩	⟨[0.5, 0.6], [0.1, 0.3]⟩	⟨[0.6, 0.7], [0.1, 0.2]⟩
Y_3	⟨[0.7, 0.8], [0.0, 0.1]⟩	⟨[0.5, 0.6], [0.3, 0.4]⟩	⟨[0.3, 0.4], [0.3, 0.4]⟩	⟨[0.5, 0.6], [0.3, 0.4]⟩
Y_4	⟨[0.6, 0.7], [0.1, 0.2]⟩	⟨[0.6, 0.7], [0.2, 0.3]⟩	⟨[0.4, 0.5], [0.3, 0.4]⟩	⟨[0.7, 0.9], [0.0, 0.1]⟩

表 9-6　关于准则 B_2 的区间直觉模糊决策矩阵 F_2

	C_{21}	C_{22}	C_{23}	C_{24}
Y_1	⟨[0.7, 0.8], [0.1, 0.2]⟩	⟨[0.7, 0.8], [0.0, 0.1]⟩	⟨[0.6, 0.7], [0.2, 0.3]⟩	⟨[0.6, 0.7], [0.2, 0.3]⟩
Y_2	⟨[0.6, 0.7], [0.1, 0.2]⟩	⟨[0.5, 0.6], [0.2, 0.3]⟩	⟨[0.7, 0.8], [0.1, 0.2]⟩	⟨[0.6, 0.8], [0.1, 0.2]⟩
Y_3	⟨[0.6, 0.7], [0.1, 0.2]⟩	⟨[0.6, 0.7], [0.1, 0.2]⟩	⟨[0.7, 0.8], [0.1, 0.2]⟩	⟨[0.5, 0.6], [0.2, 0.3]⟩
Y_4	⟨[0.7, 0.8], [0.1, 0.2]⟩	⟨[0.6, 0.7], [0.1, 0.2]⟩	⟨[0.7, 0.8], [0.1, 0.2]⟩	⟨[0.4, 0.5], [0.4, 0.5]⟩

表 9-7　关于准则 B_3 的直觉模糊决策矩阵 F_3

	C_{31}	C_{32}	C_{33}	C_{34}
Y_1	⟨[0.7, 0.8], [0.1, 0.2]⟩	⟨[0.7, 0.8], [0.0, 0.1]⟩	⟨[0.6, 0.7], [0.2, 0.3]⟩	⟨[0.6, 0.7], [0.1, 0.2]⟩
Y_2	⟨[0.5, 0.6], [0.2, 0.3]⟩	⟨[0.6, 0.7], [0.1, 0.2]⟩	⟨[0.6, 0.8], [0.1, 0.2]⟩	⟨[0.4, 0.5], [0.3, 0.5]⟩
Y_3	⟨[0.7, 0.8], [0.1, 0.2]⟩	⟨[0.4, 0.5], [0.3, 0.5]⟩	⟨[0.2, 0.4], [0.3, 0.5]⟩	⟨[0.5, 0.6], [0.2, 0.3]⟩
Y_4	⟨[0.4, 0.5], [0.4, 0.5]⟩	⟨[0.6, 0.7], [0.1, 0.2]⟩	⟨[0.7, 0.8], [0.1, 0.2]⟩	⟨[0.7, 0.8], [0.1, 0.2]⟩

表 9-8　关于准则 B_4 的直觉模糊决策矩阵 F_4

	C_{41}	C_{42}	C_{43}	C_{44}
Y_1	⟨[0.7, 0.8], [0.0, 0.1]⟩	⟨[0.6, 0.7], [0.1, 0.2]⟩	⟨[0.6, 0.7], [0.2, 0.3]⟩	⟨[0.6, 0.7], [0.1, 0.2]⟩
Y_2	⟨[0.6, 0.7], [0.1, 0.2]⟩	⟨[0.5, 0.6], [0.2, 0.3]⟩	⟨[0.4, 0.5], [0.3, 0.5]⟩	⟨[0.6, 0.8], [0.1, 0.2]⟩
Y_3	⟨[0.7, 0.8], [0.1, 0.2]⟩	⟨[0.4, 0.5], [0.3, 0.5]⟩	⟨[0.2, 0.4], [0.3, 0.5]⟩	⟨[0.5, 0.6], [0.2, 0.3]⟩
Y_4	⟨[0.4, 0.5], [0.4, 0.5]⟩	⟨[0.6, 0.7], [0.1, 0.2]⟩	⟨[0.7, 0.8], [0.1, 0.2]⟩	⟨[0.7, 0.8], [0.1, 0.2]⟩

表 9-9　关于准则 B_5 的直觉模糊决策矩阵 F_5

	C_{51}	C_{52}	C_{53}
Y_1	⟨[0.5, 0.6], [0.2, 0.3]⟩	⟨[0.5, 0.6], [0.2, 0.3]⟩	⟨[0.6, 0.7], [0.1, 0.2]⟩
Y_2	⟨[0.4, 0.5], [0.2, 0.4]⟩	⟨[0.5, 0.6], [0.2, 0.3]⟩	⟨[0.6, 0.8], [0.1, 0.2]⟩
Y_3	⟨[0.5, 0.7], [0.1, 0.2]⟩	⟨[0.6, 0.8], [0.1, 0.2]⟩	⟨[0.6, 0.7], [0.1, 0.2]⟩
Y_4	⟨[0.6, 0.7], [0.1, 0.2]⟩	⟨[0.7, 0.8], [0.1, 0.2]⟩	⟨[0.3, 0.4], [0.4, 0.5]⟩

表 9-10　关于准则 B_6 的直觉模糊决策矩阵 F_6

	C_{61}	C_{62}	C_{63}
Y_1	⟨[0.7, 0.8], [0.1, 0.2]⟩	⟨[0.6, 0.7], [0.2, 0.3]⟩	⟨[0.5, 0.7], [0.2, 0.3]⟩
Y_2	⟨[0.6, 0.7], [0.1, 0.2]⟩	⟨[0.4, 0.5], [0.4, 0.5]⟩	⟨[0.6, 0.7], [0.1, 0.2]⟩
Y_3	⟨[0.6, 0.7], [0.2, 0.3]⟩	⟨[0.5, 0.6], [0.3, 0.4]⟩	⟨[0.5, 0.6], [0.2, 0.3]⟩
Y_4	⟨[0.3, 0.5], [0.3, 0.4]⟩	⟨[0.7, 0.8], [0.1, 0.2]⟩	⟨[0.4, 0.5], [0.2, 0.4]⟩

下面用区间直觉模糊 TOPSIS 方法对四家快递公司服务质量进行评价和排序。

步骤 1　计算各二级指标的权重。根据表 9-5～表 9-10，利用式（9.1）和式（9.2）计算各二级指标 $C_{jk_j}(j=1,2,3,4,5,6;k_j=1,2,\cdots,n_j)$ 的模糊熵 E_{jk_j} 和权重 w_{jk_j}，计算结果如表 9-11～表 9-16 所示。

表 9-11　关于准则 B_1 下二级指标的模糊熵与权重

	C_{11}	C_{12}	C_{13}	C_{14}
E_{jk_j}	0.8135	0.9071	0.8936	0.7857
w_{jk_j}	0.311	0.155	0.177	0.357

表 9-12　关于准则 B_2 下二级指标的模糊熵与权重

	C_{21}	C_{22}	C_{23}	C_{24}
E_{jk_j}	0.7352	0.7963	0.7071	0.8779
w_{jk_j}	0.300	0.231	0.331	0.138

表 9-13　关于准则 B_3 下二级指标的模糊熵与权重

	C_{31}	C_{32}	C_{33}	C_{34}
E_{jk_j}	0.8131	0.8135	0.8093	0.8497
w_{jk_j}	0.262	0.261	0.267	0.210

表 9-14　关于准则 B_4 下二级指标的模糊熵与权重

	C_{41}	C_{42}	C_{43}	C_{44}
E_{jk_j}	0.7770	0.8866	0.8745	0.7836
w_{jk_j}	0.329	0.167	0.185	0.319

表 9-15　关于准则 B_5 下二级指标的模糊熵与权重

	C_{51}	C_{52}	C_{53}
E_{jk_j}	0.8941	0.8138	0.8361
w_{jk_j}	0.232	0.408	0.360

表 9-16　关于准则 B_6 下二级指标的模糊熵与权重

	C_{61}	C_{62}	C_{63}
E_{jk_j}	0.8280	0.8758	0.9032
w_{jk_j}	0.438	0.316	0.246

步骤 2　确定快递服务质量评价问题的区间直觉模糊决策矩阵 F。利用式（9.3）计算各快递公司 $Y_i(i=1,2,3,4)$ 在准则 $B_j(j=1,2,3,4,5,6)$ 下的二级指标 $C_{jk_j}(j=1,2,3,4,5,6;k_j=1,2,\cdots,n_j)$ 的综合直觉模糊评价值 $\tilde{F}_{ij}$，得到区间直觉模糊决策矩阵 F 如表 9-17 所示。

表 9-17　快递服务质量评价的区间直觉模糊决策矩阵 F

	B_1	B_2	B_3
Y_1	$\langle[0.620, 0.721], [0.128, 0.279]\rangle$	$\langle[0.657, 0.758], [0.000, 0.206]\rangle$	$\langle[0.656, 0.757], [0.000, 0.186]\rangle$
Y_2	$\langle[0.465, 0.588], [0.154, 0.281]\rangle$	$\langle[0.617, 0.735], [0.117, 0.220]\rangle$	$\langle[0.538, 0.677], [0.151, 0.270]\rangle$
Y_3	$\langle[0.438, 0.654], [0.000, 0.260]\rangle$	$\langle[0.625, 0.727], [0.110, 0.212]\rangle$	$\langle[0.480, 0.606], [0.207, 0.353]\rangle$
Y_4	$\langle[0.612, 0.778], [0.000, 0.188]\rangle$	$\langle[0.647, 0.697], [0.121, 0.227]\rangle$	$\langle[0.612, 0.717], [0.144, 0.254]\rangle$

续表

	B_4	B_5	B_6
Y_1	⟨[0.624, 0.737], [0.000, 0.172]⟩	⟨[0.539, 0.639], [0.156, 0.259]⟩	⟨[0.627, 0.749], [0.148, 0.251]⟩
Y_2	⟨[0.552, 0.696], [0.138, 0.254]⟩	⟨[0.562, 0.672], [0.156, 0.277]⟩	⟨[0.545, 0.647], [0.155, 0.267]⟩
Y_3	⟨[0.525, 0.644], [0.184, 0.314]⟩	⟨[0.555, 0.746], [0.100, 0.200]⟩	⟨[0.547, 0.647], [0.227, 0.329]⟩
Y_4	⟨[0.605, 0.711], [0.158, 0.270]⟩	⟨[0.565, 0.674], [0.165, 0.278]⟩	⟨[0.518, 0.626], [0.192, 0.321]⟩

步骤 3　确定正理想解 Y^+ 和负理想解 Y^-。由表 9-17 可知，其正理想解 Y^+ 和负理想解 Y^- 分别为

$$Y^+ = (\langle[0.620,0.778],[0.000,0.188]\rangle,\langle[0.657,0.758],[0.000,0.206]\rangle,\langle[0.656,0.757],[0.000,0.186]\rangle,\langle[0.624,0.737],[0.000,0.172]\rangle,\langle[0.565,0.746],[0.100,0.200]\rangle,\langle[0.627,0.749],[0.148,0.251]\rangle)$$

$$Y^- = (\langle[0.438,0.588],[0.154,0.281]\rangle,\langle[0.617,0.697],[0.121,0.227]\rangle,\langle[0.480,0.606],[0.207,0.353]\rangle,\langle[0.525,0.644],[0.184,0.314]\rangle,\langle[0.539,0.639],[0.165,0.278]\rangle,\langle[0.518,0.626],[0.227,0.329]\rangle)$$

步骤 4　计算决策准则 $B_j(j=1,2,3,4,5,6)$ 的权重。将表 9-17 的数据代入式(9.6)和式（9.7），可计算决策准则 $B_j(j=1,2,3,4,5,6)$ 的模糊熵 E_j 和权重 ω_j 分别为

$$E_1 = 0.8462, E_2 = 0.7696, E_3 = 0.8511, E_4 = 0.8340, E_5 = 0.8555, E_6 = 0.8707$$

$$\omega_1 = 0.158, \omega_2 = 0.237, \omega_3 = 0.153, \omega_4 = 0.171, \omega_5 = 0.148, \omega_6 = 0.133$$

步骤 5　计算各快递公司 $Y_i(i=1,2,3,4)$ 到正理想解 Y^+ 和负理想解 Y^- 的距离。利用式（9.8）～式（9.10），计算各快递公司 $Y_i(i=1,2,3,4)$ 到正理想解 Y^+ 和负理想解 Y^- 的距离 d_i^+ 和 d_i^- 以及贴近度 c_i，计算结果如表 9-18 所示。

表 9-18　快递公司到理想解的距离 d_i^+、d_i^- 及其贴近度 c_i

	d_i^-	d_i^+	c_i	排序
Y_1	0.091	0.020	0.820	1
Y_2	0.031	0.080	0.279	3
Y_3	0.022	0.086	0.204	4
Y_4	0.054	0.056	0.491	2

由表 9-18 可知，四个快递公司服务质量的优劣排序为 $Y_1 \succ Y_4 \succ Y_2 \succ Y_3$，即快递公司 Y_1 的服务质量为最佳。

9.4　基于区间直觉模糊 VIKOR 方法的快递服务质量评价

9.4.1　问题描述

设有 m 个快递公司 $Y_i(i=1,2,\cdots,m)$ 作为评价对象，组成评价对象集 $Y=\{Y_1,$

$Y_2,\cdots,Y_m\}$，评价每个快递公司服务质量的一级指标（或属性）包括有形性（B_1）、保证性（B_2）、可靠性（B_3）、响应性（B_4）、安全性（B_5）和经济性（B_6）等六个准则；每个一级指标 $B_j(j=1,2,3,4,5,6)$ 又由二级指标 $C_{jk_j}(j=1,2,3,4;k_j=1,2,\cdots,n_j;n_1=n_2=n_3=n_4=4,n_5=n_6=3)$ 决定，具体评价指标体系如表 9-3 所示。假设 $\omega=(\omega_1,\omega_2,\omega_3,\omega_4,\omega_5,\omega_6)^{\mathrm{T}}$ 为一级指标 $B_j(j=1,2,3,4,5,6)$ 的权重向量，满足 $\omega_j\geqslant 0$ 且 $\sum_{j=1}^{6}\omega_j=1$； $w_j=(w_1,w_2,\cdots,w_{n_j})^{\mathrm{T}}$ 为二级指标 $C_{jk_j}(k_j=1,2,\cdots,n_j)$ 的权重向量，满足 $w_{k_j}\geqslant 0,\sum_{k_j=1}^{n_j}w_{k_j}=1$；一级指标、二级指标的权重信息已知。如果 $\tilde{F}_{ijk_j}=\langle[\mu_{ijk_j}^L,\mu_{ijk_j}^U],[\nu_{ijk_j}^L,\nu_{ijk_j}^U]\rangle(j=1,2,3,4,5,6;k_j=1,2,\cdots,n_j)$ 为区间直觉模糊数，$[\mu_{ijk_j}^L,\mu_{ijk_j}^U]$ 表示快递企业 $Y_i(i=1,2,\cdots,m)$ 满足二级指标 C_{jk_j} 的程度，$[\nu_{ijk_j}^L,\nu_{ijk_j}^U]$ 表示快递企业 $Y_i(i=1,2,\cdots,m)$ 不满足二级指标 C_{jk_j} 的程度，则矩阵 $F_j=(\langle[\mu_{ijk_j}^L,\mu_{ijk_j}^U],[\nu_{ijk_j}^L,\nu_{ijk_j}^U]\rangle)_{m\times n_j}(j=1,2,3,4,5,6)$ 为快递企业服务质量评价问题关于一级指标 $B_j(j=1,2,3,4,5,6)$ 的区间直觉模糊决策矩阵（表 9-4）。现在的问题是依据区间直觉模糊决策矩阵 $F_j(j=1,2,3,4,5,6)$，如何得到一个有效的决策分析方法对 m 个快递物流企业服务质量进行评价和优劣排序。

9.4.2 基于区间直觉模糊 VIKOR 方法的快递服务质量评价的决策步骤

步骤 1 构建决策准则 B_j 下的区间直觉模糊决策矩阵 F_j。确定快递服务质量评价问题的评价对象集 $Y=\{Y_1,Y_2,\cdots,Y_m\}$，用区间直觉模糊数表示各快递公司关于二级指标的评价信息，构建 $Y_i(i=1,2,\cdots,m)$ 关于准则 $B_j(j=1,2,3,4,5,6)$ 的区间直觉模糊决策矩阵 F_j。

步骤 2 确定快递服务质量评价问题的直觉模糊决策矩阵 F。首先利用式(9.1)和式（9.2）分别计算准则 B_j 下的二级指标 $C_{jk_j}(j=1,2,3,4,5,6;k_j=1,2,\cdots,n_j)$ 的模糊熵 E_{jk_j} 和权重 w_{jk_j}：

$$E_{jk_j}=\frac{1}{m}\sum_{i=1}^{m}\cos\frac{\pi(|(\mu_{ijk_j}^L-\nu_{ijk_j}^L)(1-\pi_{ijk_j}^L)|+|(\mu_{ijk_j}^U-\nu_{ijk_j}^U)(1-\pi_{ijk_j}^U)|)}{4}$$

$$w_{jk_j}=\frac{1-E_{jk_j}}{n_j-\sum_{j=1}^{n_j}E_{jk_j}},\quad j=1,2,\cdots,6;k_j=1,2,\cdots,n_j$$

根据式(9.3)计算各快递公司在准则 $B_j(j=1,2,3,4,5,6)$ 下的区间直觉模糊评价值 $\tilde{F}_{ij}$

$$\tilde{F}_{ij}=\langle[\mu_{ijL},\mu_{ijU}],[\nu_{ijL},\nu_{ijU}]\rangle=\text{IIFWA}_{\omega}(\tilde{F}_{ij1},\tilde{F}_{ij2},\cdots,\tilde{F}_{ijn_j})$$
$$=\left\langle\left[1-\prod_{k_j=1}^{n_j}(1-\mu_{ijk_j}^{L})^{w_{jk_j}},1-\prod_{k_j=1}^{n_j}(1-\mu_{ijk_j}^{U})^{w_{jk_j}}\right],\left[\prod_{k_j=1}^{n_j}(\nu_{ijk_j}^{L})^{w_{jk_j}},\prod_{k_j=1}^{n_j}(1-\nu_{ijk_j}^{U})^{w_{jk_j}}\right]\right\rangle,$$
$$j=1,2,\cdots,6;k_j=1,2,\cdots,n_j$$

于是得到快递服务质量评价问题的区间直觉模糊决策矩阵 $F=(\tilde{F}_{ij})_{m\times 6}=(\langle[\mu_{ijL},\mu_{ijU}],[\nu_{ijL},\nu_{ijU}]\rangle)_{m\times 6}$。

步骤 3 根据区间直觉模糊多属性决策矩阵 F，利用式（9.4）和式（9.5）确定该多属性决策问题的正理想解 Y^+ 和负理想解 Y^-：

$$Y^+=(Y_1^+,Y_2^+,\cdots,Y_n^+)$$
$$=(\langle[\mu_{1L}^+,\mu_{1U}^+],[\nu_{1L}^+,\nu_{1U}^+]\rangle,\langle[\mu_{2L}^+,\mu_{2U}^+],[\nu_{2L}^+,\nu_{2U}^+]\rangle,\cdots,\langle[\mu_{nL}^+,\mu_{nU}^+],[\nu_{nL}^+,\nu_{nU}^+]\rangle)$$
$$Y^-=(Y_1^-,Y_2^-,\cdots,Y_n^-)$$
$$=(\langle[\mu_{1L}^-,\mu_{1U}^-],[\nu_{1L}^-,\nu_{1U}^-]\rangle,\langle[\mu_{2L}^-,\mu_{2U}^-],[\nu_{2L}^-,\nu_{2U}^-]\rangle,\cdots,\langle[\mu_{nL}^-,\mu_{nU}^-],[\nu_{nL}^-,\nu_{nU}^-]\rangle)$$

式中

$$\langle[\mu_{jL}^+,\mu_{jU}^+],[\nu_{jL}^+,\nu_{jU}^+]\rangle=\langle[\max_i\mu_{ijL},\max_i\mu_{ijU}],[\min_i\nu_{ijL},\min_i\nu_{ijU}]\rangle,\ j=1,2,\cdots,n$$
$$\langle[\mu_{jL}^-,\mu_{jU}^-],[\nu_{jL}^-,\nu_{jU}^-]\rangle=\langle[\min_i\mu_{ijL},\min_i\mu_{ijU}],[\max_i\nu_{ijL},\max_i\nu_{ijU}]\rangle,\ j=1,2,\cdots,n$$

步骤 4 确定评价准则 $B_j(j=1,2,3,4,5,6)$ 的权重。利用式（9.6）、式（9.7）计算评价准则 $B_j(j=1,2,3,4,5,6)$ 的模糊熵 E_j 和权重 ω_j：

$$E_j=\frac{1}{m}\sum_{i=1}^{m}\cos\frac{\pi(|(\mu_{ijL}-\nu_{ijL})(1-\pi_{ijL})|+|(\mu_{ijU}-\nu_{ijU})(1-\pi_{ijU})|)}{4}$$

$$\omega_j=\frac{1-E_j}{6-\sum_{j=1}^{6}E_j},\quad j=1,2,\cdots,6$$

步骤 5 计算各快递公司 $Y_i(i=1,2,\cdots,m)$ 的群体效益值 S_i、个体遗憾值 R_i：

$$S_i=\sum_{j=1}^{n}\omega_j\left[\frac{d(Y_j^+,\tilde{F}_{ij})}{d(Y_j^+,Y_j^-)}\right],\quad i=1,2,\cdots,m \tag{9.11}$$

$$R_i=\max_i\left\{\omega_j\left[\frac{d(Y_j^+,\tilde{F}_{ij})}{d(Y_j^+,Y_j^-)}\right]\right\},\quad i=1,2,\cdots,m \tag{9.12}$$

式中，$d(Y_j^+,\tilde{F}_{ij})$，$d(Y_j^+,Y_j^-)$ 为两个区间直觉模糊数的距离，用以下公式计算：

$$d(\tilde{\alpha}_1,\tilde{\alpha}_2)=\frac{1}{2}(|\mu_{\tilde{\alpha}_1L}-\mu_{\tilde{\alpha}_2L}|+|\mu_{\tilde{\alpha}_1U}-\mu_{\tilde{\alpha}_2U}|+|\nu_{\tilde{\alpha}_1L}-\nu_{\tilde{\alpha}_2L}|+|\nu_{\tilde{\alpha}_1U}-\nu_{\tilde{\alpha}_2U}|)$$

其中，$\tilde{\alpha}_1=\langle[\mu_{\tilde{\alpha}_1L},\mu_{\tilde{\alpha}_1U}],[\nu_{\tilde{\alpha}_1L},\nu_{\tilde{\alpha}_1U}]\rangle$，$\tilde{\alpha}_2=\langle[\mu_{\tilde{\alpha}_2L},\mu_{\tilde{\alpha}_2U}],[\nu_{\tilde{\alpha}_2L},\nu_{\tilde{\alpha}_2U}]\rangle$，为两个任意的直觉模糊数。

步骤 6 计算各快递公司 $Y_i(i=1,2,\cdots,m)$ 的折中值 Q_i：

$$Q_i = v\frac{S_i - S^*}{S^- - S^*} + (1-v)\frac{R_i - R^*}{R^- - R^*}, \quad i=1,2,\cdots,m \tag{9.13}$$

式中，S_i 为最大群体效用，是 $L_{1,j}$ 测度；R_i 为最小个体遗憾，是 $L_{\infty,j}$ 测度；$S^* = \min_i S_i$，$S^- = \max_i S_i, R^* = \min_i R_i, R^- = \max_i R_i$；$v$ 为决策机制系数，$v \in [0,1]$，当 $v > 0.5$ 时，表示根据最大群体效用的决策机制进行决策；当 $v = 0.5$ 时，表示依据决策者经过协商达成共识的决策机制进行决策；当 $v < 0.5$ 时，表示根据最小个体遗憾的决策机制进行决策。

步骤 7 按照 Q_i、S_i、R_i 值分别从小到大排序，确定妥协解方案。设按 Q_i 值递增得到的服务质量优劣排序为 $Y^{(1)}, Y^{(2)}, \cdots, Y^{(J)}, \cdots, Y^{(m)}$，则快递公司服务质量优劣的排序可依据排序条件 1 和排序条件 2 确定。

9.4.3 实例分析

例 9.2 现在利用区间直觉模糊 VIKOR 方法对例 9.1 中的四个快递公司服务质量进行评价。

步骤 1～步骤 4 同例 9.1。

步骤 5 计算各快递公司 $Y_i(i=1,2,\cdots,m)$ 的群体效益值 S_i、个体遗憾值 R_i。根据例 9.1 计算得到的区间直觉模糊决策矩阵 F（表 9-17）、正理想解 Y^+ 和负理想解 Y^-、一级指标权重，利用式（9.11）、式（9.12）计算得快递公司 $Y_i(i=1,2,3,4)$ 的群体效益值 S_i、个体遗憾值 R_i，具体结果如表 9-19 所示。

表 9-19 快递公司的 S_i、R_i 值

	Y_1	Y_2	Y_3	Y_4	排序
S_i	0.204	0.673	0.660	0.542	$A_1 \succ A_4 \succ A_3 \succ A_2$
R_i	0.133	0.151	0.171	0.156	$A_1 \succ A_2 \succ A_4 \succ A_3$

步骤 6 取 $v = 0.5$，根据式（9.13）计算各快递公司 $Y_i(i=1,2,3,4)$ 的折中值 Q_i，计算结果如表 9-20 所示。

表 9-20 快递公司的 Q_i 值

	Y_1	Y_2	Y_3	Y_4	排序
Q_i	0.000	0.663	0.737	0.986	$A_1 \succ A_2 \succ A_3 \succ A_4$

从表 9-20 看出，按 Q_i 值排序快递公司 Y_1 为最佳，快递公司 Y_2 次之。由于

$$Q(Y_2)-Q(Y_1)=0.663>\frac{1}{m-1}=\frac{1}{3}$$

而且按 S_i、R_i 值排序快递公司 Y_1 为第一，即同时满足排序条件 1 和排序条件 2，因此快递公司 Y_1 为稳定的最优方案，也就是说快递公司 Y_1 服务质量最好。

参 考 文 献

[1] Gronroos C. An applied service marketing theory [J]. European Journal of Marketing，1982，16（7）：30-41.

[2] Parasuraman A，Zeithaml V A，Beny L L. A conceptual model of service quality and its implications for future research [J]. Journal of Marketing，1985，49（3）：41-50.

[3] Berry L A，Zeithaml V A，Parasuraman A. SERVQUAL：A multiple item scale for measuring consumer perceptions of service quality [J]. Journal of Retailing，1988，64（1）；14-40.

[4] Lehtinen U，Lehtinen J R. A study of quality dimensions[M]. Service Management Institute，1982.

[5] Bienstock C C，Mentzer J T，Bird M M. Measuring physical distribution service quality [J]. Journal of the Academy of Marketing Science，1997，25（1）：31-44.

[6] Cronin J J，Taylor S A. Measuring service quality：A reexamination and extension [J]. Journal of Marketing，1992，56（3）：55-68.

[7] Rodrigues L L R，Barkur G，Varambally K V M，et al. Comparison of SERVQUAL and SERVPERF metrics：An empirical study [J]. The TQM Journal，2011，23（6）：629-643.

[8] Stank T P，Goldsby T J，Viekery S K. Logistics service performance：Estimating its influence on market share [J]. Journal of Business Logistics，2003，24（11）：27-29.

[9] Olorunniwo F，Hsu M K，Udo G J. Service quality，customer satisfaction，and behavioral intentions in the service factory [J]. Journal of Service Marketing，2006，20（1）：59-72.

[10] 缪苗. 物流快递企业质量控制对客户稳定体系的影响研究[D]. 杭州：浙江大学，2006.

[11] 张丽. FE 快递公司服务质量差异分析与改进研究[D]. 大连：大连理工大学，2006.

[12] 张同伟. 快递公司服务质量评价体系设计及应用研究——以吉林省邮政公司为例[D]. 长春：吉林大学，2008.

[13] 赵彩. 快递企业服务质量测评模型及应用研究[D]. 长沙：长沙理工大学，2010.

[14] 武淑平. 基于服务补救的快递企业服务质量提升研究[J]. 物流技术，2011，（05）：4-6.

[15] 杨世军，杨学春，尤浩田. 基于服务质量模型的快递服务质量差距分析[J]. 物流技术，2013，32（3）：12-15，20.

[16] 梁雯，王媛媛. 基于 SERVPERF 模型的我国快递行业服务质量评价指标体系研究[J]. 重庆理工大学学报（社会科学版），2015，29（3）：17-25.

[17] 于宝琴，张硕，杜广伟. 基于两阶段 QFD 的快递服务质量改进方法[J]. 统计与决策，2013，（8）：39-42.

[18] 于宝琴，杜广伟. 基于 SERVQUAL 模型的网购快递服务质量的模糊评价研究[J]. 工业工程，2013，16（2）：127-133.

[19] 孟庆良，卞玲玲，何林，等. 整合 Kano 模型与 IPA 分析的快递服务质量探测方法[J]. 工业工程与管理，2014，19（2）：75-80.

[20] 庄德林，李景，夏茵. 基于 CZIPA 法的快递企业服务质量评价研究[J]. 北京工商大学学报（社会科学版），2015，30（2）：48-55.

[21] 张卫国，谢鹏. 京东快递物流终端服务质量的影响因素——698 份调研数据[J]. 西南大学学报（自然科学版），2016，38（7）：1-12.

[22] 党玮，王海瑞，胡海晨. 基于 SERVQUAL 和 LSQ 模型的邮政 EMS 快递服务质量模糊评价研究[J]. 商业研究，2016，(2)：170-175.
[23] 王世雄，李雪，蓝一珍. 服务接触理论在快递服务质量评价中的应用探析[J]. 浙江理工大学学报（社会科学版），2017，38（1）：17-24.
[24] 张美恋. 基于直觉模糊多属性决策的快递服务质量评价研究[J]. 宁德师范学院学报（自然科学版），2017，29（1）：1-5.
[25] 山红梅，周宇，石京. 基于云模型的快递业物流服务质量评估[J]. 统计与决策，2018，(12)：39-42.
[26] 曾瑶，李晓春. 质量管理学[M]. 4 版. 北京：北京邮电大学出版社，2014.
[27] 武丽英. 基于质量功能展开（QFD）的快递企业服务质量评价研究[D]. 太原：山西财经大学，2018.
[28] 何耀宇，吕永卫. 物流服务质量影响因素与顾客忠诚度[J]. 中国流通经济，2012，26（7）：79-82.
[29] 周宇. 基于云模型和熵权法的快递企业物流服务质量评价研究[D]. 西安：西安邮电大学，2018.
[30] 曾雪梅. 基于模糊多属性决策的快递服务质量评价研究[D]. 保定：河北大学，2016.
[31] 李旭东，王耀球. 跨境电商快递物流服务质量评价与实证研究——基于“一带一路”区域[J]. 技术经济与管理研究，2018，(6)：3-9.

后　记

本书是作者2018年承担的河北省社会科学基金项目《基于直觉模糊多属性决策的物流管理决策优化问题研究》（项目编号：HB18GL008）的最终成果。在本书付梓出版之际，首先感谢课题组所有成员为本项目的顺利开展所付出的辛苦工作，衷心感谢大家一直以来的大力支持和帮助！

本书在研究过程中得到了许多专家学者的指导和帮助，在此一并表示感谢。首先衷心感谢我的博士生导师张强教授，是您将我带进模糊决策理论的研究领域，不但指导我完成了博士论文，还在博士毕业后的学术研究中不断给予我指导与帮助。感谢河北工程大学哈明虎教授、河北大学孙健夫教授对本书提出的宝贵意见，感谢他们长期以来对我研究工作的指导和帮助。感谢科学出版社徐倩编辑对本书出版提供的帮助和付出的努力，正是她的支持与努力，本书才得以早日与读者见面。

本书撰写过程中，参考了国内外专家、学者在模糊多属性决策及其应用方面的研究成果，并尽量在参考文献中列出。在此，对相关文献作者表示最诚挚的谢意！若有文献引用疏漏还望告知，我们将予以纠正并表示万分的歉意。

郭子雪

2018年11月25日